Alkohol und Schuldfähigkeit

Springer
Berlin
Heidelberg
New York
Barcelona
Hongkong
London
Mailand
Paris
Tokio

F. Schneider   H. Frister (Hrsg.)

Alkohol und Schuldfähigkeit

Entscheidungshilfen
für Ärzte und Juristen

Mit 5 Abbildungen und 22 Tabellen

Springer

Professor Dr. Dr. Frank Schneider
Klinik und Poliklinik für Psychiatrie und Psychotherapie
der Heinrich-Heine-Universität – Rheinische Kliniken Düsseldorf
Bergische Landstr. 2
40629 Düsseldorf

Professor Dr. Helmut Frister
Institut für Rechtsfragen der Medizin an der Juristischen Fakultät
der Heinrich-Heine-Universität
Universitätsstr. 1
40225 Düsseldorf

ISBN 3-540-41924-1 Springer-Verlag Berlin Heidelberg New York

Die Deutsche Bibliothek – CIP-Einheitsaufnahme
Alkohol und Schuldfähigkeit: Entscheidungshilfen für Ärzte und Juristen /
Hrsg.: Frank Schneider; Helmut Frister. – Berlin; Heidelberg; New York;
Barcelona; Hongkong; London; Mailand; Paris; Tokio: Springer, 2002
   ISBN 3-540-41924-1

Springer-Verlag Berlin Heidelberg New York
ein Unternehmen der BertelsmannSpringer Science+Business Media GmbH

http://www.springer.de/medizin

© Springer-Verlag Berlin Heidelberg 2002

Einbandgestaltung: de'blik, Berlin
Satz: K+V Fotosatz GmbH, Beerfelden

Gedruckt auf säurefreiem Papier   SPIN 10799122   26/3130 SM – 5 4 3 2 1 0

Inhaltsverzeichnis

Autorenverzeichnis

Blank, Johannes H., Ass. Jur., Institut für Rechts- und Verkehrsmedizin der Universität Heidelberg, Sektion Verkehrsmedizin, Bergheimer Str. 147, 69115 Heidelberg

Burtscheidt, Wilhelm, Dr., Klinik und Poliklinik für Psychiatrie und Psychotherapie der Heinrich-Heine-Universität, Rheinische Kliniken Düsseldorf, Bergische Landstr. 2, 40629 Düsseldorf

Deiters, Mark, Dr., Heinrich-Heine-Universität, Juristische Fakultät, Universitätsstr. 1, 40225 Düsseldorf

Foerster, Klaus, Prof. Dr., Sektion Forensische Psychiatrie und Psychotherapie der Universitätsklinik für Psychiatrie und Psychotherapie, Osianderstr. 24, 72076 Tübingen

Frister, Helmut, Prof. Dr., Institut für Rechtsfragen der Medizin an der Juristischen Fakultät der Heinrich-Heine-Universität, Universitätsstr. 1, 40225 Düsseldorf

Habel, Ute, Dr., Klinik und Poliklinik für Psychiatrie und Psychotherapie der Heinrich-Heine-Universität, Rheinische Kliniken Düsseldorf, Bergische Landstr. 2, 40629 Düsseldorf

Haffner, Hans-Thomas, Prof. Dr., Institut für Rechts- und Verkehrsmedizin der Universität Heidelberg, Sektion Verkehrsmedizin, Bergheimer Str. 147, 69115 Heidelberg

Leonhardt, Martin, Dr., Sektion Forensische Psychiatrie und Psychotherapie der Universitätsklinik für Psychiatrie und Psychotherapie, Osianderstr. 24, 72076 Tübingen

Leygraf, Norbert, Prof. Dr., Rheinische Kliniken Essen, Institut für Forensische Psychiatrie der Universität-Gesamthochschule Essen, Virchowstr. 174, 45147 Essen

Renzikowski, Joachim, Prof. Dr., Martin-Luther-Universität, Juristische Fakultät, Universitätsplatz 6, 06099 Halle

RISSING-VAN SAAN, RUTH, Dr., Richterin am Bundesgerichtshof, Herrenstr. 45a, 76133 Karlsruhe

SCHALAST, NORBERT, Dr., Rheinische Kliniken Essen, Institut für Forensische Psychiatrie der Universität-Gesamthochschule Essen, Virchowstr. 174, 45147 Essen

SCHMELZ, SABINE, Heinrich-Heine-Universität, Juristische Fakultät, Universitätsstr. 1, 40225 Düsseldorf

SCHNEIDER, FRANK, Prof. Dr. Dr., Klinik und Poliklinik für Psychiatrie und Psychotherapie der Heinrich-Heine-Universität – Rheinische Kliniken Düsseldorf, Bergische Landstr. 2, 40629 Düsseldorf

STETTER, FRIEDHELM, Priv.-Doz. Dr., Oberbergklinik, Brede 29, 32699 Extertal

Alkohol und Schuldfähigkeit – ein interdisziplinärer Dialog

HELMUT FRISTER und FRANK SCHNEIDER

„Strafe setzt Schuld voraus. Schuld ist Vorwerfbarkeit. Mit dem Unwerturteil der Schuld wird dem Täter vorgeworfen, dass er sich nicht rechtmäßig verhalten hat, dass er sich für das Unrecht entschieden hat, obwohl er sich rechtmäßig verhalten, sich für das Recht hätte entscheiden können. Der innere Grund des Schuldvorwurfs liegt darin, dass der Mensch auf freie, verantwortliche, sittliche Selbstbestimmung angelegt und deshalb befähigt ist, sich für das Recht und gegen das Unrecht zu entscheiden, sein Verhalten nach den Normen des rechtlichen Sollens einzurichten und das rechtlich Verbotene zu vermeiden, sobald er die sittliche Reife erlangt hat und solange die Anlage zur freien sittlichen Selbstbestimmung nicht durch die in § 51 StGB genannten krankhaften Vorgänge vorübergehend gelähmt oder auf Dauer zerstört ist.“[1]

Mit diesen programmatischen Sätzen umschrieb der Große Senat des Bundesgerichtshofs in seiner Grundsatzentscheidung aus dem Jahr 1952 das strafrechtliche Schuldprinzip, dessen prinzipielle Geltung unbestritten ist und das vom Bundesverfassungsgericht in ständiger Rechtsprechung sogar als ungeschriebener Verfassungsrechtssatz anerkannt ist.[2] Zu den in dem damaligen § 51 und dem heutigen § 20 StGB umschriebenen, die „Anlage zur freien sittlichen Selbstbestimmung“ vorübergehend lähmenden krankhaften Zuständen gehören auch eine akute Alkoholintoxikation und eine Alkoholabhängigkeit. In krassen Fällen können sie dem Täter die Fähigkeit zur Einsicht in das Unrecht nehmen oder sein „Hemmungsvermögen“ ausschließen, sodass er nicht mehr „steuerungsfähig“ ist, d. h. keinen Willen mehr bilden kann, der seiner möglicherweise noch vorhandenen Einsicht in das Unrecht entspricht. Die Willensentscheidung des Täters ist dann nicht mehr Ausdruck „freier sittlicher Selbstbestimmung“, sodass er für sie nach dem Schuldprinzip nicht bestraft werden kann. In weniger krassen Fällen können eine Alkoholintoxikation bzw. eine Alkoholabhängigkeit die Einsichts- oder Steuerungsfähigkeit zumindest mindern, sodass die Schuld entsprechend geringer ist.

Die nach dem Schuldprinzip gebotene exkulpierende Wirkung des Alkohols ist kriminalpolitisch allerdings gleich in mehrfacher Hinsicht problematisch. Zum einen ist der Alkohol eine sehr häufige Ursache von Straftaten,

---

[1] BGHSt 2, S. 194 (200 f.).
[2] Vgl. etwa BVerfGE 45, S. 187 (259 f.) und die umfassenden Nachweise bei Leibholz/Rinck/Hesselberger Art. 20 Rn. 787 u. 1006.

insbesondere von Gewaltdelikten (vgl. dazu die Beiträge von Foerster u. Leonhardt, Kap. 4, sowie Schalast u. Leygraf, Kap. 11), sodass eine Exkulpation wegen Alkoholintoxikation und Alkoholabhängigkeit dazu führt, dass relativ viele dieser Taten zumindest milder bestraft werden müssen. Zum anderen ist die exkulpierende Wirkung von Alkoholintoxikation und Alkoholabhängigkeit der Öffentlichkeit – verglichen etwa mit der Exkulpation wegen einer psychotischen Erkrankung – schwerer zu vermitteln, weil sie den Täter nicht gleichsam schicksalhaft trifft und zudem in alkoholisiertem Zustand begangene Straftaten nicht als persönlichkeitsfremd angesehen werden: „In vino veritas" sagt der Volksmund und bringt damit die Auffassung zum Ausdruck, dass auch unter Alkoholeinfluss begangene Taten dem „wahren Wesen" des Handelnden entsprechen, es also ungeachtet der fehlenden bzw. verminderten Selbstbestimmungsfähigkeit im Ergebnis „doch nicht so ungerecht" sei, den Handelnden wegen dieser Tat wie einen voll verantwortlichen Täter zu bestrafen.

Aufgrund dessen hat es in der Rechtsentwicklung stets Bestrebungen gegeben, wenigstens für die selbst verschuldete Alkoholintoxikation eine Ausnahme von der Geltung des Schuldprinzips zu postulieren. So sah etwa das Strafgesetzbuch der ehemaligen DDR in seinem § 15 Abs. 3 ausdrücklich vor, dass ein selbst verschuldeter Rauschzustand keine exkulpierende Wirkung hat. Ähnliche Regelungen finden sich bis heute in einigen ausländischen Rechtsordnungen.[3] Das allgemeine deutsche Strafrecht sieht dagegen nur indirekt eine Beschränkung der exkulpierenden Wirkung der Alkoholintoxikation vor. Gemäß § 21 StGB ist eine Milderung der Strafe wegen verminderter Schuldfähigkeit lediglich möglich, aber nicht zwingend vorgeschrieben. Diese wegen der vorliegenden Schuldminderung problematische Regelung wurde vor allem geschaffen, um bei selbst verschuldeter Alkoholintoxikation die Strafmilderung versagen zu können.[4] Bei militärischen, gegen das Kriegsvölkerrecht verstoßenden oder in Ausübung des soldatischen Dienstes begangenen Straftaten ist in diesen Fällen durch § 7 des Wehrstrafgesetzes die Strafmilderung sogar ausdrücklich ausgeschlossen.

Für die selbst verschuldete Alkoholintoxikation generell eine Ausnahme von der Geltung des Schuldprinzips zu postulieren, wäre auch aus prozessökonomischen Gründen verlockend. Eine solche Regelung ersparte den Gerichten die schwierige Feststellung, ob und inwieweit die Schuldfähigkeit tatsächlich durch eine Alkoholintoxikation beeinträchtigt oder ausgeschlossen war. Darüber hinaus wäre sie auch insofern eine einfachere Lösung, als komplizierte dogmatische Konstruktionen zur Erfassung eines sog. „Vorverschuldens" des Täters entbehrlich würden. Es bedürfte keiner Überlegungen mehr, ob der Täter in noch schuldfähigem Zustand die Begehung der später im Zustand alkoholbedingter Schuldunfähigkeit begangenen „Rauschtat" bereits vorhergesehen hat oder zumindest hätte vorhersehen können und deshalb u. U. doch wegen dieser Tat bestraft werden kann (sog. actio libera in

---

[3] Vgl. den Überblick bei Kuhn-Päbst, Die Problematik der actio libera in causa, S. 21 ff.

[4] Vgl. zur Entstehungsgeschichte und verfassungsrechtlichen Problematik der nur fakultativen Strafmilderung Frister, Die Struktur des „voluntativen Schuldelements" (1993), S. 195 ff. m. w. N.

causa; vgl. dazu den Beitrag von Deiters, Kap. 8). Ebenso wäre der Straftatbestand des Vollrausches (§ 323a StGB; vgl. dazu den Beitrag von Renzikowski, Kap. 9) entbehrlich, nach dem derjenige, der in einem selbst verschuldeten Rausch eine Straftat begeht, allein wegen des Sichberauschens mit einer – im Vergleich zur Strafdrohung für die Tat selbst allerdings regelmäßig geringeren – Strafe bestraft wird.

Ungeachtet dieser nicht zu bestreitenden Vorteile hat sich der deutsche Gesetzgeber bisher jedoch zu Recht gescheut, den gordischen Knoten von Alkohol und Schuldfähigkeit in dieser Weise zu zerschlagen. Das strafrechtliche Schuldprinzip ist kein nach kriminalpolitischem Belieben zu dispensierendes dogmatisches Prinzip, sondern – wie der Bundesgerichtshof in seiner oben zitierten Grundsatzentscheidung eindringlich dargelegt hat – die Grundbedingung eines gerechten Strafrechts. Jede Ausnahme vom Schuldprinzip führt notwendigerweise zu einer ungerechten Strafe. Dies wäre auch bei einer generellen Bestrafung von Rauschtaten nicht anders. Der Umstand, dass der Täter sich selbst schuldhaft berauscht hat, mag es rechtfertigen, ihn – wie dies durch § 323a StGB geschieht – für den Rausch als solchen zu bestrafen. Die Zurechnung einer im Rausch begangenen Tat setzt jedoch ein auf diese Tat bezogenes Verschulden des Täters voraus. Diese Differenzierung durch eine generelle Bestrafung im selbst verschuldeten Rausch begangener Straftaten einzuebnen, würde zwar die Rechtsanwendung erheblich vereinfachen, aber zu Strafen führen, die in vielen Fällen letztlich auch von der öffentlichen Meinung nicht mehr als gerecht bewertet würden.

Im Ergebnis ist die Exkulpation wegen Alkoholintoxikation und Alkoholabhängigkeit damit nicht nur gesetzlich vorgegeben, sondern auch in der Sache selbst wohl begründet. Für ihre Anwendung müssen die Gerichte feststellen, ob und inwieweit die Schuldfähigkeit tatsächlich durch eine Alkoholintoxikation oder eine Alkoholabhängigkeit beeinträchtigt oder ausgeschlossen war. Dafür fehlt ihnen in der Regel der medizinische Sachverstand, sodass es der Hinzuziehung eines Sachverständigen bedarf. Dieser hat jedoch nicht die Aufgabe, den Gerichten die Entscheidung über die Schuldfähigkeit abzunehmen. Er soll ihnen lediglich durch sein Fachwissen eine eigene fundierte Entscheidung ermöglichen. Im Idealfall geschieht dies in der Weise, dass der Sachverständige dem Gericht darlegt, ob und inwieweit durch eine Alkoholintoxikation oder Alkoholabhängigkeit die Fähigkeit des Täters zu einer differenzierten, an übergreifenden Zusammenhängen orientierten Willensentscheidung beeinträchtigt war. Die Entscheidung, ob und inwieweit diese Beeinträchtigung als krankhafte seelische Störung (Alkoholintoxikation) oder als sog. schwere andere seelische Abartigkeit (Alkoholabhängigkeit) zu bewerten ist und – vor allem – ob sie die Einsichts- oder Steuerungsfähigkeit des Täters ausschließt oder erheblich vermindert, ist dann eine Rechtsfrage, die das Gericht in eigener Verantwortung zu treffen hat. Die verbreitete Praxis der Gerichte, den Sachverständigen de facto auch die Beurteilung dieser Fragen zu überlassen, wird dieser gesetzlichen Aufgabenverteilung nicht gerecht.

In vielen Fällen stehen über den psychischen Zustand des Täters bei Begehung der Tat zu wenig Informationen zur Verfügung, um den Sachverständigen eine dezidierte Beurteilung der Beeinträchtigung der Fähigkeit zu einer differenzierten Willensentscheidung zu ermöglichen. In dieser Konstellation haben die Gerichte zu beachten, dass ein Angeklagter nur dann verurteilt werden darf, wenn kein vernünftiger Zweifel an seiner Schuld besteht. Der Grundsatz „in dubio pro reo" gilt auch für die Schuldfähigkeit, sodass die Gerichte die §§ 20, 21 StGB bereits dann anzuwenden haben, wenn das Vorliegen der Voraussetzungen dieser Vorschriften vernünftigerweise nicht ausgeschlossen werden kann. Der Sachverständige kann seiner Aufgabe, dem Gericht eine fundierte Entscheidung zu ermöglichen, nur genügen, wenn er sich in derartigen Fällen gleichfalls an dieser Fragestellung orientiert. Er hat dem Gericht also nicht darzulegen, welches Maß an Beeinträchtigung der Fähigkeit zu einer differenzierten Willensbildung er mit Sicherheit feststellen kann, sondern welches Maß ihm bei realistischer Betrachtung zumindest möglich erscheint.

In dieser juristischen Forderung zeigt sich für den Psychiater die Problematik in der Interaktion Gericht – Sachverständiger besonders deutlich: Alkohol und Schuldfähigkeit – dieses Verhältnis kann nach Ansicht der Naturwissenschaftler kaum mit der notwendigen Sicherheit beschrieben werden. Zu viele Variablen können retrospektiv nicht bestimmt werden. Das Dilemma: Der Naturwissenschaftler als Sachverständiger kann grundsätzlich nichts ausschließen, gibt seine Empfehlungen in einem probabilistischen wissenschaftstheoretischen Modell nur mit einer gewissen Wahrscheinlichkeit ab. Da naturwissenschaftlich grundsätzlich nie etwas vollkommen auszuschließen ist, müsste der Richter bei Anlegung naturwissenschaftlicher Maßstäbe stets in dubio pro reo entscheiden. Dies aber ist juristisch nicht tragbar, sodass der Tatrichter die sachverständige Wahrscheinlichkeitsaussage in vielen Fällen auf ein naturwissenschaftlich nicht zu begründendes Ja oder Nein zu reduzieren hat.

Wir reden heute über Phänomene, die wir sicher nicht beurteilen können: Bei der Tat war selbstredend kein Sachverständiger und Richter dabei; zur Schuldfähigkeit ist immer retrospektiv, auf der Grundlage verschiedener, oft sehr inkompletter Erkenntnisquellen Stellung zu nehmen. Aber: Die einzelnen psychopathologischen Symptome sind nicht gleichwertig, ein Lallen oder ein stark schwankender Gang haben zunächst mit einer beeinträchtigten oder gar aufgehobenen Einsichts- oder Steuerungsfähigkeit nichts zu tun, werden aber immer wieder als Äquivalent in der Rechtssprechung herangezogen. Der Sachverständige soll und darf kein Richter sein, aber der Richter ist natürlich in dieser Kompetenz nicht aus-, fort- oder weitergebildet. Deutlicher wird dies – um ein entfernt liegendes Beispiel anzubringen – bei den DNA-Spurenanalysen, bei denen Fachfremde nur das Ergebnis nachlesen und anhören können; das zum Verständnis eigentlich erforderliche Wissen ist bei den Prozessbeteiligten naturgemäß nicht vorhanden. Psychopathologie ist eine andere Kunst, die Juristen gerne normalpsychologisch nachvollziehbar anwenden, aber eben nicht verständig gebrauchen können und die im Gerichtssaal dann gelegentlich auf Lallen und Torkeln reduziert wird.

Problematisch ist die Anwendung der Blutalkoholkonzentration, mehr oder wenig tatzeitnah festgestellt, im Rahmen der individuellen Schuldfähigkeitsdiskussion (vgl. dazu den Beitrag von Haffner u. Blank, Kap. 5): Nach einer Euphorie in den 80er und 90er Jahren, in welchen ein bestimmter BAK-Wert als Synonym für eine erheblich eingeschränkte oder aufgehobene Schuldfähigkeit angesehen wurde, zeichnet sich nun ein realistischer Umgang ab, wie dies auch in den letzten Jahren in der höchstrichterlichen Rechtsprechung zum Ausdruck kam. Ganz unverständlich ist beispielsweise die alte Berechnung eines Zuschlages von 10% bei Tötungsdelikten, wodurch eine erhöhte Hemmschwelle bei solchen Taten berücksichtigt werden sollte. Warum dieser gerade 10% und nicht 5% oder 20% betrug, entbehrt jeglicher naturwissenschaftlichen Grundlage. Aus juristischer Sicht ist das Fehlen einer solchen Grundlage allerdings kein überzeugendes Argument, weil das Recht an vielen Stellen Grenzen ziehen muss, ohne den genauen Grenzverlauf wissenschaftlich begründen zu können.

Forschung tut Not: Welche individuellen Faktoren bedingen zu welchem konkreten Zeitpunkt welche spezifischen Einschränkungen der Freiheitsgrade für schuldfähiges Verhalten? Konkrete Alkoholwirkung ist von so vielen Faktoren abhängig, dass die in der Regel unbekannten Wechselwirkungen von biologischen Faktoren (Nahrungsaufnahme, Konstitution, Vor- und Begleiterkrankungen usw.), solchen des psychosozialen Bereiches (kognitives und emotionales Funktionsniveau, Primärpersönlichkeit usw.) mit der konkreten aufgenommenen Alkoholdosis nicht zureichend beschrieben werden können. Zudem ist die Blutalkoholkonzentration nur ein sehr unzureichender Messparameter der Wirkung des Alkohols und von zahlreichen Wirkfaktoren und den Umständen der Blutentnahme (besonders der Zeitpunkt im Verhältnis zu dem der Anlasstat) abhängig. Wahrscheinlich gibt es derzeit nichts Besseres, aber es wäre zu fordern, dass ein adäquates statistisches Modell entwickelt und wissenschaftstheoretischen Anforderungen entsprechend prospektiv evaluiert wird, das dann als diagnostisches Instrumentarium benutzt werden kann. Es wäre nicht unmöglich, ein entsprechendes statistisches Modell zu entwickeln, in welchem alle beteiligten Parameter mit Gewichtungsfaktoren versehen eingehen. Mit a priori gesetzter statistischer Sicherheit im Rahmen eines Signifikanzniveaus bzw. eines Konfidenzintervalles ist dann auf diesen Voraussetzungen basierend festzustellen, ob die Schuldfähigkeit beeinträchtigt oder aufgehoben ist.

Das zu beurteilende Problem reduziert sich auf den Grad der eingeschränkten Freiheitsgrade psychischen Erlebens und Verhaltens durch biologische Vorgänge, insbesondere des Gehirns (vgl. dazu den Beitrag von Burtscheidt u. Schneider, Kap. 2). Dies ist die zu beurteilende unabhängige Variable im Rahmen der Schuldfähigkeitsbeurteilung. Dabei könnte eine systematisch angelegte naturwissenschaftliche Forschung, die die einzelnen Aspekte auch in ihrer Interaktion darstellen würde, machbar und auch finanzierbar erfolgen. Von den etablierten Forschungsförderungseinrichtungen ist dies allerdings bislang kaum konzeptuell aufgenommen worden.

Wer sind überhaupt die Sachverständigen? Der psychopathologische Befund kann nur vom Arzt für Psychiatrie und Psychotherapie bzw. vom Arzt für Nervenheilkunde qualifiziert erhoben werden, die Bestimmung der Blutalkoholkonzentration wird vom Rechtsmediziner oder Laboratoriumsmediziner vorgenommen. Bei der Auswahl der Disziplinen scheint es allerdings mehr von lokalen Gegebenheiten und der Verfügbarkeit von Sachverständigen abzuhängen, welcher Disziplin der Gutachter entstammt. Wenigstens bei Kapitaldelikten hat sich das Primat der Psychiatrie im Gerichtssaal durchgesetzt. Die Ausbildung der Sachverständigen ist höchst unterschiedlich. Zu fordern ist eine intensive Fort- und Weiterbildung unter langjähriger Supervision und regelmäßige qualitätssichernde Maßnahmen. Dazu gehören auch – bislang fehlende – verbindliche Qualitätsstandards zur Anfertigung psychiatrischer Sachverständigengutachten bezogen auf Anamneseerhebung (aktuell, körperlich, vegetativ, Krankheitsvorgeschichte, Familie, Biographie), Fremdanamnese, allgemein-körperlicher und neurologischer Untersuchungsbefund sowie apparative und andere Zusatzuntersuchungen wie Testpsychologie, Elektroenzephalographie, Laborchemie und Bildgebung des Gehirns (Computertomographie, Kernspintomographie). Es gibt zwar auch in den deutschsprachigen Ländern eine Reihe von Spezialisten für forensische Psychiatrie, die entsprechend weitergebildet und kompetent in der Beurteilung sind. Die forensische Psychiatrie ist aber derzeit noch keine Spezialität im Kanon der verschiedenen ärztlichen Weiterbildungsmöglichkeiten, obschon gerade von der deutschen wissenschaftlich-psychiatrischen Fachgesellschaft entsprechende Anstrengungen unternommen werden, dies zu ändern.

Qualitätssicherung und Qualitätsmanagement, wie sie im gesamten medizinischen Bereich gegenwärtig forciert betrieben werden, sind auf den hier behandelten inhaltlichen Rahmen bislang kaum bezogen worden. Lediglich für den Maßregelvollzug fangen gerade einzelne Ärztekammern an, Listen mit den Namen von forensisch erfahrenen Sachverständigen herauszugeben, die Prognosegutachten im Sinne der länderspezifischen Maßregelvollzugsgesetze erstatten dürfen. Spezielle Richtlinien bei der Ausbildung garantieren einen hohen Qualitätsstandard. Dies wäre auch für die Schuldfähigkeitsbeurteilungen anzustreben.

Die psychiatrische Schuldfähigkeits- und Prognosebeurteilung, die richterliche Rezeption dessen und die Bedingungen der Behandlung alkoholkranker Täter müssen optimiert werden. Dazu gehört ein interdisziplinärer Diskurs zwischen Medizinern, Psychologen und Juristen, wozu die Autoren des vorliegenden Buches stimulierend beitragen wollen.

Grundlagen der Alkoholkrankheit

WILHELM BURTSCHEIDT und FRANK SCHNEIDER

2.1
Epidemiologie

Die vorliegenden Zahlen zur Häufigkeit von Alkoholabhängigkeit und schädlichem Gebrauch von Alkohol in der Bevölkerung zeigen eine erhebliche Schwankungsbreite:

So werden für die Bundesrepublik Deutschland Raten zwischen 2 und 7% der erwachsenen Bevölkerung angegeben, wobei der Frauenanteil zwischen 25 und 30% beträgt (Fichter 1990). Kraus u. Bauernfeind (1998) gehen auf der Basis einer Repräsentativerhebung von 2,1% Alkoholabhängigen, 3,4% Patienten mit chronischem Alkoholmissbrauch und 6,1% Personen mit risikoträchtigem Konsumverhalten für die Bevölkerung der Bundesrepublik aus.

Diese hohe Varianz ist wesentlich dadurch begründet, dass epidemiologische Untersuchungen zur Prävalenz der Alkoholkrankheit mit großen methodischen Schwierigkeiten belastet sind: So lassen sich aus dem Alkoholkonsum innerhalb einer Bevölkerung, der Rate typischer Folgeerkrankungen und der Inanspruchnahme von Beratungs- und Therapieeinrichtungen nur indirekte Schlüsse auf die Zahl der Abhängigen ziehen, während Repräsentativumfragen infolge der mit der Erkrankung verbundenen Dissimulationstendenzen in ihrer Validität erheblich eingeschränkt sind. Dazu kommt, dass der Begriff „schädlicher Gebrauch" in der ICD-10 nur unscharf definiert ist und dass für den Terminus „risikoträchtiges Konsumverhalten" allgemein anerkannte und einheitlich definierte diagnostische Kriterien bisher nicht vorliegen.

Was die Altersverteilung betrifft, sind unter den Klienten der Beratungsstellen und in den Suchtfachkliniken vor allem die Altersgruppen zwischen

35 und 55 Jahren vertreten. Dabei ist allerdings zu berücksichtigen, dass nach Erhebungen bei Männern durchschnittlich 10, bei Frauen 6 Jahre zwischen Manifestation der Abhängigkeit und Herstellung des Kontakts zum Hilfesystem liegen.

Nach Umfrageergebnissen unter Jugendlichen und jungen Erwachsenen ist der Alkoholkonsum in diesen Altersgruppen in den letzten beiden Jahrzehnten insgesamt kontinuierlich rückläufig, allerdings steigt nach dem klinischen Eindruck in den stationären Einrichtungen der Anteil jugendlicher Abhängiger mit oft polytoxikomanen Konsummustern. Wenig beachtet und untersucht ist bisher das Phänomen der Alkoholkrankheit im höheren Lebensalter; die vorliegenden Studien gehen davon aus, dass es sich bei zwei Dritteln dieser Fälle um schon länger bestehende Abhängigkeiten handelt, während sich in den übrigen Fällen die Sucht erst als Reaktion auf die spezifischen Probleme und Belastungsfaktoren dieser Lebensphase entwickelt (Übersicht bei Bode u. Haupt 1998).

Die Alkoholkrankheit betrifft zwar alle Gesellschaftsschichten, allerdings besteht keine völlige Gleichverteilung: So scheinen Unterschichtangehörige sowie Mitglieder der oberen Mittelschicht (und auch Großstadtbewohner im Vergleich zu ländlicher Bevölkerung) stärker betroffen zu sein.

Für die gesundheitsökonomischen Auswirkungen der Alkoholabhängigkeit gelten analog die eingangs skizzierten methodischen Schwierigkeiten; hier liegen im Wesentlichen nur Schätzwerte und Anhaltszahlen vor:

So werden in Deutschland etwa 30% aller psychiatrischen Klinikaufnahmen durch Suchterkrankungen (insbesondere durch Alkoholkrankheit) verursacht bzw. mitbedingt; einer stationären Langzeitbehandlung unterzogen sich in Deutschland im Jahr 1998 etwa 30 000 Alkoholiker (dem stehen ca. 8700 ambulante Therapiemaßnahmen gegenüber), etwa 80 000 Betroffene nehmen jährlich die Hilfe einer Beratungsstelle in Anspruch (DHS 1999).

Im Jahre 1993 wurden in der Bundesrepublik Deutschland in etwa 17 000 Fällen direkt auf Alkohol bezogene Todesursachen (Intoxikationen und Entzugskomplikationen) dokumentiert; dazu kam etwa die gleiche Anzahl von indirekt auf Alkohol bezogenen Todesursachen (wie Karzinome des oberen Verdauungstraktes und des Kehlkopfs, Bauchspeicheldrüsenentzündungen, Unfälle, Suizide und Homizide).

Die Sterblichkeit von Alkoholkranken ist gegenüber der Normalbevölkerung der entsprechenden Altersstufen um den Faktor 2,5–4,7 erhöht (Feuerlein 1996); in der deutschen MEAT-Studie, die 1410 Patienten stationärer Langzeittherapieeinrichtungen über 4 Jahre nachverfolgte (Feuerlein u. Küfner 1989), lag sie für Männer bei 9,8%, für Frauen bei 4,8%. (In dieser Studie waren nur 15% der Teilnehmer 50 Jahre oder älter.)

Besondere Bedeutung kommt in diesem Kontext dem *Suizid* zu; allerdings divergieren auch hier die Literaturangaben zur Prävalenz erheblich; Murphy u. Wetzel (1990) fanden in ihrer kritischen Metaanalyse ein Lebenszeitsuizidrisiko von 2% für unbehandelte bzw. ambulant behandelte Alkoholiker sowie von 3,4% für stationär behandelte und damit oft schwerer erkrankte Patienten.

2.2
Ätiologie

Manifest abhängige, nicht abstinent lebende Suchtkranke zeigen (unabhängig von der Art der missbrauchten Substanzen) sehr uniform und stereotyp anmutende Verhaltensweisen, die geprägt sind vom Kontrollverlust im Umgang mit der Substanz, dem Zwang zum kontinuierlichen Suchtmittelkonsum, der Verleugnung der Abhängigkeit und dem Versuch, negativen sozialen Sanktionen auszuweichen.

Dieses Phänomen hat Suchtforscher und Therapeuten lange dazu verführt, von einer einheitlichen Ursache für die Entstehung von Suchterkrankungen (insbesondere im Sinne einer spezifischen „Suchtpersönlichkeit") auszugehen.

Dagegen werden die Entstehung und Aufrechterhaltung von Abhängigkeitserkrankungen heute als multifaktoriell bedingte Prozesse verstanden. Entsprechend wird die manifeste Abhängigkeit mit ihrem sehr einheitlich wirkenden Erscheinungsbild als Resultat interindividuell sehr unterschiedlicher Bedingungsgefüge und Abläufe aufgefasst (ähnlich wie z.B. der erhöhte Blutdruck die „gemeinsame Endstrecke" ganz unterschiedlicher Krankheitsprozesse darstellt).

Nach den inzwischen vorliegenden Befunden kann von der Existenz eines einheitlichen Sucht bedingenden oder Sucht erhaltenden Faktors (bzw. Faktorenbündels) nicht mehr ausgegangen werden. Dies gilt für den biologischen wie für den psychologischen Bereich.

Schematisch lassen sich die Faktoren, denen nach heutigem Kenntnisstand zentrale Bedeutung bei der Entstehung und Aufrechterhaltung der Alkoholabhängigkeit zugeschrieben wird, biologischen und psychosozialen – miteinander interagierenden – Bereichen zuordnen.

2.2.1
Biologische Faktoren

Unser Wissen um die neurobiologischen Grundlagen von Abhängigkeitserkrankungen hat im Verlauf des letzten Jahrzehnts eine enorme Bereicherung erfahren. Wesentlich dazu beigetragen haben zum einen die Entwicklung von Tiermodellen und zum anderen die Etablierung von hirnmorphologischen, hirnfunktionellen und biochemischen Untersuchungsverfahren, die eine Forschung auch unmittelbar am Menschen ermöglichen.

Die Befunde zu biologischen Faktoren, denen nach aktuellem Kenntnisstand Bedeutung bei der Entwicklung und Aufrechterhaltung des Alkoholismus zukommt, lassen sich wie im Folgenden dargestellt gliedern.

Genetik

Familien-, Zwillings- und Adoptionsstudien belegen übereinstimmend die Bedeutung genetischer Faktoren für die Entwicklung von Alkoholmissbrauch und -abhängigkeit bei den Söhnen alkoholkranker Eltern; bei den weiblichen Nachkommen ist die Befundlage bisher (auch infolge der geringeren Häufigkeit dieser Störungsbilder bei Frauen) noch uneinheitlich (Literaturübersicht bei Maier 1995).

Die Konkordanz erreicht in den vorliegenden Zwillingsstudien maximal Werte von etwa 60%; nach diesen Untersuchungen kommt biografischen Beeinflussungsfaktoren etwa dasselbe Gewicht für die Entwicklung einer Alkoholabhängigkeit zu wie der genetischen Belastung (Prescott et al. 1994).

Tierexperimentell gewonnene Befunde (Rommelspacher u. Schmidt 1999) zeigen inzwischen, dass verschiedene Aspekte der Alkoholwirkung und der Reaktion auf Alkohol (wie Sensitivität gegenüber der Substanz, aversive Alkoholeffekte, Verstoffwechselung des Alkohols, Toleranz und Ausprägung von Entzugssymptomen) auf getrennten Genorten kodiert und durch unterschiedliche Transmittersysteme gesteuert werden; gleichzeitig weisen mehrere Studien darauf hin, dass auch die Nachkommen von Medikamenten- und Drogenabhängigen ein erhöhtes Risiko tragen, an einer Alkoholabhängigkeit zu erkranken.

Zusammenfassend erlauben die vorliegenden Befunde der genetischen Forschung so die Aussage, dass genetische Faktoren bei erblich belasteten Personen eine etwa gleich wichtige Rolle wie individuumsbezogene Umgebungseinflüsse spielen, dass die erbliche Belastung nicht substanzspezifisch ist und dass zahlreiche getrennte Genpolymorphismen an der Entstehung der Erkrankung beteiligt sind (Maier 1996; Rommelspacher 1999).

Zur Frage nach *genetisch begründeten Subtypologien* bestehen divergierende Befunde und Hypothesen:

Schuckit (1996) konnte bei den Söhnen alkoholkranker Väter gehäuft eine verminderte subjektiv empfundene und objektiv nachweisbare Reaktion auf Alkohol demonstrieren und zeigen, dass damit ein erhöhtes Risiko für die Entwicklung einer Abhängigkeit verbunden ist.

Einen anderen Weg schlugen Cloninger et al. (1993) ein, die ausgehend von Adoptionsstudien zu einer bis heute kontrovers diskutierten Subtypologisierung der Gruppe der männlichen Alkoholkranken gelangten (vgl. S. 36f.):

Danach gehören etwa 80% der Patienten zum Typ I, der sich durch späten Suchtbeginn, geringe genetische Belastung und ein geringes Ausmaß von Dissozialität auszeichnet. Dagegen wird der Typ II geprägt durch hohe, über den Vater vermittelte erbliche Belastung, frühen Krankheitsbeginn, massiven Kontrollverlust, ausgeprägte antisoziale Züge und die Tendenz zu einem umtriebigen, auf die Erfahrung immer neuer Sensationen ausgerichteten Lebensstil („novelty seeking" bzw. „sensation seeking").

Analoge Befunde konnten inzwischen auch bei weiblichen Abhängigen erhoben werden (Kendler et al. 1992).

Versuche, unter anderem auf der Basis dieser Hypothesen und Befunde, *Trait-Marker* (also Merkmale, die es erlauben können, Risikopersonen im Vorfeld der Erkrankung zu identifizieren), für eine genetisch vermittelte Suchtbelastung zu etablieren, befinden sich derzeit im Fluss.

So bestehen Hinweise auf erniedrigte Dopamin- und Serotoninaktivität (diese Neurotransmitter werden u. a. mit der Regulation von Stimmung und Aggressivität in Verbindung gebracht) sowie auf mangelnde EEG-Synchronisation und eine Reduktion der P300-Amplitude (als Korrelate gestörter Informationsverarbeitung) bei über ihre genetische Belastung definierten Risikoprobanden (Literaturübersicht bei Lachner u. Wittchen 1997).

Biochemie

Während z. B. Opiate und Benzodiazepine über die Bindung an einen bestimmten, spezifischen Rezeptortyp die Hirnfunktion beeinflussen, greift Alkohol auf verschiedensten Wegen in die Informationsübertragung und den Zellstoffwechsel des Gehirns ein. Dabei verursacht er nicht nur Veränderungen der Funktion, sondern auch den Untergang von Hirnzellen. Zudem kommt es über toxische Abbauprodukte und die Auswirkungen internistischer Folgeerkrankungen zu weiteren Beeinträchtigungen der Hirnfunktion.

So greift Alkohol in alle bekannten Neurotransmitter- und Rezeptorsysteme und das Endorphinsystem ein, beeinflusst die G-Proteine (die die zellinterne Adenylzyklase steuern) und die Transskriptionsproteine des Zellkerns, verändert auf direktem Weg die Struktur der Zellmembran und wirkt auf die spannungsabhängigen Kalziumkanäle ein, wobei diese Effekte je nach Dosis, einmaliger oder chronischer Zufuhr und auch in Abhängigkeit von der Hirnregion, quantitativ wie qualitativ sehr unterschiedlich ausgeprägt sein können.

Dazu kommt, dass das Alkoholabbauprodukt Azetaldehyd (das selbst neurotoxisch wirkt) mit Serotonin, Noadrenalin und Dopamin Kondensationsprodukte (sog. Tetrahydroisochinoline und Betakarboline) bilden kann, denen ihrerseits wieder rausch- und suchterzeugende Wirkung zugeschrieben wird.

Diese hoch komplexen Schädigungsmechanismen und ihr Ineinanderwirken sind derzeit nur ansatzweise aufgeklärt; nach dem aktuellen Kenntnisstand muss mit hoher Wahrscheinlichkeit davon ausgegangen werden, dass die Alkoholwirkung und die Empfindlichkeit gegenüber Alkohol je nach Individuum auf sehr unterschiedlichen Mechanismen beruhen können.

Neurobiologie

Die Erforschung neurobiologischer Prozesse, die mit der Suchtentwicklung verbunden sind, befindet sich derzeit noch auf der Ebene der Datensammlung und der Untersuchung der Alkoholwirkung auf einzelne Subsysteme, sodass Modelle übergreifender pathogenetischer Funktionszusammenhänge bisher nur hypothetisch zu formulieren sind.

Allerdings stehen inzwischen Tiermodelle zur Verfügung (Wolffgramm u. Heyne 1995), die unser Wissen um diese Prozesse erheblich erweitert haben. So zeigen Mäuse und Ratten, die im weiteren Verlauf eine Abhängigkeit entwickeln, unabhängig von der Art des Suchtmittels, ein typisches Konsumverhalten: Nach einer Phase des Probierens kommt es zu einem zunehmend sich steigernden Konsum, bis sich die Tagesdosis schließlich auf hohem Niveau einpegelt und durch äußere Einflüsse nicht mehr beeinflusst werden kann: Während nichtsüchtige Tiere auf Stressoren (z. B. auf Einzelhaltung) mit einem vorübergehenden Anstieg des Suchtmittelgebrauchs reagieren, verändert sich bei süchtigen Tieren in dieser Situation die Dosis nicht.

Gibt man süchtigen Tieren nach einer Abstinenzphase erneut die Gelegenheit, Suchtmittel zu konsumieren, kommt es zu einem schnell überschießenden Konsum, ehe sich die Tagesmenge nach einigen Tagen wieder in der früheren Höhe stabilisiert.

Diese Tierversuche sind natürlich nur mit äußerster Zurückhaltung auf den Menschen übertragbar, dennoch erscheinen zwei Befunde bemerkenswert:

Zur Suchtentwicklung kommt es nur, wenn die Tiere eine Wahlmöglichkeit haben, also z. B. neben Alkohol auch Wasser aufnehmen können. Tiere, denen zur Deckung ihres Flüssigkeitsbedarfs nur alkoholhaltige Lösungen zur Verfügung stehen, entwickeln zwar nach Absetzen des Alkohols Entzugssymptome, zeigen aber, wenn nach einer gewissen Abstinenzzeit erneut Alkohol zur Verfügung gestellt wird, kein süchtiges Trinkverhalten.

Zum anderen scheinen subdominante Tiere, die in der Rangordnung weiter unten stehen, besonders gefährdet für die Entwicklung süchtigen Verhaltens.

Mit Hilfe dieser Tierversuche (Rommelspacher 1999) ließ sich zeigen, dass die regelmäßige Zufuhr von Alkohol (und allen übrigen Drogen) Anpassungs- und Gegenregulationsprozesse im Zentralnervensystem bewirkt, denen eine wesentliche Bedeutung bei der Entstehung von Entzugssymptomen und Suchtmittelverlangen („craving") und der Entwicklung eines biologischen Suchtgedächtnisses zugeschrieben wird, die aber noch nicht vollständig aufgeklärt sind.

Im Mittelpunkt der Aufmerksamkeit stehen dabei aktuell das dopaminerge *Belohnungssystem* und seine afferenten und efferenten Verbindungen. Dabei handelt es sich um einen Bestandteil des mesokortikolimbischen Systems im Mittelhirn, dessen Zellkerne nach kranial in den Nucleus accumbens projizieren.

Im Tierversuch vernachlässigen Tiere, denen die Möglichkeit gegeben wird, diese Strukturen elektrisch zu stimulieren oder dorthin Suchtmittel zu injizieren, darüber alle anderen Aktivitäten einschließlich der Nahrungsaufnahme (Zieglgänsberger 2000).

Unter theoretischem Aspekt erscheint das Belohnungssystem deshalb hochinteressant, weil es mit seinen neuronalen Vernetzungen eine ideale Schnittstelle zwischen Informationsverarbeitung, Gedächtnisprozessen und der Regulation innerer Befindlichkeit darstellt.

Das System erhält Afferenzen von Neuronen aller Transmittersysteme, es ist zum einen mit der Präfrontalregion und zum anderen mit striatalen Kerngebieten, die Aktivitätsgrad, Bewusstseinslage und emotionale Befindlichkeit regulieren, verbunden. Gleichzeitig hat es über Verbindungen innerhalb des limbischen Systems Einfluss auf die Funktionen der Wahrnehmung, des Lernens und der Affektgenerierung.

Hypothetisch lassen sich damit erste Modelle der Interaktion zwischen Suchtmittelkonsum, zentraler Regulation der psychischen Befindlichkeit, Informationsverarbeitung, Lernprozessen, der Wirkung innerer und äußerer Konflikte und Probleme und dem Entstehen von Suchtmittelverlangen entwickeln.

Erste Tierversuche weisen zudem auf auch nach längerfristiger Abstinenz persistierende quantitative Veränderungen dopaminerger Rezeptoren in den oben genannten striatalen Regionen (May et al. 1995) und auf eine Verminderung der D3-Rezeptorgen-Expression im frontalen Bereich des limbischen Systems hin, die Elemente eines *biologischen Suchtgedächtnisses* darstellen und damit einen Beitrag zur Erklärung des Phänomens leisten könnten, dass erneuter Alkoholkonsum selbst nach langjähriger Abstinenz fast regelhaft wieder zum Rückfall in süchtiges Trinkverhalten führt (Eravci et al. 1997).

Bei alkoholabhängigen Patienten wurden die Einflüsse einer standardisierten verhaltenstherapeutischen und psychopharmakologischen Intervention untersucht, indem die Patienten jeweils vor und nach der Therapie mit der Technik der funktionellen Magnetresonanztomographie (fMRT) untersucht wurden (Schneider et al. 2001). Alkoholische Duftreize wurden eingesetzt, um Craving, das starke Suchtverlangen auszulösen und bezüglich seiner neurobiologischen Substrate erforschen zu können. Das experimentelle Design beinhaltete die fMRT-Messung (EPI-Messungen mit 32 Schichten) an einem 1,5-T-Scanner während der Darbietung der Geruchsreize, während in einer Kontrollbedingung nur neutrale Luftreize präsentiert wurden. Die Applikation der Duftreize erfolgte mittels eines eigens für die fMRT konstruierten Olfaktometers, mit dem die Reize mit gleichem Druck und gleicher Temperatur bis zum Nasenloch des Probanden transportiert werden (Schneider et al. 1999). Eine Aktivierung der Amygdala und des Zerebellums waren vor der Therapie als Craving-Korrelate identifizierbar. Sie demonstrierten Zustandsabhängigkeit, denn diese Aktivierungen waren nach der Therapie nicht mehr vorhanden. Nach der Therapie fand eine Verlagerung der Aktivierung in eher kortikale Areale statt, sodass man hier vermuten könnte, dass nach Therapie eine stärkere kortikale Kontrolle von den Patienten bei suchtrelevanten Reizen stattfindet. Gesunde Probanden zeigten innerhalb dieses 3-wöchigen Untersuchungsintervalls keinerlei Veränderungen in den Aktivierungen bei alkoholgetränkten Duftreizen und auch keine vergleichbare Veränderung des Aktivierungsmusters zwischen den beiden Messzeitpunkten. Ferner fehlte hier die emotionale Beteiligung bei der Verarbeitung alkoholgetränkter Duftreize im Sinne einer Aktivierung im Bereich der Amygdala.

Was die neurobiologischen Grundlagen der Disposition zur Entwicklung einer Alkoholabhängigkeit betrifft, ist die Befundlage widersprüchlich: Zur Zeit wird auf der Basis tierexperimenteller Untersuchungen sowohl eine Über- wie eine Untererregbarkeit des Belohnungssystems infolge von Dopaminmangel bzw. Dopaminüberschuss diskutiert (Wolffgramm u. Heyne 1995). Theoretisch ist so denkbar, dass auf der einen Seite Individuen ein erhöhtes Risiko der Suchtentwicklung tragen, die infolge einer Untererregbarkeit nur unter dem Einfluss von Suchtmitteln eine Stimulation des Belohnungssystems erleben, während auf der anderen Seite auch diejenigen gefährdet sind, deren Belohnungssystem bereits auf kleine Dosen von Suchtmitteln überschießend positiv reagiert (Literaturübersichten bei Soyka 1995 und Rommelspacher 1995).

2.2.2
Psychologische Faktoren

Aus psychologisch-psychotherapeutischer Sicht existieren eine Vielfalt teils widersprüchlicher, teils sich ergänzender oder überlappender Erklärungsmodelle und Therapieverfahren, die allerdings größtenteils bisher nicht empirisch untersucht wurden. In diesem Kapitel sollen daher nur die bereits relativ gut untersuchten bzw. in ihrer therapeutischen Anwendung im klinischen Alltag besonders relevanten Konzepte orientierend dargestellt werden.

Verhaltenstheorie

Innerhalb der Verhaltenstherapie (Übersicht bei Kadden 1999) lassen sich unter anderem folgende Erklärungsansätze differenzieren: Während die Lerntheorie, die seit den 70er Jahren weit verbreitet ist, Suchtentwicklung in der Terminologie der klassischen und operanten Konditionierung zu fassen sucht, begreifen Autoren wie Monti et al. (1990), ausgehend von der auch empirisch belegten Beobachtung, dass viele Abhängige nur unzureichend entwickelte soziale Kompetenz besitzen, den Suchtmittelgebrauch als eine inadäquate und letztlich selbstschädigende *Bewältigungsstrategie*.

Nach diesem Konzept bedingt mangelnde soziale Kompetenz (insbesondere unzureichende Kommunikationsfähigkeit) ein erhöhtes Risiko für das Auftreten von rückfallträchtigen Situationen, die dann wiederum mangels geeigneter Fertigkeiten nicht adäquat bewältigt werden können.

Diese Kompetenzdefizite lassen sich 2 Bereichen zuordnen:

- unmittelbar zur Bewältigung von rückfallträchtigen Situationen und Abstinenzverletzungen erforderliche spezifische Fertigkeiten,
- allgemeine unspezifische Kompetenzen, die indirekt die Wahrscheinlichkeit des Auftretens rückfallträchtiger Situationen reduzieren.

Im Gegensatz dazu fokussieren *kognitive* verhaltenstherapeutische Ansätze (Übersicht in Burtscheidt 2001) auf die Identifikation und Beeinflussung von kognitiven Prozessen, die sich im Vorfeld von Abstinenzverletzungen entwickeln und letztlich zum Rückfall führen.

Nach diesen Konzepten werden in spezifischen auslösenden Situationen suchtmittelbezogene Erwartungen aktiviert, die zur Entstehung von Suchtmittelverlangen (Craving) führen und unter dem Einfluss von den Suchtmittelgebrauch erleichternden permissiven Gedanken in einem zweiten Schritt in den Rückfall münden.

Bei diesen auslösenden Situationen kann es sich um die Exposition gegenüber Schlüsselreizen, um innere Konflikte und Belastungen oder um als überfordernd oder traumatisierend erlebte Situationen in der Außenwelt handeln.

Marlatt u. Gordon (1985) erweiterten dieses Modell um das Konzept des *Abstinenzverletzungseffekts*, der dann auftritt, wenn Patienten eine zunächst einmalige oder kurzfristige Abstinenzverletzung als Beweis für die völlige Unwirksamkeit ihrer gesamten bisherigen Bemühungen um Aufrechterhaltung der Abstinenz werten und unter dem Einfluss dieses Gedankens das süchtige Trinkverhalten in vollem Umfang wieder aufnehmen.

Beck et al. (1993) fügten schließlich den Einfluss bestimmter *Kernüberzeugungen* (die sich in Form *automatischer Gedanken* äußern) in das Modell ein, die in der auslösenden Situation aktiviert werden und erst in einem weiteren Schritt zum Auftauchen suchtmittelbezogener Gedanken und Erwartungen führen (Abb. 2.1).

So kann z. B. ein Abhängiger, der unter der Grundüberzeugung leidet, wehr- und hilflos einer feindlichen Umwelt ausgeliefert zu sein, auf eine Niederlage in der Auseinandersetzung mt einem Kollegen mit dem automatischen Gedanken reagieren, dass alle seine Anstrengungen, sich durchzusetzen, doch ohnehin von vornherein zum Scheitern verurteilt seien, um in einem 2. Schritt die Erinnerung an die tröstende und betäubende Wirkung des Alkohols zu aktivieren.

Diese Sucht bedingenden und Sucht erhaltenden Kernüberzeugungen entstehen nach Beck vor allem aus kindlichen Erfahrungen, sie werden 2 Kategorien zugeordnet:

- auf die eigene Person bezogene Überzeugungen (nach Beck handelt es sich bei Suchtkranken vor allen um die Kernüberzeugung der Ohnmacht und Hilflosigkeit),
- auf die Beziehung zu anderen Menschen bezogene Überzeugungen (hier soll vor allem die Überzeugung, von anderen nicht geliebt und akzeptiert zu werden, bedeutsam sein).

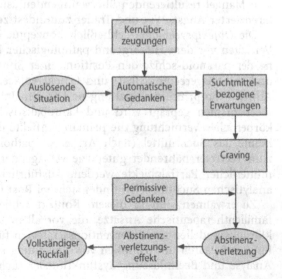

Abb. 2.1. Erweitertes kognitives Modell der Rückfallentstehung

Mit diesen Kernüberzeugungen verbinden sich *konditionale Überzeugungen* wie z. B. jene, von anderen nur akzeptiert oder geduldet zu werden, wenn man alle ihre Wünsche erfülle und auf eigene Ansprüche verzichte, und entsprechende *kompensatorische Verhaltensmuster.*

Dazu treten nach Beck irrationale Denkstile sowie typisch depressive pathologische Formen der Informationsverarbeitung wie die Tendenz zu inadäquater Generalisierung und Nihilismus.

Psychoanalyse

In der Geschichte der Psychoanalyse hat jede Phase der Theoriebildung auch eine neue Suchttheorie hervorgebracht; aktuell lassen sich 3 (einander nicht ausschließende, sondern ergänzende) Auffassungen der Funktion von Suchtmitteln unterscheiden:

Unter *triebpsychologischem* Aspekt dient der Suchtmittelkonsum der direkten Befriedigung triebhafter (überwiegend oraler) Bedürfnisse. Gleichzeitig schützt er das Ich vor Außenweltreizen wie vor konflikthaft oder bedrohlich erlebten Inhalten des Es und des Überich. Darüber hinaus wird Sucht (in Analogie zum klassischen psychoanalytischen Neurosekonzept) als Symptom bzw. als missglückter Bewältigungsversuch eines Konflikts zwischen den psychischen Instanzen bzw. zwischen Ich und Außenwelt begriffen.

Dagegen stellt die *Ich-Psychologie* die kompensatorische Funktion der Suchtmittel im Sinne des Ausgleichs von Defiziten der Ich-Funktionen (vor allem im Bereich der Stimmungs-, Selbstwert- und Affektregulation und der Frustationstoleranz), die daraus resultierten, dass es dem süchtigen Individuum nicht gelungen sei, ausreichend stabile, verlässliche und schützende innere Objekte zu etablieren, in den Vordergrund der Betrachtung. Gleichzeitig mache (Krystal u. Raskin 1983) der Suchtmittelgebrauch den aus diesem Mangel resultierenden überwältigenden „süchtigen Uraffekt" aus undifferenzierter Angst, Wut und Trauer zumindest zeitweise erträglich.

Die *Objektpsychologie* schließlich konzeptualisiert süchtiges Erleben und Verhalten vor dem Hintergrund pathologischer Konstellationen auf der Ebene der paranoid-schizoiden Position, einer Situation also, in der integrierte und realitätsgerechte Selbst- und Objektrepräsentanzen nicht existieren, die Abwehr von primitiver Spaltung und frühen Introjektions- und Projektionsmechanismen geprägt wird und kannibalistische Gier und die Angst vor körperlicher Vernichtung die primären Affekte darstellen. In diesem Kontext könne das Suchtmittel (nach Art eines pathologischen Übergangsobjekts) zum Vertreter nährender guter wie versagender oder verschlingender böser mütterlicher Partialobjekte werden. Ausführliche Literatur zu den psychoanalytischen Suchttheorien findet sich bei Rost (1987) und Bilitza (1993).

Zu erwähnen sind in diesem Kontext schließlich auch *systemische* und familientherapeutische Ansätze, die vor allem bei der Entwicklung von Erklärungsmodellen und Interventionsstrategien für die Beratung und Behandlung von Paaren und Familien von Bedeutung sind. Dies betrifft sowohl die Analyse und Beeinflussung dysfunktionaler suchterhaltender Strukturen und

Interaktionsstile wie die Unterstützung von Paaren und Familien im Prozess der Abstinenzstabilisierung und der damit verbundenen Umstrukturierung von Beziehungsgefügen und Rollenzuweisungen.

Allerdings stehen in diesem Bereich bisher aussagekräftige empirische Untersuchungen der Effizienz noch weitgehend aus.

2.3
Psychiatrische Komorbidität

Alle Versuche, eine einheitliche *Suchtpersönlichkeit* oder eine allen Süchtigen gemeinsame psychische Störung zu identifizieren, müssen als gescheitert angesehen werden. Allerdings weisen viele Befunde darauf hin, dass sich bei Abhängigen bestimmte psychiatrische Störungsbilder häufiger als in der Normalbevölkerung nachweisen lassen.

Eine aussagekräftige Diagnostik psychiatrischer Begleiterkrankungen ist jedoch mit erheblichen Schwierigkeiten verbunden:

So lassen sich Angststörungen und ihre vegetativen Begleiterscheinungen (Zittern, Herzrasen, Schwitzen, Übelkeit) oft kaum gegen Entzugssymptome abgrenzen. Depressive Symptome entpuppen sich in vielen Fällen als Reaktionen auf die Wahrnehmung der eigenen Suchterkrankung und ihrer schädlichen Auswirkungen oder als Folgen der chronischen Alkoholvergiftung; auch im Rahmen des Entzugs kann es zu depressiven Verstimmungen kommen, die sich ohne spezifische Therapie in wenigen Tagen zurückbilden.

Schwierig ist oft auch die Unterscheidung zwischen Persönlichkeitsstörungen und alkoholtoxischen Wesensänderungen, die durch eine Entdifferenzierung der Persönlichkeit, Affektlabilität und Einschränkungen der Impulskontrolle geprägt sind und leicht als Borderline-Persönlichkeitsstörungen fehldiagnostiziert werden.

Entsprechend sollte die Diagnose psychiatrischer Begleiterkrankungen im Verlauf immer wieder kritisch überprüft werden.

Aufgrund dieser diagnostischen Probleme weisen die Literaturangaben zur Prävalenz psychiatrischer Zusatzdiagnosen eine teilweise enorme Schwankungsbreite auf. Dabei wird die Interpretation der Studien und ihre Vergleichbarkeit zusätzlich erschwert durch die Heterogenität der untersuchten Stichproben und der diagnostischen Instrumente (Schuckit u. Hesselbrock 1994).

Insgesamt ergibt sich bei kritisch-zurückhaltender Würdigung der Literatur der Eindruck, dass Alkoholabhängige im Vergleich zur Normalbevölkerung eine etwas erhöhte Lebenszeitprävalenz an psychiatrischen Störungen aufweisen; dabei sind Frauen vor allem von Angst- und affektiven Störungen betroffen, während bei Männern dissoziale Persönlichkeitsstörungen dominieren.

Im Folgenden soll auf die in der Literatur wie im klinischen Alltag am häufigsten vertretenen Zusatzdiagnosen kurz eingegangen werden.

Für *Angststörungen* variieren die Prävalenzraten in der Literatur zwischen 1 und 69%, während Schuckit u. Hesselbrock (1994) in einer kritischen Metaanalyse lediglich für generalisierte Angststörungen, Panikstörungen und die soziale Phobie eine gegenüber der Normalpopulation leicht erhöhte Häufigkeit ermittelten.

Tabelle 2.1. Psychiatrische Komorbidität bei Alkoholabhängigen. (Nach Jung 1996)

Diagnose	Prävalenz [%]
Depressive Störungen	27–85
Angststörungen	1–69
Borderline-Persönlichkeitsstörung	17–28
Dissoziale Persönlichkeitsstörung	34–52
Schizophrenie	2–7

Eine analoge Situation besteht bei den *depressiven Störungen*: Auch hier reicht (in Abhängigkeit vom Untersuchungszeitpunkt) die Varianz von 27–85%.

Aus dem Bereich der *Persönlichkeitsstörungen* liegen Befunde vor allem zur antisozialen Persönlichkeitsstörung (mit Prävalenzraten zwischen 34 und 52%) und zur Borderline-Persönlichkeitsstörung (mit Prävalenzraten zwischen 17 und 28%) vor. In diesem Bereich besteht unter diagnostischem Aspekt das Problem, dass die Alkoholabhängigkeit in ihrem Verlauf zu einer Reihe dissozialer Verhaltensweisen führen kann; andererseits zählen selbstschädigende Verhaltensweisen und Substanzmissbrauch zu den Diagnosekriterien einer Borderlinestörung.

Bisher weniger beachtet und untersucht sind abhängige, selbstunsichere und selbstschädigende Persönlichkeitsstörungen, die zumindest in manchen Patientenkollektiven deutlich häufiger auftreten als in der Normalbevölkerung (Burtscheidt et al. 1999; Wölwer et al. 2001).

Bezüglich des gemeinsamen Auftretens von Alkoholkrankheit und *schizophrenen Erkrankungen* fanden sich bei der Untersuchung von Kollektiven alkoholkranker Patienten für schizophrene Erkrankungen Prävalenzraten von 2–7%, während in Stichproben schizophrener Patienten für Alkoholabhängigkeit und Alkoholmissbrauch Häufigkeiten zwischen 12 und 35% ermittelt wurden (hier scheinen besonders Männer mit chronisch produktiven Verläufen betroffen).

Tabelle 2.1 fasst diese Zahlen zusammen; Literaturübersichten zur Komorbidität finden sich bei Jung (1996) und Soyka (1995).

2.4
Intoxikationszustände

Rauschzustände führen in der Regel nur bei schwererwiegenden Bewusstseinsstörungen und Verhaltensauffälligkeiten zu psychiatrischer Behandlung; dabei ist die Ausprägung der Symptomatik neben dem Blutalkoholspiegel von der emotionalen Grundbefindlichkeit, körperlichen Begleiterkrankungen, Vorschädigungen des zentralen Nervensystems (ZNS) und der individuellen Sensitivität gegenüber Alkohol abhängig. Eine eindeutige Beziehung zwischen Blutalkoholspiegel und Veränderungen der psychischen Funktionen besteht somit nicht.

Bei Personen, die einen chronischen schädlichen Gebrauch von Alkohol unterhalten oder an einer Abhängigkeit leiden, ist zusätzlich zu berücksichtigen, dass es im Krankheitsverlauf zunächst (u. a. infolge von Enzyminduktion in der Leber und von Adaptionsmechanismen des Gehirns) zu einer Toleranzentwicklung gegenüber Alkohol kommt (mit der Folge, dass zunehmend größere Mengen konsumiert werden müssen, um den gewünschten Effekt zu erzielen). Mit zunehmender Schädigung von Leber und ZNS tritt in späteren Krankheitsstadien dann allerdings ein Toleranzverlust auf; nun können bereits kleine Alkoholmengen zu schweren Rauschzuständen führen.

Der Begriff „pathologischer Rausch" bezeichnet das (ätiologisch unklare und insgesamt seltene) akute Auftreten von aggressiver Erregung, Angst und wahnhaftem Bedrohungserleben schon bei niedrigen oder mäßigen Blutalkoholwerten. Der Begriff ist inzwischen in seiner Verwendung mit besonderer Vorsicht einzusetzen (Winckler 1999), obschon er noch weiter gebräuchlich ist (vgl. S. 28).

2.5
Alkoholtoxische Hirnfunktionsstörungen

Die ICD-10 führt hier mit dem amnestischen Syndrom und den durch Alkohol bedingten Restzuständen schwere Beeinträchtigungen der mnestischen und intellektuellen Funktionen und der Affektivität auf, die in der Alltagspraxis kaum diagnostische Schwierigkeiten bereiten und zudem in der psychotherapeutischen Praxis kaum in Erscheinung treten (s. unten).

Dagegen werden leichtere und unter Abstinenz zumindest partiell reversible Störungen, die in ihrer Ausprägung nicht die Kriterien des Restzustands erfüllen, in der ICD-10 nicht berücksichtigt und in der klinischen Realität oft übersehen oder fehlinterpretiert. Grant et al. (1987) schlugen als Bezeichnung für diese alkoholtoxisch bedingten Psychosyndrome die Bezeichnungen intermediäre oder subakute Störungen vor.

2.5.1
Subakute Beeinträchtigungen der Hirnfunktion

Mit bildgebenden Verfahren (CCT und MRT) und geeigneten testpsychologischen Untersuchungsinstrumenten lassen sich bei Alkoholkranken in einem hohen Prozentsatz (bei den Hirnleistungsstörungen reichen die Raten in Abhängigkeit vom untersuchten Kollektiv und den eingesetzten Instrumenten von 30–85%) präfrontal betonte Hirnatrophien und korrespondierende Einschränkungen der Hirnfunktionen nachweisen (Übersichten bei Mann u. Dengler 1995; Günthner u. Mann 1995; Wölwer et al. 2001).

Über die zumindest partielle Reversibilität dieser Defizite unter Abstinenz besteht in der Literatur weitgehend Übereinstimmung, allerdings sind die Befunde zur Geschwindigkeit der Rückbildung inkonsistent: So scheinen sich im hirnmorphologischen Bereich die wesentlichen Veränderungen in den ersten Monaten nach Absetzen des Alkohols zu ereignen, während sich Rückbildungen der Hirnleistungseinschränkungen nach den vorliegenden Befunden über bis zu 4 Jahre erstrecken.

Frauen und Männer sind trotz unterschiedlicher Dauer und Höhe des Konsums in gleichem Maße betroffen; eindeutige Korrelationen mit der Dauer der Abhängigkeit und der konsumierten Dosis ergeben sich nicht, sodass die individuelle Empfindlichkeit gegenüber kontinuierlicher Alkoholzufuhr der für die Entwicklung und Ausprägung der morphologischen Defizite entscheidende Faktor zu sein scheint, wobei Frauen offensichtlich eine erhöhte Vulnerabilität aufweisen.

In den neuropsychologischen Testuntersuchungen zeigen sich vor allem Beeinträchtigungen in den Bereichen des Gedächtnisses, des Erlernens neuen Materials, der räumlichen Wahrnehmung, des Abstrahierens und der Problemlösung, der perzeptuellen und motorischen Geschwindigkeit sowie der Effizienz und der Geschwindigkeit der Informationsverarbeitung.

Bisher nur wenig untersucht ist die Übertragbarkeit dieser Befunde auf die Leistungsfähigkeit der Betroffenen im Alltagsleben und in der therapeutischen Situation; klinisch scheinen sie vor allem gekennzeichnet durch:

● Defizite im Bereich der mnestischen Funktionen,
● Einschränkungen der Konzentration und Aufmerksamkeit,
● rasche Erschöpfbarkeit,
● Minderung des Kritikvermögens,
● Reduktion der affektiven Schwingungsfähigkeit und eine Tendenz zur Affektlabilität.

Praktische Relevanz kommt diesen Befunden zum einen insofern zu, als sie darauf hinweisen, dass ein großer Teil der Patienten schon aufgrund hirnorganischer Einschränkungen von den vorhandenen Behandlungsangeboten innerhalb der etablierten/von den Kostenträgern vorgegebenen kurzen Therapiefristen nicht ausreichend zu profitieren vermag. Zum anderen lassen sich diese Symptome im klinischen Alltag differentialdiagnostisch oft kaum gegen Widerstandsphänomene oder Persönlichkeitsstörungen abgrenzen.

2.5.2
Amnestisches Syndrom (Korsakow-Syndrom)

Ausgeprägte Störungen des Kurzzeitgedächtnisses, des Zeitgefühls und des Zeitgitters sowie der Fähigkeit zur Informationsaufnahme kennzeichnen die Störung nach ICD 10. Dazu können Orientierungsstörungen und andere dementive Symptome, Konfabulationsneigung und Personlichkeitsveränderungen auftreten.

Im klinischen Sprachgebrauch wird weiterhin der Terminus „Korsakow-Syndrom" verwendet, das durch schwere Beeinträchtigungen des Gedächtnisses und der Orientierung sowie eine Konfabulationsneigung gekennzeichnet ist.

Seine Sonderstellung verdankt das Syndrom (Häufigkeit bei chronisch Alkoholkranken: 3–5%) seinem meist akuten Beginn und einem typischen Muster bilateral symmetrischer Degenerationen vor allem im Bereich des 3. und 4. Ventrikels, die den Veränderungen bei der Wernicke-Enzephalopathie entsprechen.

2.5.3
Durch Alkohol bedingte Restzustände

Die ICD-10 führt in dieser Kategorie als von einander getrennte Störungen die alkoholbedingte Demenz, die Persönlichkeitsveränderung (im Sinne einer kritiklos-adynamen Verflachung) sowie Veränderungen der Affektivität (im Sinne der Nivellierung) auf.

Klinisch bilden diese Störungen allerdings eine kaum differenzierbare Einheit, da die genannten Veränderungen in aller Regel kombiniert auftreten. Ursächlich ordnen manche Autoren sie dem Korsakow-Syndrom zu, während andere sie als Endstadien einer chronischen, diffusen alkoholtoxischen Hirnschädigung auffassen.

2.6
Verlauf und Prognose

Studien zum Spontan- und Behandlungsverlauf der Alkoholkrankheit sind mit erheblichen methodischen Schwierigkeiten verbunden und aufgrund unterschiedlicher Stichprobencharakteristik, Untersuchungsmethoden, Beobachtungszeiträume und Erfolgskriterien nur sehr bedingt vergleichbar. Orientierend kann etwa von folgenden Anhaltszahlen ausgegangen werden (Literatur bei Wetterling u. Veltrup 1997):

Für den Spontanverlauf ohne therapeutische Intervention werden Remissionsraten von 2–20% angegeben; für die alleinige Entgiftung liegen die Abstinenzwerte zwischen 9 und 20%. Für ambulante längerfristige Therapieverfahren werden Quoten zwischen 20 und 40% berichtet, während für mehrmonatige stationäre Langzeitbehandlungen Abstinenzraten zwischen 40 und 60% ermittelt wurden. So konnten in der deutschen MEAT-Studie (Feuerlein u. Küfner 1989) 46% der Patienten stationärer Langzeittherapieeinrichtungen während des gesamten 4-jährigen Katamnesezeitraums die Abstinenz aufrechterhalten, weitere 25% blieben trotz gelegentlicher Abstinenzverletzungen sozial integriert und frei von gravierenden Alkoholfolgekrankheiten. Tabelle 2.2 fasst diese Zahlen zusammen.

Bedeutsam in diesem Kontext ist natürlich auch die Frage nach der möglichen Rückkehr zu kontrolliertem Trinkverhalten; auch hier liegen nur wenige und meist mit erheblichen methodischen Problemen belastete Studien vor:

Tabelle 2.2. Prognose der Alkoholabhängigkeit

Therapieverfahren	Abstinenzraten [%]
Entgiftung ohne weitere Therapie	9–20
Ambulante Psychotherapie	20–40
Stationäre Langzeitbehandlung	40–60
Spontanremission	2–20
Rückkehr zu kontrolliertem Trinken	2,6–11

Während Vaillant (1996) über Raten von 11% berichtete, konnten in der oben erwähnten MEAT-Studie nur 2,6% von über 1400 Patienten stationärer Entwöhnungseinrichtungen über einen 4-jährigen Beobachtungszeitraum hinweg ein kontrolliertes, sozial angepasstes und gesundheitlich unschädliches Trinkverhalten durchgängig aufrechterhalten. Faktoren, die es ermöglichen würden, solche Patienten bereits zu Behandlungsbeginn zu erfassen, konnten bis heute nicht identifiziert werden.

Diagnostik und Symptomatik von Alkoholintoxikation, schädlichem Gebrauch und Alkoholabhängigkeit

UTE HABEL und FRANK SCHNEIDER

Differentialdiagnostisch trennt man die kurzfristige Wirkung eines übermäßigen Alkoholkonsums (Alkoholintoxikation) von länger dauerndem, chronisch überhöhtem schädlichem Gebrauch oder der Abhängigkeit sowie ihren jeweiligen körperlichen und psychischen Folgen. Diese Termini lassen sich klinisch anhand der Quantität, Dauer, Intensität und Frequenz der Alkoholeinnahme definieren und differenzieren.

Die psychiatrische Diagnostik erfolgt aktuell orientiert an den gegenwärtig gültigen Klassifikationssystemen, der ICD-10 [International Classification of Diseases: WHO (1992); Internationale Klassifikation psychischer Störungen: Dilling et al. (1999)] und dem DSM-IV [Diagnostic and Statistical Manual of Psychiatric Diseases: American Psychiatric Association (APA; 1994); Diagnostisches und statistisches Manual psychischer Störungen: Saß et al. (1996)]. Die dort enthaltenen Kriterien erlauben eine operationalisierte Diagnostik beruhend auf deskriptiven, weitgehend theoriefreien Beschreibungen eines Störungsbildes. Für die Diagnose unerheblich ist demnach die Ätiologie der Störung. Beide Klassifikationssysteme führen eine Reihe von diagnostischen Kriterien an, von denen eine bestimmte Anzahl vorhanden sein muss, um eine Diagnose der Alkoholintoxikation, des schädlichen Gebrauches, der Alkoholabhängigkeit oder einer der Folgestörungen zu vergeben. Sie erlauben es damit, zwischen akuten und chronischen Alkoholwirkungen zu unterscheiden sowie zwischen Menschen zu differenzieren, die wiederholt Alkohol auch in größeren Mengen zu sich nehmen, ohne dass die beschriebenen charakteristischen Merkmale vorhanden sind und solchen, die einen schädlichen Gebrauch betreiben oder bereits eine Abhängigkeitserkrankung entwickelt haben und die dafür notwendigen diagnostischen Kriterien erfüllen. Während im amerikanischen Raum ausschließlich das DSM-IV die Diagnosegrundlage bildet, sind Diagnosen im deutschen Sprachraum und besonders im klinischen Bereich an der ICD der Weltgesundheitsorganisation orientiert. Das DSM wird in den deutschsprachigen Ländern eher zu Forschungszwecken eingesetzt, um internationale Vergleichbarkeit zu gewährleisten. Die beiden Systeme unterscheiden sich zum Teil ganz erheblich, was unterschiedliche Häufigkeitsangaben zum Auftreten einzelner Störungen zur Folge hat. Im DSM-IV sind die Kriterien dabei stärker an beobachtbarem Verhalten orientiert.

3.1
Historischer Abriss

Der veraltete und inzwischen obsolete Begriff des Alkoholismus ist in seiner Geschichte häufig mit wechselnden Bedeutungen belegt worden. Er kennzeichnete eine Störung, ein gelerntes Fehlverhalten oder eine schlechte Angewohnheit (Schmidt 1997), worunter klinisch sowohl der schädliche Gebrauch als auch die Alkoholabhängigkeit gefasst wurden. Nach wiederholten Versuchen der Begriffspräzisierung und -abgrenzung erfolgte eine Trennung der beiden Begriffe durch Experten der Weltgesundheitsorganisation, die sich bewährt hat und daher Eingang in die modernen Klassifikationssysteme fand.

Abhängigkeit und schädlicher Gebrauch sind demnach nicht gleichzusetzen, sondern beschreiben voneinander abgrenzbare Störungen. Daher wird heute auch passender von der Alkoholabhängigkeit statt vom Alkoholismus gesprochen. Der inzwischen ebenfalls obsolete Begriff der Trunksucht wurde bereits sehr viel früher verwendet und mit einer Krankheit assoziiert (vgl. Levine 1982). Dieser Terminus wurde jedoch mit Charakter- und Willensschwäche gleichgesetzt und ist daher aus heutiger Sicht abzulehnen. Das Bild des labilen, schwachen und willenlosen Alkoholikers beeinflusste jedoch im Wesentlichen auch die späteren Störungsbeschreibungen, wie z. B. die von Huss (1849), der seinerzeit chronischen Alkoholismus als eigenständige Erkrankung einführte und den Begriff des Alkoholismus prägte. Ihm folgte Kraepelin (1889), der in den Alkoholproblemen der Abhängigen eine Willensschwäche sah. Diese Sichtweise hat bis heute Auswirkungen auf die Beurteilung der Alkoholkrankheit in der Gesellschaft, in der Alkoholkranke häufig abgelehnt und diskriminiert werden, da ihnen Schuld für ihre Erkrankung zugewiesen wird, obwohl die zwischenzeitlich vorliegenden Forschungsbefunde das Wissen um die Ursachen und Entstehungsbedingungen dieser Störung deutlich vermehrten und zu einem veränderten und recht differenzierten Störungskonzept führten.

3.2
Akute Alkoholisierung (ICD-10: F10.0; DSM-IV: 303.00)

Alkohol zeigt je nach eingenommener Menge, Toleranz und Gewöhnung eine unterschiedliche Wirkung. Bei geringen Mengen wirkt er anregend und hat eine positive Wirkung auf die Stimmung, die mit einer Abnahme von Angst und Hemmungen und einer Antriebssteigerung einhergeht. Ab einer mittleren Dosis werden Sprach- (verwaschene Sprache: Lallen), Aufmerksamkeits-, Wahrnehmungs- („weiße Mäuse"), motorische (Zittern) und Koordinationsstörungen (Torkeln, Taumeln) sowie Einschränkungen in der Urteilskraft deutlich. Bei höheren Mengen wirkt Alkohol erregend und aggressivitätssteigernd, es kann dann zu Umtriebigkeit, Dysphorie (negative Stimmung), Reizbarkeit und Müdigkeit kommen. Gleichzeitig sind jedoch noch Hemmungsmechanismen und ein gewisses Normbewusstsein zumindest rudimentär und in reduziertem Maße vorhanden. Bei sehr hohen Blutspiegeln wirkt der Alkohol dann sedierend und dämpfend, sodass die weitere Alkoholzuführung zu Benommenheit und schließlich komatösen Bewusstseinszuständen führen kann (Mann u. Günthner 1999). Dies sind jedoch nur allgemeine Richtwerte, von denen individuelle Reaktionen jeweils erheblich abweichen können.

Im Falle einer akuten Alkoholintoxikation, eines einfachen Rausches, kommt es zu Verhaltens- und psychischen Veränderungen infolge der Alkoholaufnahme. Es handelt sich dabei um einen temporären Zustand mit Einfluss auf sensorische, motorische, affektive und kognitive Prozesse. Die ICD-10 beschreibt ihn entsprechend Übersicht 3.1.

Übersicht 3.1. Kriterien der ICD-10 für die akute Intoxikation mit Alkohol (ICD-10: F10.0)

Ein vorübergehendes Zustandsbild nach Aufnahme von Alkohol mit Störungen des Bewusstseins, kognitiver Funktionen, der Wahrnehmung, des Affektes, des Verhaltens oder anderer psychophysiologischer Funktionen und Reaktionen.

Diese Diagnose soll nur dann als Hauptdiagnose gestellt werden, wenn zum Zeitpunkt der Intoxikation keine länger dauernden Probleme mit Alkohol bestehen.

Im DSM-IV sind die Kriterien für eine Diagnose im Vergleich zur ICD-10 genauer spezifiziert und stärker am Verhalten orientiert (Übersicht 3.2).

Übersicht 3.2. DSM-IV-Kriterien der Alkoholintoxikation (DSM-IV: 303.00)

Die Kriterien A, B und D müssen zutreffen, daneben eines der unter C aufgeführten Kriterien, um eine Diagnose zu stellen.

A. Kurz zurückliegender Alkoholkonsum.

B. Klinisch bedeutsame unangepasste Verhaltens- oder psychische Veränderungen (z.B. unangemessenes aggressives oder Sexualverhalten, Affektlabilität, beeinträchtigtes Urteilsvermögen, Beeinträchtigungen im sozialen oder beruflichen Bereich), die sich während oder kurz nach dem Alkoholkonsum entwickeln.

C. Mindestens eines der folgenden Symptome, die sich während oder kurz nach dem Alkoholkonsum entwickeln:
 - verwaschene Sprache,
 - Koordinationsstörungen,
 - unsicherer Gang,
 - Nystagmus (Augenzittern),
 - Aufmerksamkeits- oder Gedächtnisstörungen,
 - Stupor oder Koma.

D. Die Symptome gehen nicht auf einen medizinischen Krankheitsfaktor zurück und können nicht durch eine andere psychische Störung besser erklärt werden.

Gewöhnlich ist die Intoxikation um so stärker, je höher die eingenommene Dosis ist. Allerdings kann dieser Zusammenhang durch bestimmte Krankheitszustände (z.B. Leber- oder Niereninsuffizienz oder organische Psychosyndrome) beeinflusst sein, sodass dann bereits geringe Dosen Alkohol eine Intoxikation bewirken können.

Intoxikationszustände können je nach Schweregrad in leichte, mittelgradige und schwere Rauschzustände eingeteilt werden (Tretter 2000; Tabelle 3.1). Bei *leichten Rauschzuständen* weisen die Betroffenen Gang- und Standunsicherheiten auf, die Sprache klingt verwaschen und komplexe motorische Funktionen zeigen Beeinträchtigungen. Hemmungen sind reduziert und die Selbstkontrolle herabgesetzt, dafür sind das Gefühl der Leistungsfähigkeit und der Antrieb gesteigert.

Beim *mittelgradigen Rausch* imponieren vor allem affektive Veränderungen, die von Enthemmungen, gehobenem Affekt und Euphorie bis hin zu Impulsivität, Gereiztheit und Aggressivität reichen können. Beobachtbar sind auch inkonsistente Handlungsabläufe und Willensstarrheit. Konzentrationsstörungen und Störungen der Urteilsfähigkeit finden sich ebenfalls.

Denk-, Bewusstseins- und Orientierungsstörungen sind erst beim *schweren Rausch* beobachtbar. Neben einem partiellen oder vollständigen Realitätsverlust und vorübergehenden Halluzinationen sind fast immer neurologische Symptome vorhanden [Gleichgewichtsstörungen, Dysarthrie (Sprachstörung), Ataxie (Störungen der Bewegungskoordination), Vertigo (Schwindel)]. Blutalkoholkonzentrationen (BAK) ab etwa 3–5‰ können tödlich sein, die Mortalität beträgt bei 5‰ BAK etwa 50% (Sellers u. Kalant 1976).

Tabelle 3.1. Einteilung der Rauschzustände. (Nach Tretter 2000)

Rausch	Symptomatik
Leicht	Herabgesetztes psychomotorisches Funktionsniveau
	Enthemmung
	Rede- und Handlungsdrang
	Herabsetzung der Selbstkontrolle
	Verstärktes Kontaktverhalten
	Gefühl erhöhter Leistungsfähigkeit
Mittelgradig	Stimmung: euphorisch gehoben oder aggressiv gereizt
	Herabgesetzte Kritikfähigkeit
	Sprunghaftigkeit
	Hemmungs- und Distanzlosigkeit
	Sexuelle Enthemmung
	Inkonsistente und penetrante Handlungsabläufe
	Willensstarrheit
	Impulsivität
Schwer	Bewusstseinsstörungen
	Verlust des Realitätsbezuges
	Illusionäre Verkennung
	Diffuse Angst und Erregung
	Gleichgewichtsstörungen, Störungen der Bewegungs- koordination, Schwindel
	Sprachstörungen

Bei dieser Unterteilung ist einschränkend festzustellen, dass es sich hier um grobe Richtwerte handelt, da individuelle und Situations- bzw. konstellative Faktoren entscheidend zum Erscheinungsbild der Intoxikation beitragen und diese bestimmen können. Sowohl die körperliche Konstitution (Größe, Gewicht, Stoffwechsel, Ernährung) als auch der Gesundheitszustand und Gewöhnungseffekte sowie weitere körperliche und psychische Faktoren (z. B. Persönlichkeit, Stimmung, Erwartungen, Ängste) spielen für die Schwere eines Rauschzustandes eine wesentliche Rolle. So scheinen beispielsweise Frauen vulnerabler bezüglich der toxischen Alkoholwirkungen zu sein als Männer. Ebenso zeigt sich eine veränderte Systemreagibilität bei Söhnen aus Familien mit erhöhtem Risiko, die beispielsweise in verändertem subjektivem Erleben wie auch veränderten motorischen und neuroendokrinologischen Reaktionen besteht (Schuckit 1994). Die häufig angegebenen Promillerichtwerte bei den einzelnen Rauschintensitäten sind daher nur begrenzt sinnvolle Anhaltspunkte der Bewertung, da je nach den erwähnten Einflussfaktoren, schwere Rauschzustände auch bei geringen Promillewerten vorliegen können und umgekehrt.

3.2.1
Abnormer Rausch

Anders als der einfache Rausch gestaltet sich die *abnorme Alkoholreaktion*, in der es zu einem plötzlichen, sich schnell verstärkenden und länger persistierenden Erregungszustand ohne Benommenheit kommt. Sie ist gekennzeichnet durch extreme Affektentladungen und -veränderungen in Richtung von Angstzuständen oder Aggressivität und Reizbarkeit, die beispielsweise zu Angriffen gegen Sachen oder Personen führen können (vgl. Forster u. Joachim 1997). Situationsverkennungen, Kurzschlussreaktionen bis hin zu persönlichkeitsfremden Handlungen können die Folge sein. Auffällig ist das häufige Fehlen der normalerweise beobachtbaren körperlichen Begleiterscheinungen der Intoxikation. Der Begriff wird für alle quantitativen Abweichungen vom einfachen Rausch verwendet, bleibt jedoch aufgrund definitorischer und Abgrenzungsprobleme ähnlich dem pathologischen Rausch nicht unangefochten. Aufgrund dessen ist diese Kategorie auch nicht in der ICD-10 oder DSM-IV erfasst.

3.2.2
Pathologischer Rausch

Unter *pathologischem Rausch* wird ein Zustand verstanden, der keine Steigerung des einfachen Rausches darstellt und sich auch qualitativ von dem einfachen Rausch unterscheidet (Mann u. Günthner 1999). Bereits geringe Alkoholmengen können zu einem Zustand von aggressiver Erregung, Angst und paranoiden Ideen der Verfolgung und Bedrohung führen. Er ist ferner durch persönlichkeitsfremde Verhaltensstörungen, Affektstörungen und – im Gegensatz zum abnormen Rausch – durch Orientierungs- und Bewusstseinsstörungen gekennzeichnet. Charakteristisch ist neben der geringen Alkoholmenge auch das plötzliche und nicht allmähliche Einsetzen bzw. Zunehmen der psychopathologischen und neurologischen Veränderungen. Ob es den eigentlichen pathologischen Rausch als Syndrom überhaupt gibt, scheint allerdings fraglich zu sein, da er sehr selten zu sein scheint und hauptsächlich bei psychischen Störungen auftritt (Schizophrenie, Epilepsie, Hirntraumen). Typischerweise geht dieser Zustand in einen tiefen Schlaf (sog. Terminalschlaf) über, es besteht meist ein Erinnerungsverlust, wodurch eine Abgrenzung zum abnormen Rausch möglich wird (Forster u. Joachim 1997).

Der Begriff des pathologischen Rausches ist daher recht umstritten und sollte insgesamt aufgrund von Definitions- und Abgrenzungsproblemen sowie mangelhafter empirischer Stützung nicht mehr verwendet werden. Dies legen auch die Ergebnisse einer Umfrage nahe: Ausgehend von dem Widerspruch zwischen forensischer Bewertung und diagnostischer und terminologischer Problematik dieses Rauschzustandes wurde eine Umfrage zur diagnostischen Praxis in allen 541 psychiatrischen Einrichtungen Deutschlands durchgeführt (Winckler 1999). Zwischen 1991 und 1993 war von zwei Dritteln der Einrichtungen keine Diagnose eines pathologischen Rausches gestellt worden. Knapp die Hälfte aller Diagnosen erfolgte in nur 13 Einrichtungen. Bei den klinisch gestellten Diagnosen (84% aller Diagnosen, 15% der Diagnosen erfolgten in Gutachten) wurden recht unspezifische und differentialdiagnostisch wenig trennscharfe Merkmale (z.B. aggressiver Erregungszustand und Persönlichkeitsfremdheit) verwendet, weswegen Winckler (1999) zu folgen ist und gerade im Rahmen der forensischen Begutachtung auf diese diagnostische Kategorie verzichtet werden sollte.

3.2.3
Forensische Bedeutung des Rausches

Es ergibt sich kaum eine forensische Bedeutung des einfachen Rausches im Rahmen der Schuldfähigkeitsbeurteilung entsprechend den §§ 20/21 StGB, da mit steigendem Konsum zwar die Kritiklosigkeit wächst, gleichzeitig aber ein Antriebsverlust eintritt, sodass dann kaum ernsthaftere Straftaten zu erwarten sind (Forster u. Joachim 1997). Der forensisch bedeutsame Hemmungsverlust wird nicht verhaltenswirksam, da es bei stärkerer Bewusstseinsbeeinträchtigung zu Müdigkeit kommt, sodass hier aufgrund fehlender Energie keine bedeutsamen Straftaten mehr zu erwarten sind, wenn die Einsichtsfähigkeit bereits erheblich beeinträchtigt ist. Die in forensischem Kontext häufig diskutierten Erinnerungslücken (Blackouts) oder gar ein Erinnerungsverlust (Amnesie, in der Regel vollständig) sind ausgesprochen selten und erstrecken sich meist auf sehr kurze Zeitspannen während der Intoxikation, was allerdings oft im Gegensatz zu den Angaben der zu Begutachtenden steht.

Zu der forensischen Bedeutung von alkoholbedingten Erinnerungslücken ist Folgendes anzumerken: Es handelt sich dabei um kurze amnestische Perioden, die von einigen Minuten bis zu Wochen reichen können und meist nach längerer Abhängigkeit oder Alkoholmissbrauch eintreten. Das Defizit betrifft vor allem das Kurzzeitgedächtnis (Goodwin 1995). Experimentell konnte ein Leistungsdefizit in der Speicherung von neuem Material festgestellt werden (Miller et al. 1978). Der hohe Alkoholgehalt im Blut verhindert die normale Speicherung von neuem Material im Langzeitspeicher. Demnach sind die während des Blackouts erhaltenen Informationen zwar wahrnehmbar, aber später nicht mehr abrufbar, da sie nicht in den Langzeitspeicher transferiert werden konnten. Forensisch relevante Erinnerungsstörungen nach einer Tat können jedoch auch von weiteren affektiv beladenen Faktoren mitbestimmt sein (z. B. Belastungen durch die Haft oder den Prozess; Forster u. Joachim 1997). Somit ist die alkoholbedingte Amnesie kaum von praktischer Relevanz im Rahmen der Schuldfähigkeitsbegutachtung, da auch ohne Amnesie ein Zustand vorhanden sein kann, der die Voraussetzungen des § 20 erfüllt. Werden sie vom Beschuldigten selektiv auf das Verhalten während der Tat beschränkt, stellt sich eher die Frage nach der Verwertbarkeit der Aussage. Bei längeren Erinnerungsverlusten, die sich über mehrere Phasen erstrecken, ist eher an weitere Störungen, z. B. des Affektes oder der Persönlichkeit, zu denken.

Die diagnostische Relevanz solcher amnestischer Perioden definieren Forster u. Joachim (1997) anhand der in Übersicht 3.3 aufgeführten Kriterien.

Übersicht 3.3. Merkmale der diagnostischen Verwertbarkeit amnestischer Lücken

- Es fehlt eine Ereignisfixierung.
- Die zeitliche Sequenzierungsfähigkeit ist gestört (Zeitgitterstörung).
- Es gibt Übergänge und Abstufungen mit teilweisem, undeutlichem und traumähnlichem Erinnern.
- Es kommt zu Erinnerungsinseln, deren Inhalt jedoch keinen Beweiswert für das Verhalten des Täters zu haben braucht.
- Normalerweise nimmt die Amnesie eher ab durch rekonstruktive Bemühungen in der postalkoholischen Phase, nicht jedoch zu.

Zusammenhang zwischen Affektstörung und Rausch

Die forensisch relevante Unterscheidung von Affektstörungen im nüchternen Zustand (Kriterium einer tiefgreifenden Bewusstseinsstörung) und alkoholischen Affektentgleisungen (akuter Alkoholrausch als Merkmal einer krankhaften seelischen Störung) diskutieren Forster u. Joachim ebenfalls (1997): So bestehen bei letzteren Amnesien, die nicht auf das Tatgeschehen begrenzt sind, sondern mit Erinnerungsinseln durchsetzt sind. Ferner fehlt die Erinnerung an die eigene Befindlichkeit, und die assoziative Verknüpfung von Handlung und Erlebnisqualität ist aufgehoben. Der Affekt ist ungerichtet und von starker Erregung begleitet.

Beim nüchternen Affektzustand ist die Erinnerung an die Befindlichkeit und Motivation oft erhalten. Bei Affektstörungen im nüchternen Zustand und im Rausch muss allerdings ein bewusstes Motiv, sich bei bestehendem Affektdruck zu betrinken oder mit Hilfe von Alkohol in den entsprechenden Affektzustand zu bringen, in Erwägung gezogen werden.

3.3
Schädlicher Gebrauch und Abhängigkeit

Im Falle der Alkoholkrankheit wird, wie bereits erwähnt, die Unterscheidung zwischen schädlichem Gebrauch und Alkoholabhängigkeit getroffen, die sich bewährt hat, da es sich hier um zwei unterschiedliche Krankheitskonzepte handelt. Faktorenanalytische Untersuchungen bestätigen dieses zweidimensionale Konstrukt der Störung (Nelson et al. 1999). Allerdings darf dies nicht darüber hinwegtäuschen, dass fließende Übergänge bestehen zwischen der absoluten Abstinenz, dem gelegentlichen Gebrauch von alkoholischen Getränken bis hin zum schädlichen Gebrauch und der Entwicklung der Abhängigkeit. Diese einzelnen Zustände müssen als Kontinuum betrachtet werden.

3.3.1
Schädlicher Gebrauch (ICD-10: F10.1; DSM-IV: 305.00)

Der schädliche Gebrauch wird im DSM-IV unter dem Terminus Alkohol-missbrauch geführt und beschreibt ein Konsummuster von Alkohol, das zu einer Gesundheitsschädigung führt. Diese kann eine körperliche oder eine psychische Störung beinhalten, so z.B. eine depressive Episode nach massivem Alkoholkonsum. Für den schädlichen Gebrauch bestehen nach ICD-10 diagnostische Leitlinien entsprechend Übersicht 3.4.

Übersicht 3.4. Diagnostische Kriterien der ICD-10 (F10.1) zur Diagnose des schädlichen Gebrauchs

● Die Diagnose erfordert eine tatsächliche Schädigung der psychischen oder physischen Gesundheit des Konsumenten.
● Schädliches Konsumverhalten wird häufig von anderen kritisiert und hat auch häufig unterschiedliche negative soziale Folgen. Die Ablehnung des Konsumverhaltens oder der Substanz von anderen Personen oder einer ganzen Gesellschaft ist kein Beweis für den schädlichen Gebrauch, ebensowenig wie etwaige negative soziale Folgen, z.B. Inhaftierung oder Eheprobleme.
● Eine akute Intoxikation oder ein „Kater" („hangover") beweisen allein noch nicht den „Gesundheitsschaden", der für die Diagnose schädlicher Gebrauch erforderlich ist.
● Schädlicher Gebrauch ist bei einem Abhängigkeitssyndrom, einer psychotischen Störung oder bei anderen spezifischen alkoholbedingten Störungen nicht zu diagnostizieren.

Während die Charakterisierung der Abhängigkeit in beiden Klassifikationssystemen weitgehend ähnlich und übereinstimmend erfolgt, bestehen bezüglich der Definition des Alkoholmissbrauchs (DSM-IV) oder schädlichen Gebrauchs (ICD-10) Abweichungen. Der Alkoholmissbrauch wird laut DSM-IV entsprechend Übersicht 3.5 definiert.

Übersicht 3.5. Merkmale des Alkoholmissbrauchs nach DSM-IV (303.00)

Mindestens ein Symptom aus 1.–4. innerhalb desselben 12-Monats-Zeitraums, das in klinisch bedeutsamer Weise zu Beeinträchtigungen oder Leiden führt; und die Kriterien für Alkoholabhängigkeit waren niemals erfüllt.
1. Wiederholter Alkoholkonsum führt zu einem Versagen bei wichtigen Aufgaben in der Arbeit, Schule oder zu Hause, z.B. fehlt wiederholt bei der Arbeit oder schlechte Arbeitsleistung im Zusammenhang mit Alkoholkonsum; geht nicht mehr zur Schule oder wird von der Schule ausgeschlossen; vernachlässigt Kinder oder Haushalt.

2. Wiederholter Alkoholkonsum in Situationen, in denen dies zu körperlicher Gefährdung führen kann, z. B. fährt ein Auto oder bedient eine Maschine unter Beeinträchtigung durch Alkoholkonsum.
3. Wiederkehrende Probleme mit dem Gesetz im Zusammenhang mit Alkohol, z. B. Festnahmen wegen ungebührlichen Betragens unter Alkohol.
4. Fortgesetzter Alkoholkonsum trotz ständiger oder wiederholter sozialer oder zwischenmenschlicher Probleme, die durch Auswirkungen von Alkohol verursacht oder verstärkt wurden, z. B. Streit mit Partner über Folgen eines Rauschs; tätliche Auseinandersetzungen.

Demnach sind, anders als nach ICD-10, nicht nur die körperlichen und psychischen Schädigungen, sondern durchaus auch soziale Folgeprobleme als diagnostisches Kriterium anzusehen. Auch die Ablehnung des Konsumverhaltens durch andere oder die Gesellschaft zählt nicht zu den diagnostischen Merkmalen der ICD-10-Definition. Kritisch anzumerken ist hierbei, dass die Kriterien der ICD-10 damit wesentlich unschärfer und diffuser bleiben als im DSM-IV. Aufgrund dieser Inkonsistenz in der Definition sind die Konkordanzraten, d. h. der Anteil übereinstimmender Diagnosen, bezüglich der Abhängigkeit für DSM-IV und ICD-10 entsprechend hoch, dagegen für den schädlichen Gebrauch eher gering (Pollock et al. 2000). Dies führt wiederum dazu, dass Prävalenzangaben (Anteil der Personen, die diese Störung in einer bestimmten Zeit aufweisen) unterschiedlich sein können, je nachdem, ob in der jeweiligen Untersuchung eine Diagnose nach DSM-IV oder ICD-10 erfolgte. Für den schädlichen Gebrauch liegt die Prävalenz für 12 Monate nach DSM-IV etwa bei 5% (Kraus u. Bauernfeind 1998).

3.3.2
Alkoholabhängigkeit (ICD-10: F10.2; DSM-IV: 303.90)

Bei der Alkoholabhängigkeit handelt es sich um eine Gruppe körperlicher, Verhaltens- und kognitiver Phänomene, bei denen der Alkoholkonsum bei der betroffenen Person im Vordergrund steht im Vergleich zu anderen Verhaltensweisen, die früher von ihr höher bewertet wurden. Von Alkoholabhängigkeit spricht man, wenn laut ICD-10 mindestens 3 der in Übersicht 3.6 genannten Kriterien gleichzeitig während des letzten Jahres aufgetreten sind.

Übersicht 3.6. Alkoholabhängigkeit entsprechend der Definition der ICD-10 (F10.2)

- Ein starker Wunsch oder eine Art Zwang, Alkohol zu konsumieren.
- Verminderte Kontrollfähigkeit bezüglich des Beginns, der Beendigung und der Menge des Konsums.

- Ein körperliches Entzugssyndrom bei Beendigung oder Reduktion des Konsums, nachgewiesen durch die substanzspezifischen Entzugssymptome oder durch die Aufnahme der gleichen oder einer nahe verwandten Substanz, um Entzugssymptome zu mildern oder zu vermeiden.
- Nachweis einer Toleranz. Um die ursprünglich durch niedrigere Dosen erreichten Wirkungen der Substanz hervorzurufen, sind zunehmend höhere Dosen erforderlich (eindeutige Beispiele hierfür sind die Tagesdosen von Alkoholkranken, die bei Konsumenten ohne Toleranzentwicklung zu einer schweren Beeinträchtigung oder sogar zum Tode führen würden).
- Fortschreitende Vernachlässigung anderer Vergnügen oder Interessen zugunsten des Substanzkonsums, erhöhter Zeitaufwand, um die Substanz zu beschaffen, zu konsumieren oder sich von den Folgen zu erholen.
- Anhaltender Alkoholkonsum trotz Nachweises eindeutiger schädlicher Folgen, wie z. B. Leberschädigung durch exzessives Trinken, depressive Verstimmungen infolge starken Substanzkonsums oder drogenbedingte Verschlechterung kognitiver Funktionen. Es sollte dabei festgestellt werden, dass der Konsument sich tatsächlich über Art und Ausmaß der schädlichen Folgen im Klaren war oder dass zumindest davon auszugehen ist.

In Übersicht 3.7 sind die Kriterien zur Diagnose der Alkoholabhängigkeit gemäß DSM-IV aufgeführt.

Übersicht 3.7. Kriterien zur Definition einer Alkoholabhängigkeitserkrankung nach DSM-IV (303.90)

Mindestens 3 Symptome aus 1.–7., die zu irgendeiner Zeit in demselben 12-Monats-Zeitraum auftreten und in klinisch bedeutsamer Weise zu Beeinträchtigungen oder Leiden führen.
1. Toleranzentwicklung:
   a) Es werden deutlich größere Mengen von Alkohol benötigt, um einen Rausch oder die erwünschten Effekte zu erreichen, oder
   b) deutlich verminderte Wirkung bei Konsum derselben Alkoholmenge.
2. Entzug:
   a) typisches Alkoholentzugssyndrom oder
   b) Alkoholkonsum, um Entzugssymptome zu lindern oder zu vermeiden.
3. Alkoholkonsum häufig in größeren Mengen oder über einen längeren Zeitraum als beabsichtigt.
4. Anhaltender Wunsch oder erfolglose Versuche, den Alkoholkonsum zu verringern oder zu kontrollieren.
5. Es wird viel Zeit darauf verwandt, Alkohol zu beschaffen, zu konsumieren oder sich von seinen Auswirkungen zu erholen.
6. Aufgabe oder Einschränkung von wichtigen sozialen, beruflichen oder Freizeitaktivitäten wegen des Alkoholkonsums.

7. Alkoholkonsum wird fortgesetzt trotz Kenntnis anhaltender oder wiederkehrender körperlicher oder psychischer Probleme, die wahrscheinlich durch Alkohol verursacht oder verstärkt wurden, z. B. fortgesetztes Trinken trotz des Wissens, dass sich ein Magenulkus (Magengeschwür) durch den Alkoholkonsum verschlimmert.

Es besteht, wie bereits erwähnt, weitgehende Übereinstimmung in den Kriterien zur Diagnose der Alkoholabhängigkeit in den beiden Klassifikationssystemen ICD-10 und DSM-IV.

Eine *Abhängigkeit* ist vor allem bei Vorliegen von 3 wesentlichen Kriterien angezeigt, der Toleranz sowie der physischen und psychischen Abhängigkeit. Unter *Toleranz* oder auch Gewöhnung versteht man die abnehmende Wirkung der Droge, hier des Alkohols, mit wiederholter Einnahme. Die Ursache dieser Toleranzentwicklung beruht auf noch nicht vollständig geklärten physiologisch-biochemischen oder/und neuronalen Anpassungsvorgängen. So gehört z. B. das Ungleichgewicht zwischen erregender und hemmender Erregungsübertragung im zentralen Nervensystem zu den markantesten Adaptationsprozessen chronischen Alkoholkonsums (Fadda u. Rossetti 1998). Weitere Prozesse können Änderungen in der Funktion oder Morphologie von Hirnzellen beinhalten. Der Wirkungsverlust des Alkohols führt dann wiederum zur Dosissteigerung. Allerdings muss man einschränkend hinzufügen, dass eine solche Toleranz nicht zwangsläufig vorhanden sein muss, denn bei chronischem schädigendem Gebrauch kann es besonders bei Endstadien infolge von Hirnschädigungen auch zu einem Toleranzverlust kommen.

Die *physische Abhängigkeit* ist durch Entzugserscheinungen nach Absetzen der chronischen Alkoholzufuhr charakterisiert. Es treten körperliche Symptome auf, die Ausdruck der geänderten Funktionalität des Systems sind. Durch die wiederholte chronische Drogenzufuhr werden neuronale Anpassungsvorgänge des Körpers veranlasst. Die Entzugssymptome resultieren dann aus den quantitativen und qualitativen Veränderungen innerhalb der Rezeptorsysteme, wobei erregende Einflüsse zunächst überwiegen.

Das starke, unwiderstehliche Verlangen nach fortgesetztem Alkoholkonsum wird als *psychische Abhängigkeit* bezeichnet. Sie entwickelt sich besonders bei aktivem und wiederholtem Alkoholkonsum. Dieser starke, gelegentlich übermäßige Wunsch, Alkohol zu konsumieren, wird auch als *Craving* („Suchtdruck"; vgl. S. 12f.) bezeichnet. Dieser innere Zwang kommt meist dann zum Ausdruck, wenn versucht wird, den Konsum zu beenden oder zu kontrollieren. Man geht davon aus, dass neben der Angst vor Entzugssymptomen auch Lernprozesse für die psychische Abhängigkeit eine wesentliche Rolle spielen. Klassische und operante Konditionierungsprozesse tragen dazu bei, dass Alkohol und Alkoholkonsum sowie damit assoziierte Reize und Erwartungen als positive Verstärker und damit belohnend wirken und ihr Vorhandensein den Wunsch, Alkohol zu konsumieren, auslöst (Glautier u. Drummond 1994; Anton 1999; Tiffany 1999).

Mit den schädlichen Konsumfolgen und dem Kontrollverlust im Umgang mit der Substanz sind alle diagnostischen Kriterien berücksichtigt, die jeweils unterschiedliche Gewichtung erfahren.

Charakteristisch für eine Beurteilung ist auch das eingeengte Verhaltensmuster im Umgang mit dem Alkohol (d.h. z.B., es wird morgens schon getrunken sowie an allen Tagen gleichermaßen).

Ein weiteres entscheidendes Abhängigkeitscharakteristikum ist auch das Ausmaß des aktuellen Konsums. Die Diagnose der Alkoholabhängigkeit wird jedoch nicht durch die konsumierte Alkoholmenge allein definiert, sondern ist wesentlich von der individuellen Veranlagung und der Reaktion auf Alkohol abhängig.

Klinisch können einige symptomatische Auffälligkeiten auf eine Abhängigkeitserkrankung hindeuten. So können ein reduzierter Allgemein- und Ernährungszustand mit Gewichtsverlust auffallen, ebenso eine gerötete Gesichtshaut. Die Betroffenen können über Zittern, Inappetenz, Schlaf- und Potenzstörungen berichten. Die Schweißbildung kann erhöht sein und Endgliedmaßen wie Finger und Zehen können feucht und kühl sein, es kann auch zu Wadenatrophien kommen. Entzündungen des Magens und Zwölffingerdarms mit Erbrechen und Durchfällen können vermehrt auftreten. Weitere Störungen, wie arterielle Gefäßerweiterungen, Muskelschwund, Pankreatitis (Entzündungen der Bauchspeicheldrüse), Karzinome, Polyneuropathie und arterielle Hypertonie (Bluthochdruck) sind ebenfalls möglich.

Psychopathologische Symptome wie dysphorische Verstimmung und Depressivität sowie Angstzustände, innere Unruhe, Affektlabilität, Konzentrations- und Gedächtnisstörungen können ebenfalls Anzeichen einer Abhängigkeitserkrankung sein.

Die korrekte und frühzeitige Diagnose der Abhängigkeitserkrankung ist unabdingbar, wenn man rechtzeitig therapeutisch intervenieren will, Kosten sparen und weitere Folgeschäden verhindern will. Schwierigkeiten bereiten bei der Diagnosestellung vor allem die bei der Abhängigkeit möglicherweise gleichzeitig bestehenden Störungen, sog. Komorbiditätsstörungen (Angst, Depressionen, somatische Störungen sowie andere Suchterkrankungen, z.B. Polytoxikomanie), die vom Patienten bei der Vorstellung gelegentlich in den Vordergrund gestellt werden und die Abhängigkeit zunächst verschleiern können. Hinzu kommen Verleugnungstendenzen auf Seiten der Patienten, der Angehörigen oder der Behandler. Aus diesem Grund werden im Rahmen des diagnostischen Prozesses mehrere Informationsquellen genutzt (Feuerlein 2000), darunter besonders:

● Selbstbeurteilungsangaben,
● diagnostische Interviews,
● Verhaltensbeobachtung,
● medizinisch-körperliche Untersuchung,
● Laborwerte,
● Angaben von Angehörigen,
● Krankengeschichtsunterlagen,
● objektive Angaben (wie Arbeitsunfähigkeitstage).

Für die Alkoholabhängigkeit besteht eine Prävalenz von ca. 3% (vgl. S. 7). Das Risiko zu erkranken liegt pro Jahr (Inzidenzrate) bei 1,79% (Anthony u. Arria 1999). Männer haben dabei ein höheres Erkrankungsrisiko von 3,7% im Vergleich zu Frauen (0,6%). Allerdings sind die Prävalenz- und Inzidenzschätzungen aufgrund methodischer Probleme und diagnostischer Unterschiede immer mit einer großen Varianz und Unsicherheit behaftet (s. Kap. 1 in diesem Band).

3.3.3
Typologien

Um das Trinkverhalten weiter zu charakterisieren, wurden verschiedene Typologien aufgestellt. Diese Typologien haben zwar teilweise die Forschung angeregt, konnten sich allerdings im klinischen Alltag nicht' durchsetzen. Dies liegt zum Teil mit an ihrer begrenzten empirischen Bestätigung und dem mangelnden klinischen Nutzen, da sie selten Voraussagen zu Therapie und Verlauf der Störung beinhalten. Die bekannteste Typologie hat Jellinek erstellt. Ihr kommt heute allerdings weitgehend nur mehr historischer Wert zu. Jellinek (1960) hat nach Befragungen von 2000 anonymen Alkoholikern eine Kategorisierung aufgestellt, die auch als Entwicklungsmodell des krankhaften Alkoholkonsums betrachtet werden kann. Er differenziert mit α-, β-, γ-, δ- und ε-Alkoholkranken zwischen verschiedenen abhängigen und nicht abhängigen schädlichen Trinkmustern (Tabelle 3.2).

Unter den zahlreichen Typologien hat auch Cloningers (1987) Einteilung in Typ-I- und Typ-II-Alkoholkranke Bekanntheit erlangt, die er auf der Basis von Familien- und Adoptionsstudien erstellte. Diese Typologie ist in Tabelle 3.3 aufgeführt.

Im Rahmen dieser Typologisierung spielen Persönlichkeitszüge des „novelty seeking" (Neugierverhalten), „harm avoidance" (Vermeidung aversiver Reizung) und „reward dependence" (Abhängigkeit von Belohnungen) eine Rolle, die bei beiden Typen in unterschiedlicher Ausprägung vorhanden sind. Zur Messung dieser Persönlichkeitsdimensionen eignet sich nach Cloninger das *Tridimensional Personality Questionnaire* (dt. Version: Dufeu et al. 1995). Zudem hat Cloninger versucht, einen Bezug der Typen zu neurobiologischen Grundlagen, den unterschiedlichen Neurotransmittersystemen, herzustellen. Allerdings werden diese theoretischen Überlegungen nur teilweise durch die empirische Befundlage gestützt (Sannibale u. Hall 1998; Levine u. Wojcik 1999; Rubio et al. 1998; Vaillant 1994).

Eine neuere Typologie stellten Babor und Kollegen (1992) vor. Sie wurde auf der Grundlage von statistischen Clusteranalysen mit 17 Kriterien entwickelt und trennt Typ-A- und Typ-B-Alkoholabhängige. Kriterien für eine Differenzierung sind auch hier das Alter bei Beginn der Störung, Risikofaktoren in der Familie und während der Kindheit, Ausmaß und körperliche bzw. soziale Folgen der Abhängigkeit, Komorbidität und Belastungsfaktoren. Typ-A-Alkoholkranke, die später erkranken und bei denen das Ausmaß der Abhängigkeit, der Begleiterkrankungen, der negativen Folgeprobleme und der Belastungsfaktoren geringer ist, haben eine bessere therapeutische Prognose. Allerdings hat dieses Modell eine gewisse Augenscheinvalidität, denn ein geringerer Störungsgrad hat allgemein eine bessere therapeutische Prognose. Das Modell erfuhr zwischenzeitlich auch einige empirische Unterstützung (Litt et al. 1992; Brown et al. 1994).

Tabelle 3.2. Einteilung der verschiedenen Gruppen von Alkoholkranken nach Jellinek (1960)

α-Typ	β-Typ	γ-Typ	δ-Typ	ε-Typ
Konflikttrinker, Erleichterungstrinker	Gelegenheitstrinker/Gewohnheitstrinker	Süchtiger Trinker	Spiegeltrinker	Episodischer Trinker
Abhängigkeit nur psychisch	Keine Abhängigkeit (physisch oder psychisch)	Alkoholkrank Anfangs nur psychische, dann auch körperliche Abhängigkeit	Alkoholkrank Physische Abhängigkeit	Alkoholkrank Psychische Abhängigkeit
Abstinenzfähig, kein Kontrollverlust, aber undiszipliniertes Trinken	Kein Kontrollverlust	Kontrollverlust mit kurzen abstinenten Phasen	Konstant hoher Konsum, kein Kontrollverlust	Kontrollverlust, Abstinenz aber möglich

Tabelle 3.3. Einteilung Alkoholkranker nach Cloninger (1987)

Typ I	Typ II
Keine familiäre Belastung	Familiäre Belastung
Später Beginn (nach dem 25. Lebensjahr)	Früher Beginn (vor dem 25. Lebensjahr)
Gleiche Geschlechterverteilung	Männer überwiegen
Geringe soziale Folgeschäden	Psychosoziale Folgeschäden
	Häufig antisoziale Persönlichkeitsstörung
Eher milder Verlauf des Alkoholmissbrauchs	Eher schwerer Verlauf des Alkoholmissbrauchs
Hohe „reward dependence"	Geringe „reward dependence"
Hohe „harm avoidance"	Niedrige „harm avoidance"
Niedriges „sensation seeking"	Hohes „sensation seeking"

Weitere Analysen deuten darauf hin, dass auch mit nur 5 der ursprünglich 17 Variablen eine korrekte Klassifizierung vorgenommen werden kann (Brown et al. 1994), sodass die Zuordnung anhand weniger Variablen schneller erfolgen kann. Das Modell nach Lesch (1990) differenziert 4 Untergruppen von Alkoholkranken anhand von klinischen, biologischen und neurophysiologischen Längsschnittdaten: Typ I ist durch eine organische Vulnerabilität gekennzeichnet. Bei Typ II spielen Entwicklungseinflüsse eine Rolle, wie z. B. frühkindliche Entwicklung, während bei Typ III soziale und/oder emotionale Auffälligkeiten und Modellwirkungen des tolerierten Trinkverhaltens in der Familie Einfluss nehmen. Das Trinken wird als Selbstmedikation eingesetzt. Dies gilt auch für Typ IV, bei dem frühkindliche Hirnschädigungen und Entwicklungsstörungen eine Alkoholerkrankung begünstigen. Auch Lesch hat versucht, diese Typologie mit biologischen Parametern zu assoziieren. Die 4 Gruppen konnten anhand der Metabolisierungsrate und -geschwindigkeit von Methanol zu Formaldehyd differenziert werden. So weisen Typ-I-Alkoholkranke beispielsweise die höchste Metabolisierungsgeschwindigkeit auf. Typ IV zeigte die geringste Verstoffwechselungsrate.

Vergleicht man die Typologien, so ist der Ansatz von Jellinek als deskriptiv zu bezeichnen, während Cloninger und Babor als einzige multivariate statistische Verfahren mit der Berücksichtigung zahlreicher Parameter zur Typologisierung verwendet haben und auch Aussagen zur Ätiologie beinhalten (für den Vergleich s. Preuss et al. 1997). Mit Hilfe multivariater statistischer Verfahren werden Varianzaufklärungen in den Daten zu den erhobenen Parametern vorgenommen. Die Typologien können aber jeweils nur einen begrenzten Varianzanteil des Verhaltens aufklären, wodurch die Prognosemöglichkeit stark eingeschränkt wird. Bei allen Typologisierungen besteht daher das Problem, dass anhand dieser Klassifizierungen weder Aussagen zu Prognosen, noch zur Therapierbarkeit getroffen werden können. Eine gewisse Ausnahme bildet möglicherweise die Klassifizierung nach Babor und Mitarbeitern (1992), in der eine bessere Therapierbarkeit der Typ-A-Alkoholkranken postuliert wird. Die Prädiktorforschung hat bisher allerdings sehr inkonsistente Befunde erbracht. Das Phasenmodell für die Entstehung der Abhängigkeit nach Jellinek (1960) kann ebenfalls nicht als allgemein gültiges Modell für alle Alkoholkranken betrachtet werden, da individuelle Unterschiede für den Verlauf eine große Rolle spielen sowie weitere begleitende Erkrankungen oder das Alter bei Beginn der Abhängigkeitserkrankung. Die Ansätze von Cloninger und Babor sind bezüglich des zugrunde liegenden Krankheitskonzeptes noch weitgehend hypothetisch und zu wenig empirisch validiert. Über die Häufigkeit und klinische Relevanz besteht zudem Uneinigkeit. Ein weiteres Problem der Typologien ist ihre unklare Abgrenzung gegenüber dem Konzept der Komorbidität mit Borderline- und dissozialen Persönlichkeitsstörungen.

3.4
Diagnostische Untersuchungsmethoden

3.4.1
Laborparameter

Neben den am Verhalten orientierten diagnostischen Kriterien der Klassifikationssysteme ICD-10 und DSM-IV liefern Laborwerte weitere diagnostische Hinweise, die auf erhöhten Alkoholkonsum hindeuten können, nicht aber zwischen schädlichem Gebrauch und Abhängigkeit zu differenzieren vermögen, so z.B. γ-GT (Gamma-Glutamyl-Transferase), das mittlere Erythrozytenvolumen (MCV) und CDT (carbohydratdefizientes Transferrin). Der am einfachsten anzuwendende Indikator für akuten Konsum ist Äthanol selbst, das im Blut, Urin, Atem, Schweiß oder Speichel festgestellt werden kann. Der Blutalkoholspiegel wird auch in der klinischen Praxis eingesetzt, um unmittelbaren Konsum festzustellen. Sehr hohe Blutalkoholkonzentrationen geben Hinweise auf Gewöhnung oder Abhängigkeit (Persson u. Magnusson 1988; Robinson et al. 1992). Problematisch ist dabei die kurze Halbwertszeit und damit die begrenzte Zeit der Nachweisbarkeit.

Die γ-GT ist ein Enzym, das am häufigsten als Marker verwendet wird. Akuter Alkoholkonsum bewirkt keine Erhöhung der γ-GT-Serumaktivität.

Bei chronisch überhöhtem Konsum ist die Serumaktivität jedoch bei einem größeren Teil der Patienten erhöht. Dies trifft auf etwa 70–80% der Alkoholabhängigen zu. Die gesteigerte γ-GT sinkt jedoch in abstinenten Phasen nach einigen Tagen bis Wochen wieder auf das Normalniveau ab. Problematisch ist, dass dieser Marker auch bei anderen Erkrankungen erhöht sein kann, wie z. B. bei Lebererkrankungen verschiedener Ursache und nach Einnahme bestimmter Medikamente. Demnach sind Sensitivität und Spezifität eher gering. Die Sensitivität definiert den Anteil der Fälle, die von einem Test richtigerweise diagnostiziert und damit entdeckt werden. Unter Spezifität versteht man dagegen den Prozentsatz, der korrekt als nicht krank klassifiziert wird.

Höhere Spezifität und Sensitivität beweist dagegen das mittlere Erythrozytenvolumen (MCV). Erhöhte MCV-Werte gehen mit längerer Dauer des Alkoholkonsums einher (Tönnesen et al. 1986). Eine Erhöhung des MCV liegt bei mehr als zwei Dritteln der Abhängigen vor und ist stabiler über den Zeitraum der Lebensdauer der Erythrozyten, der roten Blutkörperchen, nachweisbar (ca. 3 Monate). Das MCV steigt auch erst nach längerem erhöhtem Konsum an. Allerdings ist es nicht zum Nachweis eines kurzen Alkoholexzesses geeignet. Erhöhten MCV-Werten können auch wiederum andere Ursachen zugrunde liegen.

Zu den neueren Markern gehört das CDT, ein anormales Transferrinmolekül. Es besitzt zwar hohe Sensitivität und Spezifität bei Patienten zur Feststellung schädlichen Gebrauchs und der Erkennung von Alkoholproblemen, aber geringe Sensitivität zur Identifizierung, d. h. zum Screening Alkoholabhängiger innerhalb der Allgemeinbevölkerung oder in der klinischen Praxis.

Die begrenzte Aussagekraft der einzelnen Marker lässt sich durch eine Kombination verschiedener biologischer Marker steigern. So erwies sich beispielsweise die Verknüpfung von γ-GT und CDT als sinnvolles diagnostisches Instrument sowohl bei Männern als auch bei Frauen (Mundle et al. 2000). Dennoch muss beachtet werden, dass bereits bei nicht alkoholabhängigen Probanden bezüglich aller drei Marker eine beträchtliche interindividuelle Variabilität besteht (Helander et al. 1998). Angesichts der Variabilität und der falsch-positiven Ergebnisse der biologischen Marker, d. h. der fälschlicherweise mit Alkoholabhängigkeit oder Missbrauch diagnostizierten Personen im Falle anderer Störungen, ist auch bei diesen meist als objektiv betrachteten diagnostischen Methoden die Aussagekraft und Interpretierbarkeit limitiert.

Laborparameter sind den im Folgenden dargestellten Fragebogen bezüglich der Entdeckung einer Alkoholabhängigkeit in der Sensitivität und Spezifität unterlegen, wie einige Untersuchungen zeigten (Bell et al. 1994; Bohn et al. 1995). Im Sinne einer mehrdimensionalen Datenerhebung ist es jedoch sinnvoll, mehrere Informationsquellen für die Diagnose zu nutzen. Weitere diagnostische Verfahren sind Computertomographie und Kernspintomographie zur Feststellung morphometrischer Veränderungen der Hirnstruktur infolge des schädlichen Alkoholkonsums sowie Elektroenzephalographie (EEG) zur Messung hirnfunktioneller Auffälligkeiten (vgl. S. 19). Eine Kombination von klinischer Untersuchung, Fragebogen und Labortests ist daher zu empfehlen (Nilssen et al. 1994). In einigen Fragebogen ist daher im Rahmen der

Fremdbeurteilung häufig die Erhebung eines Laborwertes vorgesehen (z. B. in einer weiterentwickelten Form des AUDIT und im MALT, s. unten).

3.4.2
Testpsychologische Untersuchungsinstrumente

Es existiert eine Fülle von Fragebogen, Fremd- und Selbstbeurteilungsbögen sowie standardisierten Interviewleitfäden, die für den Bereich des schädlichen Alkoholgebrauchs und der Abhängigkeit von Alkohol entwickelt wurden. Diese Beurteilungsbögen können als Screeninginstrumente zur schnellen Erhebung eines Überblicks über eine mögliche Alkoholproblematik oder zur eigentlichen Diagnostik beitragen, aber auch zur Bestimmung der Schwere der Erkrankung sowie ihrer Subtypen oder zur Erhebung von Folgestörungen.

Allerdings sind zahlreiche Verfahren hauptsächlich für Forschungszwecke entworfen worden und erweisen sich für die klinischen Praxis als zu umfangreich und/oder zu wenig geeignet. Generell ist die Anwendung von Selbstbeurteilungsverfahren erschwert durch die Möglichkeit der Verfälschung, Leugnung und Beantwortung der Fragen im Sinne sozialer Erwünschtheit. Entgegen der landläufigen Meinung konnte jedoch eine generell erhöhte Verfälschungstendenz von Alkoholabhängigen nicht nachgewiesen werden (Küfner 1989). Zudem ist die Verfälschungstendenz abhängig von der jeweiligen Situation der Befragung (z. B. zu Begutachtungszwecken) und dem Krankheitsstadium, in dem sich die Patienten gerade befinden. So muss bei den ersten Kontakten mit mehr Leugnungstendenzen gerechnet werden, als in der Entwöhnung, in der der Patient eher bereit ist, sich mit seiner Erkrankung zu konfrontieren.

Kurzdiagnostik: Screening-Instrumente

Zur schnellen Feststellung einer Verdachtsdiagnose eignen sich Screening-Instrumente, die es erlauben, in kurzer Zeit einen Überblick über die Problematik zu gewinnen und die bei möglichst wenigen Fragen eine hohe Sensitivität und eine ausreichende Spezifität besitzen. Zu diesen Screeningverfahren gehören u. a. die im Folgenden dargestellten Instrumente.

CAGE-Test (Ewing 1984; dt. z. B. Wetterling u. Veltrup 1997). Mit den folgenden 4 Fragen, die mit ja oder nein beantwortet werden können, handelt es sich dabei um den kürzesten Fragebogentest. Es werden dabei wesentliche Merkmale der Abhängigkeit erfasst, wie überhöhter Konsum, Kritik der Umwelt, Schuldgefühle und morgendliches Trinken:
- Haben Sie einmal das Gefühl gehabt, dass sie ihren Alkoholkonsum verringern sollten?
- Hat Sie jemand einmal durch Kritisieren ihres Alkoholtrinkens ärgerlich gemacht?

- Haben Sie sich wegen ihres Alkoholtrinkens einmal schlecht oder schuldig gefühlt?
- Haben Sie einmal morgens als erstes Alkohol getrunken, um sich nervlich wieder ins Gleichgewicht zu bringen oder einen Kater loszuwerden?

Zwei oder mehr positive Antworten erheben den Verdacht auf eine Alkoholproblematik. Trotz seiner Kürze zeichnet sich dieser Test durch eine erstaunliche Sensitivität und Spezifität aus. Ergeben sich in diesem Test Hinweise auf eine Abhängigkeit, so sollte eine differenzierte Diagnostik eingeleitet werden.

Alcohol Use Disorder Test (AUDIT; Saunders et al. 1993, dt. Wetterling u. Veltrup 1997). Trotz einer relativ niedrigen Spezifität wird dieser Selbstbeurteilungsbogen mit 10 Fragen zum Konsumverhalten häufig eingesetzt. Er ist ökonomisch anwendbar, besitzt eine hohe Sensitivität und dient der Erfassung des aktuellen Ausmaßes des Alkoholkonsums, der Schwere der Abhängigkeit und problematischer Konsequenzen, die sich aus dem Trinken ergeben. Im Gegensatz zum CAGE-Test wird hier nicht nur die Lebenszeitprävalenz erfasst, d.h. ob jemals im Leben ein Alkoholproblem bestand, sondern auch der aktuelle Alkoholkonsum.

Mit dem AUDIT (Abb. 3.1) ist aufgrund der Informationen zum Trinkverhalten (Menge und Frequenz), anders als bei anderen Screeningverfahren, auch das Ausmaß der Abhängigkeit in gewissem Rahmen einschätzbar. Damit ist eine Differentialdiagnose zwischen schädlichem Gebrauch und Abhängigkeit eher möglich. Er wird von der WHO zur Diagnose einer Abhängigkeit empfohlen (Wetterling u. Veltrup 1997).

Kurzfragebogen für Alkoholgefährdete (KFA, Feuerlein et al. 1976). Dieser ökonomische und ebenfalls weit verbreitete Selbstbeurteilungsfragebogen enthält 22 Fragen zu 4 Bereichen, dem somatisch-physischen, dem psychischen, dem sozialen und dem abhängigen Trinkverhalten (Übersicht 3.8). Der KFA ist weniger als Screening, denn als Differentialdiagnostikum gedacht. Er kann bei Patienten in anfänglichem, frühem Krankheitsstadium und bei weniger klarer Ausprägung der Störung zum Einsatz kommen. Allerdings ist damit eine Unterscheidung zwischen Alkoholabhängigkeit und schädlichem Gebrauch nicht möglich.

Übersicht 3.8. Beispielfragen aus dem KFA für die einzelnen Bereiche, die abgefragt werden

Psychischer Bereich	Leiden Sie an Gedächtnislücken nach starkem Trinken?
Somatischer Bereich	Vertragen Sie z. Z. weniger Alkohol als früher?
Abhängiges Trinkverhalten	Trinken Sie Alkohol, um Stresssituationen besser bewältigen zu können oder um Ärger und Sorgen zu vergessen?
Sozialer Bereich	Sind Sie und/oder Ihre Familie schon einmal wegen Ihres Trinkens in finanzielle Schwierigkeiten geraten?

Sehr geehrte Patientin, sehr geehrter Patient!

Da Alkohol vielfach zu gesundheitlichen Schäden führt, werden Sie in diesem Fragebogen nach Ihren Trinkgewohnheiten gefragt – bitte beantworten Sie die Fragen so genau wie möglich, da sie Grundlage für ein ärztliches Gespräch sind.
Beachten Sie bitte, dass auch Bier ein alkoholisches Getränk ist.
Als Maßeinheit gilt 1 Drink = 1 Glas/Dose Bier oder 1 Glas Wein/Sekt oder 1 Glas Korn, Rum, Schnaps, Weinbrand, Whisky oder ähnliches.

	0	1	2	3	4
Wie oft haben Sie alkoholische Getränke getrunken?	Nie	Einmal im Monat oder seltener	2-mal im Monat	3-mal im Monat	4-mal oder mehrmals im Monat
Wie viele Drinks trinken Sie pro Tag?	1–2	3–4	5–6	7–9	10 oder mehr
Wie oft trinken Sie 6 oder mehr Drinks pro Tag?	Nie	Weniger als einmal im Monat	Einmal im Monat	Einmal in der Woche	Fast täglich
Wie oft hatten Sie im letzten Jahr das Gefühl, Sie könnten nicht aufhören zu trinken, wenn Sie angefangen haben?	Nie	Weniger als einmal im Monat	Einmal im Monat	Einmal in der Woche	Fast täglich
Wie oft konnten Sie im letzten Jahr nicht das tun, was von Ihnen erwartet wurde, weil Sie Alkohol getrunken hatten?	Nie	Weniger als einmal im Monat	Einmal in der Woche	Fast täglich	
Wie oft brauchten Sie schon morgens ein alkoholisches Getränk, weil Sie vorher stark getrunken hatten?	Nie	Weniger als einmal im Monat	Einmal im Monat	Einmal in der Woche	Fast täglich
Wie oft haben Sie im letzten Jahr nach dem Alkoholtrinken Gewissensbisse gehabt oder sich schuldig gefühlt?	Nie	Weniger als einmal im Monat	Einmal im Monat	Einmal in der Woche	Fast täglich
Wie oft haben Sie sich nicht an die Ereignisse der Nacht zuvor erinnern können, weil Sie Alkohol getrunken hatten?	Nie	Weniger als einmal im Monat	Einmal im Monat	Einmal in der Woche	Fast täglich
Haben Sie sich oder einen anderen schon einmal verletzt, weil Sie Alkohol getrunken hatten?	Nein	Ja, aber nicht im letzten Jahr			Ja, im letzten Jahr
Hat Ihnen ein Verwandter, Freund oder Arzt geraten, Ihren Alkoholkonsum zu verringern?	Nein	Ja, aber nicht im letzten Jahr			Ja, im letzten Jahr
Über 8 Punkte: Alkoholabhängigkeit wahrscheinlich					

Abb. 3.1. Der AUDIT-Test in seiner deutschen Bearbeitung. (Nach Wetterling und Veltrup 1993)

Diagnoseinstrumente

Standardisierte Interviews

Um eine Diagnose nach den Kriterien des DSM-IV oder der ICD-10 zu stellen, sind standardisierte Interviews besonders gut geeignet. Hier wäre das SKID (Strukturiertes klinisches Interview nach DSM-IV; Wittchen et al. 1998) zur Diagnose nach DSM-IV zu nennen oder das CIDI-SAM (Composite International Diagnostic Interview –Substance Abuse Module; Wittchen 1990) zur Diagnose nach ICD-10. Diese diagnostischen Interviews ermöglichen gleichzeitig die Diagnose weiterer Störungen. Der Nachteil dieser Verfahren ist allerdings ihr hoher Zeitaufwand (mindestens 1–1,5 h pro Patient) sowie die Notwendigkeit des Trainings der Interviewer, weswegen sie hauptsächlich für Forschungszwecke in Frage kommen und kaum klinische Relevanz besitzen. Daneben existieren auch internationale Diagnose-Checklisten (Hiller et al. 1997), die eine operationalisierte Diagnostik erlauben und im Vergleich zu den strukturierten Interviews einige Vorteile aufweisen: Man kann sich sofort individuell den im Vordergrund stehenden Beschwerden zuwenden und nicht relevante Bereiche zunächst ausklammern. Ferner kann ein Befund auch dann erstellt werden, wenn eine umfassende Exploration nicht möglich ist; der zeitliche Aufwand ist geringer und der Diagnostiker kann flexibler vorgehen. Der häufig verwendete *European Addiction Severity Index (ASI)*, der ebenfalls in deutscher Übersetzung vorliegt (Gsellhofer et al. 1999), dient der operationalisierten Erfassung der Suchtanamnese und zur Schweregradabschätzung.

Weitere Verfahren

Münchner Alkoholismustest (MALT, Feuerlein et al. 1977). Der MALT ist das im deutschen Sprachraum am weitesten verbreitete und inzwischen auch international anerkannte diagnostische Verfahren. Er umfasst sowohl einen Selbst- als auch einen Fremdbeurteilungsteil, wobei letzterer stärkere Gewichtung erfährt und damit möglichen Verfälschungstendenzen der Patienten Rechnung trägt (Übersicht 3.9). Der Fremdbeurteilungsteil erfasst vor allem medizinische Folgeprobleme (Delir, Leberschaden), Alkoholkonsum, Blutalkoholkonzentration zum Untersuchungszeitpunkt und fremdanamnestische Angaben. In der Selbstbeurteilung werden diagnostisch relevante Aspekte des Trinkverhaltens, der Einstellungen zum Trinken, psychische und soziale Beeinträchtigungen und somatische Störungen erfragt. Die Fragen beziehen sich dabei auf die Phasen des Alkoholkonsums und nicht auf abstinente Intervalle. In der Auswertung wird die Fremdbeurteilung 4fach und die Selbstbeurteilung einfach gewertet. Ein Testergebnis von 11 und mehr Punkten berechtigt zur Diagnose einer Alkoholabhängigkeit, bei 6–10 Punkten besteht ein Verdacht auf eine solche Störung. Der MALT zeigt hohe Validität (Gültigkeit des Tests, statistisches Gütekriterium, das über die Messgenauigkeit des Tests im Hinblick auf ein Kriterium Auskunft gibt) und Reliabilität (Zuverlässigkeit, statistisches Gütekriterium, das die Messgenauigkeit angibt) und besitzt eine hohe Spezifität und Sensibilität. Einschränkend ist festzuhalten, dass damit keine Aussagen über den Schweregrad der Abhängigkeit gemacht werden können.

Übersicht 3.9. Merkmalskatalog des Münchener Alkoholismus-Tests (MALT; nach Feuerlein et al. 1977). Selbst- und Fremdbeurteilung des Trinkverhaltens im MALT. Die Fremdbeurteilung der Items 4 und 5 beziehen sich auf unterschiedliche Trinkmuster, einmal des Rauschtrinkens und das andere Mal des Spiegeltrinkens laut Angabe des Patienten

A. Vom Arzt zu beurteilen (MALT-F)
  1. Lebererkrankung: mindestens ein klinisches Symptom (z. B. vermehrte Konsistenz, Vergrößerung, Druckdolenz o. Ä.) und mindestens ein pathologischer Laborwert (z. B. GOT, GPT oder GGT) sind notwendig.
  2. Polyneuropathie (trifft nur zu, wenn keine anderen Ursachen bekannt sind, z. B. Diabetis mellitus oder eindeutige chronische Vergiftungen).
  3. Delirium tremens (jetzt oder in der Vorgeschichte).
  4. Alkoholkonsum von mehr als 150 ml (bei Frauen 120 ml) reinem Alkohol ein- oder mehrmals im Monat.
  5. Alkoholkonsum von mehr als 300 ml (bei Frauen 240 ml) reinem Alkohol ein-oder mehrmals im Monat.
  6. Foetor alcoholicus (Alkoholgeruch z. Z. der ärztlichen Untersuchung).
  7. Familienangehörige oder engere Bezugspersonen haben schon einmal Rat gesucht wegen Alkoholproblemen des Patienten (z. B. beim Arzt, dem Sozialdienst oder anderen entsprechenden Einrichtungen).
B. Vom Patienten selbst zu beurteilen (MALT-S).
  1. In der letzten Zeit leide ich häufiger an Zittern der Hände.
  2. Ich hatte zeitweilig, besonders morgens, Würgegefühl oder Brechreiz.
  3. Ich habe schon einmal versucht, Zittern oder morgendlichen Brechreiz mit Alkohol zu kurieren.
  4. Zur Zeit fühle ich mich verbittert wegen meiner Probleme und Schwierigkeiten.
  5. Es kommt nicht selten vor, dass ich vor dem Mittagessen bzw. beim zweiten Frühstück Alkohol trinke.
  6. Nach den ersten Gläsern Alkohol habe ich ein unwiderstehliches Verlangen, weiter zu trinken.
  7. Ich denke häufig an Alkohol.
  8. Ich habe manchmal auch dann Alkohol getrunken, wenn es vom Arzt verboten war.
  9. In Zeiten erhöhten Alkoholkonsums habe ich weniger gegessen.
  10. An der Arbeitsstelle hat man mir schon einmal Vorhaltungen wegen meines Alkoholtrinkens gemacht.
  11. Ich trinke Alkohol lieber, wenn ich allein bin.
  12. Seitdem ich mehr Alkohol trinke, bin ich weniger tüchtig.
  13. Ich habe nach dem Trinken von Alkohol schon öfters Gewissensbisse (Schuldgefühle) gehabt.
  14. Ich habe ein Trinksystem versucht (z. B. nicht vor bestimmten Zeiten zu trinken).
  15. Ich glaube, ich sollte mein Trinken einschränken.
  16. Ohne Alkohol hätte ich nicht so viele Probleme.
  17. Wenn ich aufgeregt bin, trinke ich Alkohol, um mich zu beruhigen.

18. Ich glaube, der Alkohol zerstört mein Leben.
19. Einmal möchte ich aufhören mit dem Trinken, dann wieder nicht.
20. Andere Leute können es nicht verstehen, warum ich trinke.
21. Wenn ich nicht trinken würde, käme ich mit meinem Partner besser zurecht.
22. Ich habe schon versucht, ohne Alkohol zu leben.
23. Wenn ich nicht trinken würde, wäre ich mit mir zufrieden.
24. Man hat mich schon wiederholt auf meine „Alkoholfahne" angesprochen.

Trierer Alkoholismusinventar (TAI, Funke et al. 1987). Das TAI ist ein standardisiertes Verfahren zur Differentialdiagnose bei Alkoholabhängigen. 90 Fragen werden in 7 Skalen zusammengefasst:
● Verlust der Kontrolle und negative Gefühle,
● soziales Trinken,
● süchtiges Trinken,
● Trinkmotive,
● Folgen, Schädigung und Versuche der Selbstbehandlung von physiologischen Begleiterscheinungen,
● Partnerprobleme wegen des Trinkens und
● Trinken wegen Partnerproblemen.

Die Selbstbeurteilung dient der mehrdimensionalen Erfassung des Erlebens und Verhaltens im Zuge des exzessiven Konsums und seiner Konsequenzen. Klinisch spielt der Fragebogen allerdings eine eher untergeordnete Rolle und wurde in der Forschung weitgehend durch den ASI ersetzt.

Auch zur Erfassung des Alkoholentzugssyndroms existieren Ratingskalen, so z. B. das *Clinical Institute Withdrawal Assessment for Alcohol Scale* (CIWA-A, Shaw et al. 1981; dt. modifizierte Fassung von Stuppaeck et al. 1995). Anhand von Beobachtungen und Befragungen erfolgen Einschätzungen zur Feststellung der Schwere und des Fortschritts des Entzuges anhand des Vorhandenseins von Vitalparametern wie Blutdruck, Tremor, Konzentration, Orientierung, Nervosität/Angst, Kopfschmerzen etc.

3.5
Folgen eines chronischen Alkoholkonsums

3.5.1
Neuropsychologische Defizite als chronische Folgen des Alkoholkonsums

Bei chronisch schädlichem Gebrauch kann es zu diffusen oder regional begrenzten Schädigungen des Gehirns im Sinne eines organischen Psychosyndroms kommen. Psychodiagnostische Verfahren können dazu eingesetzt werden, um solche Funktionsschädigungen herauszufinden und zu charakterisieren. Beim Einsatz neuropsychologischer Tests geht man von der Prämisse aus, dass zwischen bestimmten Hirnarealen und kognitiven Funktionen ein Zusammenhang besteht. Dies ist natürlich eine sehr vereinfachende Sichtweise, da in den meisten Fällen ein breites Netzwerk beteiligter Hirnregionen für das intakte Funktionieren bestimmter kognitiver und emotionaler Prozesse verantwortlich ist. Dennoch erlaubt der Einsatz dieser Tests, Funktionsdefizite alkoholkranker Patienten in verschiedenen Stadien zu identifizieren und bezüglich ihrer zerebralen Lokalisation näher zu charakterisieren.

Typischerweise weisen alkoholabhängige Patienten Funktionseinschränkungen in Tests des Lernens, des Gedächtnisses, des Abstraktionsvermögens, des Problemlösens, der Wahrnehmungsanalyse und -synthese sowie der Geschwindigkeit der Informationsverarbeitung und der Effizienz auf (Parsons 1998), die auch nicht auf prämorbide (d. h. vor dem Beginn der Alkoholkrankheit) oder komorbide Störungen zurückgeführt werden können (Beatty et al. 1995). Das Muster der Beeinträchtigungen lässt jedoch nicht unbedingt eine spezifische zerebrale Lokalisation erkennen, sondern deutet eher auf global-diffuse Störungen (Beatty et al. 1996; Tivis u. Parson 1997).

Nach aktuell erfolgter Entgiftung sind auch noch nach einem Monat Defizite in den exekutiven Funktionen (Funktionen der Planung, Zielorientierung, kognitiven Flexibilität, Handlungsregulierung), den visuell-räumlichen wie auch motorischen Funktionen vorhanden (Sullivan et al. 2000), die auf Störungen im frontal-zerebellären System oder im präfrontalen und parietalen Kortex hindeuten. Auch Aufmerksamkeitsdefizite im Sinne erhöhter Ablenkbarkeit sind bei Patienten in diesem Zustand beobachtbar (Ahveninen et al. 2000). Etwa die Hälfte bis zu zwei Drittel der abstinenten Patienten weisen solche Defizite während der ersten 5 Monate des Entzuges auf, doch die meisten Störungen sind reversibel; residuale Leistungseinbußen sind nur bei einigen Patienten auch noch nach Jahren der Abstinenz nachweisbar (Fein et al. 1990).

Wird die Abstinenz nämlich über einen längeren Zeitraum (ca. 1 Jahr) aufrechterhalten, so zeigen sich Verbesserungen im Bereich des Gedächtnisses, der Aufmerksamkeit, visuell-räumlicher und motorischer Funktionen, die stärker sind als bei Patienten, die in dieser Zeit wieder rückfällig wurden (Mann et al. 1999). Diese Leistungsverbesserungen sind bereits einige Wochen nach Abstinenz für die meisten Funktionen feststellbar (Wahrnehmungsgeschwindigkeit, verbales Wissen, nichtverbales Schlussfolgern, räumliche Vorstellung), wobei Beeinträchtigungen des verbalen Kurzzeitgedächtnisses (Mann et al. 1999) oder auch im Bereich der längerfristigen Behaltensleistung länger anhalten (Trivis u. Parsons 1997). Normalerweise gehen diese kognitiven Defizite bei fortgeführter Abstinenz langsam über einen Zeitraum von 4–5 Jahren zurück (Parsons 1998).

Recht übereinstimmend weisen vor allem die neueren Untersuchungen darauf hin, dass weniger die Dauer und damit die Chronizität der Störung über das Ausmaß kognitiver Defizite bestimmt, als die Menge des aktuellen Alkoholkonsums (Beatty et al. 2000; Mann et al. 1999; Fein et al. 1990). So zeigen sich Korrelationen von kognitiven Funktionen mit dem gegenwärtigen Alkoholkonsum, nicht jedoch mit der Trinkvergangenheit. Auch fanden Krabbendam und Mitarbeiter (2000) kognitive Defizite nur bei Patienten mit Korsakow-Syndrom und nicht bei chronisch Alkoholabhängigen, sodass der chronische Konsum allein keine ausreichende Erklärung für neuropsychologische Auffälligkeiten bietet. Demnach ist die Frage nach den Prädiktoren und ihrer jeweiligen Bedeutung für kognitive Beeinträchtigungen noch unzureichend geklärt.

3.5.2
Entzugssyndrom (ICD-10: F10.3, DSM-IV: 291.8)

Mit dem Absetzen von Alkohol entwickeln sich bei alkoholabhängigen Patienten innerhalb von Stunden bis wenigen Tagen Entzugssymptome. Solche Symptome sind die häufigste Folgestörung der Alkoholabhängigkeit, sie müssen jedoch nicht bei allen Alkoholabhängigen zwangsläufig auftreten. Die ICD-10 führt die in Übersicht 3.10 angeführten Kriterien auf.

Übersicht 3.10. Diagnostische Leitlinien des Entzugssyndroms nach ICD-10 (F10.3)

Das Entzugssyndrom ist einer der Indikatoren des Abhängigkeitssyndroms; daher ist auch diese Diagnose zu erwägen.

Ein Entzugssyndrom soll als Hauptdiagnose dann diagnostiziert werden, wenn es Grund für die gegenwärtige Konsultation ist und wenn das Erscheinungsbild so schwer ist, dass es eine besondere medizinische Behandlung erfordert.

Häufige Merkmale sind auch psychische Störungen (z. B. Angst, Depressionen, Schlafstörungen). Typischerweise berichten die Patienten, dass sich die Entzugssymptome durch die erneute Zufuhr der Substanz bessern.

Es ist auch daran zu denken, dass Entzugssyndrome durch konditionierte Reize ohne unmittelbar vorhergehende Substanzzufuhr ausgelöst werden können. In solchen Fällen ist ein Entzugssyndrom nur dann zu diagnostizieren, wenn der Schweregrad dies rechtfertigt.

Ein Alkoholentzugssyndrom kann sich auf 4 Syndromebenen manifestieren (Tabelle 3.4; Soyka 1997): in internistisch-körperlichen, neurologischen und psychischen Störungen. Diese Syndrome sind nicht spezifisch für den Alkoholentzug, sondern können auch bei einem Entzug von anderen Substanzen auftreten.

Klinisch bedeutsam sind vor allem vegetative Symptome (besonders Schwitzen, Mundtrockenheit, Schlafstörungen, Juckreiz, Herzfrequenzerhöhung, Blutdrucksteigerung), Tremor, epileptische Anfälle oder weitere neurologische Symptome sowie Magen-Darm-Beschwerden.

Affektstörungen mit Angst, Reizbarkeit und Depressivität sowie neuropsychologische Funktionsstörungen charakterisieren den psychischen Befund. Charakteristisch sind ferner Schlafstörungen. Innerhalb weniger Tage bis maximal einer Woche bildet sich die Symptomatik zurück. In manchen Fällen wurden *protrahierte Entzugssymptome* (Angst, Depression, Appetitman-

Tabelle 3.4. Symptomatik des einfachen Alkoholentzugssyndroms. (Nach Soyka 1997)

Syndromebene	Symptome
Körperlich-internistisch	Allgemeines Unwohlsein und Schwäche Magen-Darm- (gastrointestinale) Störungen: Appetitmangel, Übelkeit, Erbrechen, Magenschmerzen, Durchfälle Herz-Kreislauf-Störungen Tachykardien, periphere Ödeme Mundtrockenheit, vermehrtes Schwitzen, Juckreiz, Schlafstörungen
Neurologisch	Tremor (Zittern der Hände, Zunge, Augenlider) Artikulationsstörungen, Störungen der Bewegungskoordina- tion (Ataxie), abnorme Empfindungen (Parästhesien) Epileptische Anfälle Nystagmus, Muskel- und Kopfschmerz
Psychisch	Angst, Reizbarkeit, motorische und innere Unruhe Depressive Verstimmungen Konzentrations- und Gedächtnisstörungen Selten Bewusstseinsstörungen Vorübergehende Halluzinationen

gel, Schweißausbrüche, Schlafstörungen) berichtet, die über Wochen und Monate anhalten können und vermutlich auf bestehende hirnorganische Veränderungen zurückgehen. Man nimmt an, dass es zu einem Ungleichgewicht von exzitatorischen, also erregenden und inhibitorischen, hemmenden Transmittern kommt (Zilker 1999). Allerdings ist die Befundlage noch nicht eindeutig, sodass es unklar ist, ob diese protrahierten Entzugssymptome überhaupt diagnostisch relevant sind bzw. möglicherweise psychogen verursacht sind.

3.5.3
Entzugsdelir (Delirium tremens, ICD-10: F10.4; DSM-IV: 291.0)

Das Delir stellt im Grunde eine Extremform des Entzugssyndroms dar mit fließenden Übergängen vom einen Zustand in den anderen. Die ICD-10 definiert den Zustand entsprechend Übersicht 3.11.

Übersicht 3.11. Definition des Entzugsdelirs nach ICD-10 (F10.4)

Hier ist das alkoholbedingte Delirium tremens einzuordnen, ein kurz dauernder, aber gelegentlich durchaus lebensbedrohlicher toxischer Verwirrtheitszustand, der von somatischen Störungen begleitet wird. Das Delir ist gewöhnlich Folge eines absoluten oder relativen Entzugs bei stark abhängigen Trinkern mit einer langen Vorgeschichte. Es beginnt meist nach Absetzen des Alkohols. In manchen Fällen tritt es während einer Episode schweren Trinkens auf, auch dann sollte eine Zuordnung in diesem Abschnitt erfolgen.

Die typischen Prodromi sind Schlaflosigkeit, Zittern und Angst. Dem Delir können auch Entzugskrämpfe vorausgehen. Die klassische Symptomtrias besteht in Bewusstseinstrübung und Verwirrtheit, lebhaften Halluzinationen oder Illusionen jeglicher Wahrnehmungsqualität, besonders optischen und ausgeprägtem Tremor. Auch Wahnvorstellungen, Unruhe, Schlaflosigkeit oder Umkehr des Schlaf-Wach-Rhythmus und vegetative Übererregbarkeit sind üblicherweise vorhanden.

Typischerweise entwickelt es sich bei etwa 5–20% der unbehandelten Patienten im Zeitraum von 1–4 Tagen nach der letzten Alkoholeinnahme und beginnt häufig mit einem Krampfanfall. Als Auslöser können Schlafentzug oder Reizüberflutung wirken (Soyka 1997); Risikofaktoren stellen aber auch somatische Erkrankungen oder körperliche Verletzungen dar (Wojnar et al. 1999). Zu den genannten Entzugssymptomen treten im Delir Verwirrtheitszustände mit beeinträchtigter situativer, zeitlicher und örtlicher Orientierung, Bewusstseinsstörungen und kognitive Störungen hinzu. Die Kritikfähigkeit ist herabgesetzt, und die Suggestibilität kann soweit erhöht sein, dass die Patienten nach Aufforderung von einem leeren Blatt ablesen. Charakteristisch sind auch Wahrnehmungsstörungen mit akustischen und vor allem optischen Halluzinationen [die meist kleine schnelle und fluktuierende Bewegungen von Objekten (kleine Tiere: „weiße Mäuse") beinhalten] sowie Verfolgungsideen. Die Patienten bedürfen aufgrund von psychomotorischen Unruhezuständen, Reizbarkeit und Agitiertheit in der stationären Intensivbehandlung einer adäquaten medikamentösen Therapie. Weitere vegetative Symptome können Tachykardie (Steigerung der Herzfrequenz mit über 100 Kontraktionen pro Minute), Fieber und Schwitzen sein. Auffällig kann auch ein grobschlägiger Tremor sein.

Dieser delirante Zustand kann sich über 5–10 Tage erstrecken. Für diese Zeit kann bei den Patienten retrospektiv eine Amnesie vorliegen. Wird ein solches Delir nicht behandelt, so ist die Sterblichkeit hoch und liegt bei 15–30%. Die Patienten sterben dann an Kreislaufversagen und Hyperthermie oder an hinzutretenden Komplikationen wie z. B. Nierenversagen. Die Ursachen des Alkoholentzugsdelirs sind nicht vollständig geklärt. Man vermutet jedoch eine Störung von Adaptationsprozessen in den Transmittersystemen, die infolge des chronischen Alkoholkonsums im Zentralnervensystem eintreten.

3.5.4
Alkoholhalluzinose oder substanzinduzierte psychotische Störung (ICD-10: F10.5; DSM-IV: 291.3/291.5)

Entsprechend der gegenwärtig gültigen Klassifikationssysteme ICD-10 und DSM-IV wird die Alkoholhalluzinose auch alkoholinduzierte psychotische Störung genannt (ICD-10: F10.5; DSM-IV: 291.3/291.5). Diagnostisch wird sie von der ICD-10 entsprechend Übersicht 3.12 definiert.

Übersicht 3.12. ICD-10-Kriterien für eine psychotische Störung (F10.5)

Eine Gruppe von Symptomen, die gewöhnlich während oder unmittelbar nach dem Substanzgebrauch auftritt und durch lebhafte Halluzinationen, typischerweise akustische, oft aber auf mehr als einem Sinnesgebiet, Personenverkennungen, Wahn oder Beziehungsideen (häufig im Sinne einer Verfolgung) gekennzeichnet ist. Psychomotorische Störungen wie Erregung oder Stupor sowie ein abnormer Affekt, der von intensiver Angst bis zur Ekstase reicht, treten auf. Das Sensorium ist meist klar, das Bewusstsein kann jedoch bis zu einem gewissen Grad getrübt sein, wobei jedoch keine ausgeprägte Verwirrtheit auftritt. Die Störung geht typischerweise innerhalb eines Monats zumindest teilweise, innerhalb von 6 Monaten vollständig zurück.

Ein psychotischer Zustand, der während oder unmittelbar nach der Einnahme einer Substanz (gewöhnlich innerhalb von 48 h) auftritt, sollte hier eingeordnet werden, falls er nicht Ausdruck eines Entzugssyndroms mit Delir ist oder einer verzögert auftretenden psychotischen Störung. Diese kann mehr als 2 Wochen nach dem letzten Substanzkonsum beginnen, ist jedoch bei F10.75 einzuordnen.

Mit besonderer Sorgfalt ist zu vermeiden, irrtümlich eine schwerere Störung wie z. B. eine Schizophrenie zu diagnostizieren, wenn die diagnostischen Voraussetzungen für eine substanzinduzierte Psychose vorliegen. Viele substanzinduzierte psychotische Störungen dauern nur kurze Zeit, falls die Substanz nicht erneut eingenommen wird.

Das psychopathologische Zustandsbild kann der Schizophrenie sehr ähnlich sein und muss daher davon abgegrenzt werden. Ein differenzierendes Merkmal ist der Krankheitsausbruch, der bei der Schizophrenie im Vergleich zur Alkoholhalluzinose viel früher und auch eher schleichend einsetzt (meist vor dem 30. Lebensjahr gegenüber einem akuten Beginn bei der Alkoholhalluzinose im Alter von ca. 40–50 Jahren). Im Vordergrund der Symptomatik der alkoholinduzierten Psychose stehen hauptsächlich optische und haptische Halluzinationen („weiße Mäuse"), Verfolgungswahn und paranoide Denkinhalte. Dagegen sind schizophrenietypische Denk- und Ich-Störungen sehr selten. Auch ist der Affekt bei alkoholischen Psychosen eher durch Depressivität und Angst bis hin zur Panik gekennzeichnet und kaum durch Parathymie (inadäquaten Affekt, bei dem die affektive Reaktion nicht situationsadäquat ist).

Insgesamt ist die Alkoholhalluzinose nicht lebensgefährlich und hat eine allgemein günstige Prognose bei Abstinenz (George u. Chin 1998). Allerdings sind chronische Verläufe in bis zu 20% der Fälle zu erwarten, in denen sich residuale Zustände mit dauerhaften Störungen entwickeln, die schizophrenen Residuen ähneln.

Der alkoholische Eifersuchtswahn ist zwischenzeitlich aus den Klassifikationssystemen verschwunden, da seine klinische Relevanz gering ist und das Störungsbild insgesamt selten und offensichtlich nur bei Männern auftritt.

Forensisch kann er jedoch Bedeutung erlangen. Die Betroffenen können krankhaft misstrauisch und unkorrigierbar davon überzeugt sein, von ihren Frauen betrogen zu werden, wobei die absurdesten Hypothesen gebildet werden können. Dieser singulär, d.h. nicht an weitere psychopathologische Syndrome gekoppelt auftretende Wahn setzt schleichend ein und nimmt einen chronischen Verlauf, in dessen Folge die Gefahr von Gewalttaten gegen das Objekt des Wahns, in den meisten Fällen also die Ehefrau/Freundin, bestehen kann und beachtet werden muss.

3.5.5
Alkoholdemenz (ICD-10: F10.73; DSM-IV: 291.2)

Die Alkoholdemenz entspricht in ihrem phänomenologischen Bild im Wesentlichen anderen demenziellen Störungen. Die allgemeinen Diagnosekriterien einer Demenz gelten daher auch für die Alkoholdemenz. Die ICD-10 beschreibt sie entsprechend Übersicht 3.13.

Übersicht 3.13. Allgemeine Leitlinien zur Diagnose einer Demenz (F10.73)

Die wesentliche Voraussetzung für die Diagnose ist der Nachweis einer Abnahme des Gedächtnisses und des Denkvermögens mit beträchtlicher Beeinträchtigung der Aktivitäten des täglichen Lebens. Die Störung des Gedächtnisses beeinträchtigt typischerweise Aufnahme, Speichern und Wiedergabe neuer Information. Früher gelerntes und vertrautes Material kann besonders in den späteren Stadien ebenfalls verloren gehen. Demenz ist mehr als eine Gedächtnisstörung: Es besteht auch eine Beeinträchtigung des Denkvermögens, der Fähigkeit zu vernünftigem Urteilen und eine Verminderung des Ideenflusses. Die Informationsverarbeitung ist beeinträchtigt. Für den Betreffenden wird es immer schwieriger, sich mehr als einem Stimulus gleichzeitig aufmerksam zuzuwenden, z.B. an einem Gespräch mit mehreren Personen teilzunehmen; der Wechsel der Aufmerksamkeit von einem Thema zum anderen ist erschwert. Wird Demenz als einzige Diagnose gestellt, so wird Bewusstseinsklarheit angenommen; die Doppeldiagnose eines Delirs bei Demenz ist jedoch häufig. Für die zuverlässige klinische Diagnose einer Demenz müssen die erwähnten Symptome und Störungen mindestens 6 Monate bestanden haben.

Es kommt zu einem intellektuellen Abbau mit Beeinträchtigung und Verlust wesentlicher kognitiver Funktionen wie Auffassung, Gedächtnis, Denken, Kritik- und Urteilsfähigkeit, Orientierung und Sprache. Im Bereich der Persönlichkeit kommt es zu Wesensveränderungen und einer affektiven Verflachung, einer sog. Abstumpfung und affektiven Labilität. Auch Aphasie und Apraxie sind beobachtbar. Häufig ist die Differentialdiagnose zwischen alkoholbedingter Demenz und anderen Demenzformen entsprechend schwierig. Eine solche Differenzierung ist jedoch für die Prognose und Behandlung wesentlich. Untersuchungen weisen darauf hin, dass spezifische neuropsychologische Beeinträchtigungen vorliegen, die es erlauben, zwischen Demenz vom Alzheimer-Typ und alkoholbedingter Demenz zu unterscheiden (Saxton et al. 2000).

3.5.6
Amnestisches Syndrom/Persistierende alkoholinduzierte amnestische Störung (ICD-10: 10.6; DSM-IV: 291.1)

Nach den Kriterien der ICD 10 bezeichnet der Begriff „amnestisches Syndrom" ein Störungsbild, das von einer ausgeprägten Störung des Kurzzeitgedächtnisses bei manchmal erhaltenem Langzeitgedächtnis und intaktem Immediatgedächtnis, Störungen des Zeitgefühls und des Zeitgitters sowie einer Beeinträchtigung der Fähigkeit, neue Lerninhalte aufzunehmen, geprägt wird (Übersicht 3.14). Weitere (für die Diagnose nach ICD 10 nicht obligate) Symptome sind Desorientiertheit, eine Tendenz zu Konfabulationen (Gedächtnistäuschungen durch Pseudoerinnerungen zum Füllen von Gedächtnislücken) und Persönlichkeitsveränderungen (im Sinne von Apathie und Initiativeverlust).

Übersicht 3.14. Diagnostische Kriterien des amnestischen Syndroms (F10.6) nach ICD-10

Das durch Alkohol bedingte amnestische Syndrom soll die allgemeinen Kriterien für ein organisches amnestisches Syndrom erfüllen. Die wichtigsten für diese Diagnose erforderlichen Kriterien sind:
- Störungen des Kurzzeitgedächtnisses (Aufnahme von neuem Lernstoff), Störungen des Zeitgefühls (Zeitgitterstörungen, Zusammenziehen verschiedener Ereignisse zu einem etc.);
- fehlende Störung des Immediatgedächtnisses, des Wachbewusstseins und fehlende allgemeine Beeinträchtigung kognitiver Funktionen;
- anamnestische oder objektive Beweise für einen chronischen und besonders hoch dosierten Missbrauch von Alkohol.

Die Störung entwickelt sich akut, wobei als Prodromi Fieber und gastrointestinale Symptome auftreten können; häufig treten zu Erkrankungsbeginn delirante Symptome oder Bewusstseinsstörungen auf.

Im klinischen Sprachgebrauch ist für die Symptomentrias aus Gedächtnisstörung, Orientierungsverlust und Konfabulationen vielerorts weiterhin (nach den Erstbeschreibern im späten 19. Jh.) die Bezeichnung „Korsakow-Syndrom" oder „Wernicke-Korsakow-Syndrom" üblich: Bei der Wernicke-Enzephalopathie handelt es sich um ein von Augenmuskelstörungen, motorischen Koordinationsstörungen und Bewusstseinsstörungen gekennzeichnetes neurologisches Krankheitsbild, das sich oft gemeinsam mit einem Korsakow-Syndrom entwickelt und pathologisch-anatomisch vergleichbare Schädigungsmuster zeigt. Die Beziehung zwischen Korsakow- und Wernicke-Syndrom wird bis heute kontrovers diskutiert: während viele Autoren (Soyka 1995) ihre enge Verbindung betonen, erheben andere den Einwand, dass es sich aus klinischer Sicht um unterschiedliche Erkrankungen handele (Lishman 1990; Tretter 2000), die durchaus auch getrennt und unabhängig voneinander bestehen können.

Eine alkoholinduzierte Demenz (F 10.73, s. unten) kann vom amnestischen Syndrom aufgrund der mehr globalen intellektuellen Einbußen sowie des eher schleichenden Beginns bei Demenzen abgegrenzt werden. Demenzen zeigen auch keine neurologischen Begleitsymptome und ein diffuseres zerebrales und kognitives Schädigungsmuster.

Pathologisch-anatomisch dominieren beim amnestischen Syndrom Läsionen im Bereich des mediodorsalen und anteromedialen Thalamus und des Pulvinars, der Mammilarkörper, der Gegend des Aquädukts, des Bodens des 4. Ventrikels, des Kleinhirnvorderlappens und des basalen Vorderhirns.

Ursächlich für die Entstehung der Erkrankung sind ein Thiaminmangel und vermutlich Störungen im Neurotransmittersystem zu nennen. Insgesamt ist die Prognose eher schlecht und die Mortalität hoch (bis zu einem Fünftel der Patienten sterben). Nur bei etwa 20% kommt es zu einer Heilung, bei den Übrigen bleibt die Symptomatik zum Teil ungebessert bestehen.

Die Angaben zur Prävalenz liegen bei etwa 3–5%, wobei die Patienten meist zwischen 50 und 60 Jahre alt sind. Allerdings haben Untersuchungen gezeigt, dass nur ein Teil der Erkrankungen (1–20%), die durch eine Autopsie entdeckt wurden, auch zu Lebzeiten des Patienten klinisch als solche diagnostiziert wurden (Torvik 1991). Dies liegt teilweise an dem breiten Spektrum klinischer Symptome, das diese Störung bietet, sowie an der Variation der Symptomschwere. Die eigentliche Prävalenz liegt demnach vermutlich deutlich höher.

3.5.7
Alkoholbedingte Restzustände (ICD-10: F 10.7)

Die ICD-10 fasst unter dieser Kategorie die alkoholtoxische Demenz sowie alkoholtoxisch bedingte Persönlichkeits- und Verhaltensstörungen zusammen.

Im klinischen Alltag stehen hier im Vordergrund neben Einschränkungen der kognitiven und mnestischen Funktionen Persönlichkeitsveränderungen mit affektiver Nivellierung, Affektlabilität, Antriebsverlust, Defiziten der Impulskontrolle, Einschränkung der Fähigkeit zu vorausschauend planendem Handeln, Promiskuität, Enthemmung und Verwahrlosungstendenzen.

3.6
Zusammenfassung

Mit einem hohen Pro-Kopf-Verbrauch von über 10 l Alkohol pro Jahr zählt
Deutschland immer noch zu den Spitzenreitern bei den Ländern mit dem
meisten Alkoholkonsum, auch wenn hier seit den 90er Jahren eine kontinuierliche Abnahme zu verzeichnen ist. Die negativen Auswirkungen des
überhöhten Konsums, besonders des langfristigen und chronischen Gebrauchs, zeichnen sich in allen für die Persönlichkeit wichtigen Bereichen
ab: Körperliche, soziale und psychologische Beeinträchtigungen sind die Folge. Die wesentlichen alkoholinduzierten Störungen und Folgeerkrankungen
wurden anhand der in den modernen Diagnosesystemen, DSM-IV und vor
allem ICD-10, enthaltenen deskriptiven diagnostischen Kriterien und ihrer
Symptomatik vorgestellt und jeweils differentialdiagnostisch abgegrenzt.

Unter den akuten Alkoholfolgestörungen ist die Intoxikation zu nennen,
der besonders im Falle eines abnormen bzw. besonders erheblichen Rauschzustandes forensische Bedeutung zukommt. Bei den chronischen Störungen
unterscheidet man den schädlichen Gebrauch von Alkohol und die Alkoholabhängigkeit. Die Abhängigkeit ist vor allem durch physische und psychische Abhängigkeit sowie Toleranzentwicklung und Entzugssymptomatik
gekennzeichnet. Chronischer Alkoholkonsum kann ferner zu neuropsychi-
atrischen Folgeerkrankungen führen wie alkoholinduzierten Psychosen, kognitiven Störungen (Wernicke-Korsakow-Syndrom, Demenz) und weiteren
Persönlichkeits- oder Verhaltensstörungen.

Die Beurteilung der Schuldfähigkeit
bei akuter Alkoholintoxikation und Alkoholabhängigkeit

KLAUS FOERSTER und MARTIN LEONHARDT

4.1
Allgemeine und kriminologische Aspekte

Alkohol ist aus kriminologischer Sicht die bei weitem bedeutsamste Droge.
Am häufigsten sind unter Alkoholeinfluss begangene Verkehrsdelikte. Allerdings werden diese Täter relativ selten psychiatrisch begutachtet. Sehr häufig
hat der psychiatrische Sachverständige dagegen Probanden zu beurteilen,
die zum Zeitpunkt einer gravierenden Straftat unter Alkoholeinfluss standen.
Bei diesen Tätern stellt sich die Frage nach den Voraussetzungen einer eingeschränkten oder aufgehobenen Steuerungsfähigkeit.

Das Spektrum von Straftaten unter Alkohol ist weit gespannt. Es reicht
von der Wirtshausschlägerei oder der Sachbeschädigung randalierender Betrunkener bis zum Tötungsdelikt unter Alkoholeinfluss. Der Kioskeinbruch
eines alkoholisierten Obdachlosen zählt hier ebenso dazu wie der bewaffnete
Banküberfall mit Geiselnahme.

Sowohl national wie international ist davon auszugehen, dass bei
Tötungsdelikten etwa ein Drittel der Täter alkoholisiert ist (Kerner et al.
1997). Auch eine neue deutsche Studie (Pillmann et al. 2000) belegt die hohe
Bedeutung einer Alkoholisierung zum Tatzeitpunkt. Von den in dieser Studie
untersuchten Straftätern waren 65% zum Tatzeitpunkt alkoholisiert und 26%
waren alkoholabhängig. Die Alkoholisierung zum Tatzeitpunkt korrelierte
mit der Begehung eines Gewaltdeliktes, mit einer rücksichtslosen Ausführung der Tat und mit früheren Verurteilungen. Abhängige Täter hatten in
dieser Studie häufiger und im Durchschnitt mehr Vorstrafen als nicht abhängige Täter.

Obgleich diese Zahlen die hohe Bedeutung des Alkohols als Faktor bei
der Begehung von Straftaten, insbesondere auch schweren Straftaten, bele-

gen, ist dennoch davor zu warnen, diese auf den alleinigen Einfluss des Alkohols zurückzuführen. Es gibt keine spezifischen alkoholbestimmten Handlungen. Daher gibt es auch keine Straftaten, die spezifisch auf Alkoholeinfluss zurückzuführen sind. Alkoholisierung führt per se auch nicht zu einem „persönlichkeitsfremden Verhalten". Dieser untaugliche Begriff bedeutet lediglich, dass nach außen bislang wenig offenkundige Persönlichkeitsanteile eines Menschen unter dem enthemmenden Einfluss des Alkohols verhaltenswirksam geworden sind.

Die Beurteilung eines intoxikierten Straftäters darf sich somit *nie* allein auf die Einschätzung der Effekte des Alkohols beschränken. Vielmehr sind immer eine umfassende Analyse der Persönlichkeit, der konkreten psychischen und körperlichen Befindlichkeit zum Tatzeitpunkt, der Krankheitsvorgeschichte mit früheren Behandlungen, auch mit früheren Straftaten, sowie eine Einschätzung der Therapiemotivation erforderlich. Zu klären sind die konkreten Konsumgewohnheiten des Betroffenen mit der Beantwortung der Frage, ob eine Abhängigkeit vorliegt, ein Missbrauch, ein gelegentlicher oder ein einmaliger Konsum. Aufgrund der Komplexität der einwirkenden Variablen gibt es keine allgemeinen Gesetzmäßigkeiten (etwa in Form einer Anlehnung der Schuldfähigkeitsbeurteilung an die Blutalkoholkonzentration). Es ist vielmehr eine Beurteilung erforderlich, die die verschiedenen Einflussfaktoren benennt, auf ihre Wertigkeit analysiert und dann ein abgewogenes Gesamtbild entwirft.

4.2
Einschätzung der Alkoholeffekte

Zunächst ist zu prüfen, ob zum Tatzeitpunkt tatsächlich eine akute Alkoholintoxikation bestand. BAK-Bestimmungen sind hier hilfreich. Typisch sind Erregungs- oder Enthemmungsdelikte. Neben situativ ausgeprägten Eigentumsdelikten finden sich vor allem gewalttätige Sexualdelikte, vorrangig sexuelle Nötigungen und Vergewaltigungen, sowie Körperverletzungen bis hin zu versuchten oder vollendeten Tötungsdelikten.

Medizinisch betrachtet handelt es sich bei der akuten Alkoholisierung um eine reversible Intoxikation mit der Substanz Alkohol. Unter systematisch-psychopathologischen Aspekten gehört ein solcher Zustand daher zu den exogenen Psychosyndromen und unter forensisch-psychiatrischen Aspekten in die juristische Merkmalskategorie „krankhafte seelische Störung" der §§ 20, 21 StGB.

Eine solche Zuordnung sagt aber noch nichts aus über eine mögliche Beeinträchtigung von Einsichts- oder Steuerungsfähigkeit. Diese Beurteilung erfolgt nicht auf der diagnostischen Ebene, sondern auf der Ebene, welche die konkreten Auswirkungen der Alkoholisierung zum Tatzeitpunkt erfasst.

Die *Symptomatik* ist bei der akuten Alkoholintoxikation außerordentlich vielgestaltig. Es lassen sich 4 Symptomgruppen unterscheiden:
1. *Körperlich-neurologische Symptome:* Beeinträchtigungen von Koordination und Motorik wie Reaktionsverlangsamung, feinmotorische Beeinträchtigungen, Vergröberung und Ungenauigkeit der Bewegungsabläufe, ver-

waschene, undeutliche Sprache, unsicherer Gang; daneben auch Übelkeit und Erbrechen, Kreislaufdysregulation, Schwindel.

2. *Kognitive Symptome:* Störungen der Bewusstseinslage, des Gedächtnisses, der Konzentrationsfähigkeit, des Denkablaufes (Verlangsamung, Ungenauigkeit, thematische Einengung), der Denkinhalte (Entdifferenzierung, vermindertes Auffassungsvermögen, Selbstüberschätzung, Größenideen, Abnahme der Kritikfähigkeit).

3. *Affektive Symptome:* Euphorische Auflockerung oder depressiv-dysphorische Verstimmung (Konrad u. Rasch 1992), aggressive Reizbarkeit, Affektlabilität.

4. *Verhaltensauffälligkeiten:* Antriebsminderung oder Antriebssteigerung, Distanzlosigkeit, erhöhte Impulsivität, ungerichteter Handlungsdrang mit erhöhter Diskussions-, Streit- und Kampfbereitschaft.

Zur *Schweregradbestimmung* der Alkoholisierung ist eine möglichst umfassende und detaillierte Beschreibung des Funktionsniveaus der betreffenden Person erforderlich. Die Erfassung der psychischen Befindlichkeit erfolgt dabei anhand der etablierten Vorgehensweise in der psychopathologischen Befundherhebung. Beurteilt werden Bewusstseinslage, Orientierung, formales und inhaltliches Denken, Grundstimmung, Stabilität und Reagibilität des affektiven Erlebens und des Antriebsniveaus sowie die Fähigkeit zur realitätsangepassten Verhaltenssteuerung.

Berücksichtigt werden müssen ferner somatische und psychische (Vor-) Erkrankungen, Persönlichkeitsstruktur und situative Determinanten. Neben der Höhe des Alkoholkonsums sind auch Trinkdauer und Trinkgeschwindigkeit, das Trinkmilieu, die psychische Ausgangsverfassung des Probanden mit ggf. bereits vorhandenen affektiven Einengungen oder Konfliktbelastungen zu bedenken.

Mit Hilfe dieser Diagnostik, die sowohl den psychopathologischen Befund zum Tatzeitpunkt wie auch Eigenarten der Tatsituation, deren Vorgeschichte und die Persönlichkeit berücksichtigt, ist eine differenzierte, mehrdimensionale Beschreibung des Probanden möglich. Das geht aber selbstverständlich nur dann, wenn eine entsprechende Symptomatik aufgrund der Eigenangaben des Probanden oder aufgrund von Zeugenaussagen benennbar ist.

4.3
Bedeutung des Blutalkoholgehaltes

Zur Berechnung der Blutalkoholkonzentration und zu dabei auftauchenden Probleme verweisen wir auf den Beitrag von Haffner u. Blank (Kap. 5 in diesem Band). Die Bedeutung der Blutalkoholkonzentration für die Einschätzung des Schweregrades einer Alkoholisierung – und damit auch für die Beurteilung der Schuldfähigkeit – ist jedoch gering. Die Feststellung einer auf Rückrechnung basierenden hohen Blutalkoholkonzentration hat ihren Wert zum einen darin, festzustellen, dass der Täter tatsächlich nennenswert Alkohol konsumiert hat. Auch dient sie als Indiz für eine hohe Alkoholverträglichkeit. Eine weitere Bedeutung hat sie nicht (Miltner et al. 1990). *Es ist*

nicht möglich, einer bestimmten Blutalkoholkonzentration spezifische psycho-
pathologische oder neurologisch-körperliche Symptome zuzuordnen. Alle Untersuchungen zeigen vielmehr, dass keine lineare Abhängigkeit der Trunken-
heitserscheinung von der Blutalkoholkonzentration existiert. Deshalb ist es
unzulässig, alleine aus BAK-Werten das Ausmaß einer alkoholtoxischen Beeinträchtigung ableiten zu wollen (Foerster 1994, 2000; Foerster u. Winckler
1997; Gerchow et al. 1985; Kröber 1996).

Vielmehr haben konkrete Feststellungen über die psychopathologische
Symptomatik, über Alkoholisierung und Nüchternheit, absoluten Vorrang
gegenüber Blutalkoholwerten.

Ein alkoholabhängiger, trinkgewohnter, geplant und überlegt handelnder
Täter, der weder psychopathologische noch körperlich-neurologische Symptome aufweist, ist z. B. nicht deshalb „volltrunken", weil bei ihm eine BAK
von 3‰ festgestellt wurde. Umgekehrt ist ein Proband, der die Symptome
einer deutlichen Alkoholisierung zeigt, nicht deshalb „nüchtern", weil die
BAK-Bestimmung beispielsweise einen Wert von 0,8‰ ergibt.

Der Wert der BAK-Bestimmung liegt vor allem darin, festzustellen, ob jemand überhaupt Alkohol konsumierte. So kommt es vor, dass ein Proband
von Zeugen als „betrunken" eingeschätzt wurde, es sich aber aufgrund der
Blutalkoholbestimmung nachweisen lässt, dass *keine* Alkoholisierung vorlag.
In diesem Fall ist die gesamte Differentialdiagnose der akuten Alkoholisierung zu erörtern. Hartmann (1987) führt 27 verschiedene differentialdiagnostische Möglichkeiten an, die bis zum hypoglykämischen Schockzustand
reichen.

Diese Überlegungen hinsichtlich des Zusammenhangs von Blutalkohol-
gehalt und Schweregrad einer Alkoholisierung bzw. alkoholbedingter psychopathologischer Zustände gelten erst recht für die Einschätzung der Steuerungsfähigkeit. Hier gab es in der Vergangenheit unterschiedliche Meinun-
gen zwischen psychiatrischen und rechtsmedizinischen Sachverständigen
und manchen Senaten des Bundesgerichtshofes; eine Zusammenfassung der
Kontroverse findet sich bei Foerster (1994). Diese unterschiedlichen Meinun-
gen gehören der Vergangenheit an. Maatz u. Wahl (2000) halten aus der
Sicht des Bundesgerichtshofes fest: „Schuldfähigkeit ist ein normatives Postulat, aber keine messbare Größe. Deshalb kommt auch keine Messzahl –
auch nicht in Gestalt eines BAK-‚Grenzwertes' – in Betracht, die für sich die
Annahme der Schuldunfähigkeit (§ 20 StGB) oder der erheblich verminderten Schuldfähigkeit (§ 21 StGB) belegt. Vielmehr stellt die BAK für sich
genommen nur eine quantitative Größe dar, die etwas über den Umfang der
Alkoholaufnahme und die toxische Konzentration im Blut (d.h. die Pharmakokinetik) aussagt, als analytischer Wert – isoliert betrachtet – aber ohne
Aussage für die individuelle Wirkung, d.h. für die für die Schuldfähigkeitsbeurteilung allein maßgebliche Pharmakodynamik, ist". Dieser Feststellung
ist völlig zuzustimmen.

Für die *praktische* Tätigkeit des psychiatrischen Sachverständigen gilt somit:
In der Beurteilung führend ist die Feststellung bzw. der Ausschluss psychopathologischer oder körperlich-neurologischer Symptome und *nicht* der Blutalkoholwert. Liegen konkrete Hinweise auf eine ungestörte Leistungsfähigkeit
einschließlich des Fehlens psychopathologischer und körperlich-neurologi-

scher Symptome vor, so kann ein aufgrund von Trinkmengenangaben berech-
neter Blutalkoholwert die Feststellung einer ungestörten Leistungsfähigkeit
nicht außer Kraft setzen. Maatz u. Wahl (2000) meinen: „Werden solche Umstände (i.e. psychopathologische und körperlich-neurologische Symptome)
nicht festgestellt, so besteht – nicht anders als bei sonstigen Tatsachen, für deren Vorliegen es keinen Anhalt gibt – aus Rechtsgründen auch kein Anlass, ihr
Vorhandensein (zugunsten des Angeklagten) zu unterstellen."

Liegt lediglich ein Blutalkoholwert vor, sei es aufgrund der Rückrechnung
eines gemessenen Blutalkoholwertes, sei es aufgrund der Berechnung aus
Trinkmengenangaben, so ist dessen Bewertung ausschließlich Sache des Tatrichters. Bei fehlendem Nachweis medizinischer Auffälligkeiten kann der
Sachverständige sich *nicht* zur Beurteilung der Steuerungsfähigkeit im konkreten Fall äußern. Er kann dem Richter – als Helfer des Gerichts – nur allgemeine Überlegungen mitteilen. Beispielsweise kann er Wahrscheinlich-
keitsaussagen zur Frage machen, ob eine fehlende Beobachtung von Ausfalls-
erscheinungen mit einer bestimmten Blutalkoholkonzentration grundsätzlich
vereinbar ist. Die Beantwortung solcher Fragen kann dann Konsequenzen
für die Beweiserhebung haben, für die Strafzumessung oder für das Problem
einer nicht auszuschließenden erheblich verminderten oder aufgehobenen
Steuerungsfähigkeit. Nach Maatz u. Wahl (2000) ist zu verlangen, „dass eine
tatrichterliche Wertung aller relevanten Umstände aus der Persönlichkeitsstruktur des Täters, seiner Motivlage und Befindlichkeit zur Tatzeit, dem
eigentlichen Tatgeschehen, dem Vor- und Nachtatverhalten gefordert und in
Relation zum Gewicht des strafrechtlichen Vorwurfes gesetzt wird."

4.4
Alkoholabhängigkeit?

Bei nachgewiesener Intoxikation ist – unabhängig vom Intoxikationsgrad –
zu prüfen, ob die Tat im Zusammenhang mit einer Alkoholabhängigkeit
steht. Spezifische Delikte lassen sich dafür nicht benennen. Die tatsächliche
Alkoholisierung zum Tatzeitpunkt kann unterschiedlich ausgeprägt sein. Alkoholabhängige Täter können aber unter schweren psychosozialen Komplikationen der Abhängigkeit leiden, die für sich genommen das Risiko von
Straftaten weiter erhöhen. Dazu zählen hirnorganische Veränderungen,
Persönlichkeitsveränderungen und soziale Verelendung (Depravation).

4.5
Terminologische Probleme

Zur Kennzeichnung ungewöhnlich verlaufender und mit Verhaltensauffälligkeiten verbundener Intoxikationszustände wurden früher – und teilweise immer noch – in Gutachten und in der Literatur Begriffe wie Alkoholintole-
ranz, komplizierter Rausch, abnormer Rausch oder atypischer Rausch gebraucht. Diese Begriffe sind obsolet und sollten nicht mehr verwendet werden. Sie beinhalten unausgesprochene Vorstellungen darüber, was ein „nor-

maler" Rausch ist. Eine solche Norm ist ein Postulat und lässt sich empirisch nicht belegen.

Diese Kritik gilt ausdrücklich auch für den unglücklichen, manchmal immer noch verwendeten Begriff des pathologischen Rausches. Darunter werden zeitlich scharf limitierte Dämmerzustände, die mit ausgeprägter Erregung, Desorientierung und Personenverkennung verbunden sind, verstanden. Sie können bereits nach Genuss geringer Alkoholmengen auftreten. Häufig findet sich eine organische Vorschädigung des Gehirns oder die psychische Ausgangslage ist labilisiert (z. B. durch Übermüdung oder vorangehende seelische Erregung). Für das Geschehen besteht eine (Teil-)Amnesie.

Zweifellos gibt es derartige Phänomene, obgleich sie selten sind. Mit dem Begriff „pathologischer Rausch" als *diagnostische* Kategorie sind jedoch große Probleme verbunden. Einmal ist der Begriff unscharf definiert. Er eignet sich – gerade auch im forensischen Kontext – dazu, aus der Tatsache von Verhaltensauffälligkeiten im Rahmen eines Intoxikationszustandes diagnostisch auf einen pathologischen Rausch zu schließen, d. h. er birgt die Gefahr, dass die Diagnose unter normativen Gesichtspunkten – und nicht auf der Basis psychopathologischer Kriterien – erfolgt.

Außerdem ist die Bezeichung Rausch irreführend, da die Erscheinungen der normalen Alkoholwirkung fehlen oder jedenfalls nicht im Vordergrund der Symptomatik stehen.

Bei den Phänomenen, die man früher als pathologischen Rausch bezeichnete, liegt vielmehr eine symptomatische Psychose vor, die durch Alkoholeinnahme ausgelöst wurde (Venzlaff 1997). Psychopathologisch handelt es sich um ein völlig anderes Phänomen als beim Rausch.

Von psychiatrischer wie von juristischer Seite wurde daher wiederholt für einen Verzicht auf den Begriff plädiert (Athen 1986; Konrad u. Rasch 1992; Venzlaff 1965, 1997). Während er in der 10. Version der International Classification of Disorders (ICD-10; WHO 1992) noch aufgeführt ist, wird er in der aktuellen 4. Version des Diagnostic and Statistic Manual of Mental Disorders (DSM-IV; APA 1994), der anderen international gebräuchlichen Klassifikation psychischer Störungen, nicht mehr erwähnt.

Winckler (1999) führte eine Umfrage an sämtlichen psychiatrischen Einrichtungen Deutschlands zur Frage durch, ob der pathologische Rausch noch diagnostiziert wird und welche diagnostischen Kriterien zugrunde gelegt werden. Trotz der großen Inhomogenität des Datenmaterials können folgende Schlüsse gezogen werden:

- Die Feststellung eines pathologischen Rausches ist *nicht* auf einen forensisch-psychiatrischen Kontext beschränkt. Die Gutachtendiagnosen machten weniger als ein Fünftel der Gesamtdiagnosen aus.
- Die Diagnose pathologischer Rausch wird nach uneinheitlichen Kriterien gestellt. Selbst die am häufigsten genannten Kriterien (aggressiver Erregungszustand, relativ niedrige Trinkmenge, Persönlichkeitsfremdheit, Amnesie) weisen lediglich relative Häufigkeiten zwischen 50 und 72% auf.
- Die Verteilung der diagnostischen Feststellungen ist ausgesprochen inhomogen. Fast zwei Drittel der Einrichtungen diagnostizierten keinen pathologischen Rausch. Dagegen entfiel fast die Hälfte der Diagnosen auf lediglich 13 Einrichtungen.

Diese Ergebnisse bestätigen, dass die diagnostische Kategorie „pathologischer Rausch" erhebliche konzeptuelle Probleme beinhaltet. Daher wird sie den Erfordernissen einer transparenten und operationalisierten Diagnostik nicht gerecht. Drei der am häufigsten genannten Kriterien – aggressiver Erregungszustand, Persönlichkeitsfremdheit, Amnesie – sind ausgesprochen vage Kriterien, die dem Gutachter Ermessensspielräume eröffnen und für eine Abgrenzung zur gewöhnlichen Alkoholintoxikation nicht trennscharf sind.

Warum hält sich der Begriff trotz aller Bedenken immer noch? Vermutlich, weil er einem Bedürfnis entgegenkommt. Venzlaff (1997) meint, dass Bezeichnungen wie diese sich dazu eignen, pseudodiagnostische Abgrenzungen vorzunehmen und lästige Zweifel zu eliminieren, um so zu einer scheinbar präzisen Aussage vor Gericht zu kommen.

Ähnliche Überlegungen gelten auch für alle anderen in diesem Zusammenhang verwendeten Begriffe wie alkoholischer Dämmerzustand oder idiosynkratische Alkoholintoxikation (Laubichler u. Kühberger 1997). Sie sollten nicht mehr gebraucht werden. An ihre Stelle sollten vielmehr eine differenzierte psychopathologische Beschreibung und eine präzise diagnostische Zuordnung nach den allgemein anerkannten wissenschaftlichen Kriterien treten.

4.6
Einschätzung der Täterpersönlichkeit

Bei den Tätern können 4 Prägnanztypen (Winckler u. Foerster 1996) unterschieden werden. Die nachfolgende Übersicht darf jedoch nicht dahingehend missverstanden werden, dass in jedem Fall eine klare, eindeutige Zuordnung möglich ist, da sich in den konkreten Situationen vielfältige Überschneidungen ergeben können.

1. *Alkoholisierte Straftäter ohne vorbestehende psychische Auffälligkeiten:* Es handelt sich um eine zahlenmäßig große Gruppe. Bei den Tätern liegen weder eine dissoziale Entwicklung noch eine Alkoholabhängigkeit vor. Bei den Taten handelt es sich häufig um spontane, situativ geprägte Handlungen. Prototypisch sind aggressive Delikte im Rahmen längerdauernder Partnerschaftskonflikte. Die Spanne dieser Taten umfasst Sachbeschädigung, beispielsweise das Zerstören einer Wohnungseinrichtung, Verstöße gegen die sexuelle Selbstbestimmung sowie Körperverletzung bis zu versuchten oder vollendeten Tötungsdelikten. Bei diesen Tätern kommt es auch nicht selten zu autoaggressiven Impulsdurchbrüchen, etwa zu Selbstverletzungen in suizidaler Absicht oder zu Suizidversuchen.

2. *Dissoziale alkoholisierte Straftäter:* Es handelt sich ebenfalls um eine große, zahlenmäßig bedeutsame Gruppe. Eine Abhängigkeit liegt nicht vor. Es besteht jedoch episodischer oder habitueller schädlicher Gebrauch von Alkohol. Meist sind es Täter, die auch vor der Entwicklung des schädlichen Alkoholgebrauchs bereits Straftaten begangen haben. Der Substanzeinfluss wirkt meist in Richtung einer zusätzlichen Enthemmung bei bereits vorbestehend reduzierter Impulskontrolle, verringerter Frustrationstoleranz und erhöhter Aggressionsbereitschaft. Zwischen Dissozialität und Alkoholkonsum kommt es zu wechselseitigen negativen Verstärkungen,

wie dies auch von Pillmann et al. (2000) nachgewiesen wurde. Gerade bei diesen Tätern besteht häufig außer dem schädlichen Gebrauch von Alkohol ein Missbrauch weiterer psychotroper Substanzen.

3. *Alkoholabhängige Straftäter:* Die Delikte stehen meist in Zusammenhang mit der Abhängigkeit. In Betracht kommen sowohl Beschaffungsdelikte als auch Straftaten, die im Zusammenhang mit den bereits erwähnten psychosozialen Folgekomplikationen chronischer Abhängigkeitserkrankungen stehen.

4. *Straftäter mit einer psychischen Erkrankung und einer Alkoholproblematik:* Dazu gehören alkoholisierte Straftäter mit einer psychotischen Erkrankung, insbesondere mit einer schizophrenen Psychose. Weiter zu nennen sind Täter mit Persönlichkeitsstörungen, bei denen der Alkohol- oder Drogenkonsum eine zusätzliche Labilisierung ihres Persönlichkeitsgefüges bewirken kann und die ebenfalls die Kriterien für eine Doppeldiagnose erfüllen. Den gleichen Effekt kann die Alkoholisierung bei minderbegabten Tätern haben. Bei allen drei Gruppen überwiegen im Tatspektrum Aggressions- und Sexualdelikte.

4.7
Praktisches Vorgehen bei der Schuldfähigkeitsbeurteilung

Wie bekannt, sind sowohl Einsichtsfähigkeit als auch Steuerungsfähigkeit juristische Begriffe, die nicht der Psychopathologie und nicht der psychiatrischen Diagnostik zugehören. Kröber (1996) weist zu Recht darauf hin, dass es keine einfache, empirisch feststellbare Entsprechung zum Konstrukt Steuerungsfähigkeit gibt. Es ist immer eine Übersetzung aus der Sprache des Psychiaters in die des Juristen erforderlich, d.h. der Psychiater legt dar, ob aus seiner Sicht die Voraussetzungen vorliegen, aufgrund derer der Jurist die entsprechenden Folgerungen einer Aufhebung, einer erheblichen Verminderung oder keiner rechtsrelevanten Verminderung der Einsichtsfähigkeit oder der Steuerungsfähigkeit ziehen kann.

Liegen keine solchen Voraussetzungen vor, so kann der Jurist in seiner Bewertung zu dem Ergebnis kommen, dass deren Vorliegen dennoch „nicht auszuschließen" sei. Bei einer solchen Würdigung handelt es sich aber ausdrücklich um eine juristische Bewertung und nicht um eine sachverständige Feststellung. Der Sachverständige darf seine diesbezüglichen Aussagen nicht an solche Wertungen (dazu gehören auch Plausibilitätserwägungen) binden, sondern allein an die feststellbaren Sachverhalte.

Die konkrete psychiatrische Beurteilung erfolgt in 3 Schritten:

1. Psychopathologische Diagnostik und ggf. Zuordnung einer Alkoholintoxikation zur Merkmalskategorie „krankhafte seelische Störung" der §§ 20, 21 StGB. Über diese Zuordnung besteht heute weitgehend Einigkeit.

2. Einschätzung des Schweregrades einer Alkoholisierung gemäß den vorstehend geschilderten Richtlinien.

3. Einschätzung der konkreten Auswirkungen der Alkoholisierung, wobei es um die Darlegung der Voraussetzungen einer aufgehobenen oder eingeschränkten Steuerungsfähigkeit geht.

Die *Voraussetzungen einer aufgehobenen Steuerungsfähigkeit* liegen aus psychiatrischer Sicht dann vor, wenn sich psychotische Störungen des Realitätsbezuges feststellen lassen. Orientierungsstörungen (Situations- oder Personenverkennungen) und Zustände, die von Halluzinationen oder Wahnvorstellungen determiniert sind, sind immer psychotischer Natur. Delinquentes Verhalten kann hierbei einen direkten motivationalen Zusammenhang zu psychotisch gestörtem Erleben aufweisen. Man denke etwa an die Fremdaggressivität des paranoid gestörten Täters, der sich gegen seine vermeintlichen Verfolger zur Wehr setzt. Daneben kann es zu unkontrollierbaren, die Persönlichkeit überflutenden Angst- oder Erregungszuständen kommen. Hinweise auf einen derartigen psychotischen Zustand können von Zeugen berichtet werden. Dazu gehören z. B. eine fehlende Ansprechbarkeit oder fehlende Reagibilität auf Außenreize, auffällige formale Denkstörungen wie alogische Verknüpfungen, Zusammenhanglosigkeit der Äußerungen und „Durcheinanderreden" (Foerster u. Winckler 1997).

Liegen eindeutige psychotische Symptome vor, ist die Beurteilung leicht. Dies ist in der praktischen Arbeit jedoch selten der Fall. Sehr häufig ist die Beurteilung von Alkoholintoxikationen erforderlich, die in ihrer psychopathologischen Symptomatik sehr viel weniger eindeutig und uncharakteristischer sind.

Hinweise für die Voraussetzungen einer *erheblich eingeschränkten Steuerungsfähigkeit* sind:
● deutliche Beeinträchtigung von Motorik und Koordination,
● Beeinträchtigungen des formalen Denkablaufes wie herabgesetztes Auffassungsvermögen, verminderte Flexibilität des Denkens, Perseverationen (Haften),
● verminderte Reagibilität auf Außenreize,
● deutliche affektive Veränderungen,
● ausgeprägte emotionale Labilität,
● hohe Impulsivität des Tatablaufs mit Fehlen von Tatplanung und Risikoabsicherung,
● vorbestehende psychische Auffälligkeiten, insbesondere Persönlichkeitsakzentuierungen oder Konfliktbelastungen mit psychischen Veränderungen in der Vortatphase.

Neben der sorgfältigen Beschreibung der Psychopathologie ist die Erhebung einer detaillierten Suchtanamnese von besonderer Bedeutung. Sie dient zur Klärung, ob die akute Alkoholisierung im Rahmen eines Alkoholmissbrauchs oder einer Alkoholabhängigkeit zu sehen ist. Zu berücksichtigen ist auch, ob eine *Mischintoxikation* vorliegt, wie es zunehmend häufiger der Fall ist. Bei der gleichzeitigen Einnahme von Tranquilizern, Hypnotika oder Analgetika mit Alkohol kann es zu Potenzierungseffekten kommen. Ausgeprägte synergistische Wirkungen sind vor allem bei der kombinierten Einnahme von Alkohol und Benzodiazepinen zu erwarten. Die kombinierte Einnahme von Alkohol und antriebssteigernden Substanzen wie Kokain oder Amphetamin kann dazu führen, dass eine alkoholbedingte Enthemmung verstärkt wird, während zugleich eine alkoholbedingte Dämpfung des Antriebsniveaus vermindert wird. Zudem können alkoholtoxische Beeinträchtigungen von Motorik und Koordination bei der gleichzeitigen Einnahme von Kokain oder Amphetaminen weniger stark ausgeprägt sein.

Zu berücksichtigen ist auch immer die *Tatanalyse*, wobei Hinweise auf ungestörte motorische oder intellektuelle Fähigkeiten (Konzentration und Aufmerksamkeit) wichtig sind. Bei einem Täter, der keinerlei Beeinträchtigungen von Motorik und Koordination erkennen lässt, dessen psychische Funktionen nicht eingeschränkt waren und dessen Tatbegehung planvoll, über einen längeren Zeitraum sich erstreckend und an äußeren Begebenheiten orientiert erfolgte, liegen aus psychiatrischer Sicht keinerlei Voraussetzungen vor, eine erhebliche Einschränkung der Steuerungsfähigkeit anzunehmen (Foerster u. Winckler 1997).

Häufig formelhaft verwendete Begriffe wie „planmäßiges Handeln" müssen dabei inhaltlich gefüllt, konkret und detailliert erörtert werden. Es ist zu klären, ob hiermit gemeint ist, dass weitgesteckte Ziele verfolgt und eine Vielzahl von Aktionen in einen Gesamtplan integriert worden sind, oder ob die Zielsetzung kurzschlüssig einer momentanen, situativen Konstellation oder einem Augenblickseinfall entsprungen war (Schewe 1991). Eine isolierte Aufhebung der Hemmungsfähigkeit durch Alkohol, die sich in nichts anderem als in einer zielgerichteten und planmäßig begangenen Tat äußert, für die die Hemmung bestehen soll, ist medizinisch nicht haltbar (Kröber 1996).

4.8
Einschätzung einer Erinnerungslücke

Der Angabe einer Erinnerungslücke für eine Straftat wird von manchen Juristen und Sachverständigen ein hoher Stellenwert zugeschrieben. Die immer wieder vertretene Auffassung, dass ein Straftäter, der eine postdeliktische Erinnerungslücke angibt, bereits bei Tatbegehung in einem psychisch massiv gestörten Zustand gewesen sein muss, ist aber falsch. Die Ergebnisse experimenteller Untersuchungen zeigen, dass das Verhalten von alkoholisierten Personen während amnestischer Phasen nach außen hin nicht wesentlich verändert ist (Rybeck 1970). Zwischen der Höhe der Blutalkoholkonzentration und dem Ausmaß einer angegebenen Erinnerungslücke ließ sich – erwartungsgemäß – ebenfalls kein Zusammenhang feststellen (Barbey 1990).

Aber selbst wenn man annimmt, dass eine Erinnerungslücke grundsätzlich auf eine massive psychische Störung hindeutet, so ist darauf hinzuweisen, dass es kein empirisch-wissenschaftlich begründbares Verfahren gibt, um die „Echtheit" einer Erinnerungslücke nachzuweisen bzw. Simulation auszuschließen. Es wird über Fälle berichtet, in denen Täter nach rechtskräftigen Urteilen einräumten, dass die Angabe einer Tatamnesie kalkulierter Überlegung entsprang (Venzlaff 1997).

Daher hat im forensisch-psychiatrischen Kontext die Angabe einer Amnesie eine geringe Bedeutung. Sie kann allenfalls als zusätzliches Indiz im Rahmen einer Gesamtwürdigung von Persönlichkeit, situativem Funktionsniveau und Dynamik des Tatgeschehens dienen (Horn 1991).

Selbstverständlich ist umgekehrt zu beachten, dass aus dem Fehlen einer Amnesie weder Rückschlüsse auf eine geringe Alkoholisierung, noch auf eine erhaltene psychische Funktionsfähigkeit gezogen werden können (Foerster u. Winckler 1997).

In einer umfassenden Übersicht kommt Maatz (2001) aus revisionsrechtlicher Sicht ebenfalls zu einer sehr kritischen und zurückhaltenden Bewertung von Erinnerungsstörungen.

4.9
Beurteilung bei Alkoholabhängigkeit

Zur Beschreibung dieser Störung werden zahlreiche Begriffe verwandt, beispielsweise Sucht, Süchtigkeit, Trunksucht, Alkoholismus, Alkoholabhängigkeit. Für forensisch-psychiatrische Zwecke sollten die Begriffe Missbrauch und Abhängigkeit in der kriterienorientierten Form Verwendung finden, wie sie in den Klassifikationssystemen ICD-10 und DSM-IV definiert sind. Durch diese Einteilungsprinzipien wird die definitorische Klarheit erheblich verbessert. Grundsätzlich ist dabei zu bedenken, dass psychiatrische Klassifikationssysteme dem jeweils aktuellen Stand der Forschung entsprechen und daher Veränderungen unterliegen – wie die Rechtsprechung auch. Für Einzelheiten verweisen wir auf den Beitrag von Habel u. Schneider (Kap. 3 in diesem Band).

Alkoholabhängigkeit und schädlicher Gebrauch von Alkohol führen in einem hohen Prozentsatz zu rechtlichen Komplikationen. In einer Längsschnittstudie fanden Modestin et al. (1996), dass in einer Gruppe von alkoholabhängigen Patienten 68% strafrechtlich in Erscheinung getreten waren im Vergleich zu 37% in der gematchten Kontrollgruppe nicht alkoholabhängiger Probanden. Am häufigsten waren Verkehrsdelikte. Bei chronischem Verlauf nahm die Tendenz zu gravierenden Delikten, vor allem Eigentums- und Körperverletzungsdelikten, zu. Auch in der Studie von Pillmann et al. (2000) wurde gefunden, dass die Diagnose einer Alkoholabhängigkeit – unabhängig von der aktuellen Alkoholisierung zum Tatzeitpunkt – mit der Chronifizierung kriminellen Verhaltens assoziiert ist. Auch diese Studie belegt somit eindrücklich die Notwendigkeit einer Früherfassung und konsequenten Behandlung von Menschen mit Alkoholproblemen.

Liegt eine *Alkoholabhängigkeit* vor, so ist diese der Merkmalskategorie „schwere andere seelische Abartigkeit" der §§ 20, 21 StGB zuzuordnen. Dennoch genügt die Diagnose einer Alkoholabhängigkeit alleine noch nicht, um rechtliche Folgerungen zu ziehen. Hierfür entscheidend ist die Frage, ob konkrete psychopathologische Auswirkungen vorhanden sind. Handelt es sich um eine schwere, chronifizierte Abhängigkeit mit einer Persönlichkeitsdepravation, so können die Voraussetzungen vorliegen, eine erhebliche Einschränkung der Steuerungsfähigkeit anzunehmen. Unter einer *Persönlichkeitsdepravation* wird eine Persönlichkeitsveränderung verstanden, die einhergeht mit einer Nivellierung und einem Verlust individueller persönlicher Anteile, verbunden mit einer Einschränkung der Fähigkeit, sozial verantwortlich zu handeln. Es besteht Unzuverlässigkeit, ein nachlassendes Interesse an sozialen Kontakten, ein Verlust an Kritik- und Urteilsfähigkeit neben anderen Symptomen wie körperliche Verwahrlosung (Nedopil 2000). Dabei ist stets zu bedenken, dass die „Erheblichkeit" selbstverständlich ein Rechtsbegriff ist, dessen Anwendung nicht allein von den psychopathologischen Gegebenheiten abhängt, sondern auch von der Art des Deliktes und den Anforderungen der Rechtsordnung (Maatz u. Wahl 2000). Auch bedeutet die Zuerkennung des § 21 StGB nicht automatisch eine Strafmilderung. Das wird häufig vergessen.

Das Vorliegen der Voraussetzungen einer aufgehobenen Steuerungsfähigkeit ist bei einer alleinigen Alkoholabhängigkeit nicht anzunehmen – es sei denn, es liegen bereits ausgeprägte hirnorganische Veränderungen mit einer entsprechenden psychopathologischen Symptomatik vor.

Schädlicher Gebrauch von Alkohol im Sinne von Missbrauch kann ein Mosaikstein bei der Gesamtbeurteilung eines Probanden sein; liegt jedoch schädlicher Gebrauch alleine vor, so sind keine rechtlichen Folgerungen zu ziehen, denn der Alkoholmissbrauch allein rechtfertigt nicht die Zuordnung zu einer Merkmalskategorie.

4.10
Beurteilung bei alkoholischen Psychosen

Alkoholische Psychosen sind akute oder chronische psychotische Erkrankungen bei Alkoholabhängigkeit, die in ICD-10 und DSM-IV als substanzinduzierte psychotische Störungen bezeichnet werden. Hierzu zählen das Delirium tremens, die Alkoholhalluzinose und der alkoholische Eifersuchtswahn. Die forensisch-psychiatrische Bedeutung ist zahlenmäßig gering, kann in – dann meist dramatischen – Einzelfällen jedoch erheblich sein.

Delirium tremens. Das Delirium tremens zeigt ein charakteristisches klinisches Bild mit Bewusstseinstrübung, Verwirrtheit, Orientierungsstörungen, optischen Halluzinationen und Konfabulationen. Typische körperliche Symptome sind der ausgeprägte Tremor sowie zahlreiche vegetative Symptome wie Schlafstörungen, Übelkeit, Erbrechen, Schwitzen und Durchfälle. Es finden sich Tachykardie, Blutdruckkrisen und subfebrile bis febrile Körpertemperaturen. Insgesamt handelt es sich beim Delirium tremens um eine sehr akute, u. U. sogar lebensbedrohliche Erkrankung.

Das Delirium tremens tritt typischerweise im Rahmen eines absoluten oder relativen Entzuges bei alkoholabhängigen Patienten auf. Es beweist immer das Vorliegen einer manifesten Abhängigkeit.

Das Vorkommen von Straftaten in deliranten Zuständen ist eine Rarität. Kommt es zu einem Delikt, so liegen psychiatrischerseits die Voraussetzungen vor, Steuerungsunfähigkeit, möglicherweise sogar Einsichtsunfähigkeit im Rahmen einer „krankhaften seelischen Störung" anzunehmen.

Alkoholhalluzinose. Die Alkoholhalluzinose, ein seltenes Krankheitsbild, ist gekennzeichnet durch vorwiegend akustische Halluzinationen, Angst und Verfolgungswahn bei klarer Bewusstseinslage. Meist handelt es sich um Stimmen mehrerer Personen, die über den Betroffenen reden. Inhaltlich geht es häufig um Themen wie Verfolgung, Verurteilung und Beeinträchtigung wegen des Alkoholkonsums. Differentialdiagnostisch ist eine paranoide Schizophrenie auszuschließen.

Unter forensisch-psychiatrischen Aspekten kann es aufgrund der als bedrohlich erlebten Stimmen zu Gewalthandlungen gegen vermeintliche Verfolger kommen. In solchen Fällen sind die Voraussetzungen des § 20 StGB gegeben (Merkmalskategorie „krankhafte seelische Störung"). Bei Abstinenz ist die Prognose der akuten Halluzinose gut. Die sehr seltene chronische Alkoholhalluzinose hat dagegen eine schlechte Prognose (Soyka 1995).

Alkoholischer Eifersuchtswahn. Beim Eifersuchtswahn handelt es sich um eine irreale, aber von absoluter subjektiver Gewissheit getragene Überzeugung, vom Partner betrogen zu werden. Diese Wahnform ist nicht auf Patienten mit einer Alkoholabhängigkeit beschränkt; sie findet sich auch bei paranoiden Entwicklungen, bei schizophrenen Psychosen und bei Patienten mit einem demenziellen Prozess. Das Charakteristikum des alkoholischen Eifersuchtswahns sind groteske, geradezu abstruse Verdächtigungen und Vorwürfe an den vermeintlich untreuen Partner.

Bei der Beurteilung von Probanden mit Eifersuchtswahn kann die Abgrenzung des wahnhaften Erlebens von Formen nicht wahnhafter Eifersucht Schwierigkeiten bereiten. Eine Übersicht über die damit zusammenhängenden diagnostischen und forensisch-psychiatrischen Probleme geben Soyka (1998) und Winckler u. Foerster (1998).

Strafrechtlich relevant werden können Verdächtigungen, Beschimpfungen und tätliche Angriffe bis hin zu Tötungen des vermeintlich untreuen Partners.

Lässt sich ein alkoholischer Eifersuchtswahn nachweisen, so liegen die Voraussetzungen vor, aufgehobene Steuerungsfähigkeit, möglicherweise sogar aufgehobene Einsichtsfähigkeit im Rahmen einer „krankhaften seelischen Störung" anzunehmen. Allerdings kann der tatsächliche Nachweis sehr schwierig sein.

5

Berechnung und Stellenwert der Blutalkoholkonzentration bei der Schuldfähigkeitsbeurteilung

Hans-Thomas Haffner und Johannes H. Blank

Alkohol stellt in unserer Gesellschaft ein weit verbreitetes, sozial akzeptiertes Genussmittel mit dosisabhängig berauschender Wirkung dar. Es ist eine logische Folge, dass dies auch in Delinquenz und Strafverfolgung seinen Niederschlag findet. Zahlenmäßig steht die Alkoholintoxikation unter allen Ursachen, die eine Erörterung der Schuldfähigkeit eines Angeklagten notwendig machen, mit Abstand an der Spitze. Bei einem weiteren großen Anteil ist Alkoholeinfluss zumindest als möglicher Kofaktor zu diskutieren. Dass Alkohol in derartigen Fällen keine Rolle spielt, ist eher selten. Dabei ist die Frage der Schuldfähigkeit anlassbedingt keineswegs nur bei schwerwiegenden Delikten zu prüfen, in denen in der Regel der Begutachtung eine eingehende ambulante oder stationäre Untersuchung des Beschuldigten vorausgeht. Die Mehrzahl der Fälle betrifft minder schwere Delikte, die häufig sogar ohne vorhergehende Kenntnisnahme der Ermittlungsakte im Verfahren selbst ad hoc zur Beurteilung anstehen. Vom Sachverständigen wird erwartet, dass er die Blutalkoholkonzentration (BAK) zum Zeitpunkt der Tat nach vorgegebenen Regeln berechnet und vor dem Hintergrund des numerisch benannten BAK-Wertes zur Frage der möglichen rauschbedingten Beeinträchtigung der Schuldfähigkeit Stellung nimmt. Die Wertigkeit der BAK unterliegt dabei fast schon traditionell etwas unterschiedlicher Gewichtung. Während von juristischer Seite häufig ein gewisser Hang zu einer schematisierenden Sichtweise mit hoher Wertigkeit der BAK zu beobachten ist, wird dies von medizinischer Seite überwiegend als dem Einzelfall nicht gerecht werdend abgelehnt.

5.1
Berechnung der Tatzeit-BAK

5.1.1
Pharmakokinetische Grundlagen

Mit Alkohol wird im vorliegenden Zusammenhang nach üblichem Sprachgebrauch der sog. Trinkalkohol oder Ethylalkohol bzw. Ethanol bezeichnet. Er wird nach dem Konsum alkoholischer Getränke durch Diffusion, d. h. durch einen passiven Transportprozess, aus dem Magen-Darm-Trakt in die Blutbahn aufgenommen; eine aktive Form der Resorption von Alkohol existiert nicht. Die Resorptionsgeschwindigkeit unterliegt somit dem Fick'schen Diffusionsgesetz. Wesentliche Faktoren sind dabei neben der Schichtdicke der Grenzstruktur die Größe der Resorptionsfläche und die Konzentrationsdifferenz zwischen Magen-Darm-Inhalt und Blut. Die Oberfläche (Resorptionsfläche) der Zwölffingerdarmschleimhaut ist im Vergleich zu der des Magens durch die Ausbildung von Zotten um ein Vielfaches größer und darüber hinaus besser durchblutet. Hauptresorptionsort des Alkohols ist demnach der Zwölffingerdarm; im Magen wird nur relativ langsam und in Abhängigkeit zur Verweildauer wenig resorbiert. Der zweite Faktor, die Konzentrationsdifferenz, ist zum einen abhängig vom Alkoholgehalt des konsumierten Getränks, zum anderen vom Verdünnungseffekt durch den Mageninhalt. Der Mageninhalt greift aber auch indirekt in die Resorptionsprozesse des Alkohols ein: Die Zusammensetzung des Mageninhalts bestimmt die Magenpassagezeit und somit den Einstrom des Alkohols in den Zwölffingerdarm, den Ort der Hauptresorption. Die durch die Funktion des Magenpförtners bedingte Portionierung bei der Magen-Darm-Passage wirkt sich zudem auf die Kontinuität des Resorptionsvorgangs aus.

Der resorbierte Alkohol passiert mit dem Blutstrom der V. cava in vergleichsweise hoher Konzentration zunächst die Leber, wo bereits ein erster Abbau erfolgt, anschließend den kleinen (Lungen-) und den großen (Körper-)Kreislauf. Als wasserlösliche, kaum fettlösliche und gefäßwandgängige Substanz diffundiert er dabei aus dem Blut in das gesamte Körperwasser, das etwa 55–60% der Körpermasse ausmacht und den eigentlichen Verteilungsraum für Alkohol darstellt. Bei dieser Distribution kann bei größeren Trinkmengen und raschem Konsum die Diffusionsgeschwindigkeit des Alkohols vom Magen-Darm-Trakt ins Blut höher sein als die Diffusionsgeschwindigkeit vom Blut in das Körperwasser. Als Folge können kurzfristige Überhöhungen der BAK mit anschließend rascherem Absinken (Diffusionssturz) auftreten. Nach dem Trinkende und dem Überschreiten der höchsten Konzentration kehrt sich die Richtung der Diffusionsprozesse um: Alkohol strömt aus dem Körperwasserraum in das Blut, dessen Konzentration infolge des Abbaus absinkt, zurück. Vegetative Reaktionen können während der gesamten Distributionszeit insbesondere in den peripheren Stromgebieten zu unterschiedlichen Durchblutungsgrößen führen, was die Rückverteilung aus diesen Gebieten beeinflussen kann. Dadurch können kleinere Konzentrationsschwankungen auftreten.

Die Elimination des Alkohols erfolgt in geringem Umfang (ca. 5%) in Form einer unveränderten Ausscheidung in Urin, Schweiß und Atemluft. Die Hauptmenge wird in der Leber über Azetaldehyd und Essigsäure zu Kohlendioxid und Wasser oxidiert. Dieser Abbau wird durch 3 Enzyme bzw. Enzymsysteme bewerkstelligt: die Alkoholdehydrogenase (ADH), das mikrosomale Ethanol oxidierende System (MEOS) und die Katalasen, die jedoch nur eine vernachlässigbar kleine Umsatzrate aufweisen. Bei Normalkonsumenten macht die Umsatzrate der ADH etwa 90%, die des MEOS etwa 10% der Gesamtkapazität aus. Die den Stoffwechsel dominierende ADH erreicht bereits bei geringer Alkoholkonzentration ihre maximale Umsatzgeschwindigkeit (k_m-Wert ca. 0,05‰; Teschke 1985; Lieber 1991), sodass ab einer BAK >0,2‰ von einer linearen Eliminationskinetik, einer konzentrationsunabhängigen, konstanten Abbaurate ausgegangen werden kann; das konzentrationsabhängig arbeitende MEOS (k_m-Wert ca. 0,50‰; Lieber 1991; Teschke u. Lieber 1995) wirkt sich darauf offensichtlich kaum merkbar aus (Zink et al. 1997). Die Abbaurate beträgt im Mittel etwa 0,15‰/h, ihre Variationsbreite wird im forensischen Bereich mit 0,10–0,20‰/h angenommen (Gerchow et al. 1985). Sehr selten sind auch Werte außerhalb dieser Grenzen zu beobachten (Haffner et al. 1992).

Das MEOS wird durch langfristig erhöhten Alkoholkonsum induziert (Lieber u. DeCarli 1968). Hierdurch kann die Alkoholelimination auch wesentlich über eine Eliminationsrate von 0,20‰/h hinaus beschleunigt werden. Bei Alkoholabhängigen wurden Eliminationsraten von bis zu 0,36‰/h auch über einen längeren Abbauzeitraum beobachtet (Haffner et al. 1991; Haffner et al. 1992; Schröter et al. 1995). Trotz des in diesen Fällen zunehmenden höheren Anteils des MEOS an der Umsatzrate bleibt die Eliminationskinetik linear. Möglicherweise ist dies auf eine Limitierung der Umsatzgeschwindigkeiten durch eine begrenzte Bereitstellung der notwendigen Koenzyme zurückzuführen (Eisenburg 1976; Teschke 1985).

Bilanzierungen von konsumierter Alkoholmenge und im peripheren Blut erreichter Alkoholkonzentration ergeben in der Regel eine Fehlmenge. Diese als Resorptionsdefizit oder neutraler als Alkoholdefizit bezeichnete Fehlmenge kann zwischen nahe 0 und 30% der konsumierten Alkoholmenge ausmachen. Die Höhe des Alkoholdefizits ist abhängig von der Art des konsumierten alkoholischen Getränks und von der Art der Nahrungsaufnahme. Die Ursache des Alkoholdefizits ist noch nicht zweifelsfrei geklärt. Diskutiert werden einerseits ein „First-pass"-Effekt aufgrund der hohen Konzentration beim ersten postresorptiven Durchströmen der Leber. Andererseits wird auch ein Abbau bereits während der Magen-Darm-Passage durch in der Magen- und der Darmwand lokalisierte ADH als mögliche Erklärung angeführt (Ammon et al. 1996; Levitt et al. 1997; Oneta et al. 1998).

Aus den Einflüssen von Resorption, Distribution und Elimination gestaltet sich die Blutalkoholkonzentrationskurve über die Zeit: Während des Alkoholkonsums wird sie von der Resorption dominiert, die mit Trinkbeginn einsetzende Alkoholelimination geht bei üblichen Trinkverläufen in der Anflutung des konsumierten Alkohols unter. Die BAK-Kurve steigt an, in ihrer Steilheit und Gleichmäßigkeit abhängig von der Trinkgeschwindigkeit und den oben genannten situativen Faktoren. Nach Trinkende kann es nach hoher Trinkgeschwindigkeit u. U. zunächst zu einem kurzfristigen steilen Konzentrationsabfall im Blut kommen, dem sog. Diffusionssturz. Ansonsten ebbt der Zustrom von noch im Magen-Darm-Trakt befindlichem Alkohol immer mehr ab, die Kurve verläuft zunehmend flacher. Halten sich die Nachresorption und die Elimination in etwa die Waage, stellt sich ein Plateau ein. Schließlich überwiegt die Elimination die Nachresorption, die Konzentrationskurve beginnt zu fallen. Der Kurvengipfel ist bei üblichen Trinkverläufen meist rasch erreicht, aber die Nachresorption kann noch bis zu 2 h nach Trinkende die Steilheit des Konzentrationsabfalls dämpfen. Gerade im Bereich des Kurvengipfels können durch genannte Einflüsse auf Resorption und Distribution auch unregelmäßige Schwankungen des Konzentrationsverlaufs auftreten. Erst nach dem vollständigen Abschluss der Resorption ist der Kurvenverlauf im Wesentlichen nur noch von der konstanten Eliminationsrate bestimmt. Ab etwa 0,20‰ schmiegt sich die Kurve asymptotisch der Abszisse an.

5.1.2
Berechnung der Tatzeit-BAK aus Angaben zum Trinkverlauf

Die Kenntnis der Pharmakokinetik des Alkohols erlaubt es, aus den Angaben eines Angeklagten oder fremdanamnestisch zum Trinkverlauf seine Blutalkoholkonzentration zum Zeitpunkt einer Tat grob abzuschätzen. Dies geschieht mit Hilfe der Widmark-Formel:

$$C_0 = A/KG \times r$$

Die Menge des konsumierten Alkohols A in Gramm ergibt sich aus Menge und Konzentration des alkoholischen Getränks. Die Alkoholkonzentration der Getränke kann entsprechenden Tabellenwerken entnommen werden (z. B. Schütz 1983). Sie muss bei im Handel befindlichen Getränkesorten aber auch auf den Etiketten angegeben werden. Allerdings ist dabei die Volumeneinheit Vol% üblich, die durch Multiplikation mit dem Faktor 0,8, der Dichte des Ethylalkohols, in die Gewichtseinheit (Gew%) umgerechnet werden muss. Es ist für Fragen der Schuldfähigkeitsbeurteilung zugunsten des Angeklagten davon auszugehen, dass ein nur geringes Alkoholdefizit auftrat, also 90% der konsumierten Alkoholmenge auch wirksam wurde. Ein Alkoholdefizit von 0% fordert die Rechtsprechung nicht (Tröndle u. Fischer 1999). Der Nenner des Ausdruck, KG×r, stellt ein Äquivalent des Verteilungsvolumens des Körpers für Alkohol dar. Der Faktor r, der sog. Widmark-Faktor, reduziert die Körpermasse (KG) auf seinen Wasseranteil von etwa 55–60%; er berücksichtigt aber gleichzeitig, dass die Matrix Blut, auf die sich die Konzentrationsangabe bezieht, nur zu etwa 80% aus Wasser besteht. Der Faktor r beträgt für Frauen etwa 0,6, für Männer etwa 0,7. Der geschlechtsabhängige Unterschied basiert auf den unterschiedlichen Anteilen des Körperfetts bei Männern und Frauen.

Auch r hat eine erhebliche individuelle Schwankungsbreite (Seidl et al. 1997). Diese findet jedoch in den durch die Rechtsprechung nach dem

Grundsatz „in dubio pro reo" festgelegten Vorgaben für die BAK-Berechnung erstaunlicherweise keine Berücksichtigung. Der Faktor r wird als eine Konstante gehandhabt, die nur in geringem Ausmaß bei hochgradig übergewichtigen oder stark abgemagerten Probanden angepasst wird.

Die anhand der Widmark-Formel ermittelte sog. C_0-Konzentration stellt jedoch nur einen theoretischen Wert dar, der den Alkoholabbau während der Trinkphase nicht berücksichtigt. Dieser zwischenzeitliche Abbau errechnet sich aus der zwischen Trinkbeginn und Tatzeitpunkt vergangenen Zeit und der stündlichen Eliminationsrate, wobei wiederum zugunsten des Angeklagten die niedrigste Rate von 0,10‰/h unterstellt werden muss. Das Ergebnis der Subtraktion des Abbauwerts von der C_0-Konzentration ergibt die für die Schuldfähigkeitsbeurteilung relevante maximale Tatzeitkonzentration.

Wie die Erfahrung zeigt, werden von den Angeklagten die konsumierten Trinkmengen mitunter sehr großzügig dargestellt. Andererseits kann aber bei der Berechnung der maximalen Tatzeit-BAK auch das Einfließen aller Variablen in ihrer jeweils extremen Ausprägung zu sehr hohen Werten führen, die nicht mehr mit dem Leben oder zumindest nicht mehr mit erhaltener Handlungsfähigkeit einhergehen können. In diesen Fällen ist als Alternative zur maximalen BAK auch die Konzentration zu ermitteln, die unter Berücksichtigung durchschnittlicher Ausprägungsgrade der Variablen zu erwarten wäre. Dabei wären z. B. ein Alkoholdefizit von 20% und eine Eliminationsrate von 0,15‰/h anzusetzen. Gegebenenfalls sollte sogar die Mindestkonzentration berechnet werden. Nur wenn dies noch immer im Ergebnis zu hoch toxischen oder letalen Konzentrationen führt, sind bereits aus gutachtlicher Sicht Zweifel an den Angaben zum Trinkverlauf gerechtfertigt (vgl. Kap. 7 in diesem Band).

5.1.3
Berechnung der Tatzeit-BAK aus dem Analysewert einer Blutprobe

Die Berechnung der Tatzeit-BAK aus dem Analysewert einer Blutprobe, die sog. Rückrechnung, beschränkt sich weitgehend auf die Eliminationsphase. Ihre Variationsbreite ist im Wesentlichen nur noch durch die der Eliminationsrate bestimmt, weshalb ihr Ergebnis insbesondere bei kurzen Rückrechnungszeiten als zuverlässiger angesehen werden kann. Dem Analysewert der Blutprobe wird der Wert aufaddiert, der dem Alkoholabbau zwischen dem Tatzeitpunkt und dem Zeitpunkt der Blutentnahme entspricht. Ein rückrechnungsfreier Zeitraum nach Trinkende zur Berücksichtigung von Plateauverläufen der BAK-Kurve, wie im Verkehrsrecht erforderlich, darf nicht ausgespart werden; es kann nicht ausgeschlossen werden, dass besonders günstige Resorptionsbedingungen bereits unmittelbar nach Trinkende zu einem Absinken der BAK geführt haben könnten. Es muss im Gegenteil sogar der Eliminationsmenge ein sog. einmaliger Sicherheitszuschlag von 0,2‰ aufsummiert werden. Er soll die beschriebenen unregelmäßigen resorptions- und distributionsbedingten Kurvenschwankungen auffangen.

Als stündliche Eliminationrate ist nach dem Grundsatz „in dubio pro reo" der Maximalwert anzusetzen. Er beträgt nach Gerchow et al. (1985) 0,20‰/h und ist numerisch auch so in der höchstrichterlichen Rechtsprechung festgehalten. Der beschleunigte Alkoholabbau bei Alkoholabhängigen fand lange Zeit keine Berücksichtigung, da er unterschätzt und der gängigen Spanne der Eliminationsraten bis 0,20‰/h subsummiert wurde. Inzwischen hat der Bundesgerichtshof (BGH: StV 1996, 593 = Blutalkohol Bd. 34, 150) unter Hinweis auf Haffner und Mitarbeiter (1991, 1992) die Tatsache der Abbaubeschleunigung bei Alkoholkranken zwar aufgenommen, bisher jedoch zu der dort empfohlenen maximalen Eliminationsrate von 0,29%/h für Alkoholkranke als Äquivalent zu 0,20‰/h für Nichtalkoholkranke keine Stellung bezogen.

In manchen Fällen wurde in der Zeitspanne zwischen Tat und Blutentnahme weiter Alkohol konsumiert. Dann muss entsprechend der konsumierten Menge nach den Regeln der BAK-Berechnung die Konzentration ermittelt werden, die diesem sog. Nachtrunk entspricht; zugunsten des Angeklagten ist von einer Mindestwertvariante (Alkoholdefizit 30%) auszugehen. Der so errechnete Wert kann von der nach Maximalwertvariante rückgerechneten Konzentration abgezogen werden.

5.2
Wertigkeit der BAK für die Schuldfähigkeitsbeurteilung

Nach § 20 StGB handelt ohne Schuld, „wer bei Begehung der Tat wegen einer krankhaften seelischen Störung, wegen einer tiefgreifenden Bewusstseinsstörung oder wegen Schwachsinns oder einer schweren anderen seelischen Abartigkeit unfähig ist, das Unrecht der Tat einzusehen oder nach dieser Einsicht zu handeln". Analog formuliert ist der § 21 StGB hinsichtlich der Schuldminderung. Die Formulierung und Anordnung dieser Paragraphen impliziert bereits eine Vorgehensweise in der forensischen Beurteilung der Schuldfähigkeit zur Tatzeit. In einem ersten Schritt ist in Anlehnung an den Wortlaut der Paragraphen eine Diagnose zu stellen (biologische Komponente), in einem zweiten Schritt die Art der möglichen Auswirkungen der diagnostizierten Erkrankung oder Störung auf die Schuldfähigkeit zu bestimmen. Dabei ist zu unterscheiden zwischen der Unrechtseinsichtsfähigkeit und der Steuerungsfähigkeit (psychologische Komponente). Es ist zwar schwierig, diesen Begriffen in der psychiatrischen Nomenklatur ein exaktes Äquivalent zuzuordnen (Kröber 1996); man kann und sollte sich ihnen als im Auftrag des Gerichts tätiger Sachverständiger aber auch nicht völlig entziehen. Es muss dann beurteilt werden, welche Intensität dieser Erkrankung oder Störung im Hinblick auf die Schuldfähigkeit zuzumessen ist, ob sie die Schuldfähigkeit im Sinne des § 20 StGB gänzlich aufhebt, sie im Sinne des § 21 StGB erheblich mindert oder ob sie noch kein rechtsrelevantes Ausmaß erreicht hat.

Vor diesem Grundgerüst der Vorgehensweise ist auch die Bedeutung der Blutalkoholkonzentration zu sehen. Es kommt ihr zunächst eine mehr diagnostische oder qualitative Bedeutung zu, in Abhängigkeit zur Diagnose dann ggf. eine quantitative Bedeutung. Auf beiden Ebenen, der qualitativen und der quantitativen, stellt die BAK nur eines von mehreren Kriterien dar. Es sollte einerseits nicht auf sie verzichtet werden, andererseits allerdings ist sie für sich alleine weder qualitativ noch quantitativ, also weder hinsichtlich der Diagnose, noch hinsichtlich der Auswirkungen auf die Schuldfähigkeit, aussagekräftig (Forster u. Joachim 1997).

5.2.1
Der qualitative Aspekt der Diagnose

Die Diagnose ist, soweit eine alleinige oder zusätzliche Beeinflussung durch Alkohol zur Tatzeit zur Diskussion steht, ex post zu stellen. Sie stützt sich nicht auf eigene Feststellungen, sondern auf zeugenschaftliche Berichte und Sachverhalte, was die Beurteilung erschweren kann. Es geht zunächst um die grundsätzliche Frage, ob überhaupt eine Alkoholeinwirkung vorlag. Diese Frage kann durch die Psychopathologie alleine nicht beantwortet werden (Hartmann 1987) und sollte im Idealfall in objektiver Form, d.h. als Analysenergebnis einer chemisch-toxikologischen Untersuchung, beantwortbar sein. Die Erfahrung zeigt, dass die alleinigen Angaben von Angeklagten in dieser Hinsicht mitunter mit einer gewissen Skepsis zu betrachten sind. Wenngleich es dem Gutachter nicht zukommt, in diesem Punkt eine Wertung vorzunehmen, liegt gerade darin aber häufig ein gewisses Problem für die Begutachtung. Zeugenaussagen können u.U. zwar aufschlussreicher sein, etwa bei der Feststellung von Alkoholgeruch in der Atemluft oder bei Beobachtung einer Alkoholaufnahme des Angeklagten. Sie ersetzen jedoch den Analysenwert nicht, zumal Zeugenaussagen in der Regel die Höhe der BAK außer Betracht lassen. Letztere kann schließlich auch schon für die Diagnosestellung von Interesse sein. Gerade unter dem Aspekt, dass die BAK für sich allein keine diagnostischen Rückschlüsse zulässt, ist es notwendig, das psychopathologische Erscheinungsbild mit der BAK in Beziehung zu setzen. So kann u.a. auch die Relation zwischen dem psychischen Befund und der Größenordnung der BAK den diagnostischen Gedankengang lenken, natürlich ohne dass hieraus schon ein Kriterium für die Quantität der Beeinflussung und damit für die Beurteilung der Schuldfähigkeit herzuleiten wäre. Zu verweisen ist hier auf die verschiedenen Ausgestaltungsformen des Alkoholrausches, differentialdiagnostisch aber auch auf Intoxikationen durch andere zentral wirksame Substanzen, ggf. als Mischintoxikationen mit Alkohol, auf Persönlichkeitsstörungen, akute Belastungsreaktionen oder hirnorganische Störungen, bei deren Einschätzung Alkohol eine Rolle spielen kann. Sie können einerseits der Rauschsymptomatik charakteristische Färbungen geben, andererseits kann in diesem Zusammenhang dem Alkohol aber auch nur die Rolle eines konstellativen Faktors zukommen. Schließlich kann auch das Vorliegen einer Alkoholabhängigkeit diagnostisch von Interesse sein.

Eine Unterscheidung verschiedener Rauschformen wurde bereits zu Beginn des vergangenen Jahrhunderts eingeführt, unterlag jedoch von jeher sowohl einem nomenklatorischen als auch einem inhaltlichen Wandel und geriet folglich zunehmend in die Kritik (Mueller 1930; Binder 1936; Rommeney 1952; Forster u. Joachim 1975; Athen 1986; Rasch 1999; vgl. auch Kap. 3 in diesem Band). Teilweise wird die Auffassung vertreten, jegliche Differenzierung verschiedener Rauschformen sei obsolet (Foerster 2000 sowie Kap. 4 in diesem Band). Die Kritik macht im Wesentlichen daran fest, dass die Differenzierung verschiedener Rauschformen nicht auf klinischen Überlegungen basiere, sondern ein Zugeständnis an juristische Denkweisen darstelle. Überprüft man kritisch die Rolle und Aufgabenstellung als Sachverständiger vor Gericht, wird man möglicherweise nicht unbedingt etwas Verwerfliches daran finden, sich den aus der Praxis der Rechtsprechung resultierenden Ansprüchen – soweit fachlich möglich – zu stellen; es erscheint fraglich, ob und inwieweit sich klinische und forensische Aspekte jemals gänzlich zur Deckung bringen lassen werden. Vor dem Hintergrund der juristischen Nomenklatur der Einsichtsfähigkeit und der Steuerungsfähigkeit kann eine Unterscheidung verschiedener Rauschformen aber durchaus sinnvoll sein, gerade für die Abschätzung der Bedeutung der BAK.

Weitaus am häufigsten ist man in der Praxis der forensischen Begutachtung mit Zuständen konfrontiert, die früher als einfacher Rausch oder normaler Rausch bezeichnet wurden. Die ICD-10 spricht von einer akuten Alkoholintoxikation ohne Komplikationen. Der einfache Rausch ist gekennzeichnet durch das bekannte Bild neurologischer Ausfälle, die hauptsächlich im Bereich der Motorik, besonders der Koordination liegen, und durch einschlägige psychische Auffälligkeiten. Im Vordergrund steht dabei meist eine Entdifferenzierung der Persönlichkeit mit Reizoffenheit, erhöhtem Antriebsniveau und affektiver Labilität. Betroffen sind also in erster Linie die Ebenen der Willensbildung und Verhaltenskontrolle, was im forensischen Jargon üblicherweise mit dem Begriff der Enthemmung belegt wird. Folgerichtig sind Auswirkungen auf die Schuldfähigkeit durch die Beeinträchtigungen der Steuerungsfähigkeit zu befürchten, wobei alle Schweregrade von nicht oder zumindest nicht rechtsrelevant eingeschränkt bis völlig aufgehoben in Frage kommen. Die Unrechtseinsichtsfähigkeit dagegen ist nach einhelliger Meinung, soweit sich die Autoren auf die psychologische Komponente der §§ 20 und 21 StGB überhaupt einzulassen bereit sind, abgesehen von Volltrunkenheit, nicht relevant berührt (Ponsold 1967; Forster u. Joachim 1975, 1997).

Es besteht in diesen Fällen eines einfachen Rauschs eine gewisse Dosis-Wirkungs-Relation, die jedoch sicher nicht, wie in den diagnostischen Leitlinien der ICD 10 ausgeführt (Dilling et al. 1999), als eng bezeichnet werden kann. Sie ist im Gegenteil als eher locker einzuschätzen. Die üblichen, an der Höhe der BAK orientierten Schweregradeinteilungen (Finzen 1986; Schmidt 1997; Feuerlein et al. 1998) können in der Begutachtungssituation differentialdiagnostische Überlegungen dahingehend unterstützen, ob das psychopathologische Erscheinungsbild sich mit der Höhe der BAK ohne weiteres erklären lässt. Die Variationsbreite der Symptomatik von Rauschzuständen ist zwar so groß, dass man wohl kaum in einem Fall zwingend auf zusätzliche Störungen oder Einflüsse wird rückschließen können (Kröber 1996). Mitunter können sich aber Aspekte ergeben, die eine differentialdiagnostische Abklärung wert sind.

BEISPIEL 1

Ein 20-jähriger Kraftfahrer, bereits zuvor einmal wegen Trunkenheit im Verkehr aufgefallen, wird unverschuldet in einen Verkehrsunfall mit Sachschaden verwickelt. Er steigt aus, beschimpft den Unfallgegner und schlägt auch zu. Den später eintreffenden Polizeibeamten fallen keinerlei Besonderheiten in Erscheinungsbild und Verhaltensweisen auf. Der nur routinemäßig durchgeführte Alkoholvortest verläuft positiv. Die daraufhin angeordnete Blutentnahme verzögert sich um etwa 2 h. Der blutentnehmende Arzt, seit vielen Jahren in diesem Aufgabenbereich für die Polizei tätig, beschreibt Weinerlichkeit und Zeichen einer psychomotorischen Verlangsamung, schätzt im Gesamteindruck den Alkoholeinfluss als deutlich ein. BAK: 0,47‰.

Besonders im Befund der ärztlichen Untersuchung bei der Blutentnahme wird hier eine Diskrepanz zwischen der eher geringen BAK und dem psychopathologischen Erscheinungsbild deutlich. Auch unter Hinweis auf den Wechsel zwischen aggressiver Erregung und sich später anschließendem depressivem Syndrom ist der Verdacht auf eine zusätzliche toxikologische Beeinflussung, am ehesten mit Amphetaminen oder Kokain, gerechtfertigt. So führte schließlich auch eine Anregung auf eine ergänzende chemisch-toxikologische Untersuchung im konkreten Fall nach anwaltlicher Beratung zur Rücknahme des Einspruchs gegen den ursprünglich ergangenen Strafbefehl. Ante portas wurde die Einnahme von Ecstasy eingeräumt, die Einspruchsrücknahme mit den drohenden verwaltungsrechtlichen Folgen für die Fahrerlaubnis begründet.

Vor dem Hintergrund der psychologischen Komponente der §§ 20 und 21 StGB (Einsichtsfähigkeit bzw. Steuerungsfähigkeit) ist es nicht ganz unsinnig, von der üblicherweise zu beobachtenden Rauschsymptomatik mit Auswirkungen auf die Steuerungsfähigkeit Rauschzustände abzugrenzen, deren Erscheinungsbild davon qualitativ abweicht und häufig von einer im engeren Sinne psychotischen Symptomatik dominiert wird. Sie sind in der forensischen Praxis sicher sehr selten, ihre Prävalenz dürfte sich nach eigener Einschätzung im Promillebereich bewegen. Bei ihnen kann in der Regel von einer Aufhebung der Unrechtseinsichtsfähigkeit und damit von Schuldunfähigkeit ausgegangen werden, ohne dass die Steuerungsfähigkeit ausführlich zu diskutieren wäre. Betroffen ist in solchen Fällen nach medizinischer Denkart natürlich auch die Steuerungsfähigkeit. In juristischer Denkweise besteht aber bei der Einschätzung der psychologischen Komponente eine logische Staffelung dergestalt, dass bei fehlender Einsichtsfähigkeit in das Unrecht der Tat sich Überlegungen zum Steuerungsvermögen erübrigen; deshalb scheint es gerechtfertigt, die Aufhebung der Einsichtsfähigkeit in den Vordergrund zu rücken (Langelüddeke u. Bresser 1976; BGH: NStZ 1986, 264 = Blutalkohol Bd. 23, 340). Die BAK hat hier eine ausschließlich qualitative Bedeutung. Ihre Höhe ist für die Diagnosestellung irrelevant, da eine Korrelation zwischen BAK-Wert und Schweregrad der Störung nicht besteht. Häufig sind nur geringe Alkoholspiegel zu beobachten; dies mag auch die häufig angeführte Inkongruenz zwischen psychischen und körperlichen Trunkenheitszeichen erklären (Forster u. Joachim 1975). Es wäre aber nicht richtig, niedrige Alkoholkonzentrationen als diagnostisches Kriterium anzusehen und hohe Alkoholkonzentrationen als Ausschlusskriterium aufzufassen.

BEISPIEL 2

Ein 51-jähriger, sich als gut Alkohol gewohnt beschreibender Mann (es komme schon gelegentlich vor, dass er sich nach feuchtfröhlichen Vereinsabenden an der Mauer entlang nach Hause taste), nimmt trotz einer im Beginn befindlichen Erkältung am Jahresausflug seines Gesangvereins teil. Seine Erinnerung setzt während des Besuchs einer Tanzveranstaltung nach Alkoholkonsum in unbekannter Menge bei zunächst noch erhaltenen Erinnerungsinseln allmählich komplett aus. Bekannte begleiten ihn wegen deutlicher Trunkenheitssymptomatik vor die Tür des Lokals (Außentemperatur ca. 0 °C). Dort kommt es zu einem abrupt einsetzenden hochgradigen Erregungszustand, in dem der Mann wegrennt, ohne dass ihm die Bekannten folgen. Etwa 3 Querstraßen weiter wird er kurze Zeit später auffällig, als er laut schreiend („Komm raus") an der Fahrertür eines am Straßenrand geparkten, leeren PKW rüttelt, gegen die Tür tritt und mit den Fäusten auf das Wagendach trommelt. Die im benachbarten Haus wohnende Eigentümerin des Fahrzeugs spricht ihn an und vermag ihn zu beruhigen, worauf er sich von ihr in ihre Wohnung führen lässt. Ihr in der Eingangstür stehender Ehemann wird von ihm unvermittelt angegriffen und niedergeschlagen. Er kann von der Frau erneut beruhigt werden, man wartet gemeinsam auf die Polizei, deren Eintreffen wieder einen Erregungszustand hervorruft. Er wird gefesselt und zur Ausnüchterung in Gewahrsam genommen, woraus er einige Stunden später in unauffälligem psychopathologischem Erscheinungsbild entlassen wird. BAK ca. 1,1‰, weitere toxikologische Untersuchung negativ. Unauffällige psychiatrische Vorgeschichte.

Es steht außer Zweifel, dass hier die Symptomatik von Störungen des Denkens, der Wahrnehmung und der Orientierung geprägt ist, wie sie sonst selbst bei schweren Rauschzuständen nicht anzutreffen sind. Die Annahme einer aufgehobenen Unrechtseinsichtsfähigkeit und damit der Voraussetzungen des § 20 StGB ist gerechtfertigt. Primär bietet sich eine Alkoholintoxikation als ursächlich an, vermutlich in Zusammenhang mit der sich ankündigenden Infektion. Plötzliche Kälteeinwirkung spielt in solchen Fällen, wahrscheinlich durch reaktive Veränderungen der Kreislaufsituation mit entsprechenden Auswirkungen auf die Alkoholanflutung zum Gehirn, erfahrungsgemäß häufig die Rolle eines Triggers. Die Höhe der BAK hat kaum eine Bedeutung. Allerdings würde man auch angesichts der Quantität der Symptomatik bei dieser BAK wohl kaum von einem einfachen Rausch sprechen können. Man hätte früher den Begriff einer abnormen Alkoholreaktion oder eines komplizierten Rauschs verwendet (Forster u. Joachim 1975). Der Fall mag auch Anlass zu Überlegungen geben, ob die traditionelle diagnostische Differenzierung von Rauschzuständen doch nicht ganz sinnlos war, vielleicht in der Vergangenheit nur allzu inflationär gebraucht wurde (vgl. Kap. 3 in diesem Band).

5.2.2
Der quantitative Aspekt des Beeinträchtigungsgrades

Die Höhe der BAK als Kriterium zur Beurteilung des Beeinträchtigungsgrades ist unter Berücksichtigung der Diagnose grundsätzlich nur dort in Erwägung zu ziehen, wo eine Dosis-Wirkungs-Relation, eine Korrelation zwischen BAK und Trunkenheitssymptomatik, unterstellt werden kann. Dies ist nicht der Fall bei Rauschzuständen mit ausgeprägter qualitativ abweichender Symptomatik. Auch bei Diagnosestellungen, in denen dem Alkohol eher die Rolle eines konstellativen Faktors zukommt, ist ihre Bedeutung für das Gesamtbild und damit auch ihre quantitative Bedeutung für die daraus resultierende Beeinträchtigung, eher untergeordnet; im Vordergrund steht die primäre Diagnose. Nur bei einem sog. einfachen Rausch steht in gewissem Umfang eine Korrelation zur Diskussion. Sie wird aber schon dort wieder erheblich eingeschränkt, wo zusätzlich wirksame Faktoren, etwa eine Persönlichkeitsstörung, der Symptomatik ein eher ungewöhnliches Bild verleihen. Entsprechend beschränken sich alle folgenden Überlegungen im Wesentlichen auf den sog. einfachen Alkoholrausch ohne zusätzliche komplizierende Störungen.

Als Denkmodell für die folgenden Überlegungen bieten sich Korrelation und Regression an. Statistisch-mathematisch versteht man unter einer Korrelation die Abhängigkeit zweier variabler Größen voneinander, die sich in Form einer Regressionsfunktion näher beschreiben lässt. Im vorliegenden Fall wären das die Variablen BAK (x) und Trunkenheitssymptomatik (y). Folgt man der Erwartungshaltung, die mit der BAK hinsichtlich der Schuldfähigkeitsbeurteilungen verbunden wird, so wäre dabei der BAK die Rolle einer unabhängigen und weitgehend beobachtungsfehlerfreien Variablen, der Trunkenheitssymptomatik die Rolle einer abhängigen fehlerbehafteten Variablen zuzuordnen. Besteht eine Korrelation, so kann mit Hilfe der Regressionsfunktion aus einem bekannten x-Wert (BAK) auf den y-Wert (Trunkenheitssymptomatik) rückgeschlossen werden, wobei die Schätzung von x auf y, also von der BAK auf die Trunkenheitssymptomatik, eine Schwankungsbreite aufweist. Sie wird beschrieben durch die Standardabweichung des Vorhersagewertes, die die Genauigkeit einer Schätzung der Trunkenheitssymptomatik aus einem BAK-Wert charakterisiert. Diesem Denkmodell folgen die traditionellen Schweregradeinteilungen der Alkoholintoxikation, wogegen prinzipiell insbesondere unter klinischen Aspekten auch nichts einzuwenden ist. Allerdings müssen grundsätzliche Bedenken an der Übertragbarkeit derartiger Überlegungen in den Bereich der forensischen Begutachtung im Strafrecht angemeldet werden.

Die BAK als „unabhängige" Variable

Die BAK zur Tatzeit, die vorgegebene unabhängige Variable, von der unter Zugrundelegung einer Regressionsfunktion auf den Trunkenheitsgrad zurückgeschlossen werden soll, ist in der Regel nicht genau bekannt. Sie muss erst berechnet werden, wobei im günstigeren Fall das Analysenergebnis einer Blutprobe als Ausgangspunkt der Berechnung dient. Im ungünstigeren Fall liegen nur Angaben zu Trinkmenge und Trinkverlauf vor. Die Berechnung erfolgt jeweils nicht mit den als realistisch anzusehenden, durchschnittlich zu erwartenden Parametern. Dies würde angesichts der individuellen und situativen Streubreiten zu einem Wert führen, der zwar einen Fehler aufweist; der könnte jedoch als zufällig unterstellt werden. Die Vorhersage von x auf y wäre dadurch nicht grundsätzlich gefährdet. Statt dessen werden nach dem Grundgedanken des „in dubio pro reo" selten auftretende, im Einzelfall nicht mit der erforderlichen Sicherheit ausschließbare Extremwerte angewandt. Man gewinnt dadurch als Ausgangsgröße einen Wert, der nicht zufälligen Schwankungen unterworfen ist, sondern einem gerichteten einseitigen Fehler, also einem systematischen Fehler unterliegt.

Dieser systematische Fehler ließe sich evtl. korrigieren oder zumindest tolerieren, wenn er immer gleich groß wäre. Davon kann aber nicht ausgegangen werden. Seine Größenordnung ist zunächst grundsätzlich abhängig von der Anzahl der einseitig streufehlerbehafteten Parameter, die in die Berechnung eingehen. Sie ist bei Berechnungen nach Trinkangaben größer als bei Rückrechnungen. Bei der Berechnung nach Trinkangaben machen sich, abgesehen von den richterlicher Wertung unterliegenden Konsummengen, insbesondere Alkoholdefizit und Eliminationsgeschwindigkeit bemerkbar, bei Rückrechnungen im Wesentlichen nur die Eliminationsgeschwindigkeit. In beiden Fällen aber stellt die Eliminationsgeschwindigkeit einen Parameter dar, der sich zeitparallel summiert. Nur unter besonders günstigen Umständen kann eine Blutentnahme in engem zeitlichem Zusammenhang mit einer Tat durchgeführt werden, eine Rückrechnung ist dann lediglich über ein kurzes Zeitintervall notwendig. Im Regelfall sind oft mehrere Stunden seit dem zur Beurteilung stehenden Vorfall vergangen. Bei isolierter Abstützung der Berechnung der Tatzeit-BAK auf Trinkmengenangaben sind regelmäßig langzeitige Eliminationsphasen zu berücksichtigen, da besonders bei hoher BAK entsprechend lange Trinkverläufe vorangegangen sein müssen.

Gerade diese Notwendigkeit einer Berücksichtigung langer Eliminationsphasen bei der Berechnung mit Extremwerten der Eliminationsgeschwindigkeit kann durch die Fehlersummation zu u.U. grotesken Ergebnissen führen, selbst bei den als genauer einzustufenden Rückrechnungen.

BEISPIEL 3

Kurz nach Mitternacht ereignet sich auf einer kleinen Landstraße in einem Kurvenbereich eine Streifkollision zweier entgegenkommender PKW. Ein Unfallbeteiligter schleudert mit seinem PKW von der Fahrbahn gegen einen Baum und erleidet dabei ein schweres Schädel-Hirn-Trauma mit retrograder Amnesie; er kann über den Unfallablauf später nichts aussagen. Der andere Unfallbeteiligte wird bei kurzer orientierender Nachschau von einem Zeugen im Wesentlichen unverletzt, aber mit deutlicher Alkoholfahne, apathisch in seinem Fahrzeug sitzend angetroffen. Während der Zeuge sich um den verletzten Unfallbeteiligten kümmert, flüchtet der andere Unfallbeteiligte von der Unfallstelle. Die Fahndung der Polizei in der Nacht verläuft ergebnislos. Am nächsten Morgen meldet dieser Unfallbeteiligte sein Fahrzeug zunächst als gestohlen, was im Laufe der weiteren Ermittlungen widerlegt werden kann. Eine Blutprobe ergibt um ca. 9.30 h eine BAK von 0,28‰. In der Verhandlung macht der Angeklagte keine Angaben zur Sache.

Der Sachverständige, um eine Stellungnahme zur Fahrtüchtigkeit einerseits und zur Schuldfähigkeit andererseits gebeten, berechnet eine nachweisbare Mindest-BAK zum Unfallzeitpunkt von 1,03‰, woraus sich eine absolute alkoholbedingte Fahrunsicherheit nicht begründen lässt. (Auch die relative alkoholbedingte Fahrunsicherheit ließ sich mangels zusätzlicher Beweisanzeichen nicht belegen.) Hinsichtlich der Schuldfähigkeitsbeurteilung bezüglich der Unfallflucht ist dagegen von einer maximalen Tatzeitkonzentration von 2,38‰ auszugehen. Die tatsächliche Tatzeit-BAK dürfte wohl am ehesten im Bereich von 1,7‰ zu vermuten sein.

Noch drastischere Spannweiten können bei BAK-Berechnungen aus Trinkmengenangaben resultieren. Ein charakteristisches Beispiel findet sich in der BGH-Rechtsprechung selbst, in dem der 1. Strafsenat für einen konkreten Fall vorrechnet, dass der Höchstwert mit 2,4‰ anzusetzen sei, während als Minimalwert 0,1‰ nicht auszuschließen sei (BGH: St 36, 286 = Blutalkohol Bd. 27, 139). Anregungen, BAK-Werten aus Trinkmengenangaben grundsätzlich keine Bedeutung beizumessen, sind durchaus nachvollziehbar (Kröber 1996).

Die nach Extremwertvarianten berechnete BAK, die in foro einzig relevant ist, stellt also keine im eigentlichen Sinne bekannte, festliegende Variable dar. Sie ist einseitig verschoben. Die Schätzung von y aus x, also die Schätzung des Trunkenheitsgrades aus der BAK, wird somit in einem Bereich der x-Achse vorgenommen, der im Regelfall zu hoch liegt. Dabei ist es von den situativen Gegebenheiten des jeweiligen Falles abhängig, in welchem Ausmaß er zu hoch liegt. Entsprechend muss die darauf gestützte Schätzung von y, sprich dem Trunkenheitsgrad, auch einen systematischen Fehler aufweisen. Dieser erklärt bereits einen Großteil der Fälle, in denen zwischen forensisch ermittelter Tatzeit-BAK und psychopathologischem Erscheinungsbild quantitative Diskrepanzen auftreten. Die Rechtsprechung versucht dem Rechnung zu tragen, indem sie die Aussagekraft der berechneten BAK zumindest mit zunehmender Rückrechnungsdauer relativiert (BGH: St 35, 308 = Blutalkohol Bd. 25, 403). Ob dies ausreicht, mag dahingestellt bleiben.

Die Variablen Trunkenheitsgrad und Schuldfähigkeit bzw. Steuerungsfähigkeit

Grundsätzlich ist die Annahme eines Zusammenhangs zwischen BAK und Trunkenheitsgrad unter gewissen Vorbehalten durchaus gerechtfertigt. Sie resultiert aus klinisch-empirischen Beobachtungen. Notwendig ist zunächst aber eine differenzierte Betrachtung des Begriffs Trunkenheit. Es handelt sich dabei um die Bezeichnung eines Syndroms, das aus verschiedensten Symptomen unterschiedlichster Quantität zusammengesetzt sein kann. Dabei kommt den einzelnen Symptomen hinsichtlich ihrer Auswirkung auf die Schuldfähigkeit nicht unbedingt die gleiche Bedeutung zu. Dass das Syndrom Trunkenheit in seiner graduellen Einteilung mit der BAK grob korreliert, rechtfertigt keineswegs die Annahme, dass dies auch für jedes einzelne Symptom zutrifft. Es kann noch nicht einmal unterstellt werden, dass die Regression zwischen BAK und einzelnen Symptomen oder Symptomgruppen linear ist (Krauland et al. 1964; Forster u. Joachim 1975, Kröber 1996; Haffner et al. 1996). Unter anderem wird dies beispielsweise auch an dem häufig beschriebenen Umschwung der mehr exzitativ gefärbten Bilder mittlerer Rauschzustände in hypnotische Bilder höherer Rauschzustände deutlich (Feuerlein et al. 1998). Daraus können sich wiederum grundsätzliche Vorbehalte gegenüber einer uneingeschränkten Übertragbarkeit des klinisch beobachtbaren Zusammenhangs auf forensische Zwecke ergeben. Man muss sich zumindest darüber im Klaren sein, dass, will man die Korrelation für forensische Zwecke anwenden, 2 Schritte notwendig sind: die Schätzung des Trunkenheitsgrades aus der BAK und anschließend die Schätzung der Schuldfähigkeit aus dem Trunkenheitsgrad. Die Gefahr, Fehleinschätzungen zu unterliegen, wird ohne davon unabhängige Außenkriterien (sprich ohne Psychopathologie) mit jedem Zwischenschritt größer.

Erschwerend kommt hinzu, dass auch die Zielgröße, hier die Beeinträchtigung der Schuldfähigkeit durch Einschränkungen der Steuerungsfähigkeit, einer Variabilität unterliegt. Sie ist im Wesentlichen mit abhängig von dem zugrunde liegenden Tatbestand. Die Hemmschwellen für verschiedene Delikte sind nicht gleich hoch anzusetzen (Regnier u. Forster 1987). Dabei spielt das individuell unterschiedliche ethisch-moralische Normensystem des Einzelnen mit seinem persönlichen Erfahrungsumfeld ebenso eine Rolle wie die spezifischen Alkoholwirkungen auf die dem Delikt zugrunde liegende Motivation und Handlungsweise (Forster u. Joachim 1997). Insbesondere Aggressionsdelikte, aber auch Sexualdelikte, gelten als alkoholaffin, Alkohol senkt deren Hemmschwelle. Dem Alkohol ist (dosisabhängig) eine triebsteigernde Wirkung zuzuordnen, die die Steuerungsfähigkeit bezüglich dieser Delikte rasch betreffen kann. Dabei kommt natürlich auch dem Schweregrad des Deliktes eine Bedeutung zu. Eine deliktspezifische Hemmschwelle metrisch in BAK-Werten ausdrücken zu wollen, wie dies von Seiten der Rechtsprechung schon versucht wurde (BGH: St 37, 231 = Blutalkohol Bd. 28, 259), ist allerdings medizinisch sicher nicht haltbar. Grundsätzlich ist es aber durchaus möglich, dass in einer Handlung liegende unterschiedliche Tatbestände auf gleicher Beurteilungsbasis stehend unterschiedlich einzuschätzen sind.

BEISPIEL 4

Ein 47-jähriger Mann, mehrfach wegen Delikten in meist alkoholisiertem Zustand vorbestraft, bricht nachts gegen 3.30 h durch eine unbeleuchtete und wenig gesicherte Seitentür in einen Elektromarkt ein, indem er mit mitgebrachtem Einbruchswerkzeug die Tür aufhebelt. Als in einem Zimmer des Nachbarhauses Licht angeht und ein durch Geräusche aufmerksam gewordener Zeuge das Fenster öffnet, versteckt er sich in einem nahe gelegenen Gebüsch. Einige Zeit nach dem Verlöschen des Lichts kommt er wieder hervor und betritt nach Angaben des weiter die Situation beobachtenden Zeugen in schwankendem Gang das Gebäude. Die später eintreffenden Polizeibeamten finden nahe der aufgebrochenen Tür zum Abtransport gerichtetes Diebesgut, der Einbrecher wird hinter einem Regal kauernd versteckt aufgestöbert. Beim Fluchtversuch kommt er zu Fall, nach Einschätzung der Polizeibeamten im Wesentlichen aufgrund seiner Gleichgewichtsstörungen. Er wird an den Händen gefesselt und abtransportiert, wogegen er sich heftig wehrt, indem er um sich tritt; einer der Beamten wird getroffen und verletzt. Zudem stößt der Einbrecher üble Beleidigungen und Drohungen gegen die Beamten aus. BAK gut eine Stunde später: 2,48‰. Nach dem Eindruck des Blut entnehmenden Arztes stand er deutlich unter Alkoholeinfluss, was sich mit der Einschätzung der Polizeibeamten deckt.

Vorbereitung, Durchführung und Verdeckungs- bzw. Fluchtverhalten lassen hinsichtlich des Einbruchdiebstahls sicher trotz vergleichsweise hoher BAK und zeugenschaftlich bestätigtem höherem Trunkenheitsgrad keinen Anhalt für eine rechtsrelevante Minderung oder gar Aufhebung der Schuldfähigkeit erkennen. Angesichts von BAK und Trunkenheitsgrad kann jedoch wohl kaum mit der erforderlichen Sicherheit ausgeschlossen werden, dass hinsichtlich der Widerstandshandlung und Beleidigung, also vergleichsweise niedrig einzustufenden Aggressionsdelikten, eine rechtsrelevante Einschränkung der Steuerungsfähigkeit vorlag.

Die Beeinflussung der abhängigen Variablen Trunkenheitsgrad

Der klinisch-empirisch belegte Zusammenhang zwischen BAK und Trunkenheitssymptomatik orientiert sich an Durchschnittswerten der Trunkenheitssymptomatik. Eingeschlossen ist aber auch die Erfahrung, dass es eine Streubreite um diese Durchschnittswerte gibt, dass Extremfälle mit Abweichungen von diesen Durchschnittswerten sowohl in positivem wie in negativem Sinn auftreten können; im mathematisch-statistischen Sinn entspricht dies der Standardabweichung (s. oben). Im juristischen Denken interessiert vor dem Hintergrund des „in dubio pro reo" aber nicht ein empirisch ermittelter Durchschnittswert, sondern der sehr selten vorkommende, im individuellen Fall aber nicht sicher ausschließbare Extremwert. Dies gilt nicht nur für die BAK, sondern auch für die Trunkenheitssymptomatik. Stellt man sich die als linear unterstellte Korrelation zwischen BAK und Trunkenheitssymptomatik graphisch als eine Ursprungsgerade in einem Koordinatensystem vor, so kann aus strafrechtlichem Blickwinkel nicht diese als relevant herangezogen werden. Von Interesse wären statistische Funktionen, die nach zusätzlicher Addition bzw. Substraktion der 3fachen Standardabweichung zum jeweiligen Mittelwert (als extremster Ausprägung) entstehen. Dabei dürfte es sich vermutlich um Ursprungsgeraden mit steilerer bzw. flacherer Steigung handeln. Über die Größenordnung der Standardabweichung, die zudem noch als konzentrationsabhängig einzustufen wäre, gibt es aber keine verwertbaren empirisch-statistischen Ergebnisse, naturgemäß nur Schätzungen aus Einzelfallbeobachtungen. Man kann somit zwar einerseits von einer stochastischen Abhängigkeit von der BAK und vielleicht auch von den maximal denkbaren Trunkenheitsbildern ausgehen, kann sie aber andererseits nicht genauer quantifizieren. Das aber wäre eine der wesentlichen Voraussetzungen, um eine relevante Aussage treffen zu können. Für die forensische Begutachtung ist es wenig hilfreich zu wissen, dass bei einer BAK von 2,0‰ normalerweise eine mittlere Berauschung vorliegt, solange für den individuellen Fall weder ausgeschlossen werden kann, dass eine Rauschsymptomatik weitgehend fehlt, noch ausgeschlossen werden kann, dass ein Vollrauschzustand vorliegt.

Wenngleich eine Quantifizierung dieses Schätzfehlers nicht möglich ist, kann man sich doch klar machen, wie vielfältig die Faktoren sind, die darauf Einfluss nehmen. Zunächst wäre hier die Abhängigkeit der Wirkung von der pharmakokinetischen Phase zu nennen. Die Alkoholwirkung ist nicht alleine von der Alkoholkonzentration als absoluter Größe, sondern wesentlich auch von der Konzentrationsänderung Δc abhängig (Forster u. Joachim 1975). Die gleiche Alkoholkonzentration führt während der Anflutung, bei positivem Δc, zu einer wesentlich schwerer wiegenden Symptomatik als in der Eliminationsphase bei absinkenden Spiegeln, bei negativem Δc. Dabei ist die Symptomatik in der Anflutungsphase auch abhängig von der Steilheit des Konzentrationsanstiegs, der Größenordnung des Δc, die selbst im Laborexperiment aufgrund der unterschiedlichsten vegetativen Reaktionen mit Einfluss auf die Resorption kaum zuverlässig abschätzbar ist. Nicht zuletzt bestehen auch phasenabhängig qualitative Unterschiede in der Wirkung. So geht die exzitative Wirkung der Anflutungsphase in der Elimination oft über in eine eher sedierende Wirkung.

BEISPIEL 5

> In den frühen Morgenstunden eines Sonntags fahndet die Polizei nach einem versuchten Tötungsdelikt in familiärem Umfeld nach einem in seinem Fahrzeug flüchtigen 28-jährigen Tatverdächtigen. Der bezeichnete sich im späteren Verfahren als alkoholgewohnt, er habe im letzten Vierteljahr zuvor wegen der familiären Problematik allabendlich in beträchtlichen Mengen an seinem Arbeitsplatz, einer Kneipe, getrunken. Zeugen berichten über einen der Tat vorangegangenen Alkoholgenuss und über eine leichte bis mäßige Rauschsymptomatik im zeitlichen Umfeld der Tat. Bei der Wegfahrt vom Tatort waren keine groben Beeinträchtigungen in der Handhabung und im Führen des Fahrzeugs aufgefallen. Zirka eine halbe Stunde später unterrichtet ein Verkehrsteilnehmer die Polizei über den in starken Schlangenlinien auf der nahe gelegenen Autobahn fahrenden PKW des Flüchtigen. Eine Streife der Autobahnpolizei findet den PKW wenige Kilometer von der angegebenen Stelle entfernt ohne Licht und Warnblinkanlage auf dem mittleren von 3 Fahrstreifen abgestellt, den Fahrer schlafend hinter dem Steuer. Er ist kaum weckbar, reagiert auf Ansprache nicht, kann weder gehen noch stehen und muss zum Randstreifen geschleift werden. Die Verbringung des Tatverdächtigen zur nächsten zuständigen Polizeistation verzögert sich durch die notwendige Absicherung bzw. Entfernung des PKW von der Autobahn. Zwischenzeitlich schläft er auf der Rücksitzbank des Streifenwagens, nässt ein. Bei Ankunft auf der Polizeiwache, etwa 45 min nach dem Auffinden, ist der Mann wieder erweckbar, kann bereits wieder selbständig aus dem Fahrzeug aussteigen. Bei der Blutentnahme weitere 20 min später wird er nur noch als deutlich unter Alkoholeinfluss stehend eingeschätzt. BAK zum Zeitpunkt der Blutentnahme 1,78‰. Auf Frage berichten die Polizeibeamten über 3 leere Dosen Bier und eine angebrochene Dose Bacardi-Cola, die im Fahrzeug gefunden wurden. Der Angeklagte gibt eine Amnesie an.

Aus der Sicht des Gutachters lässt sich der Vollrauschzustand zum Zeitpunkt des Auffindens auf der Autobahn trotz vergleichsweise niedriger BAK mit einer starken Anflutung zwanglos erklären. Der relative geringere Trunkenheitsgrad bereits eine Stunde später steht dem nicht unbedingt entgegen, da zu diesem Zeitpunkt der Gipfelpunkt der Konzentrationskurve bereits überschritten gewesen sein dürfte.

Ein bedeutender Einfluss auf die Schwankungsbreite einer BAK-korrelierten Trunkenheitssymptomatik geht von der Toleranzentwicklung aus. Die Alkoholtoleranz ist zum einen konstitutionell vorgegeben, zum anderen aber auch von situativen Faktoren abhängig. Hier können sowohl körperliche wie auch psychische Grundkonstellationen eine Rolle spielen. Die größte Bedeutung hat jedoch die Toleranz im Sinne einer erworbenen Verträglichkeitssteigerung bezüglich vegetativer Reaktionen wie körperlicher und psychopathologischer Symptomatik.

Der Begriff der Toleranz, teilweise synonym verwendet mit dem Begriff der Alkoholgewöhnung, wird üblicherweise primär mit der Diagnostik einer

Abhängigkeit in Verbindung gebracht. Sie wird definiert als eine über die Zeit notwendige Dosissteigerung zur Erzielung einer vergleichbaren Wirkung. Dabei wird der Wunsch nach dem Erleben eines Rausches in den Vordergrund gerückt. Toleranz lässt sich aber auch – im vorliegenden Zusammenhang sicher zutreffender – als eine verminderte Wirkung bei gleich hoher BAK definieren (Soyka 1995). Diese Form der Toleranzentwicklung – man sollte sie vielleicht besser differenzierend als Alkoholgewöhnung bezeichnen – macht bis zu einem gewissen Grad jeder Alkoholkonsument durch, auch weit unterhalb einer Schwelle, deren Überschreiten als diagnostisches Kriterium einer Abhängigkeit gelten kann. Die Wirkung einer vergleichbaren Alkoholdosis ist bei einem üblicherweise abstinent lebenden Menschen zweifellos höher als bei jemandem, der in einem sozialen Rahmen regelmäßig Alkohol konsumiert. Somit ist die Wirkung wesentlich abhängig von den im weiteren zeitlichen Zusammenhang gepflegten Trinkgewohnheiten, schon ohne dass zwangsläufig von einer Alkoholkrankheit ausgegangen werden muss. Längerfristige Änderungen der Trinkgewohnheiten führen auch zu einer Änderung der Toleranz. Die Schwankungsbreite erhöht sich um so mehr bei Gewöhnungsgraden, die die Grenzen zur Abhängigkeit erreichen oder überschreiten.

Grundsätzlich ist es natürlich anzustreben, den Grad der Alkoholgewöhnung bzw. der -toleranz eines Angeklagten abzuschätzen und in die Beurteilung einfließen zu lassen. Häufig ist man dabei allerdings nur oder überwiegend auf die Angaben des Angeklagten angewiesen. Diese sind einerseits in der Regel vom angestrebten Ziel beeinflusst. Dass die Wertung solcher Angaben nicht oder nur bedingt in den Aufgabenbereich des Sachverständigen fällt, vereinfacht die Situation nicht. Andererseits ist es geradezu pathognomonisch für Alkoholmissbrauch und -abhängigkeit, dass die Alkoholproblematik und insbesondere die Angaben von Konsummengen von den Betroffenen dissimuliert bzw. bagatellisiert werden. Es handelt sich hier um ein grundlegendes Problem der Begutachtungssituation bei Alkoholfragestellungen (Haffner et al. 2002). Letztendlich führt es dazu, dass eine realistische Einschätzung des Ausmaßes einer Alkoholgewöhnung, vor der als Hintergrund eine Beurteilung der BAK-korrelierten Trunkenheit erfolgen müsste, im individuellen Fall kaum möglich ist.

Während die unterschiedliche Alkoholgewöhnung bei nicht alkoholkranken Konsumenten und verstärkt bei Alkoholabhängigen in unserem Denkmodell der Regression zu einer sicher erheblichen Erhöhung der Standardabweichung führt, erfordert die Toleranz bei den Patienten zusätzlich eine völlige andere Beschreibung des Zusammenhangs zwischen BAK und Trunkenheitsgrad. Die Toleranzentwicklung zieht hier nicht nur einen verminderten Trunkenheitsgrad bei definierter BAK nach sich, wobei selbst BAK-Werte von 3,0‰ und mehr nicht unbedingt von schweren Rauschsymptomen begleitet sein müssen (Haffner et al. 1988). Sie führt auch zu einer Verschiebung der Ebene des psychopathologischen Normalzustandes. Während bei einem Normalkonsumenten Trunkenheitssymptome bei Alkoholnüchternheit (BAK=0) fehlen, sind bei einem Alkoholabhängigen bei einer BAK=x keine Trunkenheitssymptome festzustellen. Dagegen treten bei Unterschreiten dieser BAK=x dann aber Entzugssymptome auf, die ebenfalls hinsichtlich der

Schuldfähigkeit Bedeutung erlangen können. Bei Alkoholabhängigen wäre also keine Regressionsfunktion mit unserem Denkmodell vereinbar, die wie bei Nichtabhängigen den Nullpunkt schneidet. Dagegen wäre gegenüber der gedachten Regressionsfunktion der Nichtabhängigen eine Parallelverschiebung in Richtung negativer y-Werte vorzunehmen, wobei die negativen y-Werte für eine zunehmend auftretende Entzugssymptomatik stünden. Der Schnittpunkt der x-Achse entspräche der BAK, bei der ein psychopathologischer Normalzustand vorliegt.

BEISPIEL 6

Ein 47 Jahre alter, stadtbekannter depravierter Alkoholabhängiger wird in einem Kaufhaus beobachtet, wie er 2 Flaschen Wodka unter seinem Mantel versteckt. Zeugen berichten über deutliche körperliche Ausfallerscheinungen. Nach Passieren des Kassenbereichs wird er von einem Kaufhausdetektiv angesprochen, es kommt zu einer Auseinandersetzung zwischen beiden, wobei der Kaufhausdetektiv leicht verletzt wird und eine Schaufensterscheibe zu Bruch geht. Der Mann kann zunächst fliehen; er wird kurze Zeit später von der Polizei an seinem Stammplatz wenige Straßenzüge weiter angetroffen und festgenommen, wobei er heftig Widerstand leistet. Bei der Blutentnahme wird er von der durchführenden Ärztin als deutlich unter Alkoholeinfluss eingeschätzt. BAK: 3,59‰. Wegen bekannter Neigung zu Krampfanfällen wird er in das ortsansässige psychiatrische Fachkrankenhaus überstellt. In der Hauptverhandlung berichtet der aufnehmende Arzt, dass es wenige Stunden später zu massiven Entzugserscheinungen gekommen sei; eine klinische Kontrolle der BAK zu diesem Zeitpunkt habe zu einem Wert von 2,2‰ geführt. Daraus wäre zu schätzen, dass der psychopathologische Normalzustand in diesem Falle um etwa 2,5‰ gelegen haben dürfte.

Führt man diesen Gedankengang logisch zu Ende, so folgt daraus, dass es sich bei Nichtabhängigen und Alkoholabhängigen um unterschiedliche Grundkollektive handelt, die an sich nicht miteinander vermischt werden dürfen. Sieht man sich aber die in der klinischen Literatur zitierten BAK-korrelierten Gradeinteilungen näher an (Finzen 1986; Schmidt 1997; Feuerlein et al. 1998), so wird man eine Vermischung der beiden unterschiedlichen Kollektive unterstellen müssen. Es erscheint fraglich, ob ein Nichtalkoholkranker schon alleine aus Gründen der zu erwartenden vegetativen Störungen überhaupt BAK-Werte in einer Größenordnung erreichen kann, die in diesen Schweregradeinteilungen als mittelschwerer oder schwerer Rausch bezeichnet werden. Schlussfolgerung wäre, dass die den klinischen Schweregradeinteilungen zugrunde liegende, als Denkmodell angesetzte Regression für Nichtpatienten vermutlich zu flach, für Alkoholabhängige zu steil verläuft.

Man könnte versucht sein, die aus mathematisch-statistischer Sicht nicht tolerable Vermischung der Kollektive Nichtabhängige und Alkoholabhängige mit dem Hinweis zu rechtfertigen, dass eine scharfe Grenzziehung zwischen

den Diagnosen nicht möglich ist, schon gar nicht unter den Begutachtungs-
bedingungen in foro. Dann aber muss man eingestehen, dass die Schätzfeh-
lerbreite einer daraus resultierenden Regressionsgleichung bei jeglicher BAK
jeglichen Grad der Beeinträchtigung zulässt, überspitzt dargestellt inklusiv
einer Beeinträchtigung bei Alkoholnüchternheit durch Entzugssymptome bei
einem Alkoholkranken.

5.2.3
Der indizielle Wert der BAK

In der Begutachtung der Schuldfähigkeit alkoholintoxikierter Angeklagter
lassen sich demnach 3 Wertigkeitsstufen von Beurteilungskriterien unterscheiden. An erster Stelle stehen Kriterien, die sich aus dem aktiven Handlungsablauf der Tat oder seines zeitlichen Umfelds ergeben und direkte
Rückschlüsse auf die Realitätseinbindung und Situationswahrnehmung, insbesondere auf Fähigkeiten der Handlungskontrolle zulassen. Nur sie ermöglichen einen unmittelbaren Zugang zu Unrechtseinsichtsfähigkeit und Steuerungsfähigkeit und werden der Forderung nach Einzelfallbeurteilung gerecht. Alle anderen Intoxikationssymptome, seien sie psychischer oder
körperlicher Natur sowie globale Schilderungen eines Trunkenheitsgrades
bedürfen bereits einer Transformation, die voraussetzt, dass zwischen den
für die Schuldfähigkeit relevanten Intoxikationssymptomen und den für die
Schuldfähigkeit nicht relevanten Intoxikationssymtomen eine Parallelität besteht. Es handelt sich auf dieser 2. Wertigkeitsstufe also bereits um mittel-
bare Einschätzungen. Die BAK nimmt quasi die niedrigste Wertigkeitsstufe
ein, da sie von der eigentlichen Zielgröße, der Schuldfähigkeit, durch zwei
korrelative Zwischenschritte getrennt ist. Zwar können die korrelativen Zusammenhänge nicht geleugnet werden; sie sind aber nur sehr locker und
nicht unerheblich mit Streufehlern, auch mit systematischen Fehlern belastet. Die BAK bildet in der Schuldfähigkeitsbeurteilung somit ein Glied, dem
eine gewisse diagnostische Bedeutung hinsichtlich der Eingangskriterien der
§§ 20 und 21 StGB zukommt, die quantitativ ansonsten nur in Zusammenhang mit den übrigen Kriterien eine Abrundung des Gesamtbildes erlaubt.
Treten Diskrepanzen zwischen den Beurteilungskriterien auf, so ist den Kriterien der 1. und 2. Wertigkeitsstufe immer Vorrang einzuräumen. Der BAK
alleine kommt keine wesentliche Bedeutung zu.

In der Praxis ist man als Gutachter allerdings gelegentlich mit Fällen konfrontiert, die über die BAK hinaus keine oder kaum Anknüpfungspunkte für
eine Einschätzung der Schuldfähigkeit bieten. Es handelt sich dabei oft um
weniger schwerwiegende Tatbestände, in denen mit nur begrenztem Umfang
ermittelt wurde, in denen Einzelheiten des Tatablaufs nicht rekonstruierbar
sind und ein Zugriff auf den Täter erst in erheblichem zeitlichem Abstand
gelang. In dieser Konstellation liegen dann meist auch nur Trinkmengenangaben des Angeklagten vor, mitunter verbunden mit der Angabe einer
Amnesie für die Tat, wobei die Amnesie an sich kein aussagekräftiges Kriterium darstellt (Barbey 1990; Maatz 2001). Ohne Zweifel müssen auch solche
Fälle juristisch handhabbar bleiben. Der Rückgriff auf den indiziellen Wert

der BAK, wie er überwertig Ende der 80er und Anfang der 90er Jahre in der Rechtsprechung üblich war, sollte dann aber dem Richter überlassen bleiben. Aus gutachtlicher Sicht kann hier nur ausgeführt werden, dass die Grundlage für eine Einzelfallbeurteilung zu schmal ist, theoretisch zwischen uneingeschränkter Schuldfähigkeit und Schuldunfähigkeit alle Zwischenstufen prinzipiell möglich sind.

Gesetzliche Grundlagen der Blutentnahme 6

Sabine Schmelz

6.1
Die Eingriffsermächtigung des § 81a StPO

Nicht nur zur Feststellung einer alkoholbedingten Fahruntüchtigkeit im Sinne von § 316 StGB (Trunkenheit im Verkehr), sondern auch zur Beurteilung der Schuldfähigkeit zur Tatzeit ist es auch heute – trotz des Erfordernisses der Berücksichtigung auch psychodiagnostischer Kriterien – von großer Bedeutung, dem Beschuldigten möglichst tatnah eine Blutprobe entnehmen zu können.

In rechtlicher Hinsicht ist jedoch eine Blutentnahme, da sie beim Beschuldigten in dessen durch Art. 2 Abs. 2 S. 1 GG geschütztes Grundrecht auf körperliche Unversehrtheit eingreift, nach Art. 2 Abs. 2 S. 2 GG nur aufgrund eines Gesetzes zulässig. Die gesetzliche Legitimation hierfür findet sich in § 81a StPO, der unter bestimmten Voraussetzungen körperliche Eingriffe bei Beschuldigten gestattet. Eine Anordnung nach § 81a StPO ist nur in den Fällen entbehrlich, in denen der Beschuldigte in die Blutentnahme einwilligt.[1] Der für die Einwilligung erforderliche freie Willensentschluss kann allerdings bei erheblicher Alkoholbeeinflussung ausgeschlossen sein.[2]

Gegen die Eingriffsgrundlage des § 81a StPO wurden zum Teil deshalb verfassungsrechtliche Bedenken vorgebracht, weil nach dieser Vorschrift selbst schwerwiegende körperliche Eingriffe unabhängig vom Grad des Tatverdachts bei Beschuldigten zulässig sind.[3] Das BVerfG hat dagegen mehr-

---

[1] *Dahs* in: LR, § 81a Rn. 9; *Kleinknecht/Meyer-Goßner*, § 81a Rn. 3.
[2] *Dahs* in: LR, § 81a Rn. 21.
[3] Vgl. *Dahs* in: LR, § 81a Rn. 27.

fach klargestellt, dass § 81a StPO bei besonderer Beachtung des Verhältnismäßigkeitsgrundsatzes verfassungskonform sei.[4] Die mit der Blutentnahme verbundene körperliche Beeinträchtigung darf demnach nicht außer Verhältnis zur Bedeutung der Sache und zur Schwere des gegenüber dem Beschuldigten bestehenden Tatverdachts stehen.[5]

6.1.1
Eingriffsvoraussetzungen des § 81a StPO

Ohne Einwilligung des Beschuldigten ist eine Blutentnahme nur unter bestimmten Voraussetzungen zulässig. Gemäß § 81a Abs. 1 S. 2 StPO darf der körperliche Eingriff nur zur Feststellung von verfahrenserheblichen Tatsachen angeordnet und von einem Arzt nach den Regeln der ärztlichen Kunst durchgeführt werden, wenn kein Nachteil für die Gesundheit des Beschuldigten zu befürchten ist. Die Anordnung einer Blutentnahme ist demnach nur zu dem Zweck zulässig, dass die Blutprobe für ein Strafverfahren – etwa zum Beweis einer Straftat oder zur Feststellung der Schuldfähigkeit[6] – von Bedeutung ist.

Darüber hinaus verlangt aber § 81a StPO auch eine Prognose über die Auswirkung der Blutentnahme in dem Sinne, dass kein Nachteil für die Gesundheit des Beschuldigten zu befürchten sein darf. Von einer Gesundheitsgefährdung im Sinne von § 81a StPO ist auszugehen, wenn aufgrund des Eingriffs der Eintritt einer andauernden, mindestens aber erheblich über die Eingriffsdauer hinauswirkenden Beeinträchtigung des körperlichen Wohlbefindens wahrscheinlich ist.[7] Die der Blutentnahme immanenten körperlichen Beeinträchtigungen reichen daher ebenso wenig aus wie eine durch die Venenpunktion hervorgerufene, nur vorübergehende Unannehmlichkeit.[8] Liegt ausnahmsweise ein Angstzustand (z. B. eine Spritzenphobie)[9] vor, bei dem durch die Blutentnahme eine psychische Schädigung wahrscheinlich ist, kann aufgrund einer solchen seelischen Belastung ebenfalls ein Gesundheitsnachteil im Sinne des § 81a StPO zu befürchten sein.[10] Im Regelfall betrachtet die Rechtsprechung allerdings auch zwangsweise durchgeführte Blutentnahmen als ungefährliche, vergleichsweise unbedeutende Eingriffe.[11]

---

[4] *BVerfGE* 16, S. 194–203 (200 ff.); 17, S. 108–120 (117); 27, S. 211–220 (219); 47, S. 239–253 (248).
[5] Vgl. auch *BVerfG*, NJW 1996, S. 3071–3073 (3072).
[6] Vgl. *Dahs* in: LR, § 81a Rn. 13.
[7] *Dahs* in: LR, § 81a Rn. 26.
[8] Vgl. *Rogall* in: SK-StPO, § 81a Rn. 57.
[9] Vgl. dazu *Händel*, BA 13 (1976), S. 389 ff.; *Gerchow*, BA 13 (1976), S. 392 ff.
[10] So *Rogall* in: SK-StPO, § 81a Rn. 57; dagegen *Kleinknecht/Meyer-Goßner*, § 81a Rn. 17; *Dahs* in: LR, § 81a Rn. 26, die einen Gesundheitsnachteil im Sinne d. § 81a Abs. 1 S. 2 StPO bei Angstzuständen und seelischen Belastungen ablehnen.
[11] Vgl. *OLG Köln*, NStZ 1986, S. 234–236 (235); einen Überblick möglicher Gesundheitsgefahren bei einer unter Zwang vorgenommenen Blutentnahme gibt *Rittner*, BA 18 (1981), S. 161 (169); *Püschel* und *Horn*, BA 21 (1984), S. 479 (480 f.), haben in einer Untersuchung dagegen lediglich in 8 von 1951 untersuchten Fällen einer Zwangsblutentnahme geringfügige Verletzungen (z. B. eine Platzwunde) festgestellt.

Bei der Klärung der Auswirkung der Blutentnahme auf den konkreten Gesundheitszustand des Beschuldigten ist der Anordnende in der Regel auf die Fachkenntnis eines Mediziners angewiesen. Diese Beurteilung erfolgt daher in der Regel in Absprache mit dem Arzt, der die Blutprobe entnehmen soll. [12] Für den lediglich zur Blutprobe herangezogenen Arzt kann es in der aktuellen Entscheidungssituation allerdings schwierig sein, das Vorliegen einer Gesundheitsgefährdung im Sinne des § 81a StPO ad hoc richtig einzuschätzen, [13] denn die Gefahr einer Fehleinschätzung ist mit einer solchen Prognose immer verbunden. Ausreichend ist daher, auf allgemeine medizinische Erfahrungen zurückzugreifen und von einem grundsätzlich niedrigen Gesundheitsrisiko einer (auch zwangsweise durchgeführten) Blutentnahme auszugehen, sofern keine gegenteiligen Anhaltspunkte in Bezug auf die Person des Beschuldigten vorliegen.

Theoretisch kann der Fall eintreten, dass der Anordnende trotz negativer ärztlicher Prognose, etwa bei einem Patienten, der an Hämophilie (Bluterkrankheit) leidet, [14] nicht von der Blutentnahme Abstand nehmen will. Zwar ist der Anordnende rechtlich nicht an die Beurteilung eines hinzugezogenen Arztes gebunden; [15] dennoch wird man keinen Arzt zwingen können, einen Eingriff vorzunehmen, den er wegen der Gefahr für die Gesundheit des Beschuldigten glaubt, nicht verantworten zu können. [16] *Faktisch* ist der Anordnende damit solange an die ärztliche Prognose gebunden, wie ihm kein anderer Arzt zur Verfügung steht. [17]

6.1.2
Adressat und Inhalt der Anordnung nach § 81a StPO

Die Vorschrift des § 81a StPO bezieht sich ausschließlich auf Beschuldigte; Blutentnahmen bei anderen Personen als dem Beschuldigten sind nur nach dem – im Wesentlichen allerdings die gleichen Voraussetzungen aufstellenden – § 81c Abs. 2 StPO zulässig. Zum Kreis der Beschuldigten im Sinne des § 81a StPO zählen diejenigen, gegen die aufgrund zureichender tatsächlicher Anhaltspunkte ein Tatverdacht im Sinne von § 152 Abs. 2 StPO besteht und ein Ermittlungsverfahren eingeleitet worden ist. Allerdings reicht es aus, wenn das Ermittlungsverfahren – wie häufig bei Blutentnahmen – erst durch die Anordnung des Eingriffs nach § 81a StPO selbst eingeleitet wird. [18] Dabei kommen neben Verkehrsdelikten auch alle sonstigen Straftaten in Betracht, bei denen die durch die Blutprobe ermittelte Blutalkoholkonzentration der Beurteilung der Schuldfähigkeit dienen soll. [19] Daneben kann eine Blutpro-

---

[12] Vgl. *Rogall* in: SK-StPO, § 81a Rn. 58.
[13] Vgl. *Rittner*, BA 18 (1981), 161 (168).
[14] *Rogall* in: SK-StPO, § 81a Rn. 41.
[15] *Rogall* in: SK-StPO, § 81a Rn. 58; *Kleinknecht/Meyer-Goßner*, § 81a Rn. 17.
[16] *Dahs* in: LR, § 81a Rn. 26; *Kohlhaas*, NJW 1968, S. 2277 (2278); vgl. auch *Benfer*, Eingriffsrechte (1997), Rn. 876.
[17] Vgl. *Rogall* in: SK-StPO, § 81a Rn. 58.
[18] *Dahs* in: LR, § 81a Rn. 7.
[19] *Rogall* in: SK-StPO, § 81a Rn. 41.

benentnahme gemäß § 46 Abs. 4 OWiG auch im Bußgeldverfahren zur Aufklärung von Ordnungswidrigkeiten (z. B. § 24a StVG: Fahren unter Alkoholeinwirkung) angeordnet werden.

Dem Beschuldigten wird durch die Anordnung nach § 81a StPO die Pflicht zur passiven Duldung der Blutentnahme auferlegt. Dagegen kann er auch nach § 81a StPO nicht zur aktiven Mitwirkung an der Aufklärung eines gegen ihn gerichteten Ermittlungsverfahrens gezwungen werden. Dies verbietet das verfassungsrechtliche Gebot, dass niemand zur aktiven Mitwirkung an seiner eigenen Überführung verpflichtet ist (Nemo-tenetur-Grundsatz).[20] Aufgrund dessen kann der Beschuldigte auch nicht zu einem an sich weniger eingreifenden Alkoholtest gezwungen werden, da hierzu seine aktive Mitwirkung – das Blasen in ein Röhrchen zur Prüfung der Atemluft auf Alkohol – erforderlich wäre.[21]

Dennoch zeigt sich gerade bei einer gemäß § 81a StPO angeordneten Blutentnahme zur Feststellung der Blutalkoholkonzentration, wie schwer eine klare Grenzziehung durchzuhalten ist.[22] So ist es weit verbreitet, den Kreis der dem Beschuldigten auferlegten Handlungen, die den körperlichen Eingriff vorbereiten bzw. begleiten sollen, weit zu fassen. Eine solche extensive Auslegung des § 81a StPO, nach der der Beschuldigte etwa zusätzlich die Pflicht haben soll, die für die Untersuchung erforderliche Körperhaltung einzunehmen und für Blutentnahmen den Ärmel aufzukrempeln,[23] ist mit dem Grundsatz der Freiheit des Beschuldigten von einer aktiven Mitwirkung nur schwer vereinbar.[24]

Obwohl gerade im Bereich der Feststellung der alkoholbedingten Fahruntüchtigkeit (§§ 315c, 316 StGB) und zur Beurteilung des Vorliegens der Schuldfähigkeit die mit der Blutentnahme verbundenen ärztlichen Begleituntersuchungen von großer Bedeutung sind, darf auch die Einschätzung der psychischen Befindlichkeit des Beschuldigten nur auf dessen freiwilliger Mitwirkung an Tests[25] oder bei der Beantwortung von Fragen,[26] ansonsten aber lediglich auf der Beobachtung des Arztes beruhen.[27]

Inwieweit der Blut entnehmende Arzt, der als Sachverständiger hinzugezogen wird, den Beschuldigten auch darüber aufzuklären hat, dass dieser nicht zur aktiven Teilnahme an den Gesprächen und Tests verpflichtet ist, ist

---

[20] „Nemo tenetur se ipsum accussare": Niemand ist verpflichtet, sich selbst zu belasten, vgl. *Beulke*, Strafprozessrecht, Rn. 125; *BVerfGE* 56, S. 37–54 (41 ff.).
[21] *BGH*, VRS 39, S. 184–186 (185); *OLG Schleswig*, VRS 30, S. 344–348; *BayObLG*, GA 1964, S. 310–312 (310 f.).
[22] Dazu eingehend *Bosch*, Nemo-tenetur-Prinzip (1998), S. 286 ff.
[23] *Dahs* in: LR, § 81a Rn. 17; *Senge* in: KK, § 81a Rn. 4; *Geppert*, DAR 1980, S. 315 (318); *LG Düsseldorf*, NJW 1973, S. 1930 f. (1931): „§ 81a StPO verlangt von dem Betroffenen nicht nur ein passives Verhalten, sondern auch dasjenige positive Tun, welches die Entnahme der Blutprobe ermöglichen kann (z.B.: Aufkrempeln eines Ärmels, Anheben eines Arms und – wie ausgeführt – Mitgehen zur Wache.)".
[24] *Bosch*, Nemo-tenetur-Prinzip (1998), S. 287 f.; *Seebode*, JA 1980, S. 493 (494); *Rogall* in: SK-StPO, § 81a Rn. 110.
[25] *OLG Hamm*, NJW 1967, S. 1524 f. (1524).
[26] *OLG Hamm*, NJW 1974, S. 713 f. (713); *Senge* in: KK, § 81a Rn. 4; *Geppert*, DAR 1980, S. 315 (318).
[27] Vgl. *Bosch*, Nemo-tenetur-Prinzip (1998), S. 288; *Schmidt*, NJW 1962, S. 664 (664); aA dagegen *OLG Köln*, NJW 1962, S. 692 f.; *Kleinknecht/Meyer-Goßner*, § 81a Rn. 12; *Dahs* in: LR, § 81a Rn. 21.

umstritten. Eine solche Belehrung über die Freiwilligkeit der Mitwirkung obliegt entsprechend § 163a Abs. 4 S. 2 i. V. m. § 136 Abs. 1 S. 2 StPO dem Strafverfolgungsorgan, das die Blutprobe angeordnet hat.[28] Ein ärztlicher Sachverständiger ist dagegen kein Organ der Strafverfolgung, daher lehnt die Rechtsprechung eine Pflicht des Arztes zur Belehrung ab.[29] Dies sollte den Arzt jedoch nicht daran hindern, sich vor dem Eingriff beim Beschuldigten zu vergewissern, ob dieser über sein Recht zur Freiwilligkeit an einer aktiven Mitwirkung belehrt worden ist.

6.1.3
Anordnung und Vollstreckung der Blutentnahme

Eine Blutentnahme nach § 81a StPO muss gegenüber dem Beschuldigten ausdrücklich angeordnet werden. Zuständig für die Anordnung der Blutentnahme ist gemäß § 81a Abs. 2 Alt. 1 StPO grundsätzlich der Richter. Nur bei Gefährdung des Untersuchungserfolges durch Verzögerung (Gefahr im Verzug) kann gemäß § 81a Abs. 2 Alt. 2 StPO die Staatsanwaltschaft oder deren Hilfsbeamte[30] die Anordnung nach § 81a StPO – auch mündlich – erlassen.[31] Gefahr im Verzug liegt bei Verdacht einer Alkoholintoxikation regelmäßig vor, da das Abwarten eines richterlichen Beschlusses hier die Beweisführung erschwert, wenn nicht sogar unmöglich macht. In der Praxis wird die Anordnung durch Polizisten als Hilfsbeamte der Staatsanwaltschaft daher in den Fällen der Blutentnahme zur Feststellung einer akuten Alkoholintoxikation die Regel, nicht die Ausnahme sein.[32]

Die Vollstreckung einer richterlichen Anordnung erfolgt durch die Staatsanwaltschaft (§ 36 Abs. 2 S. 1 StPO), die sich dazu der Polizei bedienen kann. Die Anordnung eines Staatsanwalts oder eines seiner Hilfsbeamten vollzieht die Polizei, bei Gefahr im Verzug auch gegen den Widerstand des Beschuldigten im Wege des unmittelbaren Zwangs.[33] § 81a StPO bildet damit zugleich die Rechtsgrundlage für die zur Vollziehung der Blutentnahme erforderlichen Zwangsmaßnahmen,[34] zu denen etwa das Verbringen des Beschuldigten zum Arzt[35] oder das Festhalten oder Festschnallen zur Blutentnahme[36] gehört.

---

[28] *Kleinknecht/Meyer-Goßner*, § 81a Rn. 12.
[29] *BGH*, JZ 1969, S. 437 f. (437); *OLG Hamm*, NJW 1967, S. 1524 f. (1524); so auch: *Dahs* in: LR, § 81a Rn. 21; *Messmer*, DAR 1967, S. 153; *Geppert*, DAR 1980, S. 315 (319); *Forster/Joachim*, Alkohol und Schuldfähigkeit (1997), S. 26; aA: *Maase*, DAR 1966, S. 44 (45); *Beulke*, Strafprozessrecht, Rn. 201; *Roxin*, Strafverfahrensrecht, § 25 Rn. 11, § 27 Rn. 15, die die Pflicht zur Belehrung entsprechend §§ 163a Abs. 4, 136 Abs. 1, 163a Abs. 5 StPO auch auf die Hilfspersonen der Strafverfolgungsbehörde ausweiten wollen.
[30] Nach § 152 Abs. 2 GVG sind Hilfsbeamte der Staatsanwaltschaft nach landesgesetzlichen Regelungen bestimmte Beamte. Welche Angehörige der Polizei solche Hilfsbeamte sind, ist demnach in Rechtsverordnungen der Bundesländer festgelegt, vgl. *Roxin*, Strafverfahrensrecht, § 10 Rn. 14.
[31] *Kleinknecht/Meyer-Goßner*, § 81a Rn. 26.
[32] *Rogall* in: SK-StPO, § 81a Rn. 106.
[33] *Dahs* in: LR, § 81a Rn. 57 ff.
[34] *OLG Schleswig*, VRS 30, S. 344–346 (345).
[35] Vgl. näher *Rogall*, in: SK-StPO, § 81a Rn. 111.
[36] *Kleinknecht/Meyer-Goßner*, § 81a Rn. 29.

6.2
Pflicht des Arztes zur Blutentnahme?

Eine berufsrechtliche oder gesetzliche Vorschrift, die jedem Arzt generell die Pflicht zur Entnahme einer Blutprobe auferlegt, fehlt.[37] Ebensowenig folgt aus der Zulässigkeit der staatlichen Anordnung gegenüber dem Beschuldigten zugleich die ärztliche Verpflichtung, in den nach § 81a StPO angeordneten Fällen die Blutprobe zu entnehmen. Manche Ärzte lehnen solche (zwangsweise vollzogenen) körperlichen Eingriffe deshalb ab, weil sie darin gerade das Gegenteil ihrer ärztlichen Aufgabe zur Heilung und Hilfe sehen.[38] Der Arzt kann jedoch unter den Voraussetzungen des § 75 StPO als Sachverständiger hinzugezogen und in dieser Eigenschaft zur Blutentnahme verpflichtet werden, sofern ihm aus § 76 StPO kein Weigerungsrecht zusteht. Eine solche gesetzliche Verpflichtung kann gerade in ländlichen Bereichen von Bedeutung sein, in denen sich weder ein (Vertrags-)Arzt zur Blutentnahme bereit erklärt, noch ein Amts- oder Polizeiarzt zur Verfügung steht.[39]

6.2.1
Pflicht zur Gutachtenerstattung gemäß § 75 StPO

Schon die Entnahme einer Blutprobe und die damit zusammenhängenden Begleituntersuchungen sind jedenfalls vorbereitende[40] Tätigkeiten eines Sachverständigen, auch wenn darüber hinaus keine weiteren Begutachtungen vorgenommen werden.[41] Das wird auch daran deutlich, dass nicht nur die Blutentnahme als solche, sondern auch die damit einhergehenden Begleituntersuchungen besondere Sachkunde erfordern.[42]

Die Vorschrift des § 75 Abs. 1 StPO legt in 3 Fällen dem zum Sachverständigen Ernannten die Pflicht zur Begutachtung selbst dann auf, wenn er sich nicht zur konkreten Entnahme der Blutprobe bereit erklärt: Zum einen besteht eine Begutachtungspflicht für diejenigen, die – wie Gerichtsärzte oder Ärzte der staatlichen Gesundheitsämter – zur Erstattung von Gutachten der erforderten Art öffentlich bestellt sind. Der Pflicht zur Gutachtenerstattung unterliegt aber auch, wer die Wissenschaft, deren Kenntnis Voraussetzung der Begutachtung ist, öffentlich zum Erwerb ausübt. Zu diesem Kreis der Verpflichteten zählen alle praktizierenden Ärzte.[43] Darüber hinaus trifft aber jeden approbierten Arzt – auch wenn er nicht praktiziert – die Pflicht nach

---

[37] Vgl. *Rogall* in: SK-StPO, § 81a Rn. 55; *LG Trier*, NJW 1987, S. 722f. (723).
[38] Vgl. *LG Trier*, NJW 1987, S. 722f. (722); eine Übersicht möglicher Gründe, aufgrund derer Ärzte sich weigern, Blutproben zu entnehmen, gibt *Händel*, BA 14 (1977), S. 193 (197ff.).
[39] Vgl. *Händel*, BA 14 (1977), S. 193 (200f.).
[40] So *Kohlhaas*, NJW 1968, S. 2277; *Messmer*, DAR 1967, S. 153.
[41] *Benfer*, Eingriffsrechte (1997), Rn. 878; *Rogall* in: SK-StPO, § 81a Rn. 55; *Dahs* in: LR, § 81a Rn. 32; *Jessnitzer*, BA 5 (1968), S. 184 (186f.); *Jessnitzer/Ulrich*, Der gerichtliche Sachverständige (2001), Rn. 141; aA *KG*, VRS 31, S. 273–275 (273); *Blank*, BA 29 (1992), S. 81 (84f.); *Forster/Joachim*, Alkohol und Schuldfähigkeit (1997), S. 21.
[42] Vgl. *Geppert*, DAR 1980, S. 315 (320); *Jessnitzer*, BA 5 (1968), S. 184 (186f.).
[43] *Dahs* in: LR, § 75 Rn. 3.

§ 75 StPO, da er durch die Approbation zur Ausübung seiner Wissenschaft öffentlich ermächtigt worden ist. [44]

Allerdings muss der Arzt, der die Blutprobe entnehmen soll, als Sachverständiger bestellt werden. Die Kompetenz zur Bestellung eines Sachverständigen hat im gerichtlichen Verfahren das Gericht gemäß § 73 StPO und im Ermittlungsverfahren die Staatsanwaltschaft gemäß §§ 161a Abs. 1 S. 2, 73 StPO. [45] Die Polizei kann sich in der Praxis zwar der Hilfe eines Sachverständigen bedienen; dieser hat jedoch dann nicht die Pflicht nach § 75 StPO. Die Polizei ist demnach darauf angewiesen, dass ihr entweder ein beamteter Sachverständiger zur Verfügung steht, zu dessen Dienstpflichten das Erstatten von Gutachten gehört, oder sich ein Arzt zur Erstellung des Gutachtens bereit erklärt. [46]

Eine Pflicht zur Gutachtenerstellung nach § 75 StPO besteht daher nur für den Arzt, der von einem Staatsanwalt oder einem Richter als Sachverständiger ernannt wird. [47] Allerdings kann die Polizei in Fällen, in denen sich kein Arzt zur Blutentnahme bereit erklärt, die Staatsanwaltschaft verständigen. Diese hat dann die Möglichkeit, den Arzt als Sachverständigen auch telefonisch oder durch die Polizei als Übermittler zu bestellen. [48]

6.2.2
Recht zur Gutachtenverweigerung gemäß § 76 StPO

Die Pflicht zur Erstattung eines Gutachtens entfällt für den ärztlichen Sachverständigen gemäß § 76 Abs. 1 S. 1 StPO, wenn einer der Gründe vorliegt, die auch Zeugen zur Verweigerung ihres Zeugnisses berechtigen. Danach steht dem Arzt gemäß §§ 76 Abs. 1 S. 1, 52 Abs. 1 StPO ein Recht zur Verweigerung der Blutentnahme aus persönlichen Gründen zu, wenn er mit der beschuldigten Person verlobt, verheiratet oder in bestimmtem Grad verwandt ist.

Dagegen scheidet für ärztliche Sachverständige ein Recht zur Verweigerung des Gutachtens aus beruflichen Gründen entsprechend § 53 StPO aus. Dem Arzt steht gemäß § 53 Abs. 1 Nr. 3 StPO grundsätzlich ein Zeugnisverweigerungsrecht in Hinblick auf das zu, was ihm in seiner Eigenschaft als Arzt anvertraut oder bekannt geworden ist. Sofern der Arzt jedoch im Auftrag des Gerichts oder der Staatsanwaltschaft tätig wird, fehlt es bezüglich der Befunde, die er in seiner Eigenschaft als bestellter Sachverständiger erhebt, an dem sonst schutzwürdigen Vertrauensverhältnis zwischen ihm und dem Patienten. [49] Für den Beschuldigten ist in diesem Fall – auch wenn er

---

[44] Vgl. *LG Trier*, NJW 1987, S. 722 f. (723); *Laufs*, Arztrecht (1993), Rn. 658; *Dahs* in: LR, § 75 Rn. 5.

[45] *Forster/Joachim*, Alkohol und Schuldfähigkeit (1997), S. 21, verkennen dagegen, dass gemäß §§ 161a Abs. 1 S. 2, 73, 75 StPO auch die Staatsanwaltschaft Ärzte als Sachverständige bestellen und in dieser Eigenschaft zur Begutachtung verpflichten kann.

[46] Vgl. *Roxin*, Strafverfahrensrecht, § 27 Rn. 12; *Dahs* in: LR, § 75 Rn. 1, § 81a Rn. 32; *Wache* in: KK, § 163 Rn. 16; *Laufs*, Arztrecht (1993), Rn. 221; *BayObLG*, NJW 1964, S. 459 f. (460).

[47] *Rogall* in: SK-StPO, § 81a Rn. 55 m. w. N.

[48] Vgl. *LG Trier*, NJW 1987, S. 722; *Benfer*, Eingriffsrechte (1997), Rn. 878.

[49] *Laufs*, Arztrecht (1993), Rn. 658 f.; *BGHZ* 40, S. 288–296 (294 ff.).

die Untersuchung freiwillig geschehen lässt[50] – ersichtlich, dass der Arzt die erhobenen Befunde für das von ihm zu erstattende Gutachten verwendet.[51]

Daneben sieht § 76 Abs. 1 S. 2 StPO die Möglichkeit der Entbindung des Sachverständigen von seiner Begutachtungspflicht aus „anderen Gründen" (etwa bei Unzumutbarkeit des Eingriffs[52]) vor. Ein Sachverständiger kann gemäß § 74 Abs. 1 StPO aus denselben Gründen abgelehnt werden, die gemäß §§ 22 ff. StPO zur Ausschließung eines Richters führen (Beispiel: Der Sachverständige ist selbst durch die Straftat verletzt, §§ 22 Abs. 1 Nr. 1, 74 Abs. 1 StPO). Eine Selbstablehnung des Sachverständigen sieht das Gesetz allerdings – anders als bei Richtern gemäß § 30 StPO – nicht vor. Erklärt der Sachverständige dennoch seine Selbstablehnung, etwa weil es sich bei dem Beschuldigten um einen Patienten von ihm handelt, kann er entsprechend § 24 StPO bei Besorgnis der Befangenheit von seiner Verpflichtung zur Blutentnahme ebenfalls nach § 76 Abs. 1 S. 2 StPO entbunden werden.[53]

6.3
Strafbarkeit des Arztes wegen Strafvereitelung (§ 258 StGB) aufgrund der Weigerung einer Blutentnahme

Kommt ein Arzt seiner Pflicht zur Begutachtung nach § 75 StPO nicht nach und lehnt die Entnahme einer Blutprobe beim Beschuldigten ab, kann dies zu den in § 77 StPO genannten Ungehorsamsfolgen, der Auferlegung der dadurch entstehenden Kosten sowie einer Festsetzung von Ordnungsgeld, führen.

Diskutiert wird darüber hinaus, inwieweit sich ein Arzt, der sich z. B. weigert, einem betrunkenen Kraftfahrer eine Blutprobe zu entnehmen, wegen einer Strafvereitelung gemäß § 258 StGB strafbar machen kann.[54] Die dazu erforderliche Besserstellung eines Täters in dem Sinne, dass der staatliche Anspruch auf Verhängung der Strafe oder Anordnung einer Maßnahme gegen den Täter durch *aktives Tun* des Arztes ganz oder zumindest zum Teil vereitelt wird, scheidet bei einer bloßen Weigerung des Arztes zwar aus; gleichwohl kommt durch die Nichtvornahme der Blutentnahme eine Strafbarkeit wegen Strafvereitelung durch Unterlassen gemäß §§ 258, 13 StGB in Betracht. Diese hängt jedoch davon ab, ob der Arzt die nach § 13 StGB erforderliche Pflicht zum Tätigwerden und damit eine sog. Garantenstellung hat.

---

[50] *Kleinknecht/Meyer-Goßner*, § 76 Rn. 2.
[51] *Senge* in: KK, § 76 Rn. 3; vgl. dazu näher *Jessnitzer/Ulrich*, Der gerichtliche Sachverständige (2001), Rn. 140.
[52] *Kleinknecht/Meyer-Goßner*, § 76 Rn. 3; *Dahs* in: LR, § 75 Rn. 7.
[53] *Kleinknecht/Meyer-Goßner*, § 74 Rn. 1; *Senge* in: KK, § 74 Rn. 1; *Dahs* in: LR, § 74 Rn. 3; *Neubeck* in: KMR, § 76 Rn. 3.
[54] Dagegen *Tröndle/Fischer*, § 258 Rn. 6a; differenzierend *Ruß* in: LK, § 258 Rn. 13.

6.3.1
Garantenstellung des Arztes

Eine Handlungspflicht begründet allerdings nur dann die erforderliche Garantenstellung, wenn sich die Pflicht gerade auf die Wahrung desjenigen Rechtsguts bezieht, dem der Schutz des Straftatbestands gilt.[55] Das Delikt der Strafvereitelung schützt den staatlichen Strafanspruch bzw. den Anspruch auf Verhängung einer Maßnahme im Sinne von § 11 Abs. 1 Nr. 8 StGB (z. B. die Unterbringung in einem psychiatrischen Krankenhaus gemäß § 63 StGB).[56] Der Arzt muss also „von Rechts wegen dazu berufen sein, an der Strafverfolgung mitzuwirken".[57]

Soll der Arzt auf polizeiliches Ersuchen tätig werden, besteht – wie oben dargelegt – schon keine Pflicht zur Blutentnahme aus § 75 StPO. Selbst wenn sich der Arzt gegenüber der Polizei *vertraglich* verpflichtet, Blutentnahmen durchzuführen, begründet diese vertragliche Bindung keine Garantenstellung. Zwar sieht § 75 Abs. 2 StPO die Pflicht zur Gutachtenerstattung auch für den Fall vor, dass sich der Arzt bereit erklärt, ausdrücklich vorausgesetzt ist aber eine Erklärung vor Gericht bzw. vor der Staatsanwaltschaft (§ 161a Abs. 1 S. 2 StPO). Daraus kann gefolgert werden, dass eine solche Pflicht zur Mitwirkung im Strafverfahren gerade gegenüber der Polizei auch bei vertraglicher Übernahme nicht besteht. Das Gleiche gilt für eine innerdienstliche Pflicht zur Blutentnahme, deren Verletzung zwar zu arbeitsrechtlichen Konsequenzen, nicht aber zu einer Strafbarkeit der Strafvereitelung durch Unterlassen führen kann.[58] Eine Garantenstellung wäre nur dann begründet, wenn der betreffende Arzt zugleich ein zur Strafverfolgung berufener Amtsträger wäre (vgl. § 258a StGB). Besteht dagegen eine derartige Pflicht nicht, scheidet in Fällen des polizeilichen Ersuchens eine Strafbarkeit der Strafvereitelung durch das Unterlassen der Blutentnahme aus.

Die auf § 75 StPO beruhende Pflicht des ärztlichen Sachverständigen, eine Blutprobe zur Ermittlung der Blutalkoholkonzentration zu entnehmen und damit ein Gutachten im Strafprozess zu erstellen, dient der Feststellung strafbegründender Voraussetzungen (Schuldfähigkeit, Fahruntüchtigkeit) und damit der Strafverfolgung.[59] Der ärztliche Sachverständige wird also aufgrund der ihm vom Richter oder Staatsanwalt aufgetragenen Pflicht in die Strafermittlung eingebunden.[60]

Zur Begründung einer Garantenstellung reicht es allerdings nicht aus, dass jemand im weiteren Sinne in die staatliche Aufgabe der Strafrechtspflege einbezogen ist.[61] Um den besonderen Anforderungen des § 13 StGB zu genügen, müsste der ärztliche Sachverständige vielmehr auch rechtlich dafür einzustehen haben, dass Täter ihrer Bestrafung oder sonstigen strafrecht-

---

[55] *BGH*, NStZ 1997, S. 597–599 (597); vgl. auch *Rudolphi*, NStZ 1991, S. 361 (364).
[56] *Samson* in: SK-StGB, § 258 Rn. 2.
[57] Vgl. *BGH*, NStZ 1997, S. 597–599 (597); *Tröndle/Fischer*, § 258 Rn. 6a.
[58] Vgl. *Lackner/Kühl*, § 258 Rn. 7a.
[59] Vgl. *Samson* in: SK-StGB, § 258 Rn. 46.
[60] *Geppert*, DAR 1980, S. 315 (319).
[61] Vgl. *Rudolphi*, NStZ 1991, S. 361 (365 f.); *Tröndle/Fischer*, § 258 Rn. 6a.

lichen Maßnahmen zugeführt werden.[62] Eine solche Pflicht des Sachverständigen, zum Schutz des staatlichen Ahndungsanspruchs tätig zu werden, ist jedoch fraglich. Der Sachverständige wird nämlich deshalb herangezogen, um das Fachwissen in das Verfahren einzubringen, welches dem Gericht fehlt.[63] Dagegen obliegt dem als Sachverständigen bestellten Arzt keine besondere Pflicht zur Ahndung von Straftaten.

6.3.2
Versuchte Strafvereitelung

Sofern man dagegen eine Garantenstellung der nach § 75 StPO verpflichteten Ärzte bejaht,[64] kommt bei diesen Ärzten in der Praxis lediglich eine *versuchte* Strafvereitelung in Betracht. Die Strafbarkeit wegen vollendeter Strafvereitelung setzt nämlich voraus, dass der Arzt durch das Unterlassen der Blutentnahme die Bestrafung bzw. die Anordnung einer Maßnahme unmöglich gemacht oder zumindest erheblich, d.h. für geraume Zeit verzögert hat.[65] Gerade der Nachweis, dass die Weigerung des ärztlichen Sachverständigen einen derartigen Einfluss auf die Verurteilung des Beschuldigten hatte, wird aber in aller Regel nicht zu führen sein.

Für die Vereitelung der Bestrafung ist erforderlich, dass eine schuldhaft begangene Tat des Beschuldigten festgestellt werden kann.[66] Zwar muss zur Anordnung einer Blutentnahme nach § 81a StPO ein Tatverdacht gegen den Beschuldigten vorliegen, jedoch bedeutet das noch nicht, dass ihm gegenüber tatsächlich auch ein staatlicher Ahndungsanspruch besteht. Gerade dies muss erst – unter anderem durch die Feststellung der Blutalkoholkonzentration – im Verfahren ermittelt werden. Steht mangels Blutprobe aber letztlich nicht fest, dass ein für § 258 StGB erforderlicher staatlicher Ahndungsanspruch gegen den Beschuldigten besteht, fehlt es schon an dem Nachweis einer rechtswidrigen, schuldhaften Tat des Beschuldigten. Entweder ist schon die Fahruntüchtigkeit im Sinne der §§ 315c, 316 StGB und damit eine Straftat begründende Voraussetzung nicht sicher feststellbar oder aber die Schuldunfähigkeit nach § 20 StGB kann nicht ausgeschlossen werden.

Ebenso wenig wird dem Arzt bei Verurteilung des Beschuldigten eine Verzögerung des staatlichen Ahndungsanspruchs nachzuweisen sein. Dazu müsste mit hinreichender Wahrscheinlichkeit feststehen, dass die Anordnung der Maßnahme bzw. die Bestrafung des Beschuldigten ohne die Vereitelungshandlung geraume Zeit früher erfolgt wäre.[67] Die Verzögerung der Er-

---

[62] Vgl. *Rudolphi*, NStZ 1991, S. 361 (365).

[63] *Beulke*, Strafprozessrecht, Rn. 197; *Dahs* in: LR, Vor § 72 Rn. 2; vgl. näher zum Verhältnis des Sachverständigen zum Richter: *Jessnitzer/Ulrich*, Der gerichtliche Sachverständige (2001), Rn. 190 ff.

[64] So *Samson* in: SK-StGB, § 258 Rn. 46; *Stree* in: Schönke/Schröder, § 258 Rn. 19.

[65] Vgl. *Lackner/Kühl*, § 258 Rn. 4; kritisch zur Berücksichtigung der Verzögerung als Erfolg der Strafvereitelung *Samson* in: SK-StGB, § 258 Rn. 25 ff.

[66] *Lackner/Kühl*, § 258 Rn. 11.

[67] BGH, wistra 1995, S. 143; KG, JR 1985, S. 24–28 (25); *Samson* in: SK-StGB, § 258 Rn. 28.

mittlungen muss demnach auch zu einer erheblichen Verzögerung der Verurteilung selbst führen.[68] Kann die Alkoholintoxikation des Beschuldigten auf andere Weise, insbesondere durch die Blutentnahme eines anderen Arztes, ermittelt werden, lässt sich nicht mit an Sicherheit grenzender Wahrscheinlichkeit[69] feststellen, dass der Beschuldigte ohne die Weigerung des ärztlichen Sachverständigen der ihm zustehenden Bestrafung oder Verurteilung zu einer Maßnahme geraume Zeit früher zugeführt worden wäre.[70] Die demnach lediglich in Betracht kommende Versuchsstrafbarkeit setzt voraus, dass es der Arzt jedenfalls für möglich hält, dass der Beschuldigte irgendeine Straftat (z.B. § 316 StGB) begangen hat. Die Vorstellung einer Ordnungswidrigkeit (z.B. § 24a StVG) genügt dagegen nicht.[71]

Darüber hinaus muss es dem Arzt aber entweder gerade auf die Verfolgungsvereitelung ankommen (Absicht) oder er muss sich zumindest sicher sein (direkter Vorsatz), dass er durch seine Weigerung die Verurteilung des Beschuldigten unmöglich gemacht oder jedenfalls erheblich verzögert hat. Allerdings reicht es für den direkten Vorsatz nicht aus, dass der Arzt weiß, dass er durch sein Unterlassen der Blutentnahme die Ermittlungen erheblich verzögert hat, sondern er muss sich vielmehr auch – was selten der Fall sein wird – sicher sein, dass deswegen der Beschuldigte geraume Zeit später verurteilt wird.[72]

Nur wenn der Arzt die Nichtverwirklichung des staatlichen Ahndungsanspruchs beabsichtigt, genügt bei ihm die Vorstellung, dass er durch sein Verhalten *möglicherweise* die Bestrafung des Beschuldigten erheblich verzögert.[73] Im Ergebnis kommt demnach eine Strafbarkeit wegen versuchter Strafvereitelung nur dann in Betracht, wenn es dem ärztlichen Sachverständigen gerade auf die Vereitelung der Verurteilung des Beschuldigten ankommt.

---

[68] Vgl. *BGH*, wistra 1995, S. 143; *Stree* in: Schönke/Schröder, § 258 Rn. 16, 16a; *Lackner/Kühl*, § 258 Rn. 4.
[69] Vgl. dazu *Stree* in: Schönke/Schröder, § 258 Rn. 19a.
[70] Vgl. *Ruß* in: LK, § 258 Rn. 12.
[71] *Ruß* in: LK, § 258 Rn. 22.
[72] Vgl. *Stree* in: Schönke/Schröder, § 258 Rn. 22; *Lackner/Kühl*, § 258 Rn. 14; aA *KG*, JR 1985, S. 24–28 (26).
[73] Vgl. *Stree* in: Schönke/Schröder, § 258 Rn. 22.

Beeinträchtigung der Schuldfähigkeit bei der Begehung von Straftaten und deren strafrechtliche Folgen

7

Ruth Rissing-van Saan

7.1
Der Stellenwert der Blutalkoholkonzentration als Beweisanzeichen in der früheren Rechtsprechung

Die Frage, ob und in welchem Ausmaß die Schuldfähigkeit eines Angeklagten durch eine akute Alkoholintoxikation bei der Begehung einer Straftat beeinträchtigt war, ist in der Rechtsprechung vor allem als Frage nach dem Stellenwert der Tatzeit-Blutalkoholkonzentration (BAK) und der sog. psychodiagnostischen Kriterien im Rahmen der tatrichterlichen Beweiswürdigung verstanden und behandelt worden.

7.1.1
Schematisierung der Schuldfähigkeitsprüfung mit Vorrang des BAK-Wertes

Rechtsprechung und Wissenschaft haben Schwellenwerte für die Beurteilung der „normalen", d.h. die nicht atypische bzw. pathologisch bedingte Alkoholintoxikation ermittelt,[1] deren Überschreitung Indizwirkung für eine Beeinträchtigung der Schuldfähigkeit, insbesondere der Steuerungsfähigkeit entfaltet. Danach ist von einem BAK-Wert ab 2‰ aufwärts erheblich verminderte Steuerungsfähigkeit in Betracht zu ziehen und ab 3‰ Steuerungsunfähigkeit. Bei schwerwiegenden Straftaten, insbesondere Delikten gegen das Leben, sind diese Grenzwerte, ab denen eine erheblich verminderte Steuerungsfähigkeit oder eine aufgehobene Steuerungsfähigkeit in Frage kommen, auf 2,2 bzw. 3,3‰ zu erhöhen, weil vor der Begehung derart gravierender Taten eine höhere Hemmschwelle liegt. Gegenüber Tötungshandlungen sind die Sperrmechanismen in aller Regel auch bei noch höheren Blutalkoholkonzentrationen nicht völlig außer Funktion gesetzt, sodass hier die Voraussetzungen des § 20 StGB nur ausnahmsweise gegeben sind.[2]

Weil die Alkoholtoleranz individuell sehr verschieden ist, wurde trotzdem immer wieder betont, dass die Frage, ob durch eine alkoholische Beeinflussung schon die Schuldfähigkeit in einem strafrechtlich relevanten, d.h. erheblichen Maß beeinträchtigt worden ist oder nicht, nur aufgrund einer Gesamtbeurteilung oder -würdigung aller einen Rückschluss auf den Grad der Beeinträchtigung zulassenden Umstände beantwortet werden kann. Diese Würdigung muss neben einer festgestellten BAK auch die Prüfung aller wesentlichen objektiven und subjektiven Umstände, die sich auf das Erscheinungsbild und das Verhalten des Täters vor, während und nach der Tat beziehen, umfassen.[3] Dies gilt und galt generell für den Bereich des § 20 StGB – d.h. die potentielle Schuldunfähigkeit –, sodass neben Blutalkoholwerten von 3‰ und mehr vor allem auch psychodiagnostischen Indizien grundsätzlich Gewicht beigemessen wird.[4]

Nicht einheitlich beurteilt wurde von der Rechtsprechung der Stellenwert der BAK im Bereich zwischen 2 und 3‰. Den psychodiagnostischen Kriterien wurde in diesem Rahmen im Verhältnis zur BAK unterschiedliches Gewicht beigemessen. Zwar gibt es zwischen der Menge des konsumierten Alkohols und dem Auftreten sowie der Intensität von körperlichen, neurologischen und psychischen Symptomen unbestritten eine Beziehung. Nicht gesichert ist aber, welche Alkoholisierung bei welchen Menschen unter welchen Voraussetzungen einen Rausch und damit u.U. eine Beeinträchtigung der Schuldfähigkeit bewirkt. So sind beispielsweise die Alkoholgewöhnung, die Alkoholabbaugeschwindigkeit und der konkrete körperliche Zustand eines Menschen individuell unterschiedlich. Deshalb sagt die Höhe der konkreten BAK für sich genommen noch nichts darüber aus, ob ein Rausch mit rele-

---

[1] Vgl. die Nachweise in *BGHSt* 37, S. 231 (234f.).
[2] Vgl. etwa *BGH* NStZ 1981, S. 298; 1982, S. 376; *BGH* StV 1989, S. 387.
[3] Vgl. *BGH* NStZ 1987, S. 321, sowie weitere Nachweise bei *Tröndle/Fischer*, § 20 Rd. 9 a ff.
[4] Vgl. etwa *BGHSt* 35, S. 308 (315); *BGH* NJW 1989, S. 1557; StV 1986, S. 148 und 1989, S. 387.

vanten Auswirkungen auf die Schuldfähigkeit vorgelegen hat oder nicht. Sie ist aber ein wichtiges Indiz dafür oder dagegen. Allerdings stellt sich dabei auch die Frage, wie zuverlässig die BAK festgestellt werden konnte, d. h. es geht um die Qualität bzw. die Zuverlässigkeit der tatrelevanten BAK. Diese ist sicher höher anzusetzen, wenn es um eine BAK geht, die ohne Rückrechnung aus einer tatnah entnommenen Blutprobe festgestellt werden kann. Bei einem errechneten Maximalwert, der unter Berücksichtigung der dem Täter günstigsten Werte zustande gekommen ist, handelt es sich dagegen um eine Größe, die über die tatsächliche Alkoholbeeinflussung des Täters u. U. wenig aussagt. Um den individuellen Gegebenheiten gerecht werden zu können, ist deshalb grundsätzlich zu prüfen, ob psychodiagnostische Kriterien darauf hindeuten, dass trotz einer hohen BAK die Steuerungsfähigkeit ganz oder zumindest teilweise erhalten geblieben ist.

Vor diesem Hintergrund hat die Rechtsprechung des Bundesgerichtshofs – genau genommen des 1. Strafsenats – in den Entscheidungen BGHSt 35, 308, 313 ff. und BGHSt 36, 286, 288 f. den Beweiswert der BAK zugunsten psychodiagnostischer Kriterien jedenfalls in den Fällen relativiert, in denen der BAK-Wert nur errechnet, insbesondere über lange Zeiträume rückgerechnet werden konnte, weil dieser errechnete Maximalwert mit fortschreitender Rückrechnungszeit und der damit verbundenen hohen Fehlerquote gegenüber vorhandenen psychodiagnostischen Anzeichen an Beweiswert verliert. Diese Auffassung ist im Hinblick auf den Zweifelsgrundsatz nicht unproblematisch.[5] Aus ähnlichen Bedenken hat der 4. Strafsenat des Bundesgerichtshofs in BGHSt 37, 231, 236 unter anderem ausgesprochen, dass derartig errechnete BAK-Werte, jedenfalls bei Rückrechnungszeiträumen bis zu 10 h, nicht relativiert werden dürfen, weil der Zweifelsgrundsatz auch für einzelne entlastende und nicht nur für belastende Indizien gelte.[6]

In dem Streben nach Rechtssicherheit und Vereinheitlichung der Rechtsanwendung hat schließlich der 4. Strafsenat in der Entscheidung BGHSt 37, 231 – und damit insoweit zunächst auch für die anderen Strafsenate bindend – die Auffassung vertreten, dass psychopathologischen bzw. psychodiagnostischen Kriterien gegenüber der BAK allenfalls eine untergeordnete Rolle zukomme und hat im Ergebnis einen wie auch immer ermittelten BAK-Wert von 2‰ und mehr „in der Regel als einzig berücksichtigungsfähigen Umstand" angesehen, der nach gesicherter wissenschaftlicher Erfahrung unter Beachtung des Zweifelssatzes zur Annahme erheblich verminderter Schuldfähigkeit im Sinne des § 21 StGB führe. Nach dieser Ansicht kommt dem Schwellenwert von 2‰ deshalb eine praktisch unwiderlegbare Indizwirkung für die Voraussetzungen des § 21 StGB zu, weil es an zuverlässigen empirischen Tatsachenerkenntnissen im psychodiagnostischen Bereich fehlt, bei Rechtsmedizinern, Psychiatern und Psychologen erhebliche Unsicherheiten und Meinungsunterschiede über Aussagekraft und Bedeutung der einzelnen in Betracht kommenden Kriterien bestehen und sich in der medizinischen Fachwissenschaft keine allgemein anerkannten Erkenntnisse in Bezug auf die regelmäßig zur Verfü-

---

[5] Vgl. dazu u. a. die Kritik bei *Lenckner/Perron* in: Schönke/Schröder, § 20 Rd. 16 b m. w. N.
[6] So auch in NStZ 1989, S. 17; anders hingegen der 1. Senat *BGHSt* 36, a. a. O. S. 290; *Foth*, NJ 1991, S. 386 (387), ders. auch in NStZ 1996, S. 423.

gung stehenden psychopathologischen Kriterien, wie etwa Erinnerung, Alkoholgewöhnung, Fehlen von Ausfallerscheinungen etc., herausgebildet haben.

7.1.2
Anerkennung der psychodiagnostischen Kriterien als wesentliche Indizien für die Schuldfähigkeitsprüfung

Dass dieser einerseits als „Emanzipation der Rechtsprechung vom Sachverständigenbeweis"[7] gelobten „BAK-Arithmetik"[8] nicht nur in der Medizin widersprochen wurde, verwundert nicht. Eine derartige Schematisierung birgt die Gefahr der Vernachlässigung der Besonderheiten des Einzelfalls in sich, sodass sie mit dem wahren Zustand des Täters nichts mehr gemein haben muss. Auf diese Weise werden die psychopathologischen Kriterien aus der Begutachtung des akuten Rauschzustandes eines Täters und seiner Steuerungsfähigkeit bei der Begehung einer bestimmten Tat in einer konkreten Situation ausgeblendet. Ein solches Vorgehen, bei dem die jeweiligen Besonderheiten des Einzelfalles unberücksichtigt bleiben, widerspricht dem Grundsatz der dem Tatrichter übertragenen freien Beweiswürdigung,[9] weil vom Tatrichter verlangt wird, vorhandene Umstände der Tat und der Täterpersönlichkeit außer Acht zu lassen, die nach herkömmlichem Verständnis für die Beurteilung der Schuldfähigkeit nicht ohne Relevanz sind. Gegen diese, den Grad der alkoholischen Beeinflussung des Täters lediglich „berechnende" Rechtsprechung wurde zu Recht eingewandt, dass eine Schematisierung der BAK-Werte zwischen 2 und 3‰ zwangsläufig eine zu häufige Anwendung des § 21 StGB nach sich zieht, was – jedenfalls bei schwerwiegenden Delikten – ein bedenkliches Unterlaufen der Strafrahmen zur Folge hat.[10]

Da auch die Meinung der übrigen Strafsenate des Bundesgerichtshofs nicht einheitlich war, griff schließlich der 1. Strafsenat den Streit um die Indizwirkungen der BAK für die Schuldfähigkeitsbeurteilung in einem Verfahren auf, in dem das Tatgericht einen zur Tatzeit mit maximal 2,38‰ (damit mit 0,18‰ über dem Wert von 2,2‰, der bei schwerwiegenden Gewalttaten die Erörterungspflicht des § 21 StGB auslöst) alkoholisierten Angeklagten wegen gefährlicher Körperverletzung zu 3 Jahren Freiheitsstrafe verurteilt und die Anwendung des § 21 StGB unter Berücksichtigung der Vorgeschichte der Tat, des Verhaltens des Angeklagten vor, während und nach der Tat und seiner Alkoholgewöhnung abgelehnt hatte.

Der 1. Strafsenat stellte, gestützt auf wissenschaftliche Gutachten des psychiatrischen Sachverständigen Prof. Dr. Kröber[11] und des gerichtsmedizinischen Sachverständigen Prof. Dr. Joachim sowie auf vielfältige weitere Stimmen in der wissenschaftlichen Literatur die These auf, es gebe keinen

---

[7] *Jähnke* in: LK, § 20 Rd. 45.
[8] *Maatz/Wahl*, BGH–FS (2000), S. 531 (537).
[9] So schon die Vorwürfe von *Mayer*, NStZ 1991, S. 526 und auch aus gerichtsmedizinischer Sicht *Schewe*, BA 1991, S. 264 (265).
[10] Vgl. *Dreher/Tröndle*, 47. Aufl. (1995), § 20 Rd. 9 m und *Lackner*, 21. Aufl. (1995), § 21 Rd. 3.
[11] Nachzulesen in NStZ 1996, S. 569.

gesicherten medizinischen Erfahrungssatz, dass ab einem bestimmten Grenzwert des Blutalkoholgehalts die Steuerungsfähigkeit in aller Regel erheblich vermindert sei und psychopathologische Kriterien allenfalls eine untergeordnete Rolle spielten. Er legte die Sache den anderen Strafsenaten gemäß § 132 Abs. 3 GVG mit der Frage vor, ob an entgegenstehender Rechtsprechung festgehalten werde.[12] Als erhebliches Argument gegen die Existenz eines solchen Erfahrungssatzes hat der 1. Strafsenat – wie auch schon in BGHSt 35, 308, 315 – zusätzlich den Umstand ins Feld geführt, dass psychopathologischen Kriterien bei der Frage nach der Schuldfähigkeit bei einem BAK-Wert von 3‰ und mehr von der Rechtsprechung sehr wohl als wesentliche Indizien gegen eine aufgehobene Schuldfähigkeit in Betracht gezogen werden. Er hat dabei zutreffend die Auffassung vertreten, dass es keinen überzeugenden Grund dafür gebe, die beweisrechtliche Qualität von Wahrscheinlichkeitsregeln – als die sich letztlich zugunsten des Angeklagten errechneten höchstmöglichen BAK-Werte darstellen – allein danach zu differenzieren, ob die Anwendbarkeit des § 21 StGB bei 2‰ oder des § 20 StGB bei 3‰ in Frage steht.[13]

Inzwischen ist keiner der Strafsenate des Bundesgerichtshofs mehr der Auffassung, dass es einen Erfahrungssatz gibt, der es gebietet, ab einem bestimmten Grenzwert der Blutalkoholkonzentration eine erheblich verminderte Schuldfähigkeit anzunehmen. Auch der 4. Strafsenat hat dem zugestimmt und an seiner entgegenstehenden früheren Auffassung nicht mehr festgehalten. Der 1. Strafsenat hat deshalb in BGHSt 43, 66 wie folgt entschieden:

Es gibt keinen gesicherten medizinisch-statistischen Erfahrungssatz darüber, dass ohne Rücksicht auf psychodiagnostische Beurteilungskriterien allein wegen einer bestimmten Blutalkoholkonzentration zur Tatzeit in aller Regel vom Vorliegen einer alkoholbedingt erheblich verminderten Steuerungsfähigkeit auszugehen ist (Aufgabe von BGHSt 37, 231).

7.2
Die Bewertung der Blutalkoholkonzentration in der gegenwärtigen Rechtsprechung

Obwohl der interne Dissens über den Beweiswert des Blutalkohols im Verhältnis zu den psychodiagnostischen Indizien durch BGHSt 43, 66 und die zustimmenden Stellungnahmen der Strafsenate im Anfrageverfahren beigelegt erschien, sollte niemand die Augen davor verschließen, dass in der Praxis, d.h. bei der konkreten revisionsrechtlichen Überprüfung des Einzelfalles, zwischen den Senaten Unterschiede vor allem bei der Bewertung und Gewichtung einzelner psychodiagnostischer Indizien bestehen, die sich übrigens schon bei den Stellungnahmen der Strafsenate im Anfrageverfahren zu BGHSt 43, 66 abgezeichnet haben.

Der 2. Strafsenat hatte bereits dort betont, dass er zwar nicht von einem gesicherten medizinischen Erfahrungssatz ausgehe, aber daran festhalte, dass

---

[12] Vgl. den Anfragebeschluss NStZ 1996, S. 592.
[13] Vgl. *BGH* NStZ 1996, S. 592 (594).

eine BAK von 2‰ und mehr ein starkes Indiz für das Vorliegen des § 21 StGB sei, sodass volle Schuldfähigkeit nicht mehr festgestellt werden könne, sofern nicht *andere Indizien von gleichem Gewicht* die Zweifel an der vollen Schuldfähigkeit entkräfteten. Ein solches Gewicht hat er der Erinnerungsfähigkeit abgesprochen, weil sie als Indiz umstritten sei, sodass darauf zu Lasten des Angeklagten nichts gestützt werden dürfe. Auch der Alkoholgewöhnung misst der 2. Strafsenat keine Aussagekraft bei, weil sie bei Menschen, die eine BAK von 2‰ und mehr aufweisen, regelmäßig gegeben sei. Entsprechend seiner Stellungnahme hat dieser Senat dann auch in der Folgezeit judiziert. So liegt nach seiner Auffassung bei einem Täter, bei dem zur Tatzeit von einer BAK von 2,6–2,8‰ ausgegangen werden muss, die Annahme einer erheblichen Herabsetzung des Hemmungsvermögens regelmäßig sehr nahe.[14] Ähnliches gilt nach anderen Entscheidungen auch schon für eine BAK von 2,46‰[15] oder von 2,52‰[16]. Auch hat er schon bei einem zwar noch unter, aber nahe an 2‰ liegenden BAK-Wert (1,95‰) ausgeführt, dass „in Anbetracht einer sinnlosen Tat die Annahme einer verminderten Schuldfähigkeit ernsthaft in Betracht kommt".[17] Vor allem hat dieser Senat lediglich allgemein gehaltene oder nicht belegte Hinweise der Tatgerichte auf Motorik, Sprache und Denkverlauf eines Angeklagten nicht als Anzeichen vollständig erhaltener Steuerungsfähigkeit gelten lassen.[18]

Der 3. Strafsenat hatte bereits im Anfrageverfahren die Auffassung vertreten, dass die BAK zwar ein gewichtiges, aber nicht unwiderlegliches Indiz für eine erhebliche Beeinträchtigung der Steuerungsfähigkeit darstelle, daneben seien auch psychodiagnostische Kriterien zu berücksichtigen. Diese zu bewerten und zu gewichten sei in erster Linie Sache des Tatrichters, der dafür nicht in jedem Fall einen Sachverständigen hinzuziehen müsse. Seine Entscheidung über die Anwendung oder Nichtanwendung des § 21 StGB enthalte zudem eine der revisionsrechtlichen Kontrolle weitgehend entzogene Bewertung der Erheblichkeit einer Beeinträchtigung der Steuerungsfähigkeit. Dementsprechend hat der 3. Strafsenat dem Verhalten eines trinkgewohnten Angeklagten, das logische und in sich schlüssige Handlungssequenzen mit motorischen Kombinationsleistungen aufwies, gegenüber einem aus Trinkmengenangaben errechneten BAK-Wert von 2,8‰ Vorrang eingeräumt und die Verneinung des § 21 StGB durch das Landgericht gebilligt;[19] sogar dem Umstand, dass der Tatrichter bei der Ablehnung des § 21 StGB von einer fehlerhaft zu niedrig berechneten BAK von 1,98‰ ausgegangen ist, hat er kein durchgreifendes Gewicht beigemessen, und zwar mit Rücksicht auf die festgestellte Tatausführung, die der Angeklagte trotz mehrfachen Richtungswechsel mit sinnvollem Verhalten beherrschte und anschließend noch motorische Glanzleistungen zeigte, in dem er einen hohen, mit Stacheldraht bewehrten Zaun ohne Schwierigkeiten überklettern konnte.[20] Andererseits be-

---

[14] *BGH* NStZ – RR 1998, S. 107.
[15] Vgl. *BGH* NStZ 1998, S. 295 (296).
[16] *BGHR* StGB § 21 BAK 35.
[17] *BGH* NStZ – RR 1998, S. 237 (238).
[18] Vgl. *BGH* NStZ – RR 1997, S. 355 f.; StV 1998, S. 256.
[19] *BGH* NJW 1998, S. 3427 f.
[20] *BGH* NStZ – RR 2000, S. 265.

anstandete dieser Senat aber, obwohl der maximale BAK-Wert 2‰ nicht überschritten war, dass der Tatrichter bei der Verneinung der erheblich verminderten Steuerungsfähigkeit des bis dahin unbestraften und nicht an Alkoholexzesse gewöhnten Angeklagten das ungewöhnliche Tatverhalten nicht ausreichend berücksichtigt hatte. Der Angeklagte wohnte im unmittelbaren Umfeld des Tatortes und hatte bei dort abgestellten PKW die Heckscheibenwischer verbogen, während der Begehung des Diebstahls nachts das zur Straße hin gelegene Garagentor geöffnet, Licht eingeschaltet und dann bei voller Beleuchtung und für Dritte gut sichtbar das Stehlgut zusammengetragen. Ferner hatte er versucht, nachdem er entdeckt worden war, mit drei schweren Beutestücken zu Fuß zu fliehen, obwohl diese Last eine Flucht erkennbar unmöglich machte.[21]

Der 4. Strafsenat hatte im Anfrageverfahren dargelegt, dass er an der in BGHSt 37, 231 vertretenen strikten Indizwirkung der BAK nicht mehr festhalte und seiner Auffassung nach nur eine Wahrscheinlichkeitsregel dafür bestehe, dass ab 2‰ die Steuerungsfähigkeit erheblich beeinträchtigt sei. Denn die Wirkung des Alkohols auf verschiedene Menschen sei auch bei gleicher Menge stets unterschiedlich; der BAK komme daher nur die Bedeutung eines unter mehreren möglichen Beweisanzeichen zu. Im Übrigen sei der Beweiswert anderer Indizien eine Frage des Einzelfalles, für die keine allgemein gültigen Leitlinien aufgestellt werden könnten. Danach hat der 4. Strafsenat einerseits die Annahme gebilligt, dass einem BAK-Wert deshalb ein geringeres Gewicht beigemessen werden kann, weil er bei längerer Trinkzeit (8 1/2 h) lediglich aufgrund von Trinkmengenangaben errechnet worden ist.[22] Andererseits hat er aber der errechneten sehr hohen BAK von 3,6‰ maßgebliche Indizwirkung für § 21 StGB zugebilligt, zumal der Tatrichter nicht erkennbar bedacht hatte, dass „eingeschliffenes" Verhalten und „schlichte Handlungsmuster" jedenfalls nicht ohne weiteres geeignet sind, die Indizwirkung einer hohen BAK zu entkräften.[23] In einem anderen Fall, in dem eine Berechnung der BAK nicht möglich war, hat der 4. Senat es für zulässig angesehen, dass der Tatrichter bei einem alkoholgewohnten Angeklagten, der ein intaktes Erinnerungsvermögen hatte und keine Ausfallerscheinungen zeigte, aus dem im Einzelnen näher festgestellten Verhalten während und nach der Tat, den Schluss gezogen hatte, die Voraussetzungen des § 21 StGB seien nicht erfüllt.

Der 5. Strafsenat schließlich hatte im Anfrageverfahren dahingehend Stellung bezogen, dass nach seiner Auffassung eine festgestellte BAK von 2‰ und mehr nur die Pflicht des Tatrichters zur Prüfung der Voraussetzungen des § 21 StGB auslöse, da eine erheblich verminderte Steuerungsfähigkeit dann wahrscheinlich sei. Die Beurteilung der vorhandenen psychodiagnostischen Kriterien obliege dem ggf. sachverständig beratenen Tatgericht. Das Revisionsgericht habe eine gewisse Bandbreite unterschiedlicher Auffassungen hinzunehmen, müsse aber eingreifen, wenn anerkanntermaßen nicht aussagekräftige Indizien zur Grundlage der Entscheidung gemacht würden.

---

[21] *BGH* NStZ 2000, S. 193 f.
[22] So auch schon der *3. Senat* in NJW 1998, S. 3427 (3428).
[23] *BGH* NStZ 2000, S. 136 f.

Dementsprechend hat er in einer Entscheidung formuliert, dass die Ablehnung des § 21 StGB durch das Landgericht trotz beträchtlicher Alkoholisierung des Angeklagten noch hinzunehmen sei, und zwar aufgrund der Feststellungen zum Vortatverhalten;[24] nähere Ausführungen dazu, wie hoch die „beträchtliche Alkoholisierung" war und wie sich das Vortatverhalten konkret gestaltete, enthält der Beschluss jedoch nicht. In einer anderen Entscheidung[25] hat der 5. Strafsenat die Annahme uneingeschränkter Steuerungsfähigkeit bei einer BAK von 2,82‰, die aufgrund einer tatzeitnahen Blutprobe ermittelt worden war, beanstandet, weil der Tatrichter Tatvor- und Tatnachverhalten Indizwirkung gegen die Annahme von § 21 StGB beigemessen hatte, obwohl diese eher umgekehrt für eine alkoholbedingte Enthemmung – Überreaktion aus Wut und Ärger über vermeintliche Undankbarkeit des ebenfalls erheblich alkoholisierten Tatopfers – sprechen konnten.

7.3
Rechtliche Regeln für die Ermittlung und die Bewertung der Blutalkoholkonzentration im Zusammenhang mit den übrigen Beweisanzeichen

Bereits diese wenigen Beispiele zeigen, dass die Palette der Möglichkeiten groß ist, Blutalkoholwerte und psychodiagnostische Kriterien und deren Zusammenspiel zu werten und zu gewichten. Einzelfallentscheidungen sollten deshalb nicht überbewertet und nicht hinter jeder Entscheidung eine generelle Änderung der Rechtsprechung vermutet werden. Maßgeblich sind immer die konkreten Umstände des Einzelfalls und deren Gesamtwürdigung. Dabei kommt dem Tatrichter zwar ein gewisser Spielraum zu, wie insbesondere der 3. und der 5. Strafsenat betont haben. Er hat jedoch gewisse rechtliche Regeln bei der Ermittlung und Bewertung der in Betracht kommenden Indizien zu beachten.

7.3.1
Berechnung der Tatzeit-BAK

Da die Höhe der BAK nach wie vor ein gewichtiges Indiz für die Prüfung der Voraussetzungen der §§ 20, 21 StGB ist, muss im Einzelfall zunächst die Höhe der BAK zur Tatzeit errechnet und im Urteil dargestellt werden. Für die Beurteilung der Schuldfähigkeit kommt es wegen des Grundsatzes, dass im Zweifel von dem für den Angeklagten günstigsten möglichen BAK-Wert auszugehen ist, auf eine Höchstwertberechnung, d.h. auf die höchstmögliche BAK zum Tatzeitpunkt an. Auch nach BGHSt 43, 66 löst eine BAK von 2‰ und mehr die Pflicht zur Erörterung des § 21 StGB aus, und zwar auch dann, wenn keine sonstigen Umstände für eine erheblich verminderte Schuldfähigkeit sprechen. Ist eine zuverlässige Ermittlung der Blutalkohol-

---

[24] Beschluss vom 9.11.1998 – 5 StR 553/98.
[25] Beschluss vom 14.10.1998 – 5 StR 473/98.

konzentration nicht möglich, kann allein aus vorhandenen psychodiagnostischen Kriterien auf eine intakte oder erheblich beeinträchtigte Steuerungsfähigkeit geschlossen werden.[26] Umgekehrt ist bei Fehlen aussagekräftiger Indizien allein die festgestellte BAK maßgeblich.

Alkoholberechnung bei Vorliegen einer Blutprobe

Da bei der Frage der Schuldfähigkeit die höchstmögliche Tatzeit-BAK wichtig ist, hat sich die Rückrechnung auf den gesamten Zeitraum zwischen Tat und Blutentnahme zu erstrecken. Der bei der Rückrechnung von der Entnahmezeit auf die maximale BAK zur Tatzeit zugrunde zu legende Abbauwert beträgt nach der Rechtsprechung 0,2‰ pro Stunde, hinzu kommt ein einmaliger Sicherheitszuschlag von 0,2‰. Ein individueller Abbauwert wird von der Rechtsprechung nicht anerkannt, weil er sich nachträglich nicht mehr ermitteln lässt,[27] und zwar auch dann nicht, wenn zeitlich versetzte Blutentnahmen vorliegen.[28]

Alkoholberechnung aufgrund von Trinkmengenangaben

Sie kommt vor allem dann in Betracht, wenn keine Blutprobe entnommen wurde oder entnommen werden konnte, ist aber auch für die Berechnung des Nachtrunks von Bedeutung oder dann, wenn der zeitliche Abstand zwischen Tat und Blutentnahme so groß ist, dass die Alkoholbestimmung der Blutprobe kein verwertbares Ergebnis mehr liefert. Bei derartigen Berechnungen aufgrund von Trinkmengenangaben ist man vor allem darauf angewiesen, den Trinkverlauf möglichst genau zu rekonstruieren. Die Berechnung aufgrund der genossenen Alkoholmenge erfolgt nach der sog. Widmark-Formel. Bei dieser Art der Alkoholberechnung ist vor allem auf das sog. Resorptionsdefizit zu achten, da die aufgenommene Alkoholmenge nicht vollständig im Blut auftaucht, sie kann entweder fast vollständig (zu 90%, d. h. Alkoholdefizit = 10%) oder nur zu einem wesentlich geringeren Teil (zu 70%, d. h. Alkoholdefizit = 30%) als BAK im Blut erscheinen. Bei der Berechnung eines Maximalwertes aufgrund der Widmark-Formel aus den Angaben zu Getränkearten, Trinkmengen und Trinkzeiten ist ein Alkoholdefizit von 10% zu veranschlagen, bei der Berechnung eines Mindestwertes ist ein hohes Alkoholdefizit von 30% zugrunde zu legen. Um festzustellen, ob die vom Angeklagten behaupteten Alkoholtrinkmengen zutreffen können, kann es erforderlich sein, neben der Berechnung eines Maximalwertes eine Kontrollberechnung mit dem Mindestmaß der möglichen Blutalkoholmenge vorzunehmen, und zwar mit 30% Resorptionsdefizit und einem stündlichen Abbauwert von 0,2‰ zuzüglich 0,2‰ Sicherheitszuschlag.[29]

---

[26] Vgl. u. a. *BGH* DAR 1999, S. 194 f.
[27] Vgl. u. a. *BGHSt* 34, S. 29 (32 f.).
[28] Vgl. *BGH* NJW 1991, S. 2356.
[29] Vgl. zu dieser Art der Kontrollberechnung *BGHR* StGB § 21 BAK 7, 8; *Detter*, NStZ 1997, S. 476 (477).

7.3.2
Psychodiagnostische Kriterien für die Beurteilung
der alkoholbedingten Beeinträchtigung der Schuldfähigkeit

Psychodiagnostische Kriterien, die gegen eine erheblich verminderte Schuldfähigkeit oder Schuldunfähigkeit sprechen, können sich aus der Täterpersönlichkeit, aus dem Tatgeschehen und aus dem Verhalten des Täters vor, während und nach der Tat ergeben. Dabei dürfen aber nur solche Umstände in Betracht gezogen werden, die aussagekräftige Hinweise darauf enthalten, ob das Steuerungsvermögen des Täters trotz erheblicher Alkoholisierung erhalten geblieben ist. [30]

Als *zuverlässige* Kriterien sind dabei weitgehend anerkannt:
* genaue Vorbereitung und planmäßige Ausführung der Tat,
* logische und schlüssige Handlungssequenzen, verbunden mit motorischen Kombinationsleistungen; [31] zielgerichtete Gestaltung der Tat; lang hingezogenes Tatgeschehen; komplexer Handlungsablauf; umsichtiges Reagieren auf plötzlich und unerwartet sich ändernde Situationen,
* geordnetes Rückzugsverhalten, Spurenverdeckung.

Streitig ist dagegen der Stellenwert von
* Alkoholgewöhnung und Erinnerungsvermögen.

Insbesondere nach Auffassung des 2. Strafsenats kommt der Alkoholgewöhnung keine Aussagekraft zu, weil sie bei Menschen, die einen Alkoholwert von 2‰ und mehr erreichen, regelmäßig vorliegt. Die Alkoholgewöhnung wird von der gegenwärtigen Rechtsprechung für sich genommen nicht als wesentliches Kriterium anerkannt. Zulässig ist aber die Überlegung, ob der z. Z. der Tat vorliegende Grad der Berauschung den Bereich des „Normalen" für den Täter nicht überschritten hat, oder ob der aktuelle Rausch auch für ihn ungewöhnlich war, so ersichtlich die Erwägungen des 1. Strafsenats in BGHSt 43, 66.

Ähnlich verhält es sich mit dem Erinnerungsvermögen. Eine detaillierte, exakte Einlassung zur Tat lässt den Schluss auf ein intaktes und vollständiges Erinnerungsvermögen zu und ist ein Indiz, das gegen Wahrnehmungsstörungen spricht. Anders der 2. Strafsenat, der darauf abstellt, dass die Aussagekraft des Erinnerungsvermögens in der medizinischen Wissenschaft umstritten ist und deshalb nicht zur Grundlage einer Entscheidung zu Lasten des Angeklagten gemacht werden dürfe. Gegen die Berücksichtigung einer vollständig erhaltenen Erinnerung spricht jedenfalls nicht, dass im umgekehrten Fall eine vom Angeklagten behauptete Erinnerungslosigkeit für sich genommen anerkanntermaßen wenig aussagekräftig ist. Eine – angebliche – Erinnerungslosigkeit muss nicht auf einer Störung der Wahrnehmungsfähigkeit beruhen, sondern kann Folge eines Verdrängungsprozesses oder bloße Schutzbehauptung sein. [32]

Motorische, eingeschliffene oder unreflektierte Verhaltensweisen eines alkoholisierten Täters [33] sind dagegen keine geeigneten Kriterien, um eine

---

[30] Vgl. *BGH* NStZ 1997, S. 592; 1998, S. 457.
[31] *BGH* NStZ 1998, S. 457 f.
[32] *BGHSt* 43, S. 66 (71); vgl. auch *Krümpelmann*, Festschrift für Hanack (1999), S. 717 ff.
[33] *BGH* StV 1997, S. 348; *Maatz*, StV 1998, S. 279 (282) m.w.N.

alkoholbedingte Beeinträchtigung der Schuldfähigkeit auszuschließen. Auch sollte man sich davor hüten, Alkoholgewöhnung, Erinnerungsfähigkeit und Motorik überzubewerten.[34] Bei der Bewertung der Alkoholisierung haben ferner die Einschätzung der Trunkenheit des Angeklagten durch gleichfalls alkoholisierte Mittäter sowie die Selbsteinschätzung durch den Täter i. Allg. einen nur geringen Beweiswert.

Zusammenfassend lässt sich sagen, dass sichere, allgemein als durchschlagskräftig anzusehende Kriterien für das Gewicht psychodiagnostischer Beweisanzeichen kaum aufgestellt werden können. Für die Beurteilung einer alkoholbedingten Beeinträchtigung der Schuldfähigkeit kommt es immer auf den Einzelfall an, wobei dem Tatrichter ein gewisser Beurteilungsspielraum zuzubilligen ist, der vom Revisionsgericht respektiert werden muss.[35]

7.3.3
Grundsätze zur Frage der erheblich verminderten Schuldfähigkeit infolge alkoholischer Beeinflussung

Von Bedeutung ist ein bisher nicht erörterter rechtlicher Aspekt, nämlich die Frage, ob eine Verminderung des Hemmungsvermögens infolge des Alkoholeinflusses bei der Tatbegehung erheblich im Sinne des § 21 StGB war; dabei handelt es sich um eine normative Überlegung, also um eine Rechtsfrage,[36] die nicht der Gutachter, sondern der Tatrichter auf der Grundlage der Anknüpfungs- und Befundtatsachen in eigener Verantwortung zu entscheiden hat.[37] Dieser Gesichtspunkt wurde von der früheren Rechtsprechung, die von einer (Fast-)Automatik des Schwellenwerts von 2‰ für die Zubilligung des § 21 StGB ausging, praktisch ignoriert.[38] Maßgebend für die Prüfung der Erheblichkeit einer verminderten Schuldfähigkeit sind dabei die Ansprüche, die die Rechtsordnung an das Verhalten des alkoholisch beeinflussten Täter zu stellen hat. Es geht also um die Bedeutsamkeit der Störung für den Schuldvorwurf in Bezug auf einen Straftatbestand, d. h., es ist zu prüfen und zu bewerten, wie viel „Hemmschwelle" namentlich bei Gewaltdelikten trotz akuter alkoholischer Beeinflussung noch vorhanden war. Auch die Beantwortung dieser Frage kann nur mit Hilfe einer Gewichtung der konkreten Einzelfallindizien geschehen. Dabei bedarf der Tatrichter nur zur Beurteilung der Vorfrage nach den medizinisch-psychiatrischen Anknüpfungstatsachen sachverständiger Hilfe, sofern er die Frage in einfach gelagerten Fällen nicht schon aufgrund seines medizinischen Allgemeinwissens beurteilen kann.[39] In den meisten Fällen werden die Anknüpfungstatsachen –

---

[34] Vgl. *BGHR* StGB § 21 Blutalkohol 34.
[35] Vgl. dazu neuerdings mit beachtenswerten Argumenten *Maatz/Wahl*, BGH-FS (2000), S. 531 (551 ff.).
[36] *BGH* NStZ 2000, S. 24; *BGHR* StGB § 21 Erheblichkeit 2; *BGH*, Urteil vom 23.8.2000 – 3StR 224/00.
[37] *BGHSt* 43, S. 66 (77); *Jähnke* in: LK, § 21 Rd. 8 ff.
[38] Vgl. *Maatz/Wahl*, a. a. O. S. 549.
[39] *BGHR* StGB § 21 Erheblichkeit 2.

vor allem bei Kapitaldelikten – vom Tatrichter allerdings nur mit Hilfe eines Sachverständigen sachgerecht festgestellt werden können.[40]

7.3.4
Schuldunfähigkeit gemäß § 20 StGB infolge akuter Alkoholintoxikation

Ist zu prüfen, ob die Schuldfähigkeit infolge einer akuten Alkoholintoxikation ganz ausgeschlossen war, wird – wie bereits eingangs angesprochen – vor allem bei schweren Straftaten ein strengerer Maßstab angelegt, da auch eine erhebliche Alkoholisierung in der Regel die Hemmungen nicht völlig löst, die normalerweise einen Menschen davon abhalten, schwerste Angriffe gegen Leib und Leben anderer zu begehen.

Eine Alkoholisierung von 3‰ an aufwärts erfordert aber im Urteil eine nähere Prüfung, ob die Steuerungsfähigkeit des Angeklagten zur Tatzeit aufgehoben war. Dies liegt bei einer BAK von über 3‰ nahe, ist aber nicht notwendigerweise gegeben. Beim Vorliegen besonderer Umstände, z.B. beim pathologischen Rausch,[41] beim Zusammenwirken von Alkohol und Medikamenten bzw. Rauschmitteln,[42] bei relevanten Persönlichkeitsstörungen,[43] bei affektiven Spannungen[44] oder bei Straftaten nicht alkoholgewohnter Jugendlicher bzw. Heranwachsender, kommt sie auch früher in Frage.

Die Annahme von Schuldunfähigkeit ist rechtsfehlerhaft, wenn der Tatrichter sich bei der Prüfung des § 20 StGB ohne Berücksichtigung sonstiger Umstände allein auf die Höhe der BAK stützt. Wesentlich ist neben der Höhe der BAK eine Gesamtwürdigung aller objektiven und subjektiven Umstände, die sich auf das Erscheinungsbild und das Verhalten des Täters vor, während und nach der Tat beziehen.[45] Vor allem bei BAK, die grundsätzlich eine Schuldunfähigkeit nahe legen, ist somit eine individuelle Beurteilung unentbehrlich.[46] Je höher die BAK ist, um so mehr hat sie bei der erforderlichen Gesamtabwägung Gewicht, je mehr nach Zahl und Gewicht aussagekräftige Gegenindizien vorhanden sind, um so mehr verliert die BAK an Indizwert.

---

[40] Vgl. *BGH* StV 1997, S. 73.
[41] *BGHSt* 40, S. 198 f.; kritisch zu diesem Begriff siehe *Foerster/Leonhardt* (Kap. 4 in diesem Band).
[42] *BGH* StV 1992, S. 569.
[43] *BGH* NStZ – RR 1997, S. 299.
[44] *BGH* StV 1989, S. 104.
[45] *BGH* NStZ 1991, S. 126 und 1996, S. 227.
[46] Vgl. *BGHR* StGB § 20 BAK 6, 9, 12, 16.

7.4
Rechtsfolgen bei erheblich verminderter Schuldfähigkeit aufgrund alkoholischer Beeinflussung und im Zusammenwirken mit krankhaften Störungen oder schweren anderen seelischen Abartigkeiten im Sinne der §§ 20, 21 StGB

Bisher wurden die Zusammenhänge zwischen alkoholischer Beeinflussung und Schuldfähigkeit unter dem Aspekt der akuten alkoholischen Beeinträchtigung bzw. des akuten Rausches behandelt. Die Alkoholintoxikation wurde – gemessen an den Merkmalen der §§ 20, 21 StGB – früher überwiegend zu den (tiefgreifenden) Bewusstseinsstörungen gezählt, während sie nach heute überwiegender Ansicht unter das Merkmal der krankhaften seelischen Störung zu subsumieren ist.[47] Alkoholgenuss und seine Folgen können aber für die Frage der Schuldfähigkeit auch in der Form der Abhängigkeit (Sucht) oder des Psychosyndroms eine Rolle spielen. Die Abhängigkeit – die für sich genommen als schwere andere seelische Abartigkeit zu klassifizieren ist – kann zu hirnorganischen Veränderungen mit Persönlichkeitsabbau führen, was allerdings nur von einem Sachverständigen ermittelt und beurteilt werden kann.[48]

7.4.1
Unterbringung in einer Entziehungsanstalt (§ 64 StGB)

Hat ein Angeklagter in einem Rauschzustand eine rechtswidrige Tat begangen und wird er deshalb verurteilt oder deshalb nicht verurteilt, weil seine Schuldunfähigkeit erwiesen oder nicht auszuschließen ist, so ist zu prüfen, ob er nach § 64 StGB in einer Entziehungsanstalt unterzubringen ist.

Hierzu ist nach der zwingenden Vorschrift des § 246 a StPO ein Sachverständiger zu hören.

Die Unterbringung in einer Entziehungsanstalt ist eine strafrechtliche Maßregel, deren Schwerpunkt auf dem Heilungszweck liegt. Sie setzt voraus, dass der Täter einen Hang hat, alkoholische Getränke oder andere berauschende Mittel im Übermaß zu sich zu nehmen und deshalb die Gefahr besteht, der Täter werde – wenn er nicht behandelt wird – infolge seines Hanges erhebliche rechtswidrige Taten begehen. Unter „Hang" im strafrechtlichen Sinn ist nicht nur eine chronische, auf körperlicher Sucht beruhende Abhängigkeit zu verstehen, sondern es genügt eine eingewurzelte, aufgrund psychischer Disposition bestehende oder durch Übung erworbene intensive Neigung, Alkohol oder andere Rauschmittel im Übermaß zu sich zu nehmen.[49] Gelegentliches oder auch häufiges Sichbetrinken in Verbindung mit im Rausch begangenen Straftaten reicht noch nicht aus, um den für § 64 StGB erforderlichen „Hang" zu belegen. Ein solcher liegt erst vor, wenn das

---

[47] Vgl. *Jähnke* in: LK, § 20 Rd. 24; *Lenckner/Perron* in: Schönke/Schröder, § 20 Rd. 13.
[48] Vgl. dazu näher *BGHSt* 7, S. 35; *BGHR* § 20 Einsichtsfähigkeit 1, Bewusstseinsstörung 7, 8 zum sog. Korsakow-Syndrom.
[49] *BGH* JZ 1971, S. 788 m. w. N.; NStZ 1998, S. 407 Nr. 7.

Verlangen nach übermäßigem Alkoholgenuss den Grad einer psychischen Abhängigkeit erreicht hat.[50] Für die Anordnung der Maßregel des § 64 StGB ist nicht erforderlich, dass die Voraussetzungen einer erheblich verminderten Schuldfähigkeit festgestellt werden können.[51]

Voraussetzung für die Unterbringung in einer Entziehungsanstalt ist aber, dass der Angeklagte eine rechtswidrige Tat „im Rausch" oder „aufgrund seines Hanges" begangen hat, d.h., es muss ein Zusammenhang zwischen Tat und Alkoholmissbrauch bestehen, die Tat muss letztlich auf den Hang zurückzuführen sein. Der konkret begangenen Tat, die Anlass gibt, eine Unterbringung nach § 64 StGB in Betracht zu ziehen, kommt dann Symptomwert für den Hang des Täters zum Missbrauch von Alkohol (oder anderen berauschenden Mitteln) zu, wenn sich in ihr eine hangbedingte Gefährlichkeit äußert,[52] etwa, wenn der Täter unter Alkoholeinfluss zu Aggressionstaten neigt oder Diebstähle o. Ä. begeht, um mit Hilfe der Beute seine Sucht befriedigen zu können. Nicht notwendig ist, dass der Hang die alleinige Ursache für die Straftat(en) ist. Es reicht aus, wenn er neben anderen Umständen, z. B. einer aufgrund allgemeiner charakterlicher Mängel vorhandenen kriminellen Neigung, mit dazu beigetragen hat, dass der Täter straffällig wurde.[53] Ob es sich um eine suchtbedingte Straftat handelt, ist aufgrund einer Gesamtwürdigung der Persönlichkeit des Angeklagten, seines Vorlebens und den Umständen der Tatbegehung zu prüfen.[54]

Als weitere Anordnungsvoraussetzung für eine Maßregel nach § 64 StGB ist eine Gefährlichkeitsprognose in dem Sinne notwendig, dass der Täter bei unverändertem, d.h. unbehandeltem Suchtverhalten auch in Zukunft Straftaten begehen wird; die zu befürchtenden zukünftigen Straftaten müssen erheblich sein, wenn es auch nicht erforderlich ist, dass sie mit der abzuurteilenden Tat, anlässlich derer § 64 StGB geprüft wird, vergleichbar sind. Dass der Täter generell für die Allgemeinheit gefährlich ist oder zu werden droht, ist bei § 64 StGB – anders als bei der Unterbringung in einem psychiatrischen Krankenhaus (§ 63 StGB) – keine Voraussetzung. Im Hinblick auf den bei der Unterbringung nach § 64 StGB vorrangigen Heilungszweck und die zeitliche Begrenzung der Maßregel auf 2 Jahre (§ 67d Abs. 1 StGB) ist der Erheblichkeitsmaßstab nicht so hoch anzusetzen wie bei § 63 StGB.[55]

Nach § 64 Abs. 2 StGB darf die Unterbringung nicht angeordnet werden, wenn die Durchführung einer Entziehungsbehandlung von vorne herein aussichtslos erscheint. Dort wo eine „Heilung" nicht mehr mit der bei gerichtlichen Prognoseentscheidungen möglichen Wahrscheinlichkeit zu erwarten ist[56] und auch keine konkrete Aussicht besteht, den Täter über eine gewisse Zeitspanne vor dem Rückfall in die akute Sucht zu bewahren, muss der

---

[50] *BGH* NStZ 1998, S. 407 Nr. 8; *BGHR* StGB § 64 Abs. 1 Hang 1, 6; *Hanack* in: LK, § 64 Rd. 40.
[51] *BGH* NJW 1990, S. 3282 (3283).
[52] *BGH* NJW 1990, S. 3282f.
[53] *BGH* NStZ 2000, S. 25f.; *BGHR* StGB § 64 StGB Zusammenhang, symptomatischer 1.
[54] Vgl. *BGH*, Beschluss vom 23. 11. 2000 – 3 StR 413/00.
[55] Vgl. hierzu *Hanack* in: LK, § 64 Rd. 71 ff.; *Lackner/Kühl*, § 64 Rd. 5; *Tröndle/Fischer*, § 64 Rd. 8 jeweils m. w. N.
[56] *Horn* in: SK-StGB, § 64 Rd. 14.

strafrechtliche Sicherungszweck hinter dem – nicht zu erreichenden – Behandlungsaspekt der Maßregel zurücktreten. Entgegen dem Wortlaut der Vorschrift reicht es für die Anordnung der Unterbringung nicht, dass eine Behandlung lediglich „nicht aussichtslos" ist. Das Bundesverfassungsgericht hat die Anwendbarkeit des § 64 StGB insofern beschränkt, als es die Anordnung der Unterbringung und deren Vollzug von Verfassungs wegen (Art. 2 Abs. 1 und Abs. 2 Satz 2 GG) an die Voraussetzung geknüpft hat, dass eine hinreichend konkrete Aussicht besteht, den Süchtigen zu heilen oder doch über eine gewisse Zeitspanne vor dem Rückfall in die akute Sucht zu bewahren.[57] § 64 Abs. 2 StGB ist deshalb vom Bundesverfassungsgericht insoweit für teilnichtig erklärt worden, als er nach seinem Wortlaut auch solche Fälle erfasst, in denen keine hinreichend konkrete Aussicht eines Behandlungserfolges besteht.[58]

Wie diese Vorgaben in der Praxis umzusetzen sind, ist schwierig zu beantworten und hängt von den Umständen des Einzelfalles ab. Kann der vom Tatgericht angehörte Sachverständige lediglich nicht ausschließen, dass eine konsequente Therapie an dem Hang des Angeklagten etwas ändern kann, oder kann er nur sagen, dass eine „gewisse Aussicht auf Erfolg" besteht, so reicht das für die Annahme einer konkreten Erfolgsaussicht nicht.[59] Andererseits soll nach der Rechtsprechung schon das Bemühen um einen Therapieplatz ein ausreichendes Indiz sein,[60] wobei Therapiebereitschaft zwar keine unabdingbare Voraussetzung für die Annahme einer hinreichend konkreten Erfolgsaussicht ist, ihr Fehlen aber ein gegen die Erfolgsaussicht sprechendes Anzeichen sein kann.[61]

7.4.2
Unterbringung in einem psychiatrischen Krankenhaus (§ 63 StGB)

Anders als § 64 StGB dient § 63 StGB neben der Behandlung eines Straftäters vor allem auch der Sicherung der Allgemeinheit vor Straftätern, die aufgrund eines dauerhaften „Zustands" – einer pathologischen Störung im Sinne des §§ 20, 21 StGB oder einer schweren anderen seelischen Abartigkeit – schuldunfähig, zumindest aber sicher erheblich vermindert schuldfähig sind. Ferner ist erforderlich, dass infolge des Zustands erhebliche rechtswidrige Taten, d. h. zumindest Straftaten aus dem Bereich der mittleren Kriminalität, die den Grad der bloßen Belästigung oder der Bagatelldelikte überschreiten,[62] in Zukunft von dem Täter zu erwarten sind. Handelt ein Angeklagter

---

[57] *BVerfGE* 91, S. 1 (30) = NStZ 1994, S. 578; dazu Anmerkung aus medizinischer Sicht *van der Haar*, NStZ 1995, S. 315; kritisch *Lackner/Kühl*, § 64 Rd. 1 m. w. N.; *Tröndle/Fischer*, § 64 Rd. 18; *Müller-Dietz*, JR 1995, S. 353; *Schalast/Leygraf*, NStZ 1999, S. 485.
[58] *BVerfGE* a. a. O. S. 34.
[59] *BGHR* StGB § 64 Abs. 1 Erfolgsaussicht 5 und 9; *BGH*, Beschluss vom 23.11.2000 – 3 StR 353/00.
[60] *BGH* NStZ 1995, S. 229; *BGHR* StGB § 64 Abs. 1 Erfolgsaussicht 7.
[61] *BGH* NStZ-RR 1997, S. 34 (35); NJW 2000, S. 3015 (3016); vgl. zu der sehr kasuistischen Rechtsprechung die Übersicht bei *Tröndle/Fischer*, § 64 Rd. 13 f.
[62] *BGH* NStZ 1986, S. 237; *BGHR* StGB § 63 Gefährlichkeit 9 und 20.

bei seiner Tat unter Alkoholeinfluss, und ist seine Schuldfähigkeit schon deshalb erheblich vermindert, so kommt in der Regel keine Unterbringung nach § 63 StGB, sondern – wenn die übrigen Voraussetzungen vorliegen – nur nach § 64 StGB in Betracht. Denn § 63 StGB setzt eine länger andauernde und damit einen Zustand bildende Störung im Sinne des §§ 20, 21 StGB voraus. Vorübergehende Störungen, wie sie durch den Genuss von Alkohol oder anderer berauschender Mittel hervorgerufen werden, genügen nicht.

Allerdings hat die Rechtsprechung auch bei (Mit-)Ursächlichkeit von Alkohol ausnahmsweise dann eine Unterbringung nach § 63 StGB für zulässig erachtet, wenn

● der Täter in krankhafter Weise alkoholüberempfindlich ist,[63]
● an einer krankhaften Alkoholsucht leidet oder
● aufgrund eines psychischen Defekts alkoholsüchtig ist, der – ohne krankhaft zu sein – in seinem Schweregrad einer krankhaften seelischen Störung gleichkommt.[64] Gemeint sind bei dieser Variante die schweren anderen seelischen Abartigkeiten in allen ihren Schattierungen (Persönlichkeitsstörungen).

Eine krankhafte Alkoholsucht muss nach dem Verständnis der Rechtsprechung auf einem von der Sucht unterscheidbaren, eigenständigen psychischen Defekt im Sinne des §§ 20, 21 StGB beruhen,[65] dessen Folge bzw. „Sekundärerscheinung" sie ist. Nach dieser Definition ist selbst chronischer Alkoholismus als Folge jahrelangen Alkoholmissbrauchs – es sei denn, er hat schon zu einem Abbau oder Verfall der Persönlichkeit oder zu einem hirnorganischen Schaden geführt – für sich allein nicht als hinreichender Grund für eine Unterbringung nach § 63 StGB anerkannt worden.[66]

Aber auch hier hat ein allmählicher Wandel der Rechtsprechung eingesetzt, der neuere Erkenntnisse aus der medizinischen Wissenschaft berücksichtigt. Die Entwicklung geht ersichtlich dahin, bei einem Zusammenwirken von Alkohol und einem dauerhaften geistig/seelischen Defekt Maßnahmen nach § 63 StGB jedenfalls auch dann zuzulassen, wenn der sichere Bereich des § 21 StGB erst durch die akute Alkoholintoxikation erreicht wird.

In der Entscheidung BGHSt 44, 338[67] ist vom 2. Strafsenat erwogen worden, ob nicht auch in Extremfällen einer langjährig verfestigten (chronifizierten) und in einer Entziehungsanstalt nicht mehr behandelbaren Alkoholsucht bei entsprechend vorhandener Gefährlichkeitsprognose statt § 64 StGB eine Unterbringung nach § 63 StGB in Betracht kommen kann, wenn die Sucht die psychische Befindlichkeit des Betroffenen im Sinne des §§ 20, 21 StGB dauerhaft beeinträchtigt (häufig werden aber in derartigen Fällen dauerhafte pathologische, d.h. krankhafte Störungen zu diagnostizieren sein), er hat dies aber nicht abschließend entschieden.[68]

---

[63] *BGHSt* 34, S. 313.
[64] *BGHR* StGB § 63 Zustand 12, 18; Gefährlichkeit 19.
[65] *BGH* NStZ 1986, S. 331 (332); *BGHR* StGB § 63 Zustand 12; Konkurrenzen 1, Gefährlichkeit 19.
[66] *BGH* NStZ 1983, S. 429; 1985, S. 309; 1998, S. 406; *BGH* b. Holtz MDR 1986, S. 96 f.
[67] *BGHSt* 44, S. 338 = NJW 1999, S. 1792 f; vgl. auch *Tröndle/Fischer*, § 63 Rd. 3 f. m.w.N.
[68] *BGHSt* a.a.O. S. 341.

Das Verdienstvolle dieser Entscheidung liegt darin, klargestellt zu haben, dass, so der Leitsatz: eine Alkoholsucht die Unterbringung des Täters in einem psychiatrischen Krankenhaus rechtfertigen kann, wenn ihr Fortbestand auf einer Persönlichkeitsstörung beruht, die sich zwar als schwere andere seelische Abartigkeit darstellt, aber die Schuldfähigkeit des Täters bei der Tat *(für sich genommen)* weder ausgeschlossen noch erheblich vermindert hat. Selbst wenn nicht eindeutig geklärt werden kann, ob die Entstehung der Sucht durch die Persönlichkeitsstörung bedingt worden ist, reicht es für eine Maßregelanordnung aus, dass jedenfalls der Fortbestand der Sucht mit ihr im Zusammenhang steht.

Eine kurz danach ergangene weitere Entscheidung des 2. Strafsenats[69] hat diese Tendenz bestätigt. Dort lag bei dem Angeklagten zwar ein krankhafter geistiger Zustand, und zwar eine Psychose, vor, die aber für sich allein noch nicht den sicheren Bereich einer erheblich verminderten Steuerungsfähigkeit eröffnete, weil es dem Angeklagten ohne Alkohol, ohne Stress oder sonstige belastende Umstände gelang, sich „zusammenzureißen". Erst das Zusammenwirken von Psychose und geringstem Alkoholgenuss oder geringsten alltäglichen Belastungssituationen konnte zu einer abrupten und ganz erheblichen Herabsetzung seiner Hemmschwelle und zur erheblich verminderten Steuerungsfähigkeit im Sinne des § 21 StGB führen.[70] Der 2. Strafsenat hat ausgeführt, dass in einem solchen Fall, in dem zwar der Alkoholgenuss den Auslöser für eine akute erheblich verminderte Steuerungsfähigkeit bildet, die Annahme des § 21 StGB aber letztlich auf dem dauerhaften Zustand – der Psychose – beruht, eine Maßregelanordnung nach § 63 StGB zulässig ist. Entscheidend ist nämlich, dass der dauerhafte Zustand der Psychose den tragenden Grund der erheblich verminderten Steuerungsfähigkeit darstellt, weil dieser Zustand latent vorhanden und damit dauerhaft ist, wenngleich er erst durch andere vorübergehende Ereignisse, wie etwa den Alkoholgenuss, aktualisiert wird.

Der 3. Strafsenat hat, ebenso wie der 5. Strafsenat, diese Rechtsprechung übernommen.[71] Auch der 4. Strafsenat hat sich ihr inzwischen für die Fälle angeschlossen, in denen der Täter zwar an einer dauerhaften geistig/seelischen Störung leidet, als Auslösungsfaktor für eine zumindest erheblich verminderte Schuldfähigkeit aber andere Ereignisse, wie etwa Alkoholgenuss aus Frustration oder in Konfliktsituationen, hinzukommen müssen.[72]

---

[69] *BGHSt* 44, S. 369 = NJW 1999, S. 3422.
[70] Dabei handelt es sich wohl um ein der klassischen abnormen Alkoholreaktion bzw. der krankhaften Überempfindlichkeit gegen Alkohol (vgl. *BGHSt* 34, S. 313 (315 f.); 10, S. 57 (61) und *BGHSt* 44, S. 338) vergleichbares Phänomen.
[71] Vgl. Urteil vom 14.4.1999 – 3 StR 36/99 und Beschluss vom 15.8.2000–5 StR 363/00.
[72] *BGH* NStZ – RR 2000, S. 299 (300); Urteil vom 14.12.2000 – 4 StR 334/00.

Die freie Entscheidung zur Tat: Zur Rechtsfigur der actio libera in causa

Mark Deiters

8.1
Strafbarkeit trotz alkoholbedingter Schuldunfähigkeit?

Strafe, so meinte Kant, müsse jederzeit nur darum wider den Täter verhängt werden, weil er verbrochen hat.[1] Die heutige Strafrechtswissenschaft sieht in dieser Aussage vor allem einen Beleg für den kantischen Rigorismus, dem im Gegensatz zum heutigen Recht ein Verzicht auf die Mittel des Strafrechts, wo es ihrer gesellschaftlich nicht unbedingt bedarf, fremd war. Die Aussage Kants beinhaltet aber zugleich den auch nach heutiger Vorstellung unumstößlichen Grundsatz, dass Strafe zumindest nur darum wider jemanden verhängt werden darf, wenn er verbrochen hat. Diese Voraussetzung der Strafe ist ein wesentlicher Bestandteil des die Strafrechtsanwendung limitierenden Schuldgrundsatzes, demzufolge das Ereignis einer Rechtsgutsverletzung, aufgrund dessen Strafe für zweckmäßig erachtet wird, dem Täter als seine Tat zurechenbar sein muss. Kann die Rechtsgutsverletzung nicht in diesem Sinne in Beziehung zum vermeintlichen Täter gesetzt werden, ist staatliche Strafe illegitim.

Die Zurechnung einer Rechtsgutsverletzung zum Verhalten einer Person ist nur möglich, wenn diese überhaupt als taugliches Subjekt strafrechtlicher Schuld in Frage kommt – eine Voraussetzung, die im Normalfall unproblematisch erfüllt ist, an der es nach § 20 StGB aber z.B. beim Vorliegen bestimmter pathologischer Zustände fehlt. Auch die akute Alkoholintoxikation kann dabei die Schuldfähigkeit ausschließen. So selbstverständlich es ist, auf Zurechnung und Strafe zu verzichten, wenn dem Täter von Natur aus die Schuldfähigkeit fehlt, so schwer erträglich erscheint dieses Ergebnis, wenn er

---

[1] *Kant*, Metaphysik der Sitten (1798), S. 453.

sich durch den Genuss alkoholischer Getränke selbst dieser Fähigkeit beraubt und dann schuldunfähig eine Straftat begangen hat. Soll etwa straflos ausgehen, wer sich vorsätzlich in einen Rausch versetzt, weil er anders seine einem geplanten Mord im Wege stehenden Hemmungen nicht zu überwinden vermag, und die Tat deshalb im Zustand der Schuldunfähigkeit begeht? Burkhard Jähnke, Vorsitzender Richter des 2. Strafsenates beim Bundesgerichtshof, kann sich intuitiver Zustimmung gewiss sein, wenn er angesichts dieses Fallbeispieles meint, das Rechtsgefühl verlange die Bestrafung eines solchen Täters und zwar wegen Mordes.[2] Gleichwohl scheint § 20 StGB, der ausnahmslos die Feststellung der Schuldfähigkeit im Zeitpunkt der Tatbegehung voraussetzt, anderes zu gebieten.

Dass der sich selbst vorsätzlich durch Alkohol in den Zustand der Schuldunfähigkeit begebende Mörder straflos bleibt, verhindert nach geltendem Recht freilich schon der Straftatbestand des Vollrauschs (§ 323a StGB). Danach zieht die Rechtsordnung eine Person allein deshalb strafrechtlich zur Verantwortung, weil sie sich durch Alkohol schuldhaft in einen Rausch versetzt und infolgedessen schuldunfähig eine rechtswidrige Tat begangen hat. Der Täter wird nach der Konstruktion des Vollrauschtatbestandes nicht für die im Rausch begangene Tat, sondern für den schuldhaft herbeigeführten Vollrausch bestraft.[3] § 323a StGB erfasst deshalb nicht nur denjenigen, der sich wie im eingangs geschilderten Fallbeispiel betrinkt, um seine der geplanten Tat im Wege stehenden Hemmungen zu überwinden, sondern auch jenen, der sich dem Vollrausche hingibt, ohne auch nur den geringsten Anhaltspunkt dafür zu haben, dass er im Zustand der Schuldunfähigkeit eine konkrete Tat begehen werde. Nur diese Fallgruppe hatte der Gesetzgeber im Auge, als er im Jahre 1933 den Straftatbestand des Vollrauschs einführte, und auch nur insoweit bestand nach seiner Ansicht eine zu beseitigende Strafbarkeitslücke.[4] Im Hinblick auf den die Gefahr einer konkreten Straftat sehenden Auges in Kauf nehmenden oder auch nur sorgfaltswidrig nicht bedenkenden Täters, der sich gleichwohl trinkend der Schuldunfähigkeit begibt, war der Straftatbestand des Vollrauschs nach überwiegender Auffassung nicht erforderlich. Insoweit hielt man es schon seinerzeit im Grundsatz für möglich und auch sachgerecht, trotz Schuldunfähigkeit wegen der im Rausch begangenen Tat zu verurteilen.

Begründet wird die Verurteilung wegen der Rauschtat in diesen Konstellationen auch heute mit dem im Detail freilich umstrittenen Zurechnungsprinzip der actio libera in causa: Wer sich im Hinblick auf die spätere Tatbestandsverwirklichung vorsätzlich oder fahrlässig in den Zustand der Schuldunfähigkeit begebe, setze noch frei verantwortlich eine Ursache für sein späteres Verhalten. Bei Begehung der Tat selbst, der „actio", sei er zwar nicht verantwortlich, diese gehe aber im Ursprung auf seine freie Entscheidung zurück und sei also „libera in causa". Je nachdem, ob der Täter sich im Hinblick auf die spätere Tatbestandsverwirklichung vorsätzlich oder fahrlässig in den Zustand der Schuldunfähigkeit versetze, sei zwischen der Situa-

---

[2] *Jähnke* in: LK, § 20 Rn. 76.
[3] Näheres dazu, insbesondere zur berechtigten Kritik an § 323a, im Beitrag von *Renzikowski*.
[4] *Paeffgen* in: NK § 323a Rn. 1.

tion einer vorsätzlichen oder einer nur fahrlässigen actio libera in causa zu differenzieren. Unter den grundsätzlichen Befürwortern dieser Zurechnungsgrundsätze ist im Hinblick auf diese Unterscheidung umstritten, ob wegen der schuldunfähig vorsätzlich begangenen Rauschtat auch bestraft werden kann, wer die Möglichkeit der Tat im schuldfähigen Zustand nur fahrlässig nicht bedacht hat,[5] und darüber hinaus, ob die Grundsätze der actio libera in causa auch bei einer nur verminderten Schuldunfähigkeit gemäß § 21 StGB anzuwenden sind.[6]

Ungeachtet dieser das Zurechnungsprinzip der actio libera in causa im Detail betreffenden Problemlagen, ist seine Anerkennung jedoch schon im Grundsatz zweifelhaft. Es steht nach geltendem Recht prima facie in Widerspruch zum Wortlaut des § 20 StGB, der die Schuldfähigkeit des Täters *bei* Begehung der Tat und nicht bloß im Ursprung der Tatbegehung voraussetzt. Darüber hinaus ist fraglich, ob die Bestrafung wegen der schuldunfähig begangenen Tat mit dem Schuldprinzip vereinbar ist. Manche Autoren haben die Rechtsfigur der actio libera in causa deshalb mit unterschiedlichen Konsequenzen schon seit längerem als gesetzwidrig kritisiert.[7] In der Rechtsprechung hingegen stand ihre Legitimität noch bis vor kurzem außer Frage.[8] Seit der 4. Strafsenat beim Bundesgerichtshof sich in seiner Entscheidung vom 22. August 1996[9] die aus dem Wortlaut des § 20 StGB resultierenden Bedenken gegen die Rechtsfigur der actio libera in causa in Widerspruch zur bisher ständigen Rechtsprechung zu eigen gemacht hat, ist dieses Problem nicht mehr nur von wissenschaftlicher, sondern auch von erheblicher praktischer Bedeutung. Eine einheitliche Linie in der Rechtsprechung ist dabei bislang nicht erkennbar. Während der 4. Strafsenat, dessen früherer Vorsitzender Hannskarl Salger schon 1993 in einer Veröffentlichung die actio libera in causa als „eine rechtswidrige Rechtsfigur" bezeichnete,[10] nunmehr jedenfalls bei bestimmten Delikten eine Bestrafung nicht mehr für möglich hält, hat der 3. Strafsenat in einer Entscheidung vom 19. Februar 1997 klargestellt, er halte an den bislang in ständiger Rechtssprechung vertretenen Grundsätzen der actio libera in causa fest.[11] Die eigentlich bei derartiger Divergenz nach § 132 GVG erforderliche Anrufung des Großen Senats umging der 4. Senat, indem er seine Ablehnung der Rechtsfigur der actio libera in causa entgegen der Logik der eigenen Entscheidungsgründe auf die Straßenverkehrsdelikte beschränkte.[12]

Der Entscheidung des 4. Senats ist darin beizupflichten, dass eine Bestrafung nach geltendem Recht nur möglich ist, wenn die Schuldfähigkeit auch bei der Tatbegehung gegeben ist. § 20 StGB setzt seinem Wortlaut nach „mit aller nur wünschenswerten Deutlichkeit"[13] die Simultanität von Schuldfähig-

---

[5] Vgl. *Rudolphi* in: SK-StGB, § 20 Rn. 30 ff.
[6] Vgl. *Paeffgen* in: NK, Vor § 323a Rn. 54.
[7] *Horn*, GA 1969, S. 289 (305 f.); *Paeffgen*, ZStW 97 (1985), S. 513 (521 ff.); *Hettinger*, Die actio libera in causa (1988), S. 407.
[8] Seit *RGSt* 22, S. 413 (414 f.) ständige höchstrichterliche Rechtssprechung.
[9] *BGHSt* 42, S. 235 ff.
[10] *Salger/Mutzbauer*, NStZ 1993, S. 561 (565).
[11] *BGH* NStZ 1997, S. 230.
[12] *BGHSt* 42, S. 235 (Leitsatz 1).
[13] So treffend *Roxin*, FS Lackner (1987), S. 307 (309).

keit und Tatbegehung voraus. Einer Ausnahme von diesem Prinzip in den Fällen der selbst verschuldeten Schuldunfähigkeit steht deshalb nach geltendem Recht das verfassungsrechtliche Gesetzlichkeitsprinzip aus Art. 103 II GG entgegen, das eine für den Angeklagten nachteilige Interpretation von Strafrechtsnormen über ihren Wortlaut hinaus kategorisch verbietet und deshalb auch nicht durch Gewohnheits- oder Richterrecht suspendiert werden kann.[14]

Das bedeutet noch nicht, dass eine Bestrafung nach den Grundsätzen der actio libera in causa nach geltendem Recht abzulehnen ist. Denn in diesen Fallkonstellationen ist möglicherweise nicht erst die unmittelbare Ausführungshandlung, sondern schon das Sichversetzen in den Zustand der Schuldunfähigkeit oder eine andere noch im schuldfähigen Zustand vorgenommene Handlung als Begehung der Tat anzusehen. Soweit dies der Fall ist, stünde eine Verurteilung wegen der dann nur vermeintlichen Rauschtat nicht in Konflikt zu § 20 StGB. Dieser Versuch der Legitimation der actio libera in causa wird herkömmlich als *Tatbestandsmodell* bezeichnet und ihm ist für die Frage des gegenwärtigen Rechtszustandes zuerst nachzugehen (s. Abschn. 9.2).

Die in der Strafrechtswissenschaft kontrovers erörterte Frage nach den aus dem Schuldprinzip zu folgernden Vorgaben betreffend die Simultanität von Schuldfähigkeit und Tatbegehung[15] kann für die Auslegung des geltenden Rechts dahinstehen. Ob eine Ausnahme vom Simultanitätsprinzip des § 20 StGB in den Fällen der actio libera in causa mit dem Schuldprinzip vereinbar ist, wie es von den Befürwortern des sog. *Ausnahmemodells* bejaht wird, ist praktisch nur in dem Maße interessant, in dem das geltende Recht eine Strafbarkeit wegen der Rauschtat nicht zu begründen vermag und deshalb rechtspolitisch nach Alternativen zu fragen ist (s. Abschn. 9.3).

8.2
Lösung nach dem Tatbestandsmodell

8.2.1
Fallbeispiele

Die Frage, ob ein noch vor der Schuldunfähigkeit liegendes Verhalten als Begehung der späteren Rauschtat in Betracht kommt, soll der Anschaulichkeit halber anhand zweier Fallbeispiele untersucht werden. Fall 1 lag in leicht veränderter Form der Entscheidung des 4. Senats beim Bundesgerichtshof aus dem Jahre 1996[16] zugrunde und betrifft die Situation der fahrlässigen actio libera in causa. Fall 2 ist eine Abwandlung dieses Sachverhaltes betreffend die vorsätzliche actio libera in causa.

---

[14] *BGHSt* 42, S. 235 (241).
[15] Vgl. etwa *Hruschka*, JZ 1996, S. 64 (68).
[16] *BGHSt* 42, S. 235.

FALL 1

> A fährt mit seinem Lieferwagen von Deutschland in die Niederlande. Kurz vor der niederländischen Grenze macht er an einer Raststätte halt und konsumiert erhebliche Mengen Alkohol. Infolgedessen schuldunfähig besteigt er sein Auto und steuert auf die Grenze zu. Mit unverminderter Geschwindigkeit kollidiert er am Grenzübergang infolge alkoholbedingter Konzentrationsmängel mit einem auf der rechten Spur stehenden PKW, der gerade von dem Grenzschutzbeamten G kontrolliert wird. G wird vom Lieferwagen erfasst und erleidet tödliche Verletzungen.

FALL 2

> A hat die Absicht, den Grenzschutzbeamtem G zu töten. Er weiß, dass dieser am fraglichen Tag gerade an der deutsch-niederländischen Grenze seinen Dienst verrichtet, und will ihn mit seinem Lieferwagen überfahren. Um seine dem Vorhaben im Weg stehenden Hemmungen zu überwinden, betrinkt er sich in einer unmittelbar vor der Grenze gelegenen Raststätte und steigt dann schuldunfähig in seinen Lieferwagen. Am Grenzübergang sieht er, wie G gerade einen auf der rechten Spur stehenden PKW kontrolliert und verursacht absichtlich eine Kollision mit diesem, bei der G tödliche Verletzungen erleidet.

8.2.2
Sichbetrinken als tatbestandsmäßiges Verhalten

Im Hinblick auf diese Fallgestaltungen scheint für ein natürliches Vorverständnis auf der Hand zu liegen, dass nicht schon das Sichbetrinken als Begehung der in Frage kommenden Trunkenheit im Verkehr (§ 316 StGB), der Gefährdung des Straßenverkehrs (§ 315 c I Nr. 1a StGB), der fahrlässigen Tötung (§ 222 StGB) oder des in Fall 2 zusätzlich in Betracht kommenden (vorsätzlichen) Totschlags (§ 212 StGB) angesehen werden kann. Denn wer trinkt, fährt noch nicht Auto und er scheint uns ebenso wenig einen anderen zu töten.[17] Nur die erste Annahme erweist sich indes bei näherer Betrachtung als zutreffend.

Wo das Gesetz eine bestimmte, nur vom Täter selbst auszuführende Handlung als Unrecht erfasst, kann der Vorgang des Trinkens, das Sichversetzen in den Zustand der Schuldunfähigkeit, die vom Gesetz vorausgesetzten Anforderungen an die tatbestandsmäßige Handlung nicht erfüllen. Steht wie in § 316 oder § 315 c I Nr. 1a StGB das Führen eines Fahrzeuges bei alkoholbedingter Fahruntüchtigkeit unter Strafe, so ist nur der Vorgang des Fahrens selbst tatbestandsmäßig. Der Wirt, der vom Gast unbemerkt Wodka unter dessen Cola mischt, setzt zwar eine Ursache für dessen spätere Trunkenheitsfahrt, es wäre gleichwohl mit dem allgemeinen Sprachgebrauch un-

---

[17] *Hettinger*, GA 1989, S. 14.

vereinbar zu behaupten, er führe dabei ein Kraftfahrzeug. Ist nun der Fahrer selbst bei der Steuerung des Fahrzeuges alkoholbedingt nicht nur fahruntüchtig, sondern auch schuldunfähig, reicht es folglich auch für seine Strafbarkeit nicht aus, dass er durch die Herbeiführung der Trunkenheit eine Ursache für seine spätere Trunkenheitsfahrt gesetzt hat. Da er beim Fahren selbst, bei Begehung der Tat, schuldunfähig war, kann er nach geltendem Recht weder wegen Trunkenheit im Verkehr (§ 316 StGB) noch wegen Gefährdung des Straßenverkehrs (§ 315c I Nr. 1a StGB) bestraft werden.[18]

Gilt nun Entsprechendes auch für die Strafbarkeit wegen fahrlässiger Tötung (§ 222 StGB) oder (vorsätzlichen) Totschlags (§ 212 StGB)? Ist hier nicht ebenso wie beim Führen eines Kraftfahrzeuges richtig, dass wer trinkt, jedenfalls noch keinen Menschen tötet? Dazu folgendes Beispiel: Man stelle sich vor, eine stattliche Tafelrunde habe sich aus Anlass eines runden Geburtstags des Hausherrn zusammengefunden. Es wird Wein serviert und der Gastgeber bemerkt, wie Gast G, dessen Glas zuletzt gefüllt wird, aus einer Flasche eingeschenkt bekommt, die der Hausherr selbst vor Jahren mit einer tödlich wirkenden Dosis Arsen präparierte, um sich im Falle einer unheilbaren Krankheit selbst das Leben nehmen zu können. Ihm kommt dieser Zufall durchaus zupass, denn er trachtet G, der eine Affaire mit seiner Frau hatte, schon seit Längerem nach dem Leben. Wohl wissend, dass es aus Höflichkeit niemand wagen wird, vor ihm das Glas zu erheben, nimmt der Hausherr sogleich einen kräftigen Schluck des Weines, um G zum Trinken des vergifteten Weines zu veranlassen. In dieser Fallkonstellation ist unbestreitbar, dass der Hausherr durch sein Trinken eine Ursache für den Tod seines Gastes gesetzt hat. Hätte er nicht aus seinem eigenen Glas getrunken, hätte G den gesellschaftlichen Gepflogenheiten folgend sein Glas nicht erhoben und auf das Wohl des Hausherrn getrunken. Er wäre dann der Arsenvergiftung nicht erlegen. Weil der Hausherr um die Vergiftung des Weines wusste, hat sein Verhalten auch die Grenze des rechtlich erlaubten Risikos überschritten. Damit aber sind die Voraussetzungen erfüllt, bei deren Vorliegen ein Verhalten nach den allgemeinen Zurechnungsregeln den Tatbestand des Totschlags erfüllt, jemand also nach rechtlichen Maßstäben „getötet hat". Durch Trinken kann man folglich durchaus im rechtlichen Sinne einen Menschen töten.

Damit tritt ein Unterschied zwischen den vom Gesetz verwandten Handlungsbeschreibungen bei den Straftatbeständen der Trunkenheit im Verkehr (§ 316 StGB) bzw. der Gefährdung des Straßenverkehrs (§ 315c I Nr. 1a StGB) einerseits und der fahrlässigen Tötung (§ 222 StGB) bzw. des (vorsätzlichen) Totschlags (§ 212 StGB) andererseits zutage, der für die Beurteilung der Sachverhalte der actio libera in causa nach den allgemeinen Zurechnungsregeln maßgebliche Bedeutung hat. Während in den §§ 316, 315c I Nr. 1a StGB aus der Fülle denkbarer das Rechtsgut der Sicherheit des Straßenverkehrs gefährdender Verhaltensweisen nur die des Führens eines Kraftfahrzeuges trotz rauschbedingter Fahruntauglichkeit unter Strafe steht, genügt für ein die Tatbestände der §§ 212, 222 StGB verwirklichendes Verhalten, vom Gesetz ausschließlich durch die Bezugnahme auf den Erfolg der

---

[18] *BGHSt* 42, S. 235 (239 f.).

Tötung näher präzisiert, jedes das Rechtsgut verletzende Verhalten. Die eine bestimmte Handlung voraussetzenden Tatbestände werden Tätigkeitsdelikte genannt. Strafnormen, die jedes das Rechtsgut gefährdende Verhalten erfassen, bezeichnet man hingegen als „reine", d. h. nicht an ein bestimmtes Verhalten gebundene, Erfolgsdelikte.

Für die Beurteilung der Sachverhalte der actio libera in causa nach den allgemeinen Zurechnungsregeln folgt daraus, dass eine Strafbarkeit wegen eines Tätigkeitsdeliktes aufgrund der von § 20 StGB geforderten Simultanität von Tatbegehung und Schuldfähigkeit nur möglich ist, sofern der Gesetzgeber das Sichbetrinken selbst unter Strafe gestellt hat. Sowohl in Fall 1 als auch in Fall 2 (s. oben) kann A damit nicht wegen Trunkenheit im Verkehr (§ 316 StGB) oder Gefährdung des Straßenverkehrs (§ 315 c StGB), wohl aber wegen Vollrauschs (§ 323 a StGB) verurteilt werden. Hingegen ist es durchaus denkbar, das Sichbetrinken als Tathandlung der in Fall 1 etwa verwirklichten fahrlässigen Tötung (§ 222 StGB) oder des in Fall 2 in Betracht kommenden (vorsätzlichen) Totschlags (§ 212 StGB) anzusehen.

8.2.3
Fahrlässiges Erfolgsbegehungsdelikt

Das Setzen einer möglicherweise nur entfernt ursächlichen Bedingung für den Erfolg allein vermag allerdings die Strafbarkeit weder des fahrlässigen noch des vorsätzlichen Erfolgsdeliktes zu begründen. Beim fahrlässigen Erfolgsdelikt ist zusätzlich die Feststellung der individuell vermeidbaren Sorgfaltswidrigkeit des Täterverhaltens in Bezug auf den eingetretenen Erfolg erforderlich. Darüber hinaus muss der Erfolg auf der Sorgfaltswidrigkeit beruhen, was nicht der Fall ist, wenn er ausnahmsweise bei sorgfaltsgemäßem Verhalten ebenfalls eingetreten wäre. In Fall 1 (s. oben) gelangt man in Anwendung dieser Kriterien zur Strafbarkeit des A wegen fahrlässiger Tötung: Das Sichbetrinken von A ist kausal für den Tod des G, denn die Kollision wäre vermieden worden, wenn A nicht unter alkoholbedingten Konzentrationsmängeln gelitten hätte. Zusätzlich war das Trinken, wohl wissend später noch Auto zu fahren, auch sorgfaltswidrig im Hinblick auf das Leben anderer Verkehrsteilnehmer. Und schließlich liegt kein Sachverhalt vor, bei dem rechtmäßiges Alternativverhalten, vorliegend das Fahren ohne alkoholbedingte Konzentrationsmängel, den Tod von G ebenso herbeigeführt hätte.

Bei den Sachverhalten einer fahrlässigen actio libera in causa kann, wie sich aus der Lösung zu Fall 1 (s. oben) ergibt, auch eine noch im schuldfähigen Zustand vorgenommene Handlung nach allgemeinen Zurechnungsregeln die Begehung eines Erfolgsdeliktes darstellen. Des besonderen Zurechnungsprinzips einer fahrlässigen actio libera in causa bedarf es nicht.[19] Schwieriger ist die Situation beim vorsätzlichen Erfolgsdelikt. Schon die Feststellung des Kausalzusammenhanges zwischen dem Sichversetzen in den Zustand der Schuldfähigkeit und dem späteren Taterfolg kann in praktisch weitaus größerem Umfang als beim Fahrlässigkeitsdelikt Probleme bereiten: Hat der Täter, als er sich

---

[19] *BGHSt* 42, S. 235 (236 f.); *Horn*, GA 1969, S. 289 (290).

betrank, bereits vorgehabt, später schuldunfähig die einen bestimmten Erfolg unmittelbar verursachende Handlung vorzunehmen, so ist die Schuldunfähigkeit nicht notwendigerweise kausal für diesen Erfolg. Wenn A sich in Fall 2 (s. oben) nur zum Zeitvertreib betrunken hätte, weil G bei seiner Ankunft an der deutsch-niederländischen Grenze wider Erwarten noch gar nicht zugegen war, so wäre dieses Verhalten von A nicht ursächlich für den Tod von G geworden, weil A die Tat auch ansonsten durchgeführt hätte.

Hieraus darf allerdings nicht gefolgert werden, in den Fällen der vorsätzlichen actio libera in causa sei ein Kausalzusammenhang zwischen dem Zustand der Schuldunfähigkeit und dem tatbestandlichen Erfolg niemals gegeben.[20] Oftmals wird der Alkoholkonsum dem Abbau natürlicher der Tatausführung im Weg stehender Hemmungen dienen. Dann aber vermag der Täter erst im Zustand der Schuldunfähigkeit umzusetzen, wozu er noch schuldfähig nicht in der Lage war. Die Herbeiführung der Schuldunfähigkeit ist bei dieser Fall 2 (s. oben) zugrunde liegenden Sachverhaltsgestaltung eine notwendige Bedingung für den Erfolg. Das Erfordernis des kausalen Zusammenhanges zwischen Schuldunfähigkeit und Taterfolg steht also nur in bestimmten Sachverhaltskonstellationen, keineswegs aber generell einer Verurteilung wegen der vorsätzlich begangenen Rauschtat in den Sachverhalten der vorsätzlichen actio libera in causa entgegen.

Hieraus folgt, dass unabhängig von einer etwaigen Strafbarkeit wegen des vorsätzlichen Deliktes zumindest eine Strafbarkeit wegen Fahrlässigkeit angenommen werden kann, weil das Sichbetrinken auch in der Konstellation der vorsätzlichen actio libera in causa sorgfaltswidrig ist: Der Planung des Täters entsprechend schafft es die Gefahr des Abbaus der dem Tatvorhaben im Wege stehenden Hemmungen. Auch wer sich, wie A in Fall 2 (s. oben), zielgerichtet in den Zustand der Schuldunfähigkeit versetzt, um die seiner geplanten Tat hinderlichen Hemmungen zu beseitigen, ist deshalb zumindest wegen fahrlässiger Tötung strafbar, sofern ihm dies gelingt und er sein Vorhaben im Zustand der Schuldunfähigkeit tatsächlich umsetzt. Ob das Verhalten in dieser Sachverhaltskonstellation nach den allgemeinen Zurechnungsregeln auch wegen (vorsätzlichen) Totschlags geahndet werden kann, hängt davon ab, ob die besonderen das Vorsatzunrecht konstituierenden Zurechnungsvoraussetzungen vorliegen:

8.2.4
Vorsätzliches Erfolgsbegehungsdelikt

Als wenig problematisch erweist sich die nach § 16 I S. 1 StGB für vorsätzliches Handeln erforderliche Kenntnis der Tatsachen, welche die Gefahr der objektiven Tatbestandsverwirklichung begründen. In Fall 2 (s. oben) war A sich auch schon beim Trinken durchaus der Möglichkeit bewusst, im Zustand der Schuldunfähigkeit einen den Tod von G herbeiführenden Unfall zu verursachen, mehr noch: Es kam ihm gerade hierauf an. Bestünde der Unterschied zwischen fahrlässigem und vorsätzlichem Handeln nur darin, dass

---

[20] So aber *Neumann*, Zurechnung und „Vorverschulden" (1985), S. 26.

sich fahrlässig verhält, wer die Tatumstände hätte erkennen müssen, vorsätzlich aber, wer sie erkannt hat, so wäre auch die vorsätzliche actio libera in causa kein Problem, das im Hinblick auf die Erfolgsdelikte nicht durch die Anwendung der allgemeinen Zurechnungsregeln zu lösen wäre.[21]

So einfach liegen die Dinge jedoch nicht. Die gegenüber fahrlässigem Handeln deutlich erhöhte Strafandrohung des vorsätzlich ins Werk gesetzten Unrechts rechtfertigt sich aus der Überlegung, dass der Vorsatztäter sich bewusst für die Gefährdung bzw. Verletzung des Rechtsgutes entscheidet,[22] während der fahrlässig Handelnde es bloß versäumt, sich im Hinblick auf die Vermeidung dieser Gefährdung hinreichend zu motivieren. Nicht jede Kenntnis einer den Fahrlässigkeitsvorwurf begründenden Gefahr der zukünftigen Tatbestandsverwirklichung bedeutet aber zugleich die Entscheidung für die Gefährdung des Rechtsguts. Wenn A in Fall 1 (s. oben) beim Trinken bewusst war, er werde möglicherweise später infolge alkoholbedingter Konzentrationsmängel das Leben anderer Verkehrsteilnehmer gefährden, kann jedenfalls zu diesem Zeitpunkt noch nicht ohne weiteres von einer Entscheidung gesprochen werden, dies auch zu tun. Ginge man davon aus, A trinke so viel, dass er zwar fahruntüchtig, aber nicht schuldunfähig werde, so fällt die Entscheidung für die Gefährdung anderer Verkehrsteilnehmer erst, wenn er wieder ins Auto einsteigt.

Über die Kenntnis der den objektiven Tatbestand erfüllenden Umstände hinaus ist deshalb für die Begehung des vorsätzlich vollendeten Delikts erforderlich, dass der Täter im Sinne des § 22 StGB nach seiner Vorstellung unmittelbar zur Verwirklichung des Tatbestandes angesetzt und er deshalb durch sein Verhalten das ggf. strafbare Stadium des Versuchs erreicht hat. Für die in den Fällen der actio libera in causa in Betracht kommende Täterschaft in eigener Person (§ 25 I, 1. Alt. StGB) bedeutet dies am Beispiel des Totschlags (§ 212 StGB), dass der Handelnde bewusst dazu angesetzt haben muss, selbst einen Menschen zu töten. Unterstellt, in Fall 2 (s. oben) wäre A, ohne sich zuvor in der Raststätte betrunken zu haben, sogleich zum Grenzübergang gefahren, um absichtlich den Verkehrsunfall herbeizuführen: Nach allgemeiner Auffassung hätte er erst in dem Moment, in dem er seinen Lieferwagen tatsächlich auf den von G kontrollierten PKW zusteuerte, dazu angesetzt, die Tat auszuführen. Wie soll nun der in Fall 2 (s. oben) hinzutretende Umstand des vorherigen Betrinkens zu einer zeitlichen Vorverlagerung des Versuchsbeginns führen?

Nicht möglich ist es jedenfalls, für die Strafbarkeit wegen vorsätzlichen Delikts in den Fällen der actio libera in causa auf das unmittelbare Ansetzen zur Tatbestandsverwirklichung gänzlich zu verzichten, weil schon das Betrinken den „Achtungsanspruch des Rechtsguts" verletze, wenn der Täter die Möglichkeit der konkreten Straftat erkennt.[23] Das betroffene Rechtsgut wird in diesem Sinne schon durch jede Vorbereitungshandlung beeinträchtigt, gleichwohl folgt hieraus ohne Eintritt ins Versuchsstadium auch ansonsten nicht die Strafbarkeit wegen vorsätzlichen Delikts. Wer etwa plant, seine für

---

[21] *Herzberg*, FS Spendel (1992), S. 203 (227).
[22] *Roxin*, AT, § 12 Rn. 23 m. w. N.
[23] So *Schmidhäuser*, Die actio libera in causa (1992), S. 33.

3 Wochen abwesende Frau zu vergiften, und zu diesem Zwecke schon mal die Zuckerdose mit Arsen präpariert, ist nicht wegen Mordes strafbar, wenn er kurz darauf ins Koma fällt und erst wieder bei Sinnen ist, als seine inzwischen wieder zurückgekehrte Frau den Zucker bereits gekostet hat. Natürlich wurde der „Achtungsanspruch des Rechtgutes" auch hier bereits durch das vorsorgliche Präparieren des Zuckers verletzt, aber dies begründet, weil der Ehemann glaubte, die Entscheidung über den Tod seiner Frau noch nicht verbindlich gefällt zu haben, nur die Strafbarkeit wegen fahrlässiger Tötung.

Auch ist es nicht möglich, in dem Sichbetrinken als einer dem Versuch vorgelagerten Handlung ex post einen die Bestrafung legitimierenden Bestandteil der Tatbegehung zu sehen.[24] Weil das unmittelbare Ansetzen, verstanden als Zeitpunkt, in dem sich der Täter „nach seiner Vorstellung" (§ 22 StGB) bewusst für die Gefährdung des Rechtsguts entscheidet, ein das Vorsatzunrecht prägendes Moment darstellt, ist es erforderlich, dass er noch schuldfähig zur Tatbestandsverwirklichung angesetzt hat. Selbst unter der freilich zweifelhaften Prämisse, das Sichbetrinken sei ein Teilstück der Tatbegehung auch des Vorsatzdeliktes, ist es deshalb nicht plausibel, dieses Teilstück der Tathandlung für die Legitimation der Vorsatzstrafe ausreichen zu lassen.

Nicht zutreffend ist in diesem Zusammenhang die Überlegung, der Gesetzgeber habe verschiedentlich den Versuch eines vorsätzlichen Erfolgsdeliktes gar nicht unter Strafe gestellt, weshalb das unmittelbare Ansetzen für die Unterscheidung zwischen Fahrlässigkeits- und Vorsatzunrecht keine Rolle spielen könne.[25] Auch das vollendete Delikt setzt, weil der Erfolg selbst nicht Tathandlung sein kann, den Versuch voraus.[26] Die im Einzelfall anzutreffende gesetzgeberische Wertung, den Versuch straflos zu lassen, bedeutet nur, dass eine strafrechtliche Ahndung nur des erfolgreichen, und nicht auch des erfolglosen Versuchs für erforderlich gehalten wird. Die partiell gewollte Straflosigkeit des Versuchs ist deshalb kein Argument, beim vollendeten vorsätzlichen Delikt auf das Merkmal des unmittelbaren Ansetzens zu verzichten.

Die Möglichkeit, in den Sachverhalten einer vorsätzlichen actio libera in causa auch wegen der vorsätzlich im Rausch begangenen Tat zu bestrafen, steht und fällt folglich mit der Antwort auf die Frage, ob schon das Sichbetrinken den Eintritt ins ggf. strafbare Versuchsstadium bedeutet. Besteht der qualitative Unterschied des vorsätzlichen gegenüber dem fahrlässigen Unrecht in der verbindlichen Entscheidung des Täters für die Gefährdung des Rechtsguts, so ist grundsätzlich maßgeblich, wann der zunächst noch unverbindliche Tatentschluss, der nach der Vorstellung des Handelnden jederzeit ohne Erklärungsbedarf aufgegeben werden kann, sich derart nach außen manifestiert, dass der Täter, gibt er sein Vorhaben erst jetzt auf, gegenüber der Rechtsordnung Rechenschaft abzulegen hat. Die Begehung eines vorsätzlichen Delikts setzt deshalb ein dem Täter zurechenbares und erfolgsursächliches Verhalten in einer Situation voraus, welches den Handelnden,

---

[24] So *Spendel* in: LK[10], § 323 a Rn. 33; *Herzberg*, FS Spendel (1992), S. 203 (236).
[25] So *Schmidhäuser*, Die actio libera in causa (1992), S. 38 f.
[26] *Horn*, GA 1969, S. 289 (293).

auch wenn der Erfolg tatsächlich ausbleiben sollte, in Erklärungsnot versetzt. Erst wenn der Tatentschluss nach der Vorstellung des Täters diese „Feuerprobe der kritischen Situation"[27] durchlaufen hat, weist er die für vorsätzliches Handeln erforderliche Verbindlichkeit auf.

In dieser Hinsicht weisen die Sachverhalte der vorsätzlichen actio libera in causa gegenüber im Tathergang vergleichbaren Fällen eine Besonderheit auf, die für die Annahme des Versuchsbeginns schon beim Sichbetrinken sprechen könnte: Wer sich selbst, um seine Hemmungen abzubauen, der eigenen Schuldfähigkeit begibt, ist ab diesem Zeitpunkt nicht mehr Herr des Geschehens. Damit entlässt er das Geschehen früher aus seinem Herrschaftsbereich, als jemand, der das Vorhaben einer Straftat umsetzt, ohne sich zu vor in den Zustand der Schuldunfähigkeit zu begeben. Die Situation der vorsätzlichen actio libera in causa ist in diesem Punkt bestimmten Konstellationen der mittelbaren Täterschaft ähnlich. Auch wer sich eines anderen bedient und die unmittelbar den Erfolg verursachende Handlung nicht selbst, sondern durch diesen ausführen lässt, begibt sich seiner Herrschaft über das Geschehen, sobald er sein menschliches „Werkzeug" auf den Weg schickt. Überwiegend wird auch hier nicht das Verhalten des anderen, sondern das des mittelbaren Täters als maßgeblich für dessen Eintritt ins Versuchstadium angesehen: Entscheidend sei, wann der Hintermann das Geschehen aus seinem Herrschaftsbereich entlasse, nicht hingegen, wann das Werkzeug dazu ansetze, die unmittelbare Ausführungshandlung zu vollziehen.[28] Unter dem Gesichtspunkt der „Feuerprobe", die das Tatvorhaben zu bestehen habe, um als Versuch strafbar zu sein, ist diese Annahme richtig; denn wer sein menschliches Werkzeug ohne weitere Einflussmöglichkeit frei agieren lässt, hat sich in vergleichbarer Weise verbindlich für die Rechtsgutsgefährdung entschieden wie der unmittelbare Täter, der seine Waffe als mechanisches Werkzeug benutzt.

Nun ist die Situation der vorsätzlichen actio libera in causa schon allein deshalb kein Fall der mittelbaren Täterschaft, weil die als Täter in Betracht kommende Person sich keines *anderen* für die unmittelbare Ausführungshandlung bedient.[29] Allenfalls macht er sich durch die vorsätzliche Herbeiführung der Schuldunfähigkeit selbst zum Werkzeug der gleichwohl eigenen Tatbegehung. Es ist aber voreilig, schon hieraus die Wertlosigkeit der Parallele zur mittelbaren Täterschaft zu folgern. Wenn die Konstellation der vorsätzlichen actio libera in causa in der Wertung den geschilderten Situationen der mittelbaren Täterschaft entspricht, ist kein Grund ersichtlich, nicht entsprechend dieser Konstellation der mittelbaren Täterschaft auch einen früheren Zeitpunkt des Versuchsbeginns anzunehmen. Für den Zeitpunkt des unmittelbaren Ansetzens bestehen, wie sich schon aus der Formulierung des § 22 StGB ergibt, demzufolge es auf die Vorstellung des Täters ankommt, keine dem objektiven Geschehen allein zu entnehmenden Maßstäbe. Vielmehr ist allein die Frage entscheidungserheblich, ob der Täter die

---

[27] *Bockelmann*, JZ 1954, S. 468 (473).
[28] BGHSt 30, S. 363 (365); *Tröndle/Fischer*, § 22 Rn. 24 ff.; *Lackner/Kühl*, § 22 Rn. 9 m. w. N. auch zur Gegenmeinung.
[29] Anders *Jakobs*, AT, 17/64 ff.

„Feuerprobe der kritischen Situation" durchlebt und sich trotzdem von seinem Vorhaben nicht hat abbringen lassen.

Um im Falle der vorsätzlichen actio libera in causa aufgrund entsprechender Wertung bei der mittelbaren Täterschaft den Eintritt ins Versuchsstadium zu begründen, ist es deshalb nicht erforderlich, den Handelnden im Zustand der Schuldunfähigkeit zu seinem Alter Ego zu machen. Nachgewiesen werden muss aber die Vergleichbarkeit zum Zurechnungsprinzip der mittelbaren Täterschaft. Beim mittelbaren Täter wird das etwaige Fehlen der Herrschaft über das Ausführungsstadium durch das Ausmaß seines Einflusses auf die Motivierbarkeit des Ausführenden kompensiert. Weil dieser Einfluss ein Ausmaß erreicht, das nicht den Ausführenden selbst, sondern den Hintermann als „Zentralgestalt" des Geschehens ausweist, wird sein Beitrag als Täterschaft und nicht bloß als Anstiftung zur Tat eines anderen gewertet.[30] Wer sein Kind dazu veranlasst, im Kaufhaus zu stehlen, ist deshalb mittelbarer Täter eines Diebstahls. Wer hingegen einen Erwachsenen auf die Idee eines solchen Vorhabens bringt, ist in aller Regel nur Anstifter zu dessen eigener Tat.

Wendet man dieses Zurechnungsprinzip auf die Sachverhalte der vorsätzlichen actio libera in causa an, so müsste die infolge Schuldunfähigkeit fehlende Herrschaft im Ausführungsstadium durch einen gesteigerten Einfluss auf die eigene Motivierbarkeit im noch schuldfähigen Zustand ausgeglichen werden. Das Sichbetrinken müsste nicht nur ein probates Mittel sein, die Kontrolle über sich selbst zu verlieren, es müsste auch die hinreichende Gewähr dafür bieten, im Zustand der Schuldunfähigkeit die geplante Tat wirklich zu begehen. Dies setzt die Möglichkeit einer hinreichend sicheren Einschätzbarkeit des eigenen Verhaltens im Zustand der Schuldunfähigkeit voraus, an der es im Regelfall schon in Ermangelung entsprechender Erfahrungswerte fehlen wird. Wer sich betrinkt, um seine der Tat im Wege stehenden Hemmungen zu beseitigen, mag zwar hoffen, die Tat im Zustand der Schuldunfähigkeit letztendlich auch auszuführen; mit einer hinreichend wahrscheinlichen Prognose dessen, was geschehen wird, darf dies aber nicht verwechselt werden. Stellt man sich Fall 2 (s. oben) so vor, dass sich A nicht bewusst in den Zustand der Schuldunfähigkeit versetzt, sondern vom Wirt, der die Situation vollständig überblickt und schärfere Alkoholika unter das Bier mischt, schuldunfähig gemacht wird, dann wird deutlich, warum die Parallele zur mittelbaren Täterschaft nicht trägt. Ein solches Verhalten des Wirtes würden wir im Hinblick auf die Tötung von G kaum als klugen Plan ansehen.

Nur wenn ausnahmsweise eine Prognosemöglichkeit des eigenen Verhaltens besteht, ist der Fall der vorsätzlichen actio libera in causa deshalb wertungsmäßig der mittelbaren Täterschaft vergleichbar. Dies mag etwa zutreffen, wenn der ständig betrunkene Ehemann aus jahrelanger Erfahrung weiß, dass er im volltrunkenen Zustand immer seine Frau verprügelt, und sich zu diesem Zwecke erneut mit demselben Erfolg dem Trunke hingibt. In diesen freilich seltenen Fällen ist es dann auch richtig, schon im Sichbetrinken den Eintritt ins Versuchsstadium zu sehen. Wer aus hinreichender Erfahrung

---

[30] Vgl. *Roxin* in: LK, § 25 Rn. 54.

weiß, wie er sich im Zustand der Schuldunfähigkeit verhält, durchlebt in dem Moment die „Feuerprobe der kritischen Situation", in dem er unter Einfluss des Alkohols merkt, allmählich die Kontrolle über sich zu verlieren.

Wer hingegen über derartige Erfahrungswerte nicht verfügt, sich aber zum Überwinden der eigenen Hemmungen betrinkt, trifft gerade keine verbindliche Entscheidung für die Tatausführung, sondern überlässt diese dem Zufall. Er *begeht* deshalb durch das Sichbetrinken die Tat noch nicht, selbst wenn er später tatsächlich schuldunfähig die unmittelbare Ausführungshandlung vornimmt. Er unterlässt es allerdings, die von ihm gesehene Gefahr, im Zustand der Schuldunfähigkeit die Tat auszuführen, abzuwenden und ist möglicherweise wegen dieses Unterlassens strafbar. Als schuldhafte „Begehung der Tat" im Sinne des § 20 StGB ist folglich auch die Nichtabwendung der drohenden Schuldunfähigkeit als tatbestandliches Unterlassen in Betracht zu ziehen. [31]

8.2.5
Vorsätzliches unechtes Unterlassensdelikt

Während des tatbestandsmäßigen Verhaltens eines Begehungsdeliktes erfüllt der Täter, jedenfalls soweit nicht verhaltensgebundene Erfolgsdelikte in Rede stehen, bei denen das Unterlassen der Verwirklichung des gesetzlichen Tatbestandes durch ein Tun gemäß § 13 StGB möglicherweise nicht entspricht, [32] zugleich alle Merkmale des entsprechenden Unterlassungsdeliktes. Wenn A B erschießt, hat er durch aktives Tun einen Menschen getötet und damit das Begehungsdelikt des § 212 StGB erfüllt. Zugleich hat er es unterlassen, die von ihm selbst ausgehende Gefahr des Todes von B abzuwenden, obwohl er hierfür gemäß § 13 StGB rechtlich einzustehen hatte, [33] und damit den Tatbestand des Totschlags durch Unterlassen gemäß §§ 212, 13 StGB erfüllt. Auf diese ebenfalls begründete Strafbarkeit wegen Unterlassens kommt es zwar im Beispielsfall nicht mehr an, weil die Strafbarkeit wegen Unterlassens gegenüber der aus dem Begehungsdelikt bei der Gesamtbewertung im Wege der Gesetzeskonkurrenz zurücktritt. In den Sachverhalten der vorsätzlichen actio libera in causa könnte ihr aber deshalb Bedeutung zukommen, weil es hier im Hinblick auf das Begehungsdelikt, wie dargelegt, an der Schuldfähigkeit beim Eintritt ins Versuchsstadium fehlt.

Der Rückgriff auf das Unterlassen kann eine Strafbarkeit wegen des Vorsatzdeliktes freilich nur begründen, sofern der Versuch beim Unterlassen hier früher beginnt als beim Begehen. Grundsätzlich ist ein früherer Beginn des Versuchs beim Unterlassen in der Konstellation eines durch aktives Tun herbeigeführten Erfolges nicht feststellbar. Wenn A B erschießt, fallen die Entscheidungen, den Erfolg selbst aktiv herbeizuführen und ihn zugleich nicht abzuwenden in eins, weil die B drohende Gefahr, zu deren Abwendung A gemäß §§ 212, 13 StGB verpflichtet ist, erst entsteht, wenn A damit be-

---

[31] Vgl. *Jakobs*, AT, 17/65 Anm. 118; *Herzberg*, FS Spendel (1992), S. 203 (222).
[32] Dazu *Stree* in: Schönke-Schröder, § 13 Rn. 4.
[33] Vgl. *Jakobs*, AT, 7/56 ff.

ginnt, die Ursache für dessen Tod zu setzen, er also beispielsweise mit dem Gewehr auf ihn anlegt. In diesem Moment hat er aber im Sinne des § 22 StGB auch schon unmittelbar zur Tötung durch aktives Tun angesetzt. Aufgrund der beim Handelnden gegebenen Kontrolle über die von ihm drohende Gefahr des Erfolges ist hier der Versuchsbeginn des zusätzlich zum Begehungsdelikt verwirklichten Unterlassungsdelikts im selben Zeitpunkt anzunehmen.

Die Sachverhalte der actio libera in causa zeichnen sich im Gegensatz zu dieser Grundsituation allerdings gerade dadurch aus, dass der Täter, bevor er die Ausführungshandlung vornimmt, die ihm zurechenbare Kontrolle über sein eigenes Verhalten verliert. Wenn es also in der Konstellation eines durch aktives Tun herbeigeführten Erfolges im Grundsatz deshalb plausibel ist, den Versuch des Unterlassungsdeliktes erst in dem Moment anzunehmen, in dem der Täter zugleich zur Verwirklichung des Begehungsdeliktes ansetzt, weil erst hierdurch die gemäß § 13 StGB abzuwendende Gefahr entsteht, so lässt sich dieser Gedanke auf die Sachverhalte der actio libera in causa nicht übertragen. Im Gegenteil: Die vom Täter nicht mehr beherrschbare Gefahr des Erfolgseintrittes ist schon dann gegeben, wenn er beim Trinken merkt, es könne in naher Zukunft dazu kommen, dass er die Herrschaft über sich verliert, also schuldunfähig werde. Er entscheidet sich dann, soweit er das Trinken nicht aufgibt, dafür, die Gefahr des Erfolgseintrittes durch sich selbst hinzunehmen. Dieser Unterschied zur Grundkonstellation des durch aktives Tun herbeigeführten Erfolgsdeliktes rechtfertigt es, in den Sachverhalten der vorsätzlichen actio libera in causa von einem Versuch des Unterlassensdeliktes auszugehen, obschon der Täter zu der Ausführungshandlung selbst noch nicht angesetzt hat.

Die Annahme, der Versuch des Unterlassungsdeliktes beginne, sobald der Täter aufgrund der erreichten Trinkmenge merkt, es könne alsbald der Zustand der Schuldunfähigkeit erreicht sein, beruht nicht auf einer eigens für diese Fälle konstruierten Sonderregel, sondern ergibt sich ohne weiteres aus den allgemeinen Regeln zur Bestimmung des Versuchsbeginns beim Unterlassen.[34] Das mag nachfolgendes Beispiel verdeutlichen: Wenn A seinen Bruder B ohnmächtig auf den Eisenbahnschienen liegend vorfindet und sich gleichwohl tatenlos vom Ort des Geschehens entfernt, so setzt er im Sinne des § 22 StGB jedenfalls zu dem Zeitpunkt unmittelbar zum Totschlag durch Unterlassen (§§ 212, 13 StGB) an, indem er sich nicht mehr sicher ist, noch vor Eintreffen eines Zuges zurückkehren und B retten zu können. Weil sich A in diesem Moment der Kontrolle über das Geschehen begibt, verdichtet sich die dem Rechtsgut drohende Gefahr in einem Maße, dass die Entscheidung, Rettungsmaßnahmen zu unterlassen, die „Feuerprobe der kritischen Situation" bestanden hat. In gleicher Weise begibt sich aber der Trinkende im Fall der actio libera in causa der Kontrolle über die Gefahr, sich später für die unmittelbare Ausführungshandlung zu entscheiden, sobald er merkt, zukünftig möglicherweise nicht mehr Herr seiner eigenen Entschlüsse zu sein. In Fall 2 (s. oben) ist A damit zwar nicht wegen Totschlags durch akti-

---

[34] Zur Bestimmung des Versuchsbeginns beim Unterlassen: *Grünwald*, JZ 1959 (a), S. 46 ff.; vgl. auch *Eser* in: Schönke-Schröder, § 22 Rn. 47 ff. m. w. N.

ves Tun, aber wegen Totschlags durch Unterlassen gemäß §§ 212, 13 StGB strafbar.

Warum nach allgemeinen Zurechnungsregeln zwar ein tatbestandsmäßiges Unterlassen, nicht aber auch ein tatbestandsmäßiges Tun anzunehmen ist, ergibt sich aus der Unrechtsstruktur des vorsätzlichen Unterlassungsdeliktes, das der Teilnahme am fremden Begehungsdelikt näher steht als der vorsätzlichen Täterschaft durch Begehen.[35] Für die vorsätzliche Täterschaft durch Begehen ist kennzeichnend, dass der Täter bewusst den erfolgsursächlichen Verlauf selbst in Gang gesetzt hat und ihn beherrscht, bis er nach seiner Vorstellung alles zum Erfolgseintritt Erforderliche getan hat. Bei der Täterschaft durch Unterlassen und der Teilnahme fehlt es zumindest an einer dieser Voraussetzungen, sodass sie im Hinblick auf das Moment der Beherrschung des erfolgsursächlichen Verlaufs, nicht notwendigerweise auch im Hinblick auf das Maß des Unrechts, immer ein Minus zur vorsätzlichen Täterschaft aufweist. Dieses strukturelle „Minus" zur vorsätzlichen Täterschaft durch Begehung ist regelmäßig[36] auch charakteristisch für die Sachverhalte der vorsätzlichen actio libera in causa, weil hier der Täter die Herrschaft über den bewusst in Gang gesetzten Kausalverlauf nicht bis zu jenem Zeitpunkt inne hat, in dem er glaubt, alles zum Erfolgseintritt Erforderliche getan zu haben.

Die in den Sachverhalten der vorsätzlichen actio libera in causa anzunehmende Strafbarkeit wegen des vorsätzlichen Unterlassungsdeliktes löst nebenbei auch die bereits angesprochene Problematik der Feststellung des Ursachenzusammenhanges zwischen dem Sichbetrinken und dem tatbestandlichen Erfolg.[37] Hätte A sich in Fall 2 (s. oben) nur aus Zeitvertreib und nicht zur Beseitigung der Tatausführung im Wege stehender Hemmungen betrunken, so wäre ihm gleichwohl vorzuwerfen, dass er keine Vorkehrungen getroffen hat, die Tatausführung im Zustand der Schuldunfähigkeit zu verhindern. Dies wäre ihm leicht möglich gewesen, indem er etwa seinen Autoschlüssel während des Trinkens an einen Dritten weitergibt, um so zu verhindern, dass er, sobald er alkoholbedingt die Herrschaft über sich verliert, das Auto gegen den Grenzbeamten G steuert. Bei der Vornahme dieser gebotenen Handlung wäre der Tod von G ausgeblieben, sodass A auch wegen dieses Versäumnisses wegen Totschlags durch Unterlassen gemäß §§ 212, 13 StGB strafbar ist.

8.2.6
Konsequenzen für Rücktritt und verminderte Schuldfähigkeit

Ist A nach allgemeinen Zurechnungsregeln in Fall 2 (s. oben) wegen Totschlags durch Unterlassen gemäß §§ 212, 13 StGB strafbar, so ist noch die Frage zu beantworten, wie es sich auswirken würde, wenn er nach dem Eintritt ins Versuchsstadium, aber schon schuldunfähig von seinem Vorhaben

---

[35] *Grünwald*, GA 1959 (b), S. 110 (113).
[36] Zu den denkbaren Ausnahmefällen siehe oben S. 12.
[37] Vgl. *Herzberg*, FS Spendel (1992), S. 203 (222); *Jakobs*, AT, 17/65 Anm. 118.

endgültig Abstand genommen hätte. Der Annahme eines strafbefreienden Rücktritts gemäß § 24 I 1 StGB steht der Umstand der Schuldunfähigkeit entgegen. Wird dem Täter wegen der Schuldunfähigkeit die unmittelbare Ausführungshandlung nicht mehr als Tat zugerechnet, so ist es zugleich unmöglich, ihm die Tataufgabe als sein Verdienst anzurechnen, weil es insoweit an der für die Strafbefreiung nach § 24 I 1 StGB erforderlichen Freiwilligkeit fehlt.[38] Der Versuch, die der Tatausführung im Wege stehenden Hemmungen durch die Herbeiführung des Zustandes der Schuldunfähigkeit zu beseitigen, ist schlicht fehlgeschlagen und auch in den Fällen der actio libera in causa kann dem Täter der Fehlschlag nicht zugute kommen. Soweit dem entgegen auch auf der Grundlage des Tatbestandsmodells ein strafbefreiender Rücktritt für möglich gehalten wird,[39] vermag dies nicht zu überzeugen.

Eine weitere Konsequenz der Strafbarkeit wegen des Nichtabstandnehmens vom weiteren Trinken als tatbestandsmäßiges Unterlassen der Erfolgsdelikte ist, dass der Täter die Tat regelmäßig im Zustande der verminderten Schuldfähigkeit (§ 21 StGB) begeht. Soweit in den Fällen der actio libera in causa teilweise generell auch eine Anwendbarkeit des § 21 StGB bestritten wird, ist dies zum Tatbestandsmodell inkompatibel. Zu dem Zeitpunkt, da dem Täter beim Trinken bewusst wird, er werde alsbald die Kontrolle über sich verlieren, wird er sich meist schon im Zustand der verminderten Schuldfähigkeit befinden. Die Annahme, der Täter setze schon beim Übergang zur verminderten Schuldfähigkeit gemäß § 21 StGB zum Versuch an,[40] ist nicht haltbar, weil zu diesem Zeitpunkt im Hinblick auf den möglichen Verlust der Kontrolle über sich selbst noch keine hinreichend kritische Situation besteht und deshalb von einer verbindlichen Entscheidung, die Gefahr der eigenen Tatbegehung nicht abzuwenden, keine Rede sein kann.

Denkbar sind allerdings 2 Ausnahmen: Zum einen der eher theoretische, jedenfalls im Strafprozess kaum jemals nachweisbare und deshalb in praxi vernachlässigbare Fall, dass der Täter irrig schon im noch voll schuldfähigen Zustand diesen Zeitpunkt für gekommen ansieht; zum anderen der praktisch bedeutsame Fall des sog. „Sturztrunkes". Beim Sturztrunk nimmt der Täter in sehr kurzer Zeit die erforderliche Alkoholmenge zu sich, sodass er bei Trinkende noch voll schuldfähig ist, weil der Alkohol noch nicht ins Blut gelangt ist. Der Übergang von der vollen Schuldfähigkeit über die verminderte und schließlich zur Schuldunfähigkeit findet dafür jedoch aufgrund der im Körper befindlichen Alkoholmenge gegenüber dem „normalen" Trinken in deutlich gesteigerter Geschwindigkeit statt. Aufgrund dieser besonderen Umstände ist der Beginn des strafbaren Unterlassens hier nach Beendigung des Trinkens anzunehmen, soweit der Täter selbst die zutreffende Vorstellung von den Wirkungen des Sturztrunkes hat. Da er zu diesem Zeitpunkt noch voll schuldfähig ist, kommt es nicht zur Anwendung des § 21 StGB.

---

[38] So auch *Jakobs*, AT, 17/68.
[39] So etwa *Roxin*, FS Lackner (1987), S. 307 (319); *Herzberg*, FS Spendel (1992), S. 203 (209); zweifelnd *Puppe*, JuS 1980, S. 346 (349 Anm. 18).
[40] *Roxin*, FS Lackner (1987), S. 307 (318).

8.2.7
Ergebnis

Auf der Grundlage der allgemeinen Zurechnungsregeln ergibt sich damit für die Sachverhalte der actio libera in causa folgendes Bild: Eine Strafbarkeit wegen eines anderen Tätigkeitsdeliktes als dem des Vollrauschs gemäß § 323 a StGB kommt nicht in Betracht, weil insoweit erforderlich ist, dass der Täter die unmittelbare tatbestandliche Ausführungshandlung selbst schuldhaft vornimmt. Im Hinblick auf die „reinen" Erfolgsdelikte hingegen ist zu differenzieren: Versetzt sich der Täter im Hinblick auf die spätere unmittelbare Ausführungshandlung fahrlässig in den Zustand der Schuldunfähigkeit, kann er wegen fahrlässiger Verwirklichung des Erfolgsdeliktes durch aktives Tun strafbar sein. Betrinkt er sich hingegen im Hinblick auf die spätere Ausführungshandlung vorsätzlich, so stellt sich sein Verhalten als Verwirklichung des betreffenden vorsätzlichen Unterlassungsdeliktes dar. Letzteres bedeutet zugleich, dass die Verurteilung wegen des vorsätzlichen Delikts nur möglich ist, wenn der Täter die Schuldunfähigkeit im Hinblick auf die spätere Tat vorsätzlich herbeigeführt hat.[41] Die schwierige Feststellung eines Vorsatzes bei Vornahme der später schuldunfähig vorgenommen Ausführungshandlung ist hingegen nicht erforderlich.

8.3
Das Ausnahmemodell als rechtspolitische Alternative?

Kriminalpolitisch betrachtet ergibt sich in Anwendung der derzeit gültigen Zurechnungsregeln vor allem im Hinblick auf die Tätigkeitsdelikte eine vom Rechtsgefühl als unbefriedigend empfundene Strafbarkeitslücke. Diese Lücke ist nach geltendem Recht hinzunehmen, denn das mit Verfassungsrang ausgestattete Gesetzlichkeitsprinzip verbietet, wie bereits angesprochen, eine für den Angeklagten nachteilige Reduktion des § 20 StGB im Sinne des Ausnahmemodells, demzufolge sich auf seine Schuldfähigkeit nicht berufen können soll, wer sie selbst schuldhaft herbeigeführt hat. Für ein künftiges Recht könnte dieser (scheinbare) Mangel jedoch mittels einer gesetzlich angeordneten Ausnahme zum Simultanitätsprinzips des § 20 StGB zu beheben sein. Voraussetzung hierfür ist eine Vereinbarkeit dieser Ausnahme mit dem Schuldprinzip.

Wer diese Vereinbarkeit auch für ein künftiges Recht bestreitet, muss in Ansehung entsprechender Regelungen anderer europäischer Strafrechtsordnungen[42] begründen, warum es nicht gerecht ist, auch jenen zu bestrafen, der zwar bei Tatbegehung schuldunfähig war, diesen Umstand aber selbst verschuldet hat. Der Nachweis eines Verstoßes gegen das Schuldprinzip ist freilich schwer zu führen, weil es einen a priori feststehenden Maßstab gerechter Zurechnung nicht gibt. Trotz der damit verbundenen Schwierigkei-

---

[41] Dies entspricht auf der Grundlage des Tatbestandsmodells der überwiegenden Meinung; vgl. *Rudolphi* in: SK-StGB, § 20 Rn. 30 m. w. N.
[42] Darstellung bei: *Paeffgen*, NK, Vor § 323a Rn. 61 ff. und *Kuhn-Päbst*, Die Problematik der actio libera in causa (1984), S. 21 ff.

ten, den Begriff der gerechten Zurechnung inhaltlich zu bestimmen, kann ein Zurechnungskriterium aber jedenfalls nur dann gerecht sein, wenn es ausnahmslos auf alle Fallkonstellationen Anwendung findet. Das Schuldprinzip beinhaltet insoweit zumindest das formale Kriterium der Gleichheit des angewandten Maßstabes. Niemand aber wird im Grundsatz bestreiten, dass ein Geschehen einer Person nur dann als ihre Tat zugerechnet werden kann, wenn sie bei deren Begehung auch schuldfähig war. Will man nun diesen Grundsatz entsprechend dem methodischen Ansatzpunkt des Ausnahmemodells für den Fall der selbst zu verantwortenden Schuldunfähigkeit nicht gelten lassen, dann fordert das Schuldprinzip die konsequente Anwendung dieser Ausnahme, d. h. der Umstand selbst verantworteter Schuldunfähigkeit dürfte niemals die Zurechnung hindern.

Auch die Befürworter des Ausnahmemodells werden aber nicht bereit sein, die sich hieraus ergebenden Konsequenzen zu akzeptieren. Wer etwa infolge eines selbst fahrlässig verursachten Verkehrsunfalls zeitweise eine behandelbare Gehirnschädigung erleidet, die ihn der Schuldfähigkeit beraubt, müsste nach diesem Konzept konsequent wegen Totschlags bestraft werden, wenn er später im Zustand der Schuldunfähigkeit seinen Pfleger umbringt. Denn auch in dieser Fallkonstellation ist die Schuldunfähigkeit selbst verschuldet. Der von *Hruschka*[43] zur Diskussion gestellte Formulierungsvorschlag für eine gesetzliche Festschreibung des Ausnahmemodells erfasst deshalb – vom Verfasser selbst nicht gewollt – auch diesen Fall. § 20 StGB soll danach lauten: „Ohne Schuld handelt, wer bei Begehung der Tat ... unfähig ist, das Unrecht der Tat einzusehen oder nach dieser Einsicht zu handeln. Dies gilt nicht, wenn der Täter für die Unfähigkeit selbst verantwortlich ist." Dem Wortlaut nach ist auch der Beispielfall von der Ausnahme des Satzes 2 erfasst.

Dies macht den methodischen Fehler des Ausnahmemodells deutlich. Die fahrlässig einen Verkehrsunfall verursachende Person verhält sich zu diesem Zeitpunkt noch nicht schuldhaft im Hinblick auf das Leben des später durch sie zu Tode kommenden Pflegers. Deshalb erscheint es nicht gerecht, ihn hierfür zur Verantwortung zu ziehen. In den Sachverhalten der actio libera in causa hingegen ist schon das Sichbetrinken bzw. die Nichtabwendung des die Schuldunfähigkeit begründenden Rausches eine Pflichtverletzung im Hinblick auf die spätere Rechtsgutsverletzung und es erscheint deshalb gerecht, den Täter hierfür zur Rechenschaft zu ziehen. Voraussetzung für die Strafbarkeit ist aber eine Norm, die dieses Verhalten auch bei Strafe untersagt. Soweit der Gesetzgeber in einem Strafgesetz im Grundsatz jedes erfolgsursächliche Verhalten als tatbestandsmäßiges Unrecht erfasst, ist diese Voraussetzung, wie dargelegt, gegeben. Bei den Tätigkeitsdelikten fehlt es an dieser Bedingung der Strafbarkeit. Die im Hinblick auf diese Delikte möglicherweise als ungerecht empfundene Strafbarkeitslücke in den Sachverhalten der actio libera in causa ist deshalb kein Problem der von § 20 StGB vorausgesetzten Simultanität von Schuldfähigkeit und Tatbegehung, sondern ein Problem dieser Tatbestandsbeschreibungen.

---

[43] *Hruschka*, JZ 1996, S. 64 (69).

Auch unabhängig von der Problematik der actio libera in causa leuchtet es deshalb nicht ein, warum nur der alkoholisiert ein Fahrzeug ·Führende wegen Trunkenheit im Verkehr gemäß § 316 StGB strafbar sein kann, nicht aber der Wirt der dem ahnungslosen und später auf das Auto angewiesenen Gast hochprozentigen Alkohol unter sein an sich unverdächtiges Getränk mischt. Die Kritik an der Straflosigkeit wegen eines Tätigkeitsdeliktes im Fall der actio libera in causa richtet sich ebenso wie die Kritik an der Straflosigkeit des Wirtes nicht gegen das Simultanitätsprinzip des § 20 StGB, sondern gegen die Tatbestandsbeschreibung des konkret in Frage kommenden Deliktes, hier des § 316 StGB, die diesen Fall schlicht nicht erfasst.

Soweit andere Strafrechtsordnungen [44] dieses Problem durch eine (scheinbare) Ausnahme zum Prinzip der Simultanität von Tatbegehung und Schuldunfähigkeit bewältigen, ist hierin in der Sache nicht notwendig ein Verstoß gegen das Schuldprinzip zu sehen. Wird die Ausnahme an die Bedingung geknüpft, dass die selbst zu verantwortende Schuldunfähigkeit schon im Hinblick auf die spätere Tatausführung ein Verschulden darstellt, handelt es sich in der Sache um eine Umgestaltung aller Deliktstatbestände in „reine" Erfolgsdelikte. Diese Umgestaltung mag mit dem Schuldprinzip vereinbar sein, birgt jedoch den Wertungswiderspruch in sich, dass sie nur für die Sachverhalte der actio libera in causa gilt: Sie betrifft nur denjenigen, der durch die Herbeiführung der eigenen Schuldunfähigkeit ursächlich wird für die eigene Tatausführung, nicht aber die ebenso strafwürdige Herbeiführung fremder Schuldunfähigkeit als Bedingung für die Rechtsgutsverletzung. Schon zur Vermeidung solcher Friktionen sollten die infolge der Tätigkeitsdelikte entstehenden Strafbarkeitslücken in den Sachverhalten der actio libera in causa nur durch eine Reform eben dieser Tatbestände behoben werden, sofern die Umgestaltung eines Tätigkeitsdeliktes in ein Erfolgsdelikt auf alle Sachverhalte angewandt als gerecht empfunden wird.

Im Hinblick auf den Schuldgrundsatz problematisch ist das Ausnahmemodell aber vor allem deshalb, weil nach ihm auch die im Hinblick auf das betroffene Rechtsgut fahrlässig herbeigeführte Schuldunfähigkeit ausreicht, eine Bestrafung wegen eines später schuldunfähig begangenen Vorsatzdeliktes zu begründen. Dies bedeutet im Einzelfall eine Umgestaltung der Vorsatz- in Fahrlässigkeitsdelikte. Zwar kann auch in diesem Fall das Ereignis der Rechtsgutsverletzung der handelnden Person als ihre Tat zugerechnet werden. Insoweit ist die Forderung des Schuldprinzips erfüllt, nach dem in Anlehnung an Kant nur der bestraft werden darf, der auch verbrochen hat. Darin erschöpft sich die begrenzende Funktion dieses Prinzips indes nicht. Vielmehr gebietet es darüber hinaus, dass jeder auch nur in dem Umfang bestraft werden darf, in dem er verbrochen hat. Dieser Grundsatz aber wird missachtet, wenn infolge einer (scheinbaren) Ausnahme zum Simultanitätsprinzip des § 20 StGB fahrlässiges Handeln dem vorsätzlichen gleichgestellt wird.

---

[44] Siehe dazu Anm. 42.

Joachim Renzikowski

9.1
Die Funktion des Vollrauschtatbestands

Es ist ein sehr altes Problem, wie Täter strafrechtlich zu beurteilen sind, die aufgrund der Einnahme berauschender Mittel zum Zeitpunkt der Tat schuldunfähig sind. Schon Aristoteles hat sich mit dieser Frage befasst. Nach seiner Auffassung trifft den, der „sich in der Trunkenheit vergeht, ein doppeltes Strafmaß, weil die Ursache in dem Betrunkenen selbst liegt; es stand bei ihm, sich nicht zu betrinken".[1] Die Berücksichtigung sowohl des Berauschens selbst als auch der im Rausch begangenen Tat entspricht dem gegenwärtigen Rechtszustand in Deutschland. Unter dem Schlagwort „actio libera in causa" verurteilt die ständige Rechtspraxis den Täter wegen der im Stadium der Schuldunfähigkeit begangenen Tat, wenn zwischen ihr und dem Sichberauschen ein Schuldbezug nachgewiesen werden kann.[2] Andernfalls kann der Täter nicht wegen der im Rausch begangenen Tat bestraft werden.

Der Vollrauschtatbestand wurde im Jahr 1933 eingeführt, um diese Strafbarkeitslücke zu schließen und – in zweiter Linie – den Missbrauch von

---

[1] *Aristoteles*, Nikomachische Ethik, III. 7; vgl. auch den detaillierten geschichtlichen Überblick bei *Hettinger*, a.l.i.c., S. 57 ff.

[2] Näheres dazu und zu den verschiedenen dogmatischen Konstruktionen im Beitrag von *Deiters*.

Rauschmitteln zu bekämpfen.[3] Praktische Bedeutung entfaltet § 323 a StGB in den Fällen, in denen eine rauschbedingte Schuldunfähigkeit zumindest nicht ausgeschlossen werden kann.[4] Bemerkenswert ist in diesem Zusammenhang die Beobachtung von Webers, der Vollrauschtatbestand habe in der Praxis gerade eine mildere Beurteilung des Rausches unter Schuldgesichtspunkten bewirkt. Davor hätten die Gerichte häufig einen die Zurechnung ausschließenden Rausch verneint, obwohl die Voraussetzungen des § 51 Abs. 1 StGB a. F. (heute: § 20 StGB) an sich vorgelegen hätten.[5] Die jüngste Entwicklung weist wieder in die entgegengesetzte Richtung: Da die exkulpationsfreundliche Promillediagnostik in der neueren Rechtsprechung des BGH erheblich relativiert wird,[6] dürfte sich die Zahl der Fälle verringern, in denen auf § 323 a StGB zurückgegriffen werden muss.

Die Besonderheit des § 323a StGB liegt in der Rauschtat als objektiver Bedingung der Strafbarkeit. Damit verhält es sich folgendermaßen: Gewöhnlich müssen sich Vorsatz oder zumindest Fahrlässigkeit auf alle Merkmale des objektiven Tatbestands beziehen. Objektive Bedingungen der Strafbarkeit sind jedoch gerade keine Tatbestandsmerkmale. Sie beschreiben nicht die Unrechtsmaterie, sondern selbständige Voraussetzungen der Strafbarkeit, deren Vorliegen erst das Strafbarkeitsbedürfnis auslöst – obwohl der Täter sich schon ohne sie rechtswidrig und schuldhaft verhalten (hier: sich berauscht) hat. Bei § 323 a StGB wird die im Zustand nicht ausschließbarer Schuldunfähigkeit begangene rechtswidrige Tat als eine derartige Strafbarkeitsbedingung angesehen. Allerdings bereitet gerade diese Sichtweise erhebliche dogmatische Probleme, und sie ist nicht zuletzt aus diesem Grund äußerst umstritten.

Die folgenden Überlegungen (s. Abschn. 8.2 und 8.3) können allenfalls versuchen, die verzwickte Problematik des § 323 a StGB zu verdeutlichen. Einen Ausweg aus dem Labyrinth des Vollrauschtatbestands weisen sie nicht. Ohnehin könnten derartige Erwartungen nicht erfüllt werden, handelt es sich doch nach einhelliger Ansicht bei § 323 a StGB um eine misslungene Vorschrift, die den Gesetzesanwender vor unlösbare Schwierigkeiten stellt und sich nicht in das System eines Schuldstrafrechts einordnen lässt.[7] Auch die aktuellen Reformvorschläge (s. Abschn. 8.4) führen nicht aus dem Dilemma hinaus, sondern im Gegenteil: Sie machen alles nur noch schlimmer. Deshalb wären – um im Bild zu bleiben – ein vollständiger Abriss und ein grundlegender Neubau wohl am besten (s. Abschn. 8.5). Aussichten auf eine solche Lösung bestehen allerdings nicht.

---

[3] S. *Schäfer/Wagner/Schafheutle*, S. 208 f.; RGSt 70, S. 85 f.; ob sich dem Alkoholmissbrauch überhaupt durch das Strafrecht begegnen lässt – so auch die Erwartung der Gesundheitsminister der Länder auf ihrer 70. Konferenz vom 20./21.11.1997 –, ist angesichts der sozialen Akzeptanz von Alkohol eher fraglich.
[4] Krit. hierzu *Kusch*, Vollrausch, S. 135; *Maurach/Schroeder/Maiwald*, § 96 Rn. 3.
[5] *Von Weber*, FS Stock, S. 62 f.
[6] S. dazu BGHSt 43, S. 66 ff. sowie die Beiträge von *Haffner/Blank* und *Rissing-van Saan* (Kap. 5 und 7 in diesem Band).
[7] S. statt vieler *Paeffgen* in: NK, § 323 a Rn. 4; *Wessels/Hettinger*, Rn. 1029.

9.2
Das verbotene Verhalten

9.2.1
Die Legitimation eines Berauschungsverbotes

Versteht man die Rauschtat dem Wortlaut des Gesetzes gemäß als bloße objektive Bedingung der Strafbarkeit, so verbietet § 323a StGB, dass der Täter sich durch alkoholische Getränke oder andere berauschende Mittel in einen Rausch versetzt. Hier taucht bereits eine erste Schwierigkeit auf. Zwar versucht das Betäubungsmittelrecht, dem Genuss von berauschenden Mitteln in weitem Umfang zu begegnen, indem nicht der Konsum als solcher, aber alle damit verbundenen Handlungen wie Erwerb und Besitz umfassend bei Strafe verboten werden. Anders ist das jedoch für den Bereich der „legalen Drogen". So erscheint ein strafbewehrtes Verbot des unmäßigen Alkoholkonsums als geradezu lebensfremd, wie das Fehlen jeglicher Art von prohibitiven Maßnahmen in der bundesdeutschen Rechtsordnung, die öffentliche Werbung für alkoholische Getränke und der Massenandrang bei Bier- und Weinfesten zeigen.[8] Diesem „Prohibitionsargument" wird vielfach die Existenz des § 323a StGB entgegengehalten, der doch gerade beweise, dass der Gesetzgeber das Sichberauschen selbst als verboten bewerte.[9] Nun soll freilich nicht schlechthin die Berechtigung für ein derartiges Verbot bestritten werden. Das Prohibitionsargument lenkt aber die Aufmerksamkeit darauf, dass der Einsatz des Strafrechts als ultima ratio grundsätzlich nur legitim ist, wenn andere Mittel zur Verhaltenslenkung nicht zur Verfügung stehen. Bislang fehlt § 323a StGB der Unterbau; die Strafdrohung hängt gewissermaßen in der Luft.[10]

Demgegenüber wird darauf verwiesen, dass § 323a StGB gerade nicht den folgenlosen, sondern nur den Vollrausch pönalisiere, der zu einer Straftat führe. Nach Jakobs ist die Verhaltensnorm durch die Begehung der Rauschtat bedingt; der Täter handle auf eigenes Risiko.[11] Es widerspricht jedoch der Bestimmungsfunktion der Verhaltensnormen, die Bewertung einer Handlung als rechtswidrig von einem Umstand abhängig zu machen, der erst nach ihrer Vornahme eintritt: Ein rückwirkendes Berauschungsverbot wäre ein Selbstwiderspruch. Einem anderen Sprachgebrauch zufolge indiziert die Rauschtat die Gefährlichkeit des Sichberauschens.[12] Auf diese Weise soll der ungefährliche Rausch aus der Verbotsmaterie des § 323a StGB herausgenommen werden. Dieses Anliegen ist schon deshalb verständlich, weil man über den Wirkungszusammenhang von Alkoholisierung und Schuldunfähigkeit noch zu

---

[8] Vgl. *Arthur Kaufmann*, Schuldprinzip, S. 252; *Cramer*, Vollrauschtatbestand, S. 36 f.; *Neumann*, Zurechnung, S. 69 f.; *Hruschka*, JZ 1996, S. 71 f.; *Geisler*, Vereinbarkeit, S. 370 ff.
[9] Vgl. BGHSt 1, S. 124 (125); 9, S. 390 (396); 16, S. 124 (125); *Lackner*, JuS 1968, S. 217; *Kusch*, Vollrausch, S. 50 f., 138; *Dencker*, JZ 1984, S. 460; *Tröndle/Fischer*, § 323a Rn. 9.
[10] Zu konkreten Empfehlungen zur Bekämpfung des Alkoholmissbrauchs vgl. etwa *v. Hippel*, ZRP 1999, S. 134 f.
[11] *Jakobs*, AT, 17/61; vgl. auch BGH, JR 1958, S. 28 f.
[12] BGHSt 1, S. 125 f.; 38, S. 356 (361); OLG Karlsruhe NJW 1975, S. 1936; *Kusch*, Vollrausch, S. 71 ff.; *Spendel* in: LK, § 323a Rn. 60.

wenig weiß. Der Rückschluss aus der Rauschtat auf die Gefahr scheint dann dieses Erkenntnisdefizit zu beheben. Fordert man aber mit der Rauschtat ein zusätzliches Indiz für die abstrakte Gefährlichkeit des Sichberauschens, so kann ex ante ein ungefährlicher Rausch nicht mehr von einem gefährlichen Rausch unterschieden werden.[13] Umgekehrt folgt aus dem Ausbleiben einer Rauschtat nicht, dass der Rausch in concreto ungefährlich – und damit unverboten – war.[14] Auch hier bleibt also der Norminhalt ex ante unbestimmt.

Der Grund für ein Verbot des Sichberauschens liegt in der Gefährlichkeit, die sich aus dem Verlust der Steuerungsfähigkeit des Täters ergibt.[15] Wenn jemand sein Handeln nicht mehr an den Normen ausrichten kann, kann ihm normwidriges Verhalten zwar nicht als schuldhaft zugerechnet werden. Jedoch gilt dies für die Einhaltung der Rechtsvorschriften entsprechend: Straftat und Rechtstreue sind Zufall. In Parallele zu § 316 StGB (Trunkenheit im Verkehr) kann man mit Puppe von einer allgemeinen „Sozialuntüchtigkeit" sprechen.[16] Bei der Gefährlichkeitsprognose besteht allerdings ein wichtiger Unterschied zwischen § 316 StGB und § 323 a StGB: Die Zusammenhänge zwischen der Blutalkoholkonzentration und der Fahruntüchtigkeit sind aufgrund von Experimenten statistisch fassbar und gut dokumentiert. Im Hinblick auf den Zusammenhang zwischen der Blutalkoholkonzentration und der Schuldunfähigkeit bzw. einer Sozialuntüchtigkeit ist das nicht der Fall.[17] Die weit überwiegende Zahl der Vollräusche verläuft harmlos. Jedoch wird eine Strafvorschrift nicht schon dadurch unzulässig, dass der Gesetzgeber sich auf Hypothesen stützt. Vielmehr besteht insoweit ein weiter Ermessensspielraum, der lediglich Willkür ausschließt. Diese Grenze wird durch ein Berauschungsverbot nicht überschritten. In diesem Sinne ist das Vollrauschdelikt ein Gefährdungsdelikt.[18] Leider hat diese Überlegung einen kleinen Haken: § 323 a StGB in seiner geltenden Form lässt sich damit nicht erklären, wie sich noch zeigen wird.

9.2.2
Der Begriff des Rausches

Durch § 323 a StGB wird verboten, sich in einen Rausch zu versetzen. Bei diesem Verständnis der Verbotsnorm steht man vor dem Problem, dass der Begriff des Rausches, insbesondere der erforderliche Schweregrad und seine Auswirkungen auf die Schuldunfähigkeit schwer zu fassen sind. Angesichts zahlreicher divergierender Lösungsvorschläge liegt eine abschließende Klä-

---

[13] *Frister*, Schuldprinzip, S. 56; vgl. auch *Cramer*, Vollrauschtatbestand, S. 83; *Arthur Kaufmann*, JZ 1963, S. 431 f.; *Neumann*, Zurechnung, S. 66 f.
[14] Vgl. bereits RGSt 31, S. 198 (200); *Neumann*, Zurechnung, S. 67; *Paeffgen* in: NK, § 323 a Rn. 9.
[15] S. BayObLG NJW 1974, S. 1521; *Puppe*, GA 1974, S. 107; *Lackner*, FS Jescheck, S. 657; *Paeffgen*, ZStW 97, S. 530; *Maurach/Schroeder/Maiwald*, § 96 Rn. 3; *Wessels/Hettinger*, Rn. 1028.
[16] *Puppe*, Jura 1982, S. 285; s. auch *dies.*, GA 1974, S. 110; *Kindhäuser*, Gefährdung, S. 332.
[17] S. *Schewe*, Blutalkohol 1991, S. 265; vgl. auch *Cramer*, Vollrauschtatbestand, S. 8 ff.
[18] *Cramer*, Vollrauschtatbestand, S. 78 ff.; *Kusch*, Vollrausch, S. 26 ff.; *Maurach/Schroeder/Maiwald*, § 96 Rn. 4; *Jescheck/Weigend*, S. 449; *Tröndle/Fischer*, § 323 a Rn. 1.

rung der Bedeutung und der Grenzen des Rauschbegriffs derzeit in weiter Ferne.

Zunächst bietet sich eine Orientierung an den §§ 20, 21 StGB an.[19] Diese Auffassung wird der Deutung des Vollrauschs als Auffangtatbestand am besten gerecht. Zudem liegt der Vorteil dieser Lösung darin, dass die Rechtsprechung für die Feststellung der Schuldunfähigkeit bzw. der verminderten Schuldfähigkeit bereits Maßstäbe entwickelt hat. Dagegen spricht jedoch, dass es eine generelle Schuldunfähigkeit nicht gibt. Wie aus § 20 StGB hervorgeht, kann die Schuldunfähigkeit immer nur in Bezug auf eine konkrete Tat beurteilt werden. Diese Tat braucht jedoch für den Täter nicht vorhersehbar zu sein. Kann der Täter aber nicht mit der Begehung einer bestimmten Rauschtat rechnen, so kann er zum Zeitpunkt des Trinkens noch nicht wissen, welchen Zustand er vermeiden soll.[20]

Da das Gesetz die Herbeiführung des Vollrausches wegen seiner Gefährlichkeit verbietet, liegt es nahe, den Rausch als Zustand zu definieren, bei dem die Möglichkeit besteht, irgendwelche Straftaten zu begehen.[21] Zwar gibt es keinen allgemeinen Erfahrungssatz, dass die Volltrunkenheit die Begehung von Straftaten bedingt. Wer keine Neigung zu alkoholbedingten Straftaten hat, wird deshalb keine Veranlassung sehen, zur Vermeidung von Straftaten abstinent zu bleiben. Im Einzelfall lässt sich aber aus früheren Ausfällen bei Alkoholisierung darauf schließen, dass die betreffende Person Schwierigkeiten hat, sich im Rausch an das Recht zu halten. Wer aus eigener Erfahrung weiß, ab welchem Berauschungsgrad er zu Ausschreitungen neigt, kann die Menge, die er konsumieren darf, abschätzen. Beweisprobleme[22] stellen keinen zwingenden Gegeneinwand dar. Ebenfalls läuft ein Gebot mit dem Inhalt „Berausche dich nicht bis zu einem Rauschzustand, in dem die Möglichkeit besteht, dass du eine Straftat begehst!" keineswegs auf das allgemeine Gebot, niemanden zu verletzen (neminem laede), hinaus,[23] weil die Norm an konkrete Erfahrungen des betreffenden Normadressaten anknüpft. Aus der Sicht des Einzelnen ist das von ihm geforderte Verhalten bestimmt. Freilich gibt es auch bei dieser Auffassung ein erstes Mal für den Täter, dessen bisheriger Umgang mit Rauschmitteln sozial unauffällig verlaufen ist – und damit eine Strafbarkeitslücke.[24]

Schließlich könnte man die Norm entsprechend dem Grund des Berauschungsverbots folgendermaßen formulieren: Es ist verboten, sich in einen Zustand zu versetzen, in dem man die Fähigkeit, sein Verhalten an Rechtsnormen auszurichten, nicht mehr garantieren kann.[25] Diese Ansicht gibt der verbreiteten Forderung Raum, den Vollrausch in den eigenen vier Wänden

---

[19] So BGHSt 32, S. 48 (53 f.); NStZ-RR 2001, S. 15; *Kusch*, Vollrausch, S. 49; *Lackner*, FS Jescheck, S. 663; *Forster/Rengier*, NJW 1986, S. 2871; *Wessels/Hettinger*, Rn. 1032; *Cramer/Sternberg-Lieben* in: Schönke/Schröder, § 323 a Rn. 8.
[20] S. *Cramer*, Vollrauschtatbestand, S. 11; *Puppe*, GA 1974, S. 98 ff.; *dies*, Jura 1982, S. 284 f.
[21] S. *Cramer*, Vollrauschtatbestand, S. 107; *Hirsch*, Probleme, S. 751 f.; *Arzt/Weber*, § 40 Rn. 12. Nach dieser Ansicht ist § 323 a StGB ein konkretes Gefährdungsdelikt.
[22] So *Lackner*, FS Jescheck, S. 650.
[23] So aber *Puppe*, GA 1974, S. 101.
[24] Gegen die Interpretation des § 323 a StGB als konkretes Gefährdungsdelikt deshalb *Kusch*, Vollrausch, S. 64; *Spendel* in: LK, § 323 a Rn. 59; *Lackner*, FS Jescheck, S. 650.
[25] Vgl. *Kindhäuser*, Gefährdung, S. 332 f.; *Puppe*, GA 1974, S. 110; *Horn* in: SK-StGB, § 323 a Rn. 4.

straflos zu lassen. [26] Ein derartiges Verbot hat indes mit dem Fehlen eines allgemeinen Erfahrungssatzes zu kämpfen, welche Blutalkoholkonzentration die Begehung von Straftaten bedingt: Ab welcher Alkoholisierung muss man mit einer erheblichen Herabsetzung seiner Steuerungsfähigkeit rechnen? [27]

Der einzige mit dem Schuldprinzip vereinbare Ausweg, bereits den Erst-täter zu erfassen, ist die Festlegung bestimmter Grenzwerte für die „soziale Verkehrsuntauglichkeit" durch den Gesetzgeber oder, wie bei § 316 StGB, durch die Rechtsprechung. [28] Diese Lösung verspricht das höchste Maß an Normenklarheit. Als Grenzwert wäre an eine BAK von 2‰ zu denken. [29] Dieser Wert lässt sich mit der statistischen Aussage begründen, dass bei einer BAK ab 2‰ die Wahrscheinlichkeit, wegen eines Gewaltdelikts verhaftet zu werden, signifikant hoch ist. Diese Wahrscheinlichkeit steigt – einem umgekehrten U vergleichbar – zunächst mit zunehmender Alkoholisierung steil an, um nach einem Maximum im Bereich von 2–2,9‰ ebenso steil wieder abzufallen. [30] Zudem liefert dieser Grenzwert regelmäßig ein Indiz für zumindest verminderte Schuldfähigkeit. Die Rückkehr zu einer Promillediagnostik bei der Feststellung der Schuldfähigkeit ist damit nicht verbunden. Da die Auswirkungen einer Alkoholisierung auf die Schuldfähigkeit für jeden Menschen und für jede Situation zu verschieden sind, kann man nur eine allgemeine Grenze des rechtlich nicht mehr Tolerierbaren festlegen.

Probleme bereitet ein derartiger Grenzwert indes in den selteneren Fällen, in denen – etwa aus konstitutionellen Gründen – bereits ein geringerer Alkoholisierungsgrad zum Verlust der Steuerungsfähigkeit führen kann. [31] Ferner läuft die Orientierung an Grenzwerten auf ein anderes Konzept des Vollrausches hinaus, als es in § 323 a StGB vorgesehen ist. Mit dem Verbot des Sichberauschens wegen der abstrakten Gefährlichkeit des Vollrausches lässt sich nämlich kaum vereinbaren, dass die Anwendbarkeit des § 323 a StGB von der Beweislage hinsichtlich der Schuldfähigkeit des Täters bezüglich der Rauschtat abhängt. [32] Die Ausgestaltung des § 323 a StGB als Auffangtatbestand für die Fälle, in denen der Täter wegen der Rauschtat nicht bestraft

---

[26] S. OLG Braunschweig NJW 1966, S. 679 ff.; *Maurach/Schroeder/Maiwald*, § 96 Rn. 5; *Cramer/Sternberg-Lieben* in: Schönke/Schröder, § 323 a Rn. 11; ablehnend OLG Hamburg JR 1982, S. 345; *Lackner*, JuS 1968, S. 219 f.

[27] Von kriminologischer Seite wird darauf hingewiesen, dass es aufgrund des weit verbreiteten Alkoholkonsums nicht möglich sei, ohne weiteres zu schlussfolgern, dass Alkoholgenuss Kriminalität bedinge, s. *Kerner* in: Kleines Kriminalistisches Wörterbuch, S. 7; *Egg*, Bewährungshilfe 1996, S. 201. Ablehnend deshalb BGHSt 32, S. 54; *Kusch*, Vollrausch, S. 48; *Lackner*, FS Jescheck, S. 661; *Forster/Rengier*, NJW 1986, S. 2871.

[28] *Paeffgen*, ZStW 97, S. 528 f. mit Fn. 55; *ders.* in: NK, § 323 a Rn. 52. Eine derartige Festlegung ist prinzipiell auch bei den Betäubungsmitteln möglich.

[29] Erwogen wird ein Wert zwischen 2–3‰, s. *Puppe*, Jura 1982, S. 287; *Paeffgen* in: NK, § 323 a Rn. 52.

[30] S. *Mischkowitz/Möller/Hartung*, S. 185.

[31] Im Fall BGHSt 42, S. 235 ff. hatte das Tatgericht eine Tatzeit-BAK von 1,95‰ festgestellt und Schuldunfähigkeit angenommen; s. zu dieser Problematik auch *Forster/Rengier*, NJW 1986, S. 2869 f.; ob man bei personalen Sonderfaktoren (z. B. Hirntrauma, Leberdefekt) allgemeine Grenzwerte unterhalb von 2‰ formulieren kann, s. *Paeffgen* in: NK, § 323 a Rn. 52, erscheint zweifelhaft.

[32] *Neumann*, Zurechnung, S. 58; *Jakobs*, AT, 17/59. Wenn der Täter wegen der Rauschtat selbst bestraft werden kann, weil er trotz eines Grenzwerts von über 2‰ nicht schuldunfähig war, versteht sich die Subsidiarität eines Berauschungsverbots von selbst.

werden kann, ist ein Beleg dafür, dass es in Wirklichkeit eben doch um die Rauschtat selbst – und nicht um das Sichberauschen – geht.

9.3
Die Rauschtat als objektive Bedingung der Strafbarkeit

Die Crux des § 323 a StGB liegt in der Ausgestaltung der Rauschtat als objektiver Strafbarkeitsbedingung vor dem Hintergrund des Verfassungsgebots der schuldangemessenen Strafe. Entsprechende Bedenken versucht man zwar mit dem Hinweis zu zerstreuen, dass die Rauschtat die Strafbarkeit nicht begründe, sondern ihr Fehlen lediglich, aus gesetzgeberischer Nachsicht, Strafe ausschließe.[33] Hierbei handelt es sich jedoch um ein Scheinargument: Wenn ein Umstand notwendige Voraussetzung der Strafbarkeit ist, so ist sein Nichtvorliegen hinreichend für Straflosigkeit und umgekehrt. Ein logischer Unterschied zwischen beiden Aussagen besteht nicht.[34]

9.3.1
Anforderungen an die Rauschtat

Für die Rauschtat gilt zunächst Folgendes: Es muss eine Handlung, verstanden als willentlich gesteuertes Verhalten, vorliegen. Eine solche Handlung fehlt etwa bei sinnloser Trunkenheit, die bereits die Handlungsfähigkeit aufhebt,[35] z. B. bei einer „Sachbeschädigung" durch Erbrechen. Bei fehlender Handlungsfähigkeit kann ebenfalls nicht mehr von einem willensgesteuerten Unterlassen gesprochen werden. Eine Bestrafung wegen Vollrausches kommt in diesen Fällen nach dem eindeutigen Wortlaut des § 323 a StGB nicht in Betracht, obwohl sich auch hier die Gefahr des übermäßigen Alkoholgenusses verwirklicht.[36]

Weiterhin müssen die subjektiven Voraussetzungen der Rauschtat vorliegen.[37] Die Feststellung des Vorsatzes oder einer besonderen tatbestandlich vorausgesetzten Absicht kann im Einzelfall erhebliche Schwierigkeiten bereiten. Dabei ist eine Differenzierung zwischen rauschbedingten Irrtümern über das Vorliegen von Tatbestandsmerkmalen oder der Voraussetzungen eines anerkannten Rechtfertigungsgrundes, und Fehlvorstellungen, die auch einem nüchternen Täter unterlaufen wären, unzulässig, da die Strafzumessung nach § 323 a Abs. 2 StGB durch die Strafe für die konkrete Rauschtat begrenzt wird. Gleichwohl handelt es sich auch bei rauschbedingten Irrtümern um Gefahren des Vollrausches.[38]

---

[33] S. BGHSt 16, S. 124; *Tröndle/Fischer*, § 323 a Rn. 9.
[34] *Puppe*, FS Lackner, 1987, S. 210; *Paeffgen* in: NK, § 323 a Rn. 9.
[35] Vgl. BGHSt 1, S. 127.
[36] S. *Neumann*, Zurechnung, S. 78 f.; ablehnend *Kusch*, Vollrausch, S. 78 f.
[37] Vgl. BGHSt 1, S. 126 f.; BayObLG JR 1992, S. 346, obwohl bei der Strafzumessung nur die tatbezogenen Merkmale der Rauschtat berücksichtigt werden dürfen, s. BGH NStZ-RR 2001, S. 15. Stimmig ist dies nicht.
[38] Neumann, Zurechnung, S. 82.

Schließlich führt ein Rücktritt vom Versuch der Rauschtat nach § 24 StGB zur Straflosigkeit des Vollrauschs, da dann die Bestrafung gerade nicht an der fehlenden oder zweifelhaften Schuldfähigkeit scheitert. Hierbei mag dahinstehen, wie man sich bei einem die Verantwortung aufhebenden Vollrausch überhaupt einen freiwilligen Rücktritt zu denken hat.[39] Die Strafbefreiung ist jedenfalls unplausibel, denn das Versetzen in den gefährlichen Zustand ist abgeschlossen. Der Rücktritt betrifft deshalb nur die Rauschtat selbst, nicht aber das Sichberauschen – ein weiteres Indiz, dass bei § 323a StGB nicht die Herbeiführung der Schuldunfähigkeit, sondern die Rauschtat den Unrechtskern ausmacht.

9.3.2
Der Strafgrund des Vollrausches

Bei einer unbefangenen Lektüre des Gesetzes erscheint die Herbeiführung des Vollrausches als Strafgrund des § 323a StGB. Schon nach den vorstehenden Ausführungen ist das sehr zweifelhaft. Zwar beschwört der BGH in ständiger Rechtsprechung das materielle Unrecht des Sichberauschens.[40] In der Praxis treten jedoch die Umstände des Sichberauschens sowie die darauf bezogene Einstellung des Täters (Vorsatz oder Fahrlässigkeit) völlig hinter die Rauschtat zurück. Sie ist seit jeher für die Rechtsprechung der maßgebliche Strafzumessungsgesichtspunkt.[41]

Diese Praxis kann sich auf das Gesetz stützen. Nach § 323a Abs. 1 und 2 StGB richtet sich der Strafrahmen an der Rauschtat aus. Die Höchststrafe von 5 Jahren lädt dabei gerade dazu ein, der Rauschtat erhebliches Gewicht zuzumessen. Für die abstrakte Gefährlichkeit des Vollrausches als solche erscheint sie jedoch, verglichen mit § 316 StGB, als zu hoch.[42] Dass tatsächlich erst die Rauschtat über den Charakter des Sichberauschens entscheidet, verdeutlicht auch § 22 OWiG: Begeht der Täter im Vollrausch lediglich eine Ordnungswidrigkeit, so ist das Berauschen selbst ebenfalls nur als Ordnungswidrigkeit ahndbar. Die angeblich unrechtsneutrale Rauschtat bestimmt also die Natur des tatbestandsmäßigen Verhaltens als Polizei- oder Kriminalunrecht.[43] Nicht zuletzt erstreckt die herrschende Ansicht den Haftgrund der Wiederholungsgefahr (§ 112a Abs. 1 StPO) auf die im Zustand der Schuldunfähigkeit begangene und als solche nicht strafbare Rauschtat.[44] Käme es bei § 323a StGB allein auf das Sichberauschen an, wäre diese Auf-

---

[39] Vgl. BGH, NStZ 1994, S. 131 m. krit. Anm. *Kusch*; BGH, NStZ-RR 1999, S. 8; *Cramer/Sternberg-Lieben* in: Schönke/Schröder, § 323a Rn. 21.
[40] Seit BGHSt 1, S. 124 ständige Rechtsprechung, zuletzt NStZ-RR 2001, S. 15; vgl. auch *Cramer/Sternberg-Lieben* in: Schönke/Schröder, § 323a Rn. 1, 13 m.w.N.
[41] S. BGHSt 16, S. 127; 23, S. 375 (376); NStZ 1996, S. 334; NStZ-RR 2001, S. 15.
[42] Vgl. auch *Paeffgen* in: NK, § 323a Rn. 9, 89; *Wolter*, NStZ 1982, S. 59f.
[43] *Paeffgen* in: NK, § 323a Rn. 9; dagegen *Kusch* (Fn. 4), S. 60f., der inzident voraussetzen müsste, dass sich Straftaten und Ordnungswidrigkeiten *ausschließlich* quantitativ unterscheiden. Das ist aber nicht nur nach BVerfGE 9, S. 167 (171); BGHSt 11, S. 263 (266), zweifelhaft, vgl. statt vieler *Mitsch*, OWi, Teil I, § 3 Rn. 7ff.
[44] Vgl. *Kleinknecht/Meyer-Goßner*, § 112a Rn. 4 m.w.N.

fassung gesetzeswidrig, da die Vorschrift im Katalog der Anlasstaten nicht enthalten ist.[45] Der Unrechtskern liegt somit bei § 323a StGB in der Rauschtat selbst.[46] Aus diesem Grund wird § 323a StGB vielfach als eine „versteckte" Ausnahmeregelung zu § 20 StGB angesehen, als Gesetzgebungsfehler, nach dem im Wege einer „Falschetikettierung" die im Rausch begangene Tat nicht unter ihrem eigenen Namen, sondern als „Vollrausch" bestraft wird.[47]

9.3.3
Objektive Strafbarkeitsbedingung und Schuldprinzip

Diese Kritik an § 323a StGB ist auf den ersten Blick rein gesetzestechnischer Natur. Hält man sich indes vor Augen, dass objektive Bedingungen der Strafbarkeit per definitionem nicht von Vorsatz oder Fahrlässigkeit des Täters umfasst sein müssen, offenbart sich die Sprengkraft des Einwandes: Zweifelhaft ist nämlich, ob die Umgehung des § 20 StGB mit dem Grundsatz „nulla poena sine culpa" (keine Strafe ohne Schuld) vereinbar ist.

So unstrittig es ist, dass Strafe Schuld voraussetzt,[48] so umstritten sind die Einzelheiten der Herleitung und des Inhalts des Schuldbegriffs, die hier nicht näher dargestellt werden können. Vielmehr soll die Feststellung genügen, dass sich die Schuld auf das Unrecht der Tat beziehen muss, wie es § 20 StGB vorschreibt.[49] Für § 323a StGB werden zahlreiche Versuche unternommen, die Korrespondenz zwischen Unrecht und Schuld entweder abzuschwächen oder überhaupt für unbedeutend zu erklären. Im Wesentlichen lassen sich hierbei 3 Richtungen erkennen:

§ 323a als Risikohaftung

Vor allem ältere Autoren deuten den Vollrauschtatbestand als besondere Erfolgshaftung für riskantes Verhalten. Teilweise wird von einer dritten Verschuldensform unterhalb von Vorsatz und Fahrlässigkeit gesprochen[50] oder man verweist auf die aus dem kanonischen Recht stammende Haftungsmaxi-

---

[45] S. *Neumann*, Zurechnung, S. 99 f.
[46] Anschaulich *Arthur Kaufmann*, JZ 1963, S. 428: Ein Vollrausch mit einem daraus resultierenden Lustmord ist schlimmeres Unrecht als ein Vollrausch mit einer daraus resultierenden Sachbeschädigung.
[47] S. *Hruschka*, Strafrecht, S. 298 ff.; *Neumann*, Zurechnung, S. 125 ff.; *Streng*, JZ 1984, S. 118 f.; krit. *Dencker*, JZ 1984, S. 454 f.; *Kindhäuser*, Gefährdung, S. 330 f.; *Paeffgen* in: NK, § 323a Rn. 12.
[48] Vgl. BVerfGE 25, S. 269 (285); 95, S. 96 (140); BGHSt 2, S. 194 (200); *Lagodny*, Strafrecht, S. 371 ff., 386 ff.; *Lenckner* in: Schönke/Schröder, Vorbem. §§ 13 ff. Rn. 103 ff. m.w.N.
[49] S. BGHSt 10, S. 35 (38). Das gilt auch für den sog. „funktionalen Schuldbegriff", demzufolge sich das Schuldurteil allein am gesellschaftlichen Strafbedürfnis ausrichtet – vgl. *Jakobs*, AT, 1/8, 11; *ders.*, ZStW 107, S. 843 f., 848 f.; *Streng*, JZ 1984, S. 119 f.; krit. dazu *Geisler*, Vereinbarkeit, S. 140 ff.; *Neumann* in: Kriminalpolitik, S. 399 ff. –, denn Zweck des Strafrechts ist die Wiederherstellung des durch die Tat gestörten Vertrauens in die Geltung der Norm.
[50] S. *Schweikert*, ZStW 70, S. 395, 400, 405; heute etwa *Streng*, JZ 2000, S. 27.

me vom „versari in re illicita"[51] als historisches Vorbild.[52] Auf den Vollrausch übertragen: Der Täter hat sich berauscht, deshalb ist er auch für die Folgen strafrechtlich zur Rechenschaft zu ziehen. Wäre er doch nüchtern geblieben! Dass diese Vorstellungen auch Eingang in die Rechtsprechung gefunden haben, beweisen die Ausführungen des 5. Strafsenats des BGH aus dem Jahr 1957: „Wenn das Gesetz die strafrechtliche Verantwortung dafür, dass die Gefährdung nicht zur Verletzung wird, dem Trinkenden aufbürdet, so mag es sich damit von einem Schuldbegriff entfernen, wie er für andere Straftaten entwickelt worden ist. Indessen ist längst erkannt worden, dass die strafrechtliche Schuld nicht im Vorsatz und im psychologischen Element der Fahrlässigkeit besteht, sondern als Vorwerfbarkeit zu diesen inneren Vorgängen *hinzutreten muss.* Dieser Schuldbegriff schließt es nicht aus, jemandem auch einen Erfolg zum Vorwurf zu machen, auf den sich weder sein Vorsatz noch seine Fahrlässigkeit bezogen."[53]

Fraglich ist jedoch, ob überhaupt eine derartige dritte „Schuldform" begründet werden kann, denn das Gesetz kennt nur Vorsatz und Fahrlässigkeit (§ 15 StGB).[54] Das dem Grundgesetz zugrunde liegende Verständnis von Schuld geht von der Annahme aus, dass sich der Mensch als vernünftiges Geschöpf von Normen leiten lässt. Ein von der Norm abweichendes Verhalten kann ihm nur dann vorgeworfen werden, wenn er die Tatsachen, die den Normverstoß begründen, kannte oder zumindest kennen konnte und sich dementsprechend hätte verhalten können. Da bei § 323a StGB der Täter wegen der Rauschtat bestraft werden soll, muss sich die Vorhersehbarkeit auch auf den inkriminierten Erfolg beziehen.[55] Wenn ferner Strafe der durch die Tat erschütterten Allgemeinheit die ungebrochene Geltung der Rechtsordnung demonstrieren soll, so ist dies nur erforderlich, wenn sich das Verhalten des Täters selbst als Widerspruch gegen die Norm erwiesen hat. Das ist gerade nicht der Fall, wenn der Täter die Folgen seines Verhaltens nicht vorhersehen konnte.[56]

§ 323a StGB als besondere Fahrlässigkeitshaftung

Mit dem Schuldprinzip vereinbar erscheint dagegen die Deutung des § 323a StGB als eine besondere Fahrlässigkeitshaftung.[57] Auch wenn damit nicht auf die Vorhersehbarkeit der Rauschtat schlechthin verzichtet wird, bleibt fraglich, wie konkret die Vorstellung des Täters bei § 323a StGB sein muss. Genügt

[51] „Versanti in re illicita imputantur omnia quae sequuntur ex delicto." Näher dazu *Kuttner*, Schuldlehre, S. 185 ff., 201 ff.

[52] *Hardwig*, GA 1964, S. 143 ff.

[53] BGH JR 1958, S. 28 (Hervorhebung durch den Autor). Schon aus sprachlogischen Gründen ist dieser Schluss falsch: Wenn die Vorwerfbarkeit zu Vorsatz oder Fahrlässigkeit hinzutreten muss, dann kann sie keinen Vorwurf unabhängig von Vorsatz und Fahrlässigkeit begründen.

[54] *Cramer/Sternberg-Lieben* in: Schönke/Schröder, § 15 Rn. 5; *Rudolphi* in: SK-StGB, § 15 Rn. 2; s. auch *Kindhäuser*, Gefährdung, S. 332.

[55] S. auch BGHSt 9, S. 396.

[56] Vgl. auch *Kindhäuser*, Gefährdung, S. 334 f.; *Roxin*, AT, § 23 Rn. 9 f.

[57] Vgl. den Abschlussbericht der Kommission zur Reform des strafrechtlichen Sanktionensystems, März 2000 (im Internet unter: www.bmj.bund.de/inhalt.htm), S. 226: § 323a StGB als „besondere Fahrlässigkeitsschuld"; ebenso *Maurach/Schroeder/Maiwald*, § 96 Rn. 6.

es somit für die Zurechnung einer Rauschtat, dass der Täter die Begehung irgendeiner *anderen* Straftat im Vollrausch vorhersehen konnte? In diesem Sinne finden sich einige Äußerungen in der Rechtsprechung des Bundesgerichtshofes und der Oberlandesgerichte. Das Zugeständnis an die durch das Schuldprinzip motivierte Kritik bleibt jedoch rein verbal: Da es sich von selbst verstehen soll, dass man immer damit rechnen müsse, im Rauschzustand eine Straftat zu begehen,[58] lässt sich ein praktischer Unterschied zum völligen Verzicht auf jede subjektive Beziehung zur Rauschtat als objektiver Bedingung der Strafbarkeit[59] nicht erkennen. Eine derartige Schuldvermutung ist unzulässig.[60] Die – normative – Unterstellung der generellen Gefährlichkeit des Vollrausches als Basis für die Zurechnung der Rauschtat durch die Rechtsprechung verfehlt zudem die Lebenswirklichkeit, solange empirische Forschungsergebnisse zur Wirkung des Alkoholkonsums nicht vorliegen.

Von dieser fragwürdigen Schuldfiktion abgesehen genügt auch nicht die Vorhersehbarkeit *irgendeiner* Straftat.[61] Aus einer abstrakten Gefährdungsschuld lässt sich keine Schuldbeziehung zum spezifischen Unwert der Rauschtat gewinnen. Die Absage an eine undifferenzierte generelle Gefährlichkeitsvorstellung folgt dabei aus § 18 StGB, der für eine Zurechnung von Tatfolgen zumindest Fahrlässigkeit voraussetzt.[62] Zu fordern ist vielmehr, dass der Täter die konkrete Rauschtat vorhersehen konnte. Das kann dann angenommen werden, wenn er über einschlägige Rauscherfahrungen und eine hinreichend ausgeprägte Neigung zu Gewalttätigkeiten verfügt.[63] Anders ausgedrückt: Es gibt ein erstes Mal.[64] Eine „Fahrlässigkeitsschuld light" als Sonderkonstruktion für § 323 a StGB ist abzulehnen.

Die Rauschtat als strafzumessungsrelevante Tatfolge

Schließlich ermöglicht § 46 Abs. 2 StGB, die Rauschtat bei der Strafzumessung als Auswirkung des Sichberauschens zu berücksichtigen. Jedoch müssen diese Auswirkungen „verschuldet" sein. Wenn die Schuld das Grund- und das Maßprinzip der Strafe darstellt, muss der Schuldbegriff für die Strafzumessung derselbe sein wie der für die Strafbarkeit überhaupt.[65] Da die Strafzumessung in einem gerechten Verhältnis zur Schwere der Rechtsgutsverletzung und des *individuellen Verschuldens* stehen muss,[66] dürfen nur mindestens vorhersehbare und dem Täter vorwerfbare Auswirkungen der Tat für die Strafzumessung berücksichtigt werden.

---

[58] Vgl. BGHSt 10, S. 247 (251); 16, S. 124; BayObLG NJW 1990, S. 2334 f.
[59] S. BGHSt 1, S. 124 ff.; 6, S. 89; 16, S. 125 ff.; *Kusch*, Vollrausch, S. 57, 65 ff.
[60] Vgl. BVerfGE 9, S. 169 f.; s. auch *Hirsch*, Probleme, S. 750 f.; *Cramer/Sternberg-Lieben* in: Schönke/Schröder, § 323a Rn. 1.
[61] Entgegen *Arzt/Weber*, § 40 Rn. 12; *Spendel* in: LK, § 323 a Rn. 66 f.; *Streng*, JZ 2000, S. 27.
[62] Vgl. auch *Geisler*, Vereinbarkeit, S. 182 f.
[63] S. *Roxin*, AT, § 23 Rn. 10; *Geisler*, Vereinbarkeit, S. 397 ff.; vgl. auch *Cramer/Sternberg-Lieben* in: Schönke/Schröder, § 323 a Rn. 1.
[64] So bemerkenswert BGH VRS 7, S. 309 (311); OLG Oldenburg JZ 1951, S. 460.
[65] *Geisler*, Vereinbarkeit, S. 184 f., 198 f.; *Gribbohm* in: LK, § 46 Rn. 151; *Rudolphi* in: SK-StGB, Vor § 19 Rn. 1.
[66] Ständige Rspr. des BVerfG, zuletzt BVerfGE 86, S. 313; 95, S. 140.

Indes löste der Bundesgerichtshof in seiner früheren Rechtsprechung die Strafzumessung weitgehend von der Schuld ab. So meinte der Große Senat in einer viel beachteten und kritisierten Entscheidung: „Wer schuldhaft eine gefahrenschwangere Lage geschaffen hat, wer gewissermaßen das Tor geöffnet hat, durch das mannigfaches unbestimmtes Unheil eindringen konnte, den darf man, wenn das Unheil eingedrungen ist, im Bereich der Strafzumessung ohne Verletzung des Schuldgrundsatzes dafür verantwortlich machen."[67] Auch spätere Judikate setzten unter Berufung auf diese Entscheidung die Differenzierung zwischen strenger Strafbegründungs- und „weicherer" Strafzumessungsschuld fort – insbesondere auch im Hinblick auf § 323 a StGB.[68] Bis heute wird gelegentlich für den Vollrausch aus der gesetzlichen Regelung des § 323 a StGB eine Aufweichung der Strafzumessungsschuld abgeleitet. So wird argumentiert, da nach dem Schutzzweck des § 323 a StGB die Voraussicht der generellen Gefährlichkeit für die Zuordnung der Rauschtat genüge, müsse sie auch für § 46 StGB gelten.[69] Diese Argumentation ist zirkulär, soweit sie vorgibt, das Schuldprinzip zu wahren. Als offene Ausnahme vom Schuldprinzip ist diese Lösung verfassungswidrig.[70]

9.3.4
Eine schuldkonforme Alternative

Trotz der vorstehenden Kritik ist es durchaus angemessen, an der Rauschtat als objektiver Bedingung der Strafbarkeit des Vollrausches festzuhalten. Für den Verzicht auf die Bestrafung des folgenlosen Rausches lässt sich immerhin anführen, dass das Strafrecht als ultima ratio nicht zur „kleinen Münze" verkommen soll. So führt gerade die Rauschtat die Notwendigkeit des Verbots der abstrakten Gefährdung des Sichberauschens anschaulich vor Augen.[71] Eine objektive Strafbarkeitsbedingung bei § 323 a StGB ist somit auch generalpräventiv begründbar. Da jedoch alles, was sich außerhalb der Schuld ereignet, für die Bestrafung gleichgültig ist, dürfte die Strafe nicht mehr nach den jeweiligen Rauschtaten bemessen werden. Maßgeblich können ausschließlich die Art und Weise des Sichberauschens, die äußeren Umstände und das diesbezügliche Verschulden des Täters sein. Das Konzept des geltenden § 323 a StGB mit seiner im Hinblick auf die abstrakte Gefährlichkeit des Sichberauschens überhöhten Strafdrohung wird durch eine solche Lösung freilich gesprengt.

---

[67] BGHSt 10, S. 259 (264).
[68] BGHSt 16, S. 127; 23, S. 376; NStZ 1993, S. 32 f.
[69] *Schäfer*, DRiZ 1996, S. 198 f.; *Gribbohm* in: LK, § 46 Rn. 154 f.; *Spendel* in: LK, § 323 a Rn. 291.
[70] Ebenso *Paeffgen*, ZStW 97, S. 531 f.; *Geisler*, Vereinbarkeit, S. 352 f.; *Roxin*, AT, § 23 Rn. 9.
[71] S. *Jakobs*, AT, 10/1.

9.4
Aktuelle Reformüberlegungen

Seit einigen Jahren ist der Vollrauschtatbestand in das Visier gesetzgeberischer Bemühungen geraten. Anlass waren einige spektakuläre Fälle, in denen die Höchststrafe des § 323 a StGB als zu niedrig empfunden wurde. So erstach etwa bei der Handballweltmeisterschaft der Frauen in Berlin am 13.12.1997 ein stark alkoholisierter deutscher Zuschauer zwei dänische Schlachtenbummler nach einem von ihm völlig grundlos provozierten Streit.[72] Vor allem in der Bevölkerung der neuen Bundesländer ist die Überzeugung, die Strafjustiz gehe „zu lasch" mit betrunkenen Tätern um, weit verbreitet.[73] Historisch erklärt sich dies aus § 15 Abs. 3 StGB-DDR. Gemäß dieser Vorschrift wurde nach dem verletzten Gesetz bestraft, „wer sich schuldhaft in einen die Zurechnungsfähigkeit ausschließenden Rauschzustand versetzt und in diesem Zustand eine mit Strafe bedrohte Handlung begeht". Offenkundig erlaubte das Strafrecht der ehemaligen DDR einen schärferen Umgang mit berauschten Straftätern. Derzeit werden verschiedene Vorschläge zu einer Verschärfung des § 323 a StGB diskutiert.[74]

9.4.1
Der Entwurf des Bundesrats zur Verschärfung des § 323 a StGB

Die Gesetzesinitiative des Bundesrats geht auf den „Entwurf eines Gesetzes zur Änderung des Strafgesetzbuches (§ 323 a StGB) – Strafschärfung bei Rauschtaten" des Bundeslandes Berlin vom Februar 1997 zurück. Vorgeschlagen wurde zunächst ein neuer Abs. 2, der als Regelbeispiel mit einem Strafrahmen von 6 Monaten bis zu 10 Jahren ausgestaltet war. Ein besonders schwerer Fall des Vollrausches sollte dann vorliegen, „wenn der Täter sich vorsätzlich in einen Rausch versetzt und die in diesem Zustand begangene rechtswidrige Tat ein Verbrechen ist".[75] Aufgrund der Diskussion im Rechtsausschuss des Bundesrats wurde der Berliner Entwurf in mehrfacher Hinsicht modifiziert: Abs. 2 wurde in eine echte Qualifikation umgewandelt. Der Anwendungsbereich und der Strafrahmen wurden erheblich erweitert. Nunmehr sieht der neue Abs. 2 eine höhere Strafe für alle Fälle vor, in denen die im Rausch begangene Tat mit mehr als 5 Jahren Freiheitsstrafe bedroht ist. Damit muss die im Vollrausch begangene Tat kein Verbrechen mehr sein. Vielmehr werden auch benannte – also Regelbeispiele – und unbenannte be-

---

[72] Weitere Beispiele sind der amoklaufende Drogensüchtige, der betrunkene Autofahrer, der bei einer Verkehrskontrolle einen Polizeibeamten erschießt, der betrunkene Soldat, der eine ihm unbekannte Frau vor eine einfahrende U-Bahn stößt; s. BR-Drs. 123/97 (Anlage), S. 3; BT-Drs. 14/545, S. 3; *Geis*, PlenProt. 14/30, S. 2530; mit Recht krit. *Paeffgen* in: *Egg/Geisler*, S. 62 f.
[73] Vgl. *Rautenberg*, DtZ 1997, S. 45.
[74] Ausführlich dazu *Renzikowski*, ZStW 112, S. 477 ff.
[75] BR-Drs. 123/97 (Gesetzesantrag des Landes Berlin); krit. dazu *Sick/Renzikowski*, ZRP 1997, S. 484 ff.

sonders schwere Fälle erfasst.[76] Gleichzeitig wurde die Mindeststrafe von 6 auf 3 Monate herabgesetzt. Vorgesehen ist weiterhin eine differenzierte Strafzumessung, die sich an der subjektiven Beziehung des Täters zum Sichberauschen orientiert: Bei Vorsatz beträgt die Höchststrafe 10 Jahre, bei Fahrlässigkeit 5 Jahre.[77] In dieser veränderten Fassung wurde der Bundesratsentwurf nach dem politischen Wechsel im Februar 1999 erneut in das Gesetzgebungsverfahren eingebracht.[78]

Abgesehen von den Bedenken, die sich aus dem Schuldprinzip ergeben, leidet der Entwurf des Bundesrats an gravierenden handwerklichen Mängeln. So ergeben sich Ungereimtheiten bei der Verjährung: Während nach § 78 Abs. 4 iVm Abs. 3 Nr. 4 StGB ein Diebstahl in einem besonders schweren Fall (§ 243 Abs. 1 StGB) nach 5 Jahren verjährt, gilt die 10-jährige Verjährungsfrist der Nr. 3 für das entsprechende Vollrauschdelikt. Mit anderen Worten: Volltrunkenheit kann zu einer längeren Verjährungsfrist führen. Dieser Wertungswiderspruch wird besonders in Grenzfällen des Rausches delikat, wenn Schuldunfähigkeit nach § 20 StGB nicht gewiss, aber auch nicht auszuschließen ist. Hier müsste, soweit die Strafbarkeit in Rede steht, zugunsten des Täters von Schuldunfähigkeit ausgegangen werden, soweit es aber um die Verjährung geht, umgekehrt von (mindestens verminderter) Schuldfähigkeit. Ein weiterer Wertungswiderspruch entsteht bei der mittelbaren Täterschaft: Wenn ein Hintermann als mittelbarer Täter eines Diebstahls nach § 243 Abs. 1 StGB einen Berauschten als Werkzeug benutzt, verjährt die Tat des Hintermannes in 5, die des Werkzeugs in 10 Jahren.[79]

9.4.2
Der Entwurf eines Rauschtaten-Strafschärfungsgesetzes der CDU/CSU-Fraktion

Eine andere Lösung favorisiert der „Entwurf eines Rauschtaten-Strafschärfungsgesetzes" der ‚CDU/CSU-Fraktion vom März 1999. Der Vollrauschtatbestand wird völlig umgestaltet. Zukünftig soll die Strafe des § 323a generell dem im Rausch erfüllten Tatbestand entnommen und dabei obligatorisch gemildert werden.[80] Tragender Gedanke des Entwurfs ist die bereits bisher in § 323a Abs. 2 StGB vorgesehene, nunmehr aber durchgängige Orientierung der Strafe an der im Rausch begangenen Tat. § 323a Abs. 2 StGB wird damit gegenstandslos.

---

[76] Unklar ist dagegen, ob die Voraussetzung „mehr als 5 Jahre" auch dann erfüllt ist, wenn die Rauschtat selbst als minder schwerer Fall zu bewerten ist und das Gesetz hierfür eine Höchststrafe von nicht mehr als 5 Jahren androht, z.B. bei §§ 176a Abs. 3, 177 Abs. 5, 221 Abs. 4, 226 Abs. 3, 249 Abs. 2 StGB. Fraglich ist weiterhin, ob Geringwertigkeitsklauseln wie § 243 Abs. 2 StGB berücksichtigt werden müssen, und wie zu entscheiden ist, wenn die Gesamtwürdigung trotz Vorliegens von Merkmalen eines Regelbeispiels einen atypischen „normalen" Fall ergibt.

[77] BR-Drs. 123/97 (Beschluss).

[78] BR-Drs. 99/97 (Beschluss) = BT-Drs. 14/759.

[79] Vgl. die Kritik eines Arbeitskreises der Strafrechtslehrer bei *Freund/Renzikowski*, ZRP 1999, S. 499.

[80] BT-Drs. 14/545 (hervorgegangen aus einem Antrag des Freistaates Bayern, BR-Drs. 123/2/97); s. dazu *Streng*, JZ 2000, S. 27.

Das geplante Rauschtaten-Strafschärfungsgesetz vermeidet zunächst die Mängel des Entwurfs des Bundesrats, die sich vor allem aus der Unterscheidung zwischen schwerwiegenden und „normalen" Rauschtaten ergeben. Gleichwohl wird eine differenzierte Strafzumessung, dem Anliegen der Entwurfsverfasser entsprechend, erreicht. Bisher stellt § 323 a StGB für eine „einfache" Körperverletzung im Vollrausch denselben Strafrahmen zur Verfügung wie für einen Mord mit der Folge, dass die Strafe für Vollrausch bei leichteren Rauschtaten ebenso hoch ausfallen kann wie bei diesen selbst, bei schweren Rauschtaten dagegen erheblich unter deren Höchststrafe liegt. Diese scheinbare „Ungereimtheit"[81] wird durch den Entwurf der CDU/CSU-Fraktion beseitigt, da nunmehr ausschließlich der Strafrahmen der im Rausch begangenen Tat maßgeblich ist. In seiner Tendenz entwickelt der Entwurf damit die Strafzumessungspraxis der Gerichte folgerichtig weiter. In der Sache läuft die vorgeschlagene Regelung auf eine Ausnahme zu § 20 StGB hinaus, wie sie sich bis auf die obligatorische Strafmilderung bereits in § 15 Abs. 3 StGB-DDR fand. Äußerlich ähnelt das Rauschtaten-Strafschärfungsgesetz neueren Vorschlägen, auf der Basis des Ausnahmemodells für die actio libera in causa eine Ausnahme zur Schuld-Tatzeit-Koinzidenz in § 20 StGB zu regeln.[82] Der wesentliche Unterschied zu den Vorstellungen des Rauschtaten-Strafschärfungsgesetzes besteht indes darin, dass nach dem Ausnahmemodell von einer vorwerfbaren Herbeiführung der Schuldunfähigkeit nur gesprochen werden kann, wenn der Täter zum Zeitpunkt des Betrinkens in Rechnung stellen musste, dass er später eine Straftat begehen würde.

9.4.3
Der Vorschlag der Kommission zur Reform des strafrechtlichen Sanktionensystems

Die noch von der Vorgängerregierung eingesetzte Kommission zur Reform des strafrechtlichen Sanktionensystems befasste sich ebenfalls mit der Reform des Vollrauschtatbestands. In ihrem Abschlussbericht verwirft die Kommission zunächst eine Übernahme des § 15 Abs. 3 StGB-DDR in das bundesdeutsche Recht. Das Verdikt, eine derartige Lösung verstoße gegen das Schuldprinzip, trifft inzident auch den Entwurf der CDU/CSU-Fraktion. Gleichwohl bejaht die Kommission den Bedarf, den Strafrahmen des § 323 a StGB ähnlich den Vorstellungen des Bundesrats für den Bereich der Schwerstkriminalität zu verschärfen. Allerdings geht sie nicht so weit und plädiert dafür, den Strafrahmen nur insoweit zu erhöhen, als es sich um schwerste Gewaltdelikte gegen Leib und Leben handelt.[83]

Der Vorschlag der Kommission entspricht den Vorstellungen, die die Bundesregierung in ihrer Stellungnahme zum Gesetzesentwurf des Bundesrats[84]

---

[81] So *Spendel* in: LK, § 323 a Rn. 287.
[82] S. insbesondere *Hruschka*, JZ 1996, S. 69; *Neumann*, StV 1997, S. 25.
[83] Abschlussbericht der Kommission zur Reform des strafrechtlichen Sanktionensystems, S. 225 ff., 227.
[84] BT-Drs. 14/759, S. 5.

geäußert hat. Im Grundsatz begrüßt die Bundesregierung das Anliegen einer Verschärfung des Vollrauschtatbestands. Sie regt jedoch eine Beschränkung auf die Herbeiführung des Todes oder einer schweren Körperverletzung im Sinne des § 226 StGB an. Dadurch werden die Fälle erfasst, in denen die bisherige Strafobergrenze von 5 Jahren als besonders unbefriedigend empfunden wird. Soweit die Stellungnahme § 231 StGB (Beteiligung an einer Schlägerei) als Vorbild bemüht, handelt es sich um einen bemerkenswerten Missgriff: Die Höchststrafe für die Beteiligung an einer Schlägerei, die immerhin zum Tod oder zur schweren Körperverletzung eines anderen Menschen geführt haben muss, beträgt nämlich nur 3 Jahre. Demgegenüber soll die Strafe für Vollrausch auf 10 Jahre heraufgesetzt werden, obwohl man Betrinken nicht ernsthaft als gefährlicher ansehen kann als Prügeln! Die Einführung einer Art erfolgsqualifizierten Vollrauschs führt schließlich zu einem Widerspruch zu § 18 StGB, der im Hinblick auf die besondere Folge mindestens Fahrlässigkeit verlangt.

9.5
Fazit

Halten wir uns noch einmal die wesentlichen Kritikpunkte an § 323 a StGB vor Augen: Da für die Strafzumessung die Umstände des Sichberauschens gegenüber der Rauschtat keine Rolle spielen, wie sich bereits aus der Strafrahmendifferenzierung in § 323 a Abs. 1 und 2 StGB ergibt, geht es in der Sache nicht um ein Verbot der Herbeiführung der Schuldunfähigkeit, sondern um die in diesem Stadium begangene Tat selbst: Die im Rausch begangene Tat wird nicht unter ihrem eigenen Namen, sondern als „Vollrausch" bestraft. Die Orientierung der Strafe und der Strafzumessung an der Rauschtat verstößt gegen das Schuldprinzip, soweit in der Rechtspraxis auf jeden subjektiven Schuldbezug zur Rauschtat verzichtet wird.

Die aktuellen Gesetzgebungsvorschläge verschärfen diese Problematik erheblich – unabhängig von ihren Unterschieden im Detail. Alle Vorschläge orientieren sich mehr oder weniger weit an der Rauschtat selbst. Ganz deutlich verfolgt der Entwurf des Rauschtaten-Strafschärfungsgesetzes dieses Ziel, soll doch die Rauschtat allein den Strafrahmen bestimmen. Auf diese Weise wird die durch das Schuldprinzip von Verfassung wegen vorgegebene Korrespondenz von Unrecht und Schuld kaum verbrämt zugunsten einer reinen Erfolgshaftung mit für den einzelnen unberechenbaren Bestrafungsvoraussetzungen preisgegeben.[85] Die von den Entwürfen verfolgten Ziele der Strafgerechtigkeit und der Generalprävention werden so nicht erreicht. Jede gerechte Strafe setzt Schuld voraus, auf die in Bezug auf die Rauschtat aber verzichtet wird. Ebenfalls kann von einer Stärkung des Normvertrauens nicht die Rede sein, wenn die Bestrafung für den Einzelnen zufällig erfolgt, weil er ihren Grund nicht verschuldet hat. Rein vordergründig wird zwar die

---

[85] S. das offene Bekenntnis zu einer angeblich kriminalpolitisch notwendigen Erfolgshaftung in BR-Drs. 123/97 (Anlage), S. 5. Im Beschluss des Bundesrates fehlt diese Passage, ohne dass sich sachlich etwas ändert.

Gefährlichkeit des Sichberauschens beschworen. Das ist nichts anderes als der schon bisher gerügte Etikettenschwindel. In Wirklichkeit zeigen die Vorschläge, dass es nicht um das Sichberauschen, sondern um eine Ausnahmeregelung zu § 20 StGB geht.

Eine Alternativlösung müsste an 2 Punkten ansetzen, was allein schon daraus folgt, dass die Probleme von actio libera in causa und § 323 a StGB miteinander zusammenhängen. In einem neuen § 20 Abs. 2 StGB sollte eine Ausnahme zum Grundsatz der Schuld-Tatzeit-Koinzidenz des Abs. 1 geregelt werden. Zwischen der Herbeiführung der Schuldunfähigkeit und der späteren Tatbestandsverwirklichung ist aber mindestens ein Schuldbezug erforderlich, wie er vom „Ausnahmemodell" der actio libera in causa gefordert wird.[86] Soweit man für die Beibehaltung des § 323 a StGB plädiert, müsste der Tatbestand unter „Emanzipation" von der Rauschtat konsequent als abstraktes Gefährdungsdelikt ausgestaltet werden, vergleichbar etwa der Trunkenheit im Straßenverkehr (§ 316 StGB). Folgerichtig wären die Abs. 2 und 3 zu streichen, und der Strafrahmen müsste deutlich herabgesetzt werden.[87] Allein aus diesem letzten Grund wird es in absehbarer Zeit sicher nicht dazu kommen.

---

[86] S. *Hruschka*, JZ 1996, S. 70; vgl. auch Abschlussbericht der Kommission zur Reform des strafrechtlichen Sanktionensystems, S. 188 f.
[87] S. dazu *Renzikowski*, ZStW 112, S. 513 ff.; vgl. auch *Paeffgen* in: Egg/Geisler, S. 60 ff.

Therapie und Prognose der Alkoholintoxikation und -abhängigkeit

FRIEDHELM STETTER

10.1
Alkoholintoxikation

10.1.1
Symptomatik und Verlauf

Bei geringen Konsummengen hat Alkohol zunächst eine anregende oder auch leicht beruhigende Wirkung. Bei höheren Dosen stellt sich eine enthemmende und aggressionsfördernde und bei sehr hohen Dosen eine stark sedierende Wirkung des Alkohols ein. Die Alkoholintoxikation (Rausch) ist – psychopathologisch betrachtet – eine reversible organische Psychose, die mit Veränderungen (meist Störungen) von körperlichen, psychischen oder Verhaltensfunktionen einhergeht. Dabei besteht zwischen diesen Veränderungen sowie dem Intoxikationsgrad und der aufgenommenen Alkoholmenge (insbesondere der Blutalkoholkonzentration) nur ein lockerer Zusammenhang. Menschen mit vorgeschädigten Gehirnen und üblicherweise sehr geringem Konsum weisen bereits bei sehr niedrigen Mengen und Menschen mit hoher Alkoholgewöhnung häufig erst bei höheren Mengen entsprechende Intoxikationszeichen auf. Mit dem Ausscheiden der Substanz aus dem Körper klingt die Intoxikation schrittweise ab. Bevor auf die therapeutischen Implikationen der Alkoholintoxikation eingegangen wird, soll eine klinisch bewährte Beschreibung von 3 Ausprägungsstärken der Intoxikation (Feuerlein et al. 1998) vorangestellt werden (s. auch Kap. 3 in diesem Band):

- Bei *leichten Rauschzuständen* zeigt sich eine Gang- und Standunsicherheit. Die Sprache ist verwaschen. Komplexe motorische Funktionen und die Koordination können gestört sein. Kritikfähigkeit und Selbstkontrolle sind vermindert, der Antrieb ist häufig gesteigert (z.B. Rededrang, soziale Kontaktaufnahme distanzgemindert). Es kann aber auch eine Beruhigung und Müdigkeit mit affektiver Distanzierung auftreten.
- *Mittelgradige Rauschzustände* zeichnen sich durch eine Verstärkung der oben genannten neurologischen Symptome aus. Die Orientierung ist meist erhalten, und die Situation wird noch richtig wahrgenommen. Durch die deutliche Kritikminderung und die affektive Enthemmung wird aber die Einschätzung und Bewertung, insbesondere der eigenen Person, immer unsicherer. Leichte Ablenkbarkeit und ein Bestreben nach unmittelbarer Bedürfnisbefriedigung können hinzutreten. Andererseits kann auch Benommenheit und psychomotorische Unruhe auftreten.
- Bei *schweren Rauschzuständen* sind die neurologischen Symptome noch weiter verstärkt, wobei Dysarthrie, Schwindel und Ataxie besonders deutlich werden. Bewusstseins- und Orientierungsstörungen sind häufig. Angst, Erregung und illusionäre Verkennungen können hinzukommen.

In der Regel klingen leichte und auch die meisten mittelgradigen Intoxikationen spontan ab.

10.1.2
Therapie der Alkoholintoxikation

Viele leichtere Formen der Alkoholintoxikation bedürfen keiner (spezifischen) Behandlung. Je nach Ausprägung und bei medizinischen Komplikationen, die z.B. in Bluterbrechen (Hämatemesis), Aspiration von Erbrochenem oder Ateminsuffizienz bestehen können, oder bei psychopathologischen Komplikationen (z.B. Erregungszustände, Suizidalität) muss eine klinische Überwachung eingeleitet werden. Dies ist immer bei schweren Intoxikationen erforderlich. Eine medikamentöse Therapie ist bei entsprechender Symptomatik, insbesondere bei Erregungszuständen, erforderlich. Von sedierenden, insbesondere atemdepressorisch wirkenden Präparaten sollte Abstand genommen werden. Hochpotente Neuroleptika (z.B. Haloperidol) können eingesetzt werden, wobei hier die erhöhte Gefahr von zerebralen Krampfanfällen, die bei Intoxikationen ohnehin auftreten können, zu beachten ist. Hierbei sowie beim Auftreten weiterer Komplikationen (z.B. Bewusstseins- und Orientierungsstörungen, Delir, organische Komplikationen) ist eine vorübergehende intensivmedizinische Überwachung erforderlich. Besonders bei schwereren Intoxikationen kann es zu alkoholinduzierten Amnesien ("blackouts") kommen. Bei sehr schweren Intoxikationen oder dem alkoholischen Koma ist eine akute vitale Bedrohung mit hoher Mortalität gegeben (Dämpfung des Atmenzentrums, Aspiration von Erbrochenem). Eine sofortige intensivmedizinische Behandlung ist dringend angezeigt. Werden diese abgestuften Beobachtungs- und Behandlungshinweise beachtet, ist die (Therapie-)Prognose der akuten Alkoholintoxikation als gut anzusehen. Zu beachten ist auch, dass die Alkoholintoxikation zwar einen krankhaften Zustand darstellt, aber keineswegs jeder, der eine Alkoholintoxikation aufweist, auch an einer Alkoholkrankheit leiden muss. Obgleich die Alkoholintoxikation eine gute (Therapie-)Prognose aufweist, besteht durchaus eine – auch vitale – Gefährdung, wenn insbesondere erhebliche Intoxikationen unbeachtet bleiben. Hierauf verweisen nicht zuletzt die bekannten Todesfälle anlässlich „alkoholkonsumträchtiger" Volksfeste (z. B. Karnevalsumzüge) oder im Milieu wohnsitzloser Menschen (z. B. bei Erfrierungen im intoxikierten Zustand).

10.2
Alkoholentzugssyndrom

10.2.1
Symptomatik, Verlauf und Diagnostik des Alkoholentzugssyndroms

Während eine Alkoholintoxikation auch bei Menschen vorliegen kann, die nicht an einer Alkoholkrankheit leiden, treten bei einer Gewöhnung an den Konsum von Alkohol (in der Regel bei einer Alkoholabhängigkeit) häufig Entzugssymptome auf, die nicht immer erst bei einer Unterbrechung der Alkoholzufuhr mit völliger Elimination des Äthanols (BAK=0‰), sondern z. T. bereits bei einer Verminderung des Konsums einsetzen können. Entzugssymptome können auch bei Neugeborenen alkoholgewöhnter Mütter auftreten. Psychische Entzugsäquivalente bestehen in Symptomen affektiver Labilisierung. Insbesondere können Angst, passagere depressive Verstimmungen (bis hin zur Suizidalität; Stetter 2001) und vermehrte Reizbarkeit auftreten. Motorische und innere Unruhe sowie Konzentrationsstörungen sind relativ häufig. Auf schwere Entzugsverläufe deuten Gedächtnisstörungen, passagere Halluzinationen oder Bewusstseinsstörungen hin. Das Delir gilt heute als die schwerste Verlaufsform des Alkoholentzugssyndroms (s. unten). Eine beschleunigte Atmung, ein Anstieg der Körpertemperatur und Laborveränderungen (z. B. passagere Leukozytose) können auftreten. Typische vegetative Entzugsäquivalente sind Tachykardie, Blutdrucksteigerungen (z. T. exzessiv), Magen-Darm-Störungen (insbesondere Übelkeit, Erbrechen, Diarrhoe), Appetitmangel, Hyperhidrosis und Juckreiz. An neurologischen Symptomen finden sich Tremor, Ataxie, Artikulationsstörungen, Parästhesien und Muskel- sowie Kopfschmerzen. Häufig werden darüber hinaus Hyperreflexie und Schlafstörungen beobachtet (Olbrich 1979). Als besondere Komplikationen des Alkoholentzugssyndroms sind – neben der Ausbildung eines Delirs – hypertone Krisen und zerebrale zumeist primär generalisierte Krampfanfälle vom Grand-Mal-Typ bekannt. Epileptische Anfälle sind im Entzug häufiger als bei Intoxikationen. Der Begriff des Prädelirs wird heute nicht mehr für schwere Entzugsverläufe und allenfalls dann noch gebraucht, wenn Vorläufer (Prodrome) eines Delirs eindeutig vorliegen.

Die Diagnostik ist vorwiegend klinisch ausgerichtet. Sie wird insbesondere durch Atemalkoholkontrollen ergänzt, die für die klinische Praxis sehr gut brauchbar sind. Wiederholte Messungen helfen den Ablauf der Alkoholelimination einzuschätzen, der individuell sehr stark variiert (Haffner et al. 1991). Umfassende Screeninguntersuchungen (z.B. durch Schnelltests im Urin) tragen dazu bei, parallel sich entwickelnde Entzüge von mehreren Substanzen, die mit erhöhten Risiken einhergehen, festzustellen. Dies ist besonders wichtig, da das Entzugssyndrom von Alkohol dem von Benzodiazepinen, Barbituraten, Chloralhydrat und ähnlichen Substanzen ähnelt.

Bei der Alkoholabhängigkeit kommen delirante Zustände (akute, exogene Psychosen) wesentlich häufiger im Entzug als während einer Intoxikation vor. Das Delirium tremens ist ein häufig lebensbedrohlicher toxischer Verwirrtheitszustand, der beim Vollbild intensivmedizinischer Betreuung bedarf. Prodrome können in erhöhter Schreckhaftigkeit, Angst, Schlafstörungen, Zittern, erhöhter Suggestibilität und Unruhe bestehen. Auch zerebrale Krampfanfälle können dem Delir vorausgehen. Charakteristisch sind 3 Symptomkomplexe mit Bewusstseinstrübung und Desorientiertheit, Halluzinationen oder Illusionen jedes Sinnengebietes (besonders häufig lebhafte optische Halluzinationen kleiner, bewegter Objekte) sowie ausgeprägter grobschlägiger Tremor (8–9/s). Weiterhin können Unruhe ("Bettflucht"; Nesteln), Wahnvorstellungen, Auffassungsstörungen, Schlaf-Wach-Störungen und vegetative Übererregbarkeit zusätzlich zu den beschriebenen Symptomen vorliegen. Krampfanfälle oder in seltenen Fällen eine Rhabdomyolyse können das Delir begleiten. Die hohe Letalität, die früher bei deliranten Patienten mit 7–16% angegeben wurde, konnte durch die Pharmakotherapie wesentlich gesenkt werden (Athen et al. 1977; Daus et al. 1985) und liegt nach neueren Übersichten heute bei 1–4% (Feuerlein et al. 1998).

10.2.2
Therapie

Medikamentöse Therapie des Alkoholentzugssyndroms

Ziel der medikamentösen Behandlung des Alkoholentzugssyndroms ist es, die subjektiv oft als sehr quälend empfundenen Beschwerden zu lindern und lebensbedrohliche Krisen zu verhindern (Kryspin-Exner 1983). Auch wenn grundsätzlich bei Suchtkranken eine medikamentöse Behandlung mit Substanzen, die selbst Abhängigkeiten bedingen können, stets einer kritischen Prüfung bedarf (Ladewig 1986), so ist es in dieser Phase nicht vertretbar, den Patienten grundsätzlich eine pharmakologische Behandlung vorzuenthalten. Die Erfahrung hat gezeigt, dass in einer Situation, die durch kontrollierte Abgabebedingungen und durch eindeutige Informationen über die Behandlung gekennzeichnet ist, ein späterer Abusus der Substanz nicht zu befürchten ist (Ladewig 1986). 1963 wurde Clomethiazol für die Behandlung des Alkoholentzugssyndroms eingeführt und hat sich bewährt (Athen et al. 1977; Benkert u. Hippius 1992). Ein eigenes Abhängigkeitspotential der Substanz ist zu beachten. Eine Alternative zu Clomethiazol ist die Gabe von

Chlordiazepoxid (Daus et al. 1985) oder eine Kombinationsbehandlung mit hochpotenten Neuroleptika (z.B. Haloperidol) und anderen Benzodiazepinen. Weitere Alternativen der Behandlung des Alkoholentzugssyndroms wurden mit wechselnden Erfolgen erprobt. Hierzu zählen: Clonidin, Betablocker und Buspiron (Übersichten bei Tretter et al. 1994; Feuerlein et al. 1998). Nach neueren Erfahrungen bewährt sich grundsätzlich ein Krampfschutz mit Carbamazepin (z.B. initial 600 mg/Tag abfallend über 5–7 Tage) auch beim leichten Entzugssyndrom. Die Behandlung des Alkoholentzugssyndroms mit oraler oder intravenöser Applikation von Äthanol wird auch heute noch gelegentlich, z.B. bei der Akutbehandlung von traumatisierten Patienten, angewandt (Craft et al. 1994). Durch die zuverlässigen und zumeist wirksameren medikamentösen Therapiemöglichkeiten sollte auf eine Äthanolgabe jedoch grundsätzlich verzichtet werden, da eine ärztlich verordnete Alkoholgabe weiteres Suchtverhalten triggert und der alkoholkranke Mensch sowohl mit seinen somatischen als auch mit seinen psychischen und sozialen Problemen im Mittelpunkt jeder Behandlung stehen sollte.

Die Dosierung der Medikation orientiert sich an der Ausprägung der Symptomatik und kann sogar „Symptomscore-gesteuert" (Banger u. Wilmsorff 1994) partiell standardisiert werden. Die Applikation muss nach festen Abgabebedingungen und nicht „bei Bedarf" erfolgen. Wegen interindividuell sehr unterschiedlicher Äthanoleliminationsgeschwindigkeiten (Olsen et al. 1989; Haffner et al. 1991) gehören initial regelmäßige Kontrollen der Alkoholkonzentration in der Ausatemluft (AAK-Messungen) zur Behandlungsroutine. Sofern eine medikamentöse Behandlung notwendig ist, wird diese so weit aufdosiert, dass möglichst wenig Entzugssymptome verbleiben. Danach wird die Medikation je nach Symptomatik schrittweise reduziert und in jedem Fall noch vor der Entlassung abgesetzt, da die – häufig wenig kontrollierte – Abgabe entzugslindernder Substanzen im ambulanten Bereich oder gar in der freien Verfügung des Patienten die Ausbildung einer Abhängigkeit (z.B. von Clometiazol oder Benzodiazepinen) begünstigt (Keup 1987; Schulte 1988). Patienten, die mit der oralen Medikation nicht hinreichend behandelbar sind, sollten intensivmedizinisch versorgt werden.

Psychosoziale Therapie des Alkoholentzugssyndroms

Bedeutung und Ausgestaltung psychosozialer Therapie

Im Zusammenspiel mit dispositionellen Faktoren und Lernerfahrungen der Patienten wirken sich kontextuelle Faktoren (Vaillant 1988) auf den Verlauf des Entzugssyndroms ebenso aus, wie dies im Zusammenhang mit Trinkwünschen und der Alkoholtoleranz bekannt ist (McCusker u. Brown 1990). Wesentlicher Bestandteil der körperlichen Entgiftung ist es daher, eine Geborgenheit und Sicherheit vermittelnde Atmosphäre zu schaffen. Dies spielt auch für die Akzeptanz motivationsfördernder psychotherapeutischer Maßnahmen (s. unten) eine bedeutende Rolle (McGovern 1983). Bedeutsam ist insbesondere, jedem Patienten gleich zu Beginn der Entgiftung eine (therapeutische) Bezugsperson zuzuweisen, die ihn während dieser zumeist angstbesetzten und durchaus auch komplikationsträchtigen Zeit begleitet. In vielen Fällen lässt es der Zustand der Patienten zu, noch innerhalb der ersten 24 h Gespräche zur Suchtentwicklung und zu früheren eigenen Erfahrungen mit Alkoholentzügen (z. B. auch sog. Selbstentzügen ohne therapeutische Begleitung) zu führen. Durch diese sehr rasch nach der Aufnahme einsetzende intensive Betreuung wird die Möglichkeit verbessert, eine tragfähige Beziehung herzustellen. Dies wiederum trägt dazu bei, dass es den Patienten erleichtert wird, nachfolgend erläuterte suchtspezifische Therapieangebote anzunehmen (Haigh u. Hibbert 1990).

Im weiteren Verlauf werden ausführlichere – aber stets dem Zustand des Patienten (insbesondere seiner Auffassungsfähigkeit) angepasste – psychodiagnostische Gespräche geführt, um die Lebens- und Krankheitsentwicklung des Patienten, seine Familienanamnese und die aktuelle Lebenssituation sowie mögliche psychiatrische Begleiterkrankungen und den psychopathologischen Befund zu erfassen (Tretter et al. 1994).

Die (therapeutische) Haltung in der Begegnung mit Alkoholkranken

Die Gestaltung der (therapeutischen) Beziehung zum Alkoholkranken ist von Anfang an von zentraler Bedeutung sowohl für die Therapie der körperlichen, vegetativen und psychologischen Entzugssymptome als auch für alle möglichen und sinnvollen weiteren Behandlungsschritte. Auf der einen Seite ist Konsequenz und Klarheit und auf der anderen Seite empathisches Mitfühlen mit dem Alkoholkranken von den Therapeuten in die Beziehung einzubringen. Der mitfühlende, empathische Umgang mit den Alkoholkranken ist etwas, das häufig gefordert und zumeist einfach vorausgesetzt wird. Wie kann eine solche Haltung gewonnen und eingenommen werden? Beim Nachdenken darüber tauchen bei den Leserinnen und Lesern vielleicht Erinnerungen an bestimmte, besonders schwierige Situationen auf: Da ist vielleicht der alkoholisierte Patient in der Praxis, in der Notaufnahme (oder auch bei einer Gerichtsverhandlung), der trotz massivem alkoholischem Foetor schwört, seit Wochen keinen Tropfen getrunken zu haben. Oder vielleicht taucht die Erinnerung an einen Alkoholkranken auf, der gerade eine akute Bauchspeicheldrüsenentzündung oder eine Ösophagusvarizenblutung überstanden und geschworen hat, dies sei ihm eine Lehre – wenige Tage später begegnet man ihm wieder in alkoholisiertem Zustand. Oder man erinnert sich an einen Patienten/Delinquenten, der endlich zur Entwöhnungstherapie motiviert werden konnte und diese bald abbricht oder nach deren Abschluss meint, das kontrollierte Trinken doch noch erreichen zu können. Die Reihe von Beispielen ließe sich beliebig fortsetzen, und es stellt sich tatsächlich die Frage, wie Therapeuten angesichts solcher Verläufe Alkoholkranken noch empathisch begegnen können.

Die Frage danach, wie eine empathische Grundhaltung gewonnen werden kann, führt zunächst vom Blick auf diese schwierigen, von der pathologischen Dynamik der Alkoholkrankheit geprägten Situationen weg. Vielmehr hilft die Frage weiter, welche Motive Therapeuten überhaupt erst in die Begegnung mit Alkoholkranken geführt haben. Hierbei geht es um Grundeinstellungen. Therapeuten sollten schon ein basales Interesse allem Menschlichen gegenüber und insbesondere ein genuines Interesse an der menschlichen Begegnung *in der beruflichen Tätigkeit* mitbringen. Sie sollten Freude daran haben, auch *im Beruf* sich Menschen gegenüber auszudrücken, mitzuteilen und empfänglich zu sein. Sie sollten sich vom Gegenüber mit dessen Eigenarten, mit dessen Gefühlen, Gedanken, Hoffnungen, Wünschen, berühren lassen. Es ist keineswegs verwerflich, trotz dieser basalen mitmenschlichen Fähigkeiten, sich dafür zu entscheiden, dies *im Beruf* nicht ausleben zu wollen. Für eine psychotherapeutische Haltung indes ist dies Voraussetzung (Stetter 2000a).

Die Professionalität von Psychotherapeuten besteht dann weiter darin, diese Grundhaltung im Rahmen ihrer eigenen Ausbildung auszugestalten. Selbst wenn z.B. in der Primärversorgung einfach zu erlernende und umzusetzende Interventionen zu empfehlen sind, bedarf auch dies einer eigenen basalen psychotherapeutischen Ausbildung, in der ein Mindestmaß an theoretischen und praktischen Kenntnissen und Erfahrungen erworben worden ist (z.B. „psychosomatische Grundversorgung" oder „suchtmedizinische Grundversorgung" in der BRD). Weiterhin ist ein kontinuierlicher Austausch mit anderen Kolleginnen und Kollegen wichtig. Durch diese mehr oder minder intensiv erworbene suchttherapeutische Professionalität gelingt dann auch wieder der Blick auf die oben skizzierten Problemsituationen: Was auf andere Menschen unverständlich, beängstigend und in vielen Fällen auch abstoßend wirkt, ist für den professionellen Suchttherapeuten Normalität.

Zur Alkoholkrankheit gehören zahlreiche Merkmale, die häufig negative Affekte beim Gegenüber auslösen. So gehört es z.B. oft zur Krankheit selbst dazu, dass die von ihr Betroffenen ihren Alkoholkonsum nicht „richtig" wahrnehmen können und/oder verdrängen, verleugnen oder bagatellisieren. Massive Scham- und Schuldgefühle, die ebenfalls Merkmale der Alkoholkrankheit sind, werden auf diese Weise für sie erträglich. Die labile Selbstwertregulation wird vorübergehend stabilisiert. Für den Suchttherapeuten kombiniert sich diese wiederholte Erfahrung im Umgang mit den Betroffenen mit dem Wissen um deren *Krankheitscharakter.* Die Krankheit als solche mit ihren z.T. abstoßenden Merkmalen wird dadurch klarer erkannt. Es gelingt leichter, den Menschen, der von dieser Krankheit betroffen ist, „hinter" diesen pathologischen Merkmalen zu entdecken und sich für die Begegnung mit ihm zu öffnen. Gleichzeitig hilft dies auch, der Krankheit und ihren Ausdrucksformen gegenüber so unerbittlich klar zu bleiben, dass sinnvolle (und für den Betroffenen oft unangenehme, aber erträgliche) Interventionen möglich werden, aus denen die Therapie sich zusammensetzt (Stetter 2000a). Hier lässt sich in Anlehnung an Max Frisch formulieren: „Die Wahrheit sollte man dem anderen wie einen Mantel hinhalten, dass er hineinschlüpfen kann – und sie ihm nicht wie einen nassen Lappen um die Ohren schlagen."

Auch bei aller Ausbildung und Professionalität werden die Therapeuten von den Alkoholkranken indes immer wieder gefordert. Um einer Überforderung vorzubeugen, um eigene überhöhte Ansprüche an den „Therapieerfolg" abzubauen oder um mit negativen Affekten besser umgehen zu können, wird es daher immer wieder nötig sein, anhand konkreter Patientenbehandlungen im Gespräch mit anderen Kolleginnen und Kollegen oder in der Supervision, eigene Stimmungen, Denkansätze und Reaktionen im therapeutischen Prozess zu klären. Balint-Gruppen bewähren sich hierbei ebenfalls. Bei der Balint-Arbeit treffen sich kleine Gruppen von Therapeuten. Ein Teilnehmer berichtet über einen problematischen Patienten. Aspekte der therapeutischen Beziehung und deren gezielter Utilisation für therapeutische Fortschritte werden dann unter Moderation durch den Leiter in der Gruppe erarbeitet.

10.3
Motivationstherapie

10.3.1
Bedeutung von Änderungsbereitschaft und Therapiemotivation

Die Alkoholabhängigkeit ist eine Erkrankung mit einer deutlichen Chronifizierungstendenz und relativ geringen Chancen zur Spontanremission. In der Regel werden die Ausprägung der Störung, die Suchtdynamik und die psychosozialen sowie körperlichen Folgen im Zeitverlauf ohne Behandlung immer gravierender. Obgleich die Patienten und zumeist auch ihr unmittelbares Umfeld erheblich leiden, führen suchtspezifische Verleugnungs- und andere Abwehrprozesse oft zu einem überraschend geringen direkt sichtbaren Leidensdruck. Der abhängige Alkoholkonsum stellt eine zunächst stabile – wenn auch lebensbedrohliche – Scheinlösung dar. Änderungsbereitschaft und Behandlungsmotivation müssen daher vielfach im therapeutischen Kontakt erst entwickelt werden, wobei wohlmeinender Nachdruck von außen (z. B. durch Auflagen z. B. seitens der Arbeitgeber oder von Gerichten) durchaus förderlich sein kann. Änderungsbereitschaft und Therapiemotivation sind für die Psychotherapie aber auf jeden Fall Behandlungsgegenstand und keinesfalls Voraussetzung (Stetter 2000b). Die Hypothese, dass bei Substanzabhängigen erst dann nachhaltig eine Bereitschaft zur Änderung entsteht, wenn sie „total am Ende" sind („hit-the-bottom"), muss als grundsätzlich überholt und empirisch widerlegt gelten, selbst wenn in Einzelfällen diese Beobachtung zutreffen mag. Psychotherapeutische Ansätze, die Änderungsbereitschaft und Behandlungsmotivation einseitig als Patientenmerkmale und nicht als Aspekte eines dynamischen interaktionellen Prozesses beschreiben, an dem die Therapeuten ebenso wie die Patienten beteiligt sind und beide Beziehungspartner zum Erfolg oder Misserfolg beitragen, sind überholt und für die Behandlung Alkoholabhängiger ungeeignet. Neben dem Aufbau einer tragfähigen und als hilfreich erlebten Beziehung (s. oben) spielen einerseits die Fokussierung auf die Substanzproblematik und andererseits motivationale Therapieelemente eine wichtige Rolle.

10.3.2
Stadienmodell der Änderungsbereitschaft

Die therapeutischen Interventionen sollen möglichst auf den Patienten und seinen inneren Zustand in der Auseinandersetzung mit der Abhängigkeit zugeschnitten sein. Dabei hat es sich bewährt, ein spezifisches Modell von Stadien der Veränderungsbereitschaft im Hinblick auf einen „Ausstieg aus der Abhängigkeit" und hin zu einem abstinenten Leben zu beachten, das

Prochaska u. DiClemente (1992) entwickelt und z. T. empirisch überprüft haben. Es werden folgende Stadien unterschieden:

- Vor-Absicht („pre-contemplation"),
- Absicht („contemplation"),
- Vorbereitung (preparation),
- Handlung („action"),
- Aufrechterhaltung („maintainance").

Im *Stadium der Vor-Absicht* besteht bei den Patienten noch keine Änderungsabsicht und zumeist auch keine Problemeinsicht. Der Alkoholkonsum ist wichtiger als die hierdurch bedingten Probleme. Schwierigkeiten werden auch nicht mit dem Konsum in Verbindung gebracht, der vielmehr bagatellisiert wird. Nur wenige Patienten werden sich in diesem Stadium in eine Therapie begeben. Wenn sie dies tun, dann um (vordergründig) andere Probleme zu bearbeiten. Die Diagnose der Abhängigkeit zu stellen und Problemeinsicht zu fördern, sind die adäquate therapeutische Aufgabe.

Wenn sich Patienten im *Absichtsstadium* im Hinblick auf ein abstinentes Leben befinden, besteht zwar eine partielle Krankheitseinsicht, aber es liegen noch heftige Ambivalenzen vor. Werden bereits Entscheidungen getroffen, sind diese meist nicht sehr stabil. Dadurch werden die Abhängigen vom sozialen Umfeld und auch von Therapeuten als wankelmütig erlebt und lösen Enttäuschung aus. Das in unserer Gesellschaft immer noch weit verbreitete Märchen vom „willensschwachen" oder „charakterlosen" Trinker basiert möglicherweise u. a. auf Erlebnissen mit Alkoholkranken in diesem Stadium.

Im *Vorbereitungsstadium* werden erste Verhaltenskonsequenzen konkret geplant, und es finden (ansatzweise) Versuche statt, zeitweise abstinent zu leben.

Im *Handlungsstadium* setzen die Alkoholkranken die ersten Verhaltensänderungen (Abstinenz, alternative Verhaltensweisen) um. Ohne therapeutische Hilfe oder mit niedrigschwelligen Angeboten allein gelingt es damit aber vielfach noch nicht, die eigentlichen Vornahmen (z. B. abstinent zu leben) dauerhaft umzusetzen. Diese „Misserfolge" beeinträchtigen die Selbstwirksamkeitserwartungen und das Selbstwertgefühl der Betroffenen. Dies kann zu erneuter Abwehr und einem „Rückfall" in frühere Stadien führen. Aus ersten Änderungsversuchen und aus dem Erlebnis des Scheiterns kann auch ein Prozess intensiverer Suche nach Hilfe entstehen, und die Betroffenen sind jetzt offen z. B. für Entwöhnungstherapien.

Im *Stadium der Aufrechterhaltung* lebt der Substanzabhängige abstinent, zunächst häufig im Rahmen entsprechender stationärer oder ambulanter Therapieprogramme. Die Verhaltensänderungen setzen sich aber auch danach fort, und die gewonnenen Einsichten, Konfliktlösungsmöglichkeiten und Verhaltensmodifikationen werden im Alltag verankert. Es findet eine Adaptation an die neue Situation statt, die nicht nur den Betroffenen selbst, sondern auch sein soziales Umfeld (insbesondere die Familie) einbezieht. Dieser Prozess dauert jahre-, meist sogar jahrzehntelang. Auch im Aufrechterhaltungsstadium bleibt der Betroffene alkoholabhängig – dies bleibt er lebenslang. Der Betroffene ist dann eben ein abstinent lebender Alkoholabhängiger. Auch neurobiologische Befunde (vgl. z. B. den Begriff des Suchtgedächtnisses bei Böning 2000) unterstützen die aus Selbsthilfebewegungen und der klinischen Praxis seit langem bekannte Beobachtung, dass eine grundlegende „Herauslösung der Bindung an den Suchtstoff" bei Abhängigen nicht zu erreichen ist. Abhängige können lernen, zufrieden und mühelos abstinent zu leben (also eine völlig alkoholfreie Diät einzuhalten), so wie Diabetiker lernen können, mit einer zuckerreduzierten Diät die Auswirkungen ihrer Erkrankung zu mindern. Durch das Einhalten der Diät verschwindet aber nicht die Erkrankung (im einen Fall die Abhängigkeit, im anderen Fall der Diabetes).

An dem Modell von Prochaska u. DiClemente (1992) ist auch aus diesem Grund für die praktische Anwendbarkeit bedeutsam, dass diese Stadien der Veränderung wiederholt durchlaufen werden können. Rückfälle in frühere Stadien – aber auch recht zügige Progressionen – sind jederzeit möglich und erfordern vom Therapeuten jeweils adaptierte Vorgehensweisen.

10.3.3
Gezielte Motivationsförderung als therapeutische Aufgabe

Ziel der motivationalen Interventionen besonders im Absichts- und Vorbereitungsstadium ist es, eine kognitive und emotionale Krankheitseinsicht und -akzeptanz zu fördern, Veränderungsbereitschaft zu unterstützen, erste Veränderungsschritte zu vereinbaren und weitere individuelle Ziele zu konkretisieren. Miller u. Rollnick (1991) haben hierzu eine Reihe von gezielten therapeutischen Interventionen entwickelt und erprobt. Wichtig ist auch hier, dass der Therapeut empathisch zuhört. Es werden offene Fragen gestellt, selbstmotivationale Aussagen des Betroffenen gefördert und persönliche Rückmeldung gegeben. Der Therapeut bestärkt den Alkoholkranken in seinen ersten positiven Änderungsschritten, baut ihn immer wieder auf und fasst die einzelnen Gesprächsabschnitte zusammen. In dieser Phase der Interventionsstrategie wird mit dem Widerstand (der Abwehr) und nicht dagegen gearbeitet: Berichtet der Betroffene z.B. statt der vom Therapeuten erfragten Angabe der Konsummengen über Phasen, in denen er abstinent lebte, wird die Bereitschaft zur Abstinenz, die dadurch indirekt zum Ausdruck kommt, positiv verstärkt. In weiteren Schritten wird die Verbindlichkeit gefördert. Der Therapeut bestärkt den Betroffenen in seiner Bereitschaft zur Veränderung und unterstützt ihn dabei, einen in Schritte aufgegliederten Veränderungsplan zu erstellen. Es wird auf die Entscheidungsfreiheit des Betroffenen, auf sein eigenes Wollen und auf die negativen Konsequenzen des weiteren Substanzkonsums fokussiert. Die Abstinenzvorteile werden herausgestrichen und konkrete Ratschläge zu Veränderungsschritten gegeben. Ziel ist u. a. eine Selbstverpflichtung zur Veränderung (insbesondere zur Abstinenz) und ggf. (z. B. bei Rückfällen) eine Erneuerung dieser Selbstverpflichtung. Unter Umständen werden wichtige Bezugspersonen einbezogen, sofern der Betroffene damit einverstanden ist.

Neben diesem suchtspezifischen und für Alkoholkranke in seiner Wirkung empirisch überprüften Ansatz (Bien et al. 1993) sind supportive psychotherapeutische Ansätze für die Gestaltung der initialen Therapiebegegnungen als konzeptuelle Grundlage geeignet, wobei sie für die spezifische

Situation Suchtkranker adaptiert werden müssen. Supportive Psychotherapie zielt auf direkte und indirekte Ich-Stützung (Wöller et al. 1996). Bei der direkten Ich-Stützung geht es z. B. um die Stärkung der Realitätsprüfung, die Nutzung der Stärken des Patienten, das Stützen des Selbstwertgefühles, die Angstreduktion und die direkte Anleitung zur Veränderung. Indirekte Ich-Stützung kann bei Alkoholkranken besonders in der Entlastung von Scham- und Schuldgefühlen bestehen.

Kontrollierte Studien belegen die Wirksamkeit derartiger suchtspezifischer motivationaler Ansätze, die gerade in der Initialphase der Therapie mit Abhängigen und in der Entgiftungs- und Motivationstherapie besondere Bedeutung haben (Übersicht bei Stetter u. Mann 1997). Kleine, überschaubare Therapieziele sind in dieser frühen Behandlungsphase gegenüber groß angelegten „Veränderungsvorstellungen" zu bevorzugen. Erreichbare Schritte auf diese Nahziele hin werden thematisiert. Aktive Hilfe zur Problembewältigung ist wichtig. Es gehört für den Patienten und den Therapeuten dazu zu akzeptieren, dass in dieser Therapiephase „zufriedene Abstinenz" als übergeordnetes Ziel erst ins Auge gefasst werden kann. In aller Regel sind für die schwer abhängigen Patienten hierzu jedoch wesentliche Umstrukturierungen notwendig, die sich als monate-, zumeist jahrelanger Prozess gestalten, der weitere und intensivere therapeutische Hilfe nötig macht (Stetter 2000b). Daher bietet es sich an, die Förderung der Bereitschaft, weitere Hilfe anzunehmen, zum zentralen Ziel der Motivationstherapie zu machen. Klare Aussagen, dass eine Besserung der Lebenssituation durch eine weiterführende suchtspezifische Behandlung zu erwarten ist, haben sich besonders bewährt (Fishbein et al. 1980). Konkrete aktive Hilfe besteht z. B. darin, dem Patienten Informationen über weitere Therapiemöglichkeiten zu geben, zu denen in aller Regel stationäre Entgiftungs- und Entwöhnungsbehandlungen gehören. Es ist die therapeutische Aufgabe, mit dem Patienten die nächsten Schritte zu vereinbaren, die zur Einleitung derartiger Maßnahmen führen, Rückmeldungen über erreichte Schritte einzuholen und konkrete Hilfe bei der Vermittlung anzubieten. Weiterhin ist auch in dieser Phase der Kontakt zu Betroffenen hilfreich, die bereits längerfristig abstinent leben. Dies kann darin bestehen, dass die Bereitschaft der Patienten, Selbsthilfegruppen zu besuchen, bereits in dieser Phase aktiv gefördert wird (Stetter 2000b).

Die bei den meisten Substanzabhängigen im Verlauf der Erkrankung nötige stationäre Entgiftung bietet neben einer hohen Therapiesicherheit bei dem potentiell komplikationsträchtigen Entzug (s. oben) die Möglichkeit, sofort gezielte psychotherapeutische Interventionen zur Förderung der Therapiebereitschaft umzusetzen („qualifizierter Entzug"). In kontrollierten und evaluativen Studien konnte z. B. bei Alkoholabhängigen gezeigt werden, dass bereits bei 2- bis 3-wöchiger stationärer qualifizierter Entzugstherapie gezielte Motivationsförderung möglich ist: Etwa die Hälfte der initial 529 entgifteten alkoholabhängigen Patientinnen und Patienten waren danach bereit, weiterführende stationäre oder u. U. auch ambulante Entwöhnungstherapien anzutreten (Stetter u. Mann 1997), wobei dies explizites Therapieziel war. Dieses Ergebnis, das sich ähnlich auch in einer Metaanalyse motivationsfördernder Interventionen zeigte (Bien et al. 1993), macht deutlich, dass die Erfolgsaussichten grundsätzlich als gut einzuschätzen sind.

10.4
Entwöhnungstherapie

10.4.1
Grundlagen der Entwöhnungstherapie Alkoholabhängiger

Während man früher von der vereinfachten Modellvorstellung einer „Behandlungskette" mit der Abfolge Kontakt-, Entgiftungs-, Entwöhnungs- und Nachsorgephase ausging, werden heute dynamischere und stärker prozessorientierte Modelle bevorzugt, wie sie bereits in dem Modell von Prochaska u. DiClemente (1992) beschrieben wurden. Insofern lässt sich die therapeutische Aufgabe der „Herauslösung der Bindung an einen Suchtstoff" im Grunde nicht mehr statisch der Entwöhnungstherapie zuordnen (wie dies im sozialrechtlichen Bereich aber zumeist noch üblich ist). Das Ziel, eine Selbstverpflichtung des Betroffenen zur Abstinenz zu erreichen und die Fähigkeiten zum abstinenten Leben zu vermitteln, durchzieht alle Behandlungsphasen und Settings wie ein „roter Faden". Dennoch wird gerade in der psychotherapeutisch orientierten Entwöhnungstherapie dieser Zielkomplex besonders deutlich, wobei die Rückfallprävention heute hierbei ebenfalls eine wesentliche Rolle spielt. Auch wenn Entwöhnungstherapien ambulant oder tagesklinisch bei einigen Patienten durchgeführt werden können, spielt die stationäre Entwöhnungsbehandlung in Deutschland die bedeutendste Rolle. In der stationären Entwöhnungsbehandlung werden zumeist mehr oder minder eklektische „Breitbandtherapien" angeboten, die z.B. psychodynamische (tiefenpsychologische), verhaltenstherapeutische und ressourcenaktivierende Elemente (z.B. autogenes Training) mit soziotherapeutischem Vorgehen kombinieren. Angehörige werden regelmäßig in bestimmten Phasen der Entwöhnungstherapie einbezogen. Eine bestimmte Abfolge von psychotherapeutischen Inhalten und (abgestuften) Zielen der Entwöhnungsbehandlung (Übersicht 10.1) hat sich neben der Berücksichtigung des Stadienmodells der Änderungsbereitschaft (s. oben) praktisch bewährt (Gottschaldt 1997).

Die Bearbeitung möglicher – der Suchtdynamik zugrunde liegender – Konflikte, Ich-Defekte, dysfunktionaler kognitiver Schemata oder Verhaltensmuster gehört ebenso wie die Beschäftigung mit rückfallpräventiven Inhalten und die Vorbereitung des Alkoholkranken auf eine Integration der in der stationären Therapie erzielten Einsichts- und Verhaltensänderungen ins Alltagsleben zu den Inhalten der Entwöhnungsbehandlung. Unter 2- bis 4-wöchiger Abstinenz zuweilen persistierende Zeichen einer Angststörung, einer Depression oder einer Persönlichkeitsstörung (sog. psychiatrische Komorbidität) werden ebenfalls in der Entwöhnungsbehandlung diagnostiziert und (an-)behandelt.

Die „klassische" Langzeitkur von einem halben Jahr Dauer (oder mehr) ist inzwischen von intensiveren, aber (etwas) kürzeren stationären Behandlungen weitgehend abgelöst worden.

Übersicht 10.1 Modell einer Abfolge therapeutischer Schritte der Entwöhnungstherapie Alkoholkranker

● Kognitive Akzeptanz der Alkoholabhängigkeit
● Ziel: Erreichen und Einhalten einer totalen Abstinenz von allen Substanzen mit Suchtpotential
● Emotionale Akzeptanz der Alkoholabhängigkeit (Bearbeitung der Schuld- und Schamgefühle, Integration der Sucht als lebenslang bleibendem „Merkmal" in das Selbstbild)
● Funktionalität des Suchtmittels Alkohol wahrnehmen (Bearbeitung der Funktion, die Alkohol zur psychischen – z.B. Affektregulation – und sozialen Stabilisierung spielte)
● Bearbeitung der hierbei deutlich gewordenen Konflikte, Ich-Defizite, Selbstwert- und Selbstregulationsprobleme, Verhaltensdefizite
● Aufbau alternativer Erlebens- und Verhaltensweisen und interpersoneller Fähigkeiten.

10.4.2
Spezifische Interventionsansätze

Psychodynamische Interventionsansätze

In seinen Übersichten über die zum Teil sehr heterogenen und grundsätzliche Entwicklungen der Psychoanalyse widerspiegelnden suchtdynamischen Konzepten stellt Rost (1986, 1992) 3 erkennbare große „Linien" vor:
● triebdynamische Konzepte – der „neurotische" Suchtkranke;
● Ich-psychologische Konzepte – der Ich-schwache Suchtkranke;
● objektpsychologische Konzepte – der autodestruktive Suchtkranke.

Grundsätzlich ist zu bemerken, dass die Substanzabhängigkeit selbst häufig einen schweren (pathologisch) regressiven Zustand darstellt. Von daher wird das klassisch analytische Setting mit seinen verfahrenstechnisch bedingten, regressionsfördernden Angeboten (Patient liegt auf der Couch etc.) in aller Regel für die Behandlung der Substanzabhängigkeit als ungeeignet angesehen (Schlüter-Dupont 1990) und kann – wenn überhaupt – häufig erst bei stabiler, langfristiger Abstinenz zur weiteren Persönlichkeitsreifung oder Konfliktbewältigung eingesetzt werden.

Psychodynamische Ansätze mit ihren geänderten Settingvariablen eignen sich indes durchaus zur Psychotherapie der Suchterkrankungen, wobei Einzel- und Gruppensitzungen mit ihren unterschiedlichen Schwerpunkten sich ausgezeichnet ergänzen. Die sog. interaktionelle Methode (Heigl u. Heigl-Evers 1991; Heigl-Evers u. Ott 1995) ist u.a. auch in und aus der Therapie von Substanzabhängigen entwickelt worden und bewährt sich in der Praxis (Details auch bei Stetter 2000d).

Kognitiv-verhaltenstherapeutische Interventionsansätze

Die älteren rein behavioralen Therapieansätze (z. B. die verschiedenen Formen der Aversionstherapie) haben heute bei der Behandlung Substanzabhängiger an praktischer Bedeutung verloren. Dagegen gehören neuere und mehr oder minder stark kognitiv ausgerichtete verhaltenstherapeutische Interventionen zu den am besten empirisch in ihrer Wirksamkeit abgesicherten Therapieansätzen (Süß 1995).

Da der Alkoholkonsum häufig der Steigerung positiver und/oder der Reduktion negativer Affekte (auch der Steigerung des Selbstwertgefühls und der Selbstsicherheit) dient, kann der Substanzgebrauch auch als ein „Coping-"(Bewältigungs-)Verhalten zum Affektmanagement angesehen werden (Arend 1994). Zugleich verhindert der regelmäßige Alkoholkonsum die Ausbildung neuer und adäquaterer Coping-Strategien. Der Alkoholkonsum bildet sich zu einer Art „universaler Bewältigungskompetenz" (sog. Alkoholkompetenz) heraus. Um neue und angemessenere Bewältigungsfertigkeiten zu entwickeln wird das soziale Kompetenz- und/oder das Selbstsicherheitstraining (Monti et al. 1994) in fast allen verhaltenstherapeutischen Programmen für Alkoholabhängige angeboten. Bei den Expositions- und Reaktionsverhinderungsansätzen werden abstinente Patienten in Situationen gebracht, in denen sie früher Alkohol konsumiert hätten (z. B. in Form von „geselligen Runden" im Rollenspiel oder von induzierten negativen Gefühlszuständen). Hierbei steht in der Regel das alkoholische „Lieblingsgetränk" zur Verfügung (Exposition). Bei der reinen Exposition werden die Patienten nicht daran gehindert Alkohol zu konsumieren, obgleich es das Ziel ist, ohne Alkohol solange zuzuwarten, bis das Craving (der Suchtdruck) – sofern dies auftritt – nachlässt, um nach und nach eine Löschung des Alkoholverlangens zu erzielen. Bei den Reaktionsverhinderungsansätzen werden die Patienten daran gehindert, Alkohol zu konsumieren. Sie werden z. B. durch modellhaftes Vorführen mit Instruktionen dazu veranlasst, adäquate Verhaltensweisen aufzubauen. Hierdurch erfolgt eine Löschung konditionierten Verlangens und evtl. auch konditionierter Entzugserscheinungen (Rist et al. 1989).

In Ansätzen, die dem kognitiven (Beck et al. 1997) und dem sozial-kognitiven Modell (Arend 1994) verpflichtet sind, wird dem Aufbau einer vertrauensvollen therapeutischen Beziehung und dem Abwägen der Pros und Kontras für oder gegen das Trinken zu Beginn große Bedeutung beigemessen. Ziel ist es dabei, dem Patienten eine größtmögliche Selbstverpflichtung zu einer Verhaltensänderung (z. B. Abstinenz) zu ermöglichen, die Ambivalenzen entgegenwirken soll. In der sich anschließenden Verhaltens- und Bedingungsanalyse werden soziale, situative, emotionale, kognitive und physiologische Auslöser und Konsequenzen des Alkoholkonsums herausgestellt und schließlich werden die Therapieziele expliziert (Arend 1994).

In der verhaltenstherapeutischen Praxis der Suchtkrankenbehandlung werden zumeist *multimodale Ansätze* umgesetzt. Dabei werden Störungen und Defizite mitbehandelt, die Bedingungen, Vorläufer und Konsequenzen des problematischen Trinkverhaltens darstellen (Arend 1994). Verschiedene Aspekte des *Selbstmanagement*, bei dem Fertigkeiten und Strategien zur (abstinenten) Bewältigung von Problemsituationen vermittelt werden, spielen eine wichtige ergänzende Rolle. Auch die bereits beschriebene „motivationale Gesprächsführung" (Miller u. Rollnick 1991) kann zu den kognitiv-verhaltenstherapeutischen Ansätzen gerechnet werden. Daneben hat heute das ebenfalls kognitiv orientierte „Rückfallpräventionstraining" (Marlatt u. Gordon 1985) besonders große Bedeutung. Ohne die Abstinenz als übergeordnetes Ziel aufzugeben, weicht man heute von dem Alles-oder-Nichts-Prinzip des erneuten Alkoholkonsums als „totaler Katastrophe" ab. Vielmehr werden rückfallgefährdende Bedingungen (in der Person, situativ etc.) und Hochrisikosituationen sowie die dazugehörigen Kognitionen und Emotionen im therapeutischen Rahmen (einzeln oder in Gruppen) analysiert. Ziel ist es, erneuten Alkoholkonsum zu vermeiden oder, wenn es dazu kam („slip") zu verhindern, dass es tatsächlich zum Kontrollverlust und zum wirklichen Rückfall kommt.

Rückfallgefährdende Bedingungen erkennen und damit adäquat umgehen zu lernen, ist daher Gegenstand der entsprechenden Rückfallpräventionstrainings (Arend 1994; Petry 1989). Diese rückfallpräventiven, therapeutischen Interventionen werden heute bereits während der (stationären) Entwöhnung und dann später in der Nachsorge wiederholt eingesetzt.

Ressourcenaktivierende Ansätze am Beispiel des autogenen Trainings

Schon wegen der starken Wirkungserwartung, Entspannung durch Alkoholkonsum zu erreichen, besteht ein wichtiges Therapieziel in der Psychotherapie Alkoholabhängiger darin, Entspannung systematisch auf anderem Wege erreichen zu können. Entspannungsverfahren spielen daher als eine Komponente in fast allen Therapieansätzen eine wichtige Rolle. Konzeptionell ist auch zu bedenken, dass autonom durchgeführte Entspannungsübungen durchaus die Selbstwirksamkeitserwartungen und das Selbstwertgefühl verbessern und so zu Coping-Strategien werden können (Stetter 1998). In einer kontrollierten Studie bei jungen Alkoholabhängigen zeigte sich z. B., dass Biofeedback-unterstützte, autogene Entspannung signifikant dazu beitrug, internale Kontrollüberzeugungen zu aktivieren. Dieser Befund ist für die Suchttherapie von Bedeutung, da es Hinweise gibt, dass externale Kontrollüberzeugungen mit einer starken Abhängigkeit der Person von Außenbedingungen einen Substanzrückfall begünstigen können, während internale Kontrollüberzeugungen mit ausgeprägteren Erwartungen an die eigenen Fähigkeiten zur Problembewältigung Abstinenz-unterstützend wirken (Sharp et al. 1997). Autogenes Training, progressive Relaxation, Entspannungshypnose und Biofeedback sind empirisch gut fundierte Entspannungsverfahren. Sie werden als kompatible Techniken im Rahmen von Therapieplänen in der Psychotherapie Alkoholkranker zu Recht in breitem Umfang eingesetzt, wobei bislang das autogene Training im deutschen Sprachraum zumindest in stationären Therapiesettings für Alkoholabhängige am weitesten verbreitet ist (Stetter u. Mann 1991).

10.4.3
Psycho- und pharmakotherapeutische ambulante Weiterbehandlung

Entscheidend ist die Einbindung der stationären Entwöhnung in die notwendige, ambulante Weiterbehandlung am Wohnort. Diese setzt sich idealerweise aus dem Besuch von Selbsthilfegruppen und weiterer ambulanter suchtorientierter Psychotherapie zusammen. Rückfallpräventive Inhalte und eine Integration der erzielten Einsichts- und Verhaltensänderungen ins Alltagsleben prägen diese Therapie in besonderer Weise. Auch psychiatrische Komorbiditäten (z.B. unter Abstinenz persistierende Zeichen einer Angststörung, einer Depression oder einer Persönlichkeitsstörung) sind Gegenstand der weiteren oft jahrelangen ambulanten psychotherapeutischen Arbeit, die jedoch nie die Substanzproblematik aus dem Blick verlieren darf.

Alkoholkranke können darüber hinaus von einer in ihrer Wirkung grundsätzlich empirisch gesicherten rückfallpräventiven Medikation (z.B. mit Acamprosate) profitieren, die die Psychotherapie ergänzt und problemlos mit dieser zu kombinieren ist, wenn die Einstellungen und Erwartungen der Patienten gegenüber dieser adäquaten Form der Pharmakotherapie beim psychotherapeutischen Arbeiten berücksichtigt werden.

10.4.4
Empirische Wirksamkeitsnachweise der Entwöhnungstherapie von Alkoholkranken

Die Wirksamkeit von suchtspezifischen Behandlungen wurde empirisch in der Regel im Hinblick auf das Trinkverhalten als „Outcome"-Kriterium überprüft. In einer Metaanalyse solcher (angloamerikanischer) Studien (Emrick 1975) ließ sich zunächst eine „Drittel"-Regel ableiten (34% abstinent; 33% gebessert; 33% ungebessert). Es zeigte sich aber auch, dass es ganz erhebliche Streuungen bei den Behandlungsergebnissen zwischen den analysierten Studien gab, die diese einfache Faustregel wieder infrage stellten. Polich et al. (1981) fanden bei einer 4-Jahres-Katamnese von 44 Einrichtungen in den USA nur eine Abstinenzquote von 9%. Dagegen ermittelten Küfner et al. (1988) bei 21 stationären Einrichtungen in der BRD bei gleichem Katamnesezeitraum eine Abstinenzquote von 46%. Süß (1995) legte seiner Metaanalyse 36 Studien zugrunde und fand eine Abstinenzquote von 34% bei im Mittel knapp 1 1/2-jährigem Katamnesezeitraum. 23% der Patienten wurden als ungebessert eingeschätzt. Bei längerem Katamnesezeitraum lagen die Abstinenzquoten mit 26–28% niedriger. Weiterhin zeigte sich, dass die Abstinenzquoten von den 6-Monats- zu den 12-Monats-Katamnesen bedeutsam absanken, danach aber doch stabiler blieben. Die ausgeprägte Rückfallgefährdung in den ersten Monaten nach Beendigung einer Behandlung gilt auch für andere Settings und konnte z.B. in Katamnesestudien nach Entgiftungs- und Motivationsbehandlungen gezeigt werden (Stetter u. Mann 1997). Innerhalb der Therapieansätze wies in der Metaanalyse (Süß 1995) die Verhaltenstherapie (in der Regel multimodale Breitbandtherapie) die besten Ergebnisse auf. Die eklektischen Standardsuchttherapien anderer psychotherapeutischer Orientierung schnitten besser ab als eine reine alkoholsensibilisierende medikamentöse Therapie (mit Disulfiram) und/oder eine Minimaltherapie (Placebo, Kurzberatung). Die kaum nachweisbaren Effekte einer minimalen Beratungstherapie im Vergleich zu einer Entwöhnungsbehandlung konnten auch in einer eigenen Studie im Tübinger Suchtforschungszentrum gezeigt werden (Schwärzler et al. 1997). Sie widersprechen Befunden aus dem angloamerikanischen Raum, die allerdings auch unter methodologischer Sicht nicht unangefochten sind (Mattick u. Jarvis 1994). In der Metaanalyse von Süß (1995) fiel auf, dass die Abstinenzquoten in den aus dem deutschen Sprachraum stammenden Studien (45%) höher waren als die aus anderen, überwiegend anglo-amerikanischen Ländern (31%). Dieses erheblich bessere Ergebnis, auf das auch schon Feuerlein (1990) hingewiesen hatte, wurde in der BRD allerdings mit etwa 4fach längeren stationären Therapiedauern erzielt, als dies in den anderen Ländern üblich war. Für die deutschen Studien ließ sich auch ein signifikanter positiver Zusammenhang von Therapieerfolg und Therapiedauer ermitteln. Dies galt nicht für andere Settings mit Therapiedauern zwischen 2 und 6 Wochen.

Die Vergleiche zwischen den Effekten von stationärer und ambulanter Therapie sind noch nicht hinreichend sicher zu beurteilen. Berücksichtigt man Abstinenzquoten (und nicht nur die „Besserungsquoten") und prognostisch relevante Kriterien bei der Auswahl der Patienten in den Studien, so ergibt sich nach der Übersicht von Feuerlein et al. (1998) nach wie vor ein gewisser Vorteil für die stationäre Therapie. Auch wenn ein modernistischer Trend in der internationalen Suchtforschung gegenwärtig auf die ambulante Therapie ausgerichtet zu sein scheint, weisen auch Daten aus einer der größten Psychotherapiestudien („Project MATCH") auf die ungebrochene Bedeutung der stationären Behandlung Suchtkranker als eine wichtige Komponente im Therapieangebot hin: In dieser methodisch sehr elaborierten Studie, die jedoch nur wenig praxisrelevante Ergebnisse erbrachte, wies (als Nebenergebnis) die Gruppe der (kurz) stationär vorbehandelten Alkoholpatienten eine um fast 20% höhere Abstinenzquote auf als die nur ambulant behandelten Patienten (Project MATCH research group 1997). Zusammenfassend lässt sich sagen, dass nach dem gegenwärtigen Kenntnisstand das stationäre Setting den sichereren Rahmen für einen dauerhaften Therapieerfolg bietet, aber stets nur einen Baustein in der Gesamtbehandlung Suchtkranker darstellt. Es gibt keinerlei Hinweise, dass Entwöhnungsbehandlungen Alkoholkranker von vornherein aussichtslos seien. Vielmehr sind die langfristigen Behandlungserfolge nach stationären Entwöhnungsbehandlungen in der BRD mit bis zu 40–50% durchaus respektabel.

10.5
Prognose von Therapie- und Trinkverhalten

10.5.1
Hintergrund empirischer Grundlagen zur Prognosefrage

In der am Ende der Ausführungen über die Motivationstherapie bereits skizzierten Studie an 529 stationär entgiftungs- und motivationsbehandelten Alkoholkranken (Stetter u. Mann 1997) wurde auch der Versuch unternommen, Merkmale aus der Anamnese, der Persönlichkeit des Patienten und aus
dem Ablauf der Behandlung zu identifizieren, die eine Prognose im Hinblick
auf das weitere Therapie- und Trinkverhalten zulassen (Stetter 2000 c). Diese
Fragen stellen sich nicht nur im Behandlungskontext (Ressourcenlimitie-
rung!), sondern sind auch Fragen, die häufig an psychiatrisch-psychotherapeutische Sachverständige seitens der Auftraggeber (Staatsanwaltschaften,
Richter) gestellt werden.

Vor dem Hintergrund der verfügbaren auf die Krankheitsprognose einge-
henden Literatur insbesondere aus Entgiftungspopulationen (aber auch aus
Entwöhnungspopulationen) kamen grundsätzlich in dieser Studie Merkmale
aus folgenden Bereichen als Prädiktoren in Frage: Soziodemographie, Komorbidität, Ausprägung und Verlauf der Alkoholabhängigkeit, Alkoholfolgekrankheiten, suchtspezifische Vorbehandlungen, Zuweisungsmodus/Thera-
pieplanung, Patientenselbstbeurteilung der Behandlungsbereitschaft, Verlauf
der Entgiftungs- und Motivationsbehandlung. Bereits beim Studium der
Literatur war auffällig, wie gering in aller Regel die prognostische Präzision
war. Nicht selten erwies sich ein Merkmal in einer Studie als positiver, in
einer anderen Studie als negativer Prädiktor.

10.5.2
Prognose des Therapieverhaltens

Aus der Vielzahl überprüfter Variablen erwiesen sich nach statistischer Kor-
rektur (a-Fehler), der Berücksichtigung von Effektgrößen der Korrelationen
und einer Überprüfung der Stabilität der Ergebnisse innerhalb der Stichprobe (durch Vergleich zweier zeitlich definierter Teilstichproben) 5 Merkmale
als Prädiktorvariablen. Die globale ärztliche Prognose am Ende der Therapie
und die Einschätzung der Behandlungsmotivation durch die Bezugstherapeuten am Ende der 1. Behandlungswoche gehörten zu den stärksten Prädiktoren. Darüber hinaus waren sowohl die Patientenselbsteinschätzung der Behandlungsbereitschaft, eine unmittelbar dem Entzug vorangehende Therapie-
beratung als auch ein regulärer Abschluss der Entzugsbehandlung positive
Prädiktoren. Wenn man die Einteilung der Effektstärke des Zusammenhangs
von Cohen (1988) zugrunde legte, fand sich nur eine Variable – und zwar
die globale ärztliche Prognose bezüglich Therapieantritt, die am Ende der
ca. 3-wöchigen Therapie abgegeben wurde –, bei der die Kriteriumskorrela-
tion größer als 0,30 war und damit gerade einer mittleren Effektstärke ent-
sprach. Kriteriumskorrelationen zwischen 0,20 und 0,30 (obere Hälfte des

Bereichs kleiner Effektstärken nach der Konvention von Cohen (1988)) fanden sich nur noch bei zwei weiteren Variablen (Details bei Stetter 2000c).

Dies zeigt, dass nur eine vergleichsweise geringe Aufklärung der Varianz im Hinblick auf das poststationäre Inanspruchnahmeverhalten trotz der großen Stichprobe und der Vielzahl überprüfter und nach rationalen Kriterien ausgewählter Variablen gelang.

Versuche, multivariate statistische Verfahren anzuwenden, brachten ebenfalls nur vergleichbare Ergebnisse. Auffällig ist weiterhin, dass Variablen aus den Bereichen der Soziodemographie ($r_{max} = 0{,}09$), der Komorbidität ($r_{max} > 0{,}08$), der Dauer und Ausprägung der Alkoholkrankheit ($r_{max} = 0{,}13$), der Alkoholfolgekrankheiten ($r_{max} = 0{,}08$) und der suchtspezifischen Vorbehandlungen ($r_{max} = 0{,}09$) nur geringe Beiträge zu einer Prognose lieferten, während sämtliche relevanten Prognosevariablen aus der unmittelbaren Zeit vor der Behandlung (z.B. Zuweisungsmodus) und der Behandlung selbst stammten.

10.5.3
Prognose des Trinkverhaltens

Bei dem Versuch, Prädiktoren für das Trinkverhalten innerhalb des Katamnesezeitraumes nach der Entgiftungs- und Motivationstherapie zu identifizieren, ergaben sich noch niedrigere Korrelationen als bei der Prognose des Therapieverhaltens. Darüber hinaus waren die ermittelten Prädiktoren beim Vergleich der beiden Teilstichproben weniger stabil. Die 8 als relevant ermittelten Variablen (Korrelationen mit Abstinenz zwischen 0,11 und 0,17) stimmten jedoch mit den Ergebnissen einschlägiger Studien überein (Fichter u. Frick 1992; Steingass 1994). Interessant war, dass sich – im Vergleich zum Therapieverhalten – bei der Prädiktion des Trinkverhaltes ein anderes Muster relevanter Prädiktoren ergab: Für das Therapieverhalten waren Merkmale aus dem Vorfeld der stationären Aufnahme und der Entzugstherapie selbst relevant. Für das Trinkverhalten dagegen spielten die Prädiktoren eine Rolle, von denen auch von anderen Autoren ein breiter Gültigkeitsbereich angenommen wird. Im Bereich soziodemographischer Merkmale waren in dieser Tübinger Studie ein höheres Lebensalter und ein fester Wohnsitz positive Prädiktoren. Komorbidität (psychiatrische Zusatzdiagnosen, Suizidversuche in der Vorgeschichte, andere Missbrauchs- bzw. Abhängigkeitsdiagnosen) erwies sich erwartungsgemäß als negativer Prädiktor. Stationäre Suchtbehandlungen in der Anamnese war der stärkste negative Einzelprädiktor. Dagegen waren die Einschätzung des therapeutischen Klimas durch die Patienten im Sinne einer angenehmen, strukturierten, von helfenden Interaktionen geprägten Atmosphäre sowie die Fremdeinschätzung der Motivation durch die Bezugstherapeuten positive Prädiktoren.

Nach dem internen Stabilitätstest innerhalb der Stichprobe durch den Vergleich der Teilstichproben I und II verblieben folgende prognostisch relevante Variablen: höheres Lebensalter, fester Wohnsitz, keine weiteren stoffgebundenen Abhängigkeiten und keine vorangegangenen stationären Suchtbehandlungen.

10.5.4
Überlegungen zur (Therapie-)Prognose im juristischen Kontext

Nach Vergleichen mit der noch umfangreicheren Studie von Küfner et al. (1988), in der der weitere Verlauf und Prädiktorvariablen nach Entwöhnungstherapien ermittelt wurden, kann man davon ausgehen, dass zumindest die anamnestischen Merkmale „keine Suizidversuche" und „keine Entwöhnungsbehandlungen" in der Anamnese einen breiteren Gültigkeitsbereich als positive Prädiktoren für Trinkverhalten (Abstinenz) sowohl bei Frauen als auch bei Männern aufweisen (Stetter 2000 c).

Während sich für das Inanspruchnahmeverhalten noch einige Variablen aus dem unmittelbaren Vorfeld und dem qualifizierten Entzug selbst finden ließen, die eine Prognose mit geringer bis mittlerer Effektstärke dahingehend ermöglichten, ob ein Patient tatsächlich in eine Entwöhnungstherapie gehen wird, gelang dies bei dieser heterogenen Stichprobe für das Trinkverhalten kaum. Auch wenn sich grundsätzlich einige aus der Literatur bekannte Prädiktorvariablen für späteres Trinkverhalten bestätigen ließen, blieb die Präzision der Prognose doch schwach. Interessant war auch, dass sich die Muster der relevanten Prädiktorvariablen zwischen Inanspruchnahme- und Trinkverhalten klar unterschieden. Mit aller Vorsicht gibt dies einen Hinweis darauf, dass Therapiebereitschaft und Abstinenzkompetenz keineswegs deckungsgleiche Merkmale bei Alkoholkranken sind – eine Schlussfolgerung, die auch durch die Ergebnisse der Ereignis-Zeit-Analysen untermauert wird, nach denen etwa ebenso viele therapiebereite Patienten nach der Entgiftung und vor der Entwöhnung alkoholrückfällig wurden, wie dies für nicht weiter therapiebereite Patienten im gleichen Zeitraum auch galt.

Solange die wissenschaftliche Basis für eine Vorhersage des weiteren Verlaufs bei Alkoholkranken nach einer qualifizierten Entzugsbehandlung oder nach einer Entwöhnungstherapie nicht wesentlich verlässlicher ist, als sich dies in diesen sehr umfangreichen Studien zeigt, sollte die frühe Kontakt- und besonders die Entgiftungsphase bei allen Alkoholkranken stets zu intensiven, aber individualisierten Motivationsbemühungen genutzt werden. Auch wiederholt entgiftete Patienten und Patienten mit langen und komplikationsreichen Krankheitsverläufen dürfen nicht davon ausgenommen werden, gezielt zu einer Entwöhnungstherapie und einem abstinenten Leben motiviert zu werden. Ärzte (auch in der Funktion als psychiatrisch-psychotherapeutische Sachverständige) und andere Fachleute (auch in der Justiz) sind aufgerufen, die Hoffnung für diese Kranken nicht aufzugeben und ihnen gemäße Therapieangebote zu entwickeln und anzubieten. Die politisch verantwortlichen Akteure des Gesundheits- und des Rechtssystems sind aufgerufen, die hierfür erforderlichen Ressourcen und Regelungen zur Verfügung zu stellen.

Wenn sich einige der von uns ermittelten Prognosefaktoren replizieren lassen, könnte sich allerdings in der Zukunft die Möglichkeit ergeben, etwa nach 1- bis 2-wöchiger stationärer Therapie eine klinische Prognosekonferenz abzuhalten, bei der eine adaptive Indikationsstellung zu einer Verbesserung und Individualisierung des Therapieangebotes und zu einer ökonomischen Nutzung der Ressourcen führen würde, durch die auch die Patienten mit zunächst schlechteren Erfolgsaussichten nicht benachteiligt würden.

Eine Prognose über den möglichen Erfolg einer Therapie vor deren Beginn abzugeben, ist indes in aller Regel vor dem Hintergrund der empirischen Datenlage einem Sachverständigen, der den Betroffenen allenfalls einige Male untersucht hat, ebenso gut möglich wie einem Laien: Die Präzision der Sachverständigenprognose wird sich (nach der ganz subjektiven Vermutung des Autors) von der Vorhersagepräzision des vom Laien geworfenen Würfels (abgesehen von einigen wenigen Fällen) möglicherweise nicht erheblich unterscheiden. Studien mit randomisierter Zuteilung von alkoholkranken Delinquenten zu den gesetzlich vorgesehenen therapeutischen Angeboten oder alternativ zum Strafvollzug unabhängig von der Sachverständigenprognose („match-mismatch-design") könnten diese provokante (Null-)Hypothese des Autors entkräften.

Da Evalutionen darauf hinweisen, dass auch „zwangsweise" untergebrachte, straffällige Alkoholkranke bei adäquater Therapie durchaus erfolgreich behandelt werden können (Pfaff 1998), ist es vor dem Hintergrund der empirisch schwach belegten Prognosekriterien (zumal in der Anwendung auf die angesprochenen Situationen) bedenklich, alkoholkranken Delinquenten therapeutische Angebote zu verwehren, indem diese als ohne konkrete Behandlungserfolgswahrscheinlichkeit eingeschätzt werden, obgleich eben gerade für diese Einschätzung allenfalls eine Evidenz (subjektive Überzeugung – z.B. des Sachverständigen – eines in sich stimmigen Zusammenhangs), aber keine hinreichenden Evidenzen (objektivierbare wissenschaftliche Belege oder Beweismittel) vorliegen (bzgl. der Unterscheidung von „Evidenz" und „Evidenzen" vgl. Hennigsen u. Rudolf 2000).

Wenn diese Datenlage im Kontext der forensisch-psychiatrischen Relevanz der Thematik und der alltäglichen Notwendigkeiten [sowohl des Sachverständigen und des Richters als auch der (überfüllten) psychiatrisch-forensischen Einrichtungen] ernst genommen wird, wären zum einen Leitlinienkonferenzen nach dem Muster der Evidenz-basierten Medizin (EBM), zum anderen und vor allem aber die Planung, Finanzierung und Durchführung adäquater (kontrollierter) Studien eine sich geradezu aufdrängende und vermutlich unumgängliche Konsequenz. Solange wissenschaftlich gesicherte und relevante Prognosekriterien oder zumindest breit konsentierte Leitlinien als rationale Grundlage einer gutachterlichen Prognose-Aussage oder einer richterlichen Entscheidung fehlen, sollte keinem alkoholkranken Straftäter – sofern die gesetzlichen Bestimmungen diesen Weg prinzipiell ermöglichen – ein adäquates Therapieangebot versagt werden.

Unterbringung und Behandlung im Maßregelvollzug gemäß § 64 StGB 11

Norbert Schalast und Norbert Leygraf

Gemäß § 64 StGB können Straftäter mit einer Suchtproblematik zur Unterbringung in der Entziehungsanstalt verurteilt werden, wenn ihre Straftaten eine Ursache in der Substanzstörung haben und aus gleichem Grunde weitere erhebliche Delikte drohen.

Der Beitrag betrachtet Grundlagen, rechtliche Rahmenbedingungen und Praxis der Maßnahme und zeigt Probleme dieses sozialtherapeutischen Arbeitsfeldes auf.

11.1
Zum Hintergrund der Bestimmung

Die „Unterbringung in der Entziehungsanstalt" gemäß § 64 StGB gehört zu den im 3. Abschnitt des Strafgesetzbuches enthaltenen „Maßregeln der Besserung und Sicherung". Als „Unterbringung in der Trinkerheilanstalt" (§ 42 c StGB a. F.) war sie mit dem Gesetz gegen gefährliche Gewohnheitsverbrecher und über Maßregeln der Sicherung und Besserung (GewVbrG) vom 24. 11. 1933 in das Strafrecht eingeführt worden. Diesem Gesetzgebungsschritt waren jahrzehntelange Reformdiskussionen vorausgegangen, wobei die nationalsozialistische Regierung gegenüber früheren Gesetzesentwürfen zum Unterbringungsrecht Verschärfungen vorgenommen hatte. Das Maßregelrecht steht im Prinzip in einem engen Wesenszusammenhang mit den Bestimmungen zur Zurechnungsfähigkeit bzw. Schuldfähigkeit. Die Diskussion um Maßregeln entsprang u. a. dem Bedürfnis, den von einem schuldunfähigen Täter ausgehenden Risiken mit strafrechtlichen Maßnahmen begegnen zu können. Vor der Einführung dieses zweiten „Gleises" des Strafrechts musste der nicht zurechnungsfähige Täter ohne weitere strafrechtliche Konsequenzen vom Richter freigesprochen werden. Maßnahmen einer Unterbringung fielen in die Zuständigkeit der Polizei. (Zur Entwicklung des Maßregelrechts s. Kammeier 1995, 1996.)

In der Praxis entwickelte sich der Maßregelvollzug über viele Jahre zu einem recht trostlosen Bereich der Anstaltspsychiatrie, wo die Untergebrachten meist ohne spezifische Therapie verwahrt wurden (Rasch 1984). Dabei hatte der Gesetzgeber, aus programmatischen Gründen, mit dem 2. Gesetz zur Reform des Strafrechts (2. StrRG vom 4.7.1969) den Maßregelzweck der Besserung dem der Sicherung vorangestellt. Im entsprechenden Abschnitt des StGB regelt nun § 63 die Unterbringung im psychiatrischen Krankenhaus und § 64 die Unterbringung in der Entziehungsanstalt.

11.2
Alkohol und Kriminalität

Einer speziellen Bestimmung zur Unterbringung von Tätern mit Suchtproblemen liegt natürlich die Vorstellung zugrunde, dass aus der Abhängigkeit von Alkohol und Drogen kriminogene Risiken erwachsen können. Tatsächlich zeigen Alkoholisierung und Kriminalität, vor allem Gewaltdelinquenz, eine hohe Koinzidenz. Zwar standen nach der polizeilichen Kriminalstatistik der Bundesrepublik 1999 nur 8,4% aller Tatverdächtigen bei der Tatausführung unter Alkoholeinfluss, doch ist der Anteil der Alkoholisierten bei Gewaltdelikten mit im Mittel 24,5% deutlich höher. Bei 26,6% der schweren oder gefährlichen Körperverletzungen, 38% der Körperverletzungen mit Todesfolge und 31% der Fälle von Vergewaltigung und sexueller Nötigung wurde Alkoholeinfluss beim Täter vermerkt (s. auch Klein 2000). Internationale Daten zeigen eher noch deutlichere Zusammenhänge auf: Murdoch et al. (1990) werteten Daten aus 26 Studien aus, in denen 9304 Straftaten aus 11 Ländern berücksichtigt wurden. 62% der Gewalttaten waren unter Alkoholeinfluss begangen worden. Auch 45% der Opfer waren angetrunken.

Die Koinzidenz der Phänomene Alkohol und Dissozialität bzw. Gewaltkriminalität besagt zunächst wenig über die Art des zugrunde liegenden Wirkzusammenhangs. Ein einheitliches Erklärungsmodell gibt es nicht (Egg 1996). Klein (1995) hebt hervor, dass Suchtmittel einerseits gewalttätiges Handeln erleichtern oder beschleunigen können, dass Suchtprobleme andererseits aber auch oft eine Folge chronischer Gewalterfahrungen und daraus resultierender Persönlichkeitsveränderungen sind. Pihl et al. (1993, 1998) nennen 3 spezifische pharmakologische Wirkungen der Droge Alkohol, denen sie eine aggressionsbahnende Wirkung zuschreiben, nämlich Enthemmung, Verhaltenspotenzierung und Verhaltensdesintegration:

1. Alkohol wirkt anxiolytisch (angstlösend) und mindert so die hemmenden Effekte von Furcht auf die Äußerung aggressiven Verhaltens.
2. Als psychomotorisches Stimulantium kann Alkohol die Schwelle der Provokation aggressiven Verhaltens mindern oder evozierte Aggressivität potenzieren.

3. Die Beeinträchtigung komplexer kognitiver Funktionen mindert die Hemmung, die von Lernerfahrungen ausgeht.

Sucht man nach Hintergrundfaktoren, die für aggressives Gewaltverhalten wesentlich sind, so kommt eigenen Gewalterfahrungen der Betreffenden, insbesondere auch traumatisch erlebter familiäre Gewalt, zentrale Bedeutung zu. Sowohl in den Anamnesen von Gewalttätern wie auch in denen von Alkoholikern finden sich gehäuft Hinweise auf Gewalt und Missbrauch in der Vorgeschichte (Barnett et al. 1997; Brady et al. 1993). Die aus solchen Gewalterfahrungen resultierenden psychischen Beeinträchtigungen können mit einem verstärkten Bedürfnis einhergehen, sich Entspannung, Vergessen und angenehme Gefühle durch den Konsum von Alkohol zu verschaffen (McFarlane 1998). Andererseits wird kriminelles Agieren auch als ein Versuch verstanden, erlittene Demütigung und Hilflosigkeit durch aktives Handeln gleichsam ungeschehen zu machen (Reicher 1976).

Auch genetische Faktoren werden zunehmend diskutiert. Cloninger et al. (1981) beschrieben eine Form des Alkoholismus („Typ 2") mit gravierenden sozialen Komplikationen, bei denen sie eine erbliche Verursachung annahmen. Gerade diese viel beachtete Studie hat aber eine problematische Methodik und überschätzt die Aussagekraft ihrer Daten (Searles 1988; Littrell 1988). Andererseits spielen disponierende genetische Faktoren sowohl im Hinblick auf Suchtprobleme als auch impulsives und aggressives Verhalten zweifellos eine Rolle (Crabbe u. Phillips 1998; Gurling u. Cook 1999).

Insgesamt relativieren diese Befunde wie auch die hohe Komorbidität von antisozialer Persönlichkeitsstörung und Substanzmissbrauch (Verheul et al. 1995; Moss u. Tarter 1993) die Vorstellungen einer direkten kriminogenen Wirkung des Alkohols. Die kausalen Verknüpfungspfade sind komplex und uneinheitlich. Eine Unterscheidung zwischen „kriminellen Süchtigen" und „süchtigen Kriminellen", wie sie in der Vergangenheit – auch als Kriterium für eine Unterbringung gemäß § 64 StGB – diskutiert wurde, erscheint nur schwer empirisch begründbar.

11.3
Voraussetzungen der Anordnung

Eine Unterbringung in der Entziehungsanstalt ist gemäß § 64 Abs. 1 StGB an folgende Voraussetzungen geknüpft:

● Bei einem Straftäter muss ein *Hang* vorliegen, Alkohol oder andere Rauschmittel *im Übermaß* zu sich zu nehmen. In Urteilen und Kommentaren wurde in der Vergangenheit recht umständliche Versuche unternommen, die Art des Konsumverhaltens zu qualifizieren bzw. abzugrenzen, die als Hang im Sinne der Bestimmung zu werten ist. Natürlich liegt ein solcher Hang vor, wenn ein Täter an einem Abhängigkeitssyndrom im psychopathologischen Sinne (ICD F10.2) leidet. Darüber hinaus verlangt die Rechtsprechung inzwischen recht eindeutig, dass das Verlangen nach übermäßigem Alkoholgenuss zumindest den Grad einer psychischen Abhängigkeit erreicht haben muss (BGH: 2 StR 34/98, NStZ 1998, 407).

- Eine Straftat muss auf diesen Hang zurückgehen, und es muss *infolge des Hanges* die Gefahr weiterer rechtswidriger Taten bestehen. Die strafbaren Handlungen sollen in gewisser Weise ein Symptom der Suchtproblematik des Täters sein. Unsere vorstehenden Ausführungen zum Zusammenhang von Alkohol und Straffälligkeit machen deutlich, dass eine einfache Kausalbeziehung zwischen den Phänomenen nur selten anzunehmen ist. Doch sollte jedenfalls aufzuzeigen sein, dass die Suchtproblematik eine wesentliche Ursache der Straftaten darstellt.

  Letzteres wäre zu bezweifeln, wenn ein Täter manche Straftaten unter Alkoholeinfluss, andere jedoch völlig nüchtern begeht. Fehlplatziert in der Entziehungsanstalt können auch Gewalttäter sein, die unter Alkoholeinfluss eine sexuelle Deviation oder gar sadistische Störung ausleben. Hier ist das Konsumverhalten oft ein zwar Delinquenz bahnender, aber hinsichtlich der Tatmotivation doch marginaler Faktor. Solche Täter können durch die Unterbringung gemäß § 64 StGB in ihren Vermeidungs- und Externalisierungstendenzen bestätigt werden ("Es war der Alkohol.").

- Die Unterbringung setzt voraus, dass vom Täter weitere strafbare Handlungen von einiger Erheblichkeit drohen. § 64 StGB dient der Gefahrenabwehr, die Anwendung ist nicht etwa bloß aus therapeutischen Gründen zulässig (vgl. LK-Hanack § 64 Rn. 3–5). Der Betreffende muss also hinreichend gefährlich sein. Der Sachverständige sollte in der Hauptverhandlung darlegen, welche Art von Straftaten (wie) wahrscheinlich erscheint, wenn keine spezifische Behandlung erfolgt. Es ist dann eine Frage richterlicher Wertung, ob angesichts der vom Sachverständigen dargelegten Risiken die Unterbringung verhältnismäßig wäre (§ 62 StGB). Zwar ist die Gefährlichkeitsprognose bekanntlich ein komplexes kriminologisches Problem (Volckart 1997; Leygraf 2000), doch drängt sich beim hier in Frage kommenden Personenkreis die ungünstige prognostische Einschätzung nicht selten auf (vgl. LK-Hanack, § 64, Rn. 69).

- Bis 1994 galt als einschränkend gemäß § 64 Abs. 2 StGB: *Die Unterbringung unterbleibt, wenn sie von vorne herein aussichtslos ist.* Doch wurde nach der Entscheidung des Bundesverfassungsgerichtes vom 16.3.1994 (BVerfGE 91) im § 64 StGB mitsamt diesem 2. Absatz nicht ausreichend deutlich gemacht, dass die Unterbringung den Schutz der Allgemeinheit durch Behandlung des Untergebrachten erreichen soll, nicht jedoch durch seine vorübergehende Verwahrung. § 64 Abs. 2 StGB wurde daher für ungültig erklärt und das höchste Gericht prägte folgende Formel:

  Die Anordnung der Unterbringung und ebenso ihr Vollzug müssen von Verfassungs wegen an die Voraussetzung geknüpft sein, dass eine hinreichend konkrete Aussicht besteht, den Süchtigen zu heilen oder doch über eine gewisse Zeitspanne vor dem Rückfall in die akute Sucht zu bewahren. (BVerfGE 91, 1)

Einen Hintergrund dieser Entscheidung bildeten Klagen aus der Praxis des Maßregelvollzugs, dass die therapeutischen Bemühungen bei vielen Patienten scheiterten und durch die Zuweisung "untherapierbarer" Patienten große Belastungen für die Kliniken resultierten (Stolpmann u. Heinz 1994). Mit der zitierten Formel sollte die Schwelle für die Anwendung der Maßregel heraufgesetzt und dem Gesichtspunkt der therapeutischen Erreichbarkeit größeres Gewicht beigemessen werden. Es wurden weitgehende Erwartungen und Hoffnungen hinsichtlich der Auswirkungen der Entscheidung formuliert (s. Dessecker u. Egg 1995 mit weiteren Beiträgen). Doch ist die Häufigkeit der Anwendung der Maßnahme keineswegs zurückgegangen und der Anteil der problematischen Behandlungsverläufe ist weiterhin hoch (Berger et al. 1999; Schalast 2000 a).

Weitere Fragen zur Indikation einer Unterbringung gemäß § 64 StGB finden sich in Übersicht 11.1.

Übersicht 11.1 Weitere Fragen zur Indikation einer Unterbringung gemäß § 64 StGB

● Hat der Täter einen Punkt erreicht, an dem er seine Lebenssituation ordnen und Konsequenzen ziehen möchte für seine Lebensgestaltung (drängender Wunsch des „Herauswachsens" aus Sucht und Dissozialität)?

● Ist im Hinblick auf seine Problematik eine zeitlich begrenzte Therapie angezeigt, in der das Thema Substanzmissbrauch einen wichtigen Stellenwert hat?

● Ist im Hinblick auf seine Gefährlichkeit eine Maßnahme vertretbar, bei der schon im ersten Jahr Lockerungen (z. B. Ausgang) gewährt werden?

11.4
Häufigkeit der Anwendung

Abbildung 11.1 beschreibt, wie sich die Anwendung der Bestimmung seit 1987 entwickelt hat. Die Zahlen beziehen sich allerdings auf die alten Bundesländer, seit 1995 einschließlich Gesamtberlin. Anzumerken ist, dass sie wohl auch für diese Länder nicht vollständig sind, da verhängte Maßregeln erfahrungsgemäß nicht vollständig registriert werden (Dessecker 2000, S. 184).

Es zeigt sich eine kontinuierliche Zunahme der Unterbringungszahlen, unterbrochen allerdings in den Jahren 1995/96, was mit dem Beschluss des Bundesverfassungsgericht vom 16.3.1994 in Zusammenhang stehen könnte (Dessecker 2000). Abbildung 11.2 stellt die Anzahl der an einem Stichtag jeweils nach § 64 untergebrachten Patienten dar, ebenfalls bezogen auf die alten Bundesländer. Hier wird deutlich, dass die Zunahme der Anwendung der Vorschrift in den letzten Jahren vor allem Straftäter mit einer Drogenproblematik betraf. Dies muss verwundern, da für diese Täter Sondervorschriften des Betäubungsmittelrechtes existieren, die ihnen den Antritt einer Therapie aus dem Strafvollzug heraus ermöglichen. Tatsächlich erfolgen Strafzurückstellungen nach § 35 BtMG auch viele Male häufiger als Unterbringungen gemäß § 64 StGB (Kurze 2000; Schalast 2000 a, S. 28). Dies unterstreicht nur die große Bedeutung, die Suchtproblemen im Kontext von Kriminalität zukommt.

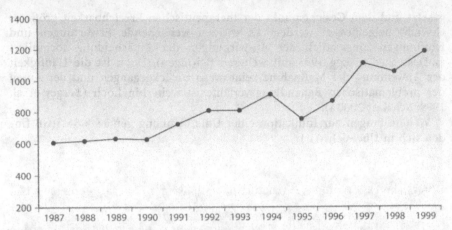

Abb. 11.1. Anzahl der Neuanordnungen einer Unterbringung gemäß § 64 StGB. Die Zahlen beziehen sich auf die alten Bundesländer, ab 1995 einschließlich Gesamtberlin. [Quelle: Statistisches Bundesamt, Fachserie 10 (3), Strafverfolgung. Die Daten der neuen Bundesländer werden in diese Darstellungen des Statistischen Bundesamtes noch nicht einbezogen.]

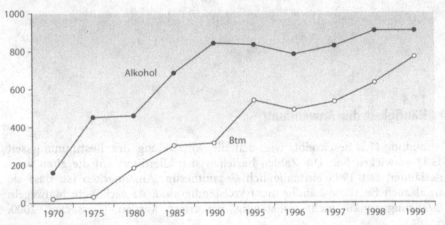

Abb. 11.2. Anzahl der zu einem Stichtag im MRV gemäß § 64 StGB Untergebrachten, aufgeschlüsselt nach dem primären Suchtmittel. Alte Bundesländer, ab 1996 einschließlich Gesamtberlin. [Quelle: Statistisches Bundesamt, Fachserie 10 (4.1), Strafvollzug]

Die Formalia der Unterbringung gemäß § 64 StGB werden in Übersicht 11.2 dargestellt.

Übersicht 11.2 Formalia der Unterbringung gemäß § 64 StGB

- Die Anordnung der Unterbringung erfolgt im Urteil eines Strafgerichtes.
- Vollstreckungsbehörde ist die Staatsanwaltschaft (bei Jugendlichen/Heranwachsenden der Jugendrichter). Diese richtet ein Aufnahmeersuchen an den Träger der Maßregelklinik.
- Mindestens halbjährlich erfolgt die Prüfung der Notwendigkeit der weiteren Unterbringung, und zwar durch eine Kammer des Landgerichts (Strafvollstreckungskammer), in dessen Bezirk die Klinik liegt.
- Die Kliniken äußern sich vor dieser richterlichen Überprüfung in schriftlichen Stellungnahmen zum Verlauf der Behandlung und zur Prognose des Patienten.
- Gegen den Beschluss der Strafvollstreckungskammer können sowohl Staatsanwaltschaft als auch der betroffene Patient Rechtsmittel einlegen. Die Überprüfung erfolgt durch ein OLG.
- Gemäß § 67 d Abs. 5 StGB kann die Unterbringung beendet werden, „wenn ihr Zweck aus Gründen, die in der Person des Untergebrachten liegen, nicht erreicht werden kann". Meist kehren die Patienten nach einer solchen Entscheidung in die Haft zurück.
- Maßregelvollzugs- bzw. Landesunterbringungsgesetze definieren einen Rechtsrahmen für die Durchführung der Unterbringung. Die Gesetze enthalten Bestimmungen zu den Rechten der Patienten, zur Zulässigkeit von Eingriffen (Kontrollen, Beschränkungen) einerseits und Lockerungen (Ausgang, Urlaub) andererseits.

11.5
Einschätzung der Behandlungsprognose

Die Einschätzung der Aussichten einer Behandlung stellt sich als eine zentrale und dabei besonders schwierige Aufgabe für den Sachverständigen dar. Das Bundesverfassungsgericht selbst verweist in der Begründung zu seinem Beschluss auf die im Schrifttum geäußerten Zweifel, ob bei der Entscheidung über die Anordnung der Maßregel eine hinreichend zuverlässige Prognose über den voraussichtlichen Erfolg einer Behandlung möglich ist. Zuverlässige Kriterien für eine solche Beurteilung lägen nicht vor. Das Gericht nennt als Quellen für diese Einschätzung Rasch (1986), Penners (1987), Konrad (1992), Marneros et al. (1993) sowie Schalast u. Leygraf (1994).

Der Sachverständige ist hier mit einer heiklen Aufgabe konfrontiert. Damit die Unterbringung eines Täters legitim ist, muss dieser in hinreichender Weise gefährlich sein, es muss *ein Risiko erheblicher rechtswidriger Taten* anzunehmen sein. Das Behandlungsziel ist jedoch erst erreicht, wenn zu erwarten ist, dass er außerhalb des Maßregelvollzugs *keine rechtswidrigen Taten mehr* begehen wird (§ 67 d Abs. 2 StGB). Für diese Wandlung vom Saulus zum Paulus (relativierend Volckart 1998) steht ein begrenzter Behandlungszeitraum von im Mittel etwa 1–2 Jahren zur Verfügung. Lässt der Therapieverlauf nicht erwarten, dass dem Patienten nach einer angemessenen Behandlungszeit eine günstige Sozialprognose bescheinigt werden kann, so droht ihm die Beendigung gemäß § 67d Abs. 5 StGB. Nach dieser Bestimmung wird die Maßnahme beendet, „wenn ihr Zweck aus Gründen, die in der Person des Untergebrachten liegen, nicht erreicht werden kann". In den meisten Fällen folgt auf eine solche Entscheidung (der zuständigen Strafvollstreckungskammer) weiterer Strafvollzug.

Dass bei den Kandidaten für die Entziehungsanstalt eine Suchtmittelabhängigkeit vorliegt, stellt per se einen prognostisch ungünstigen Faktor dar (Rasch 1999). Prognoseinstrumente wie der Beurteilungsbogen HCR-20 (Webster et al. 1997; Müller-Isberner et al. 1998) führen das Merkmal „Suchtmittelmissbrauch" stets als Risikofaktor auf. Kober (1986) hat in einer umfangreichen Studie bei Probanden der Berliner Bewährungshilfe 7 Typen von Klienten beschrieben. Von diesen 7 Typen wiesen 3 eine erhöhte Suchtmittelbelastung auf. Genau diese 3 Typen hatten auch die ungünstigste Bewährungsquote; im Mittel absolvierte nur ein Viertel von ihnen die Bewährungszeit der Führungsaufsicht erfolgreich, d. h. ohne Wiederverurteilung bzw. Widerruf einer Strafaussetzung. [Generell liegen die Wiederverurteilungsquoten nach Strafvollzug bei gut 50%, mit erheblichen Unterschieden je nach Tätergruppe, Vorbelastung und Vollzugsform (Eisenberg 1990, S. 586 ff.).]

Die Kandidaten für die Unterbringung gemäß § 64 StGB weisen primär eine eher ungünstige Prognose auf, die durch Behandlung sicher gebessert, aber nicht ins positive Gegenteil verkehrt werden kann. Es existieren einige Untersuchungsdaten, die Hinweise auf für den Behandlungsverlauf bedeutsame Faktoren liefern. Tabelle 11.1 listet Merkmale auf, deren Bedeutung in Studien geprüft wurde. Die Ergebnisse zeigen, dass eine frühe Auffälligkeit hinsichtlich Straftaten und Substanzmissbrauch einen problematischen Unterbringungsverlauf erwarten lässt, ein höheres Alter bei der Aufnahme zur Therapie dagegen einen eher günstigen Verlauf. Schulabschluss und abgeschlossene Berufsausbildung sind ebenfalls günstige Prädiktoren. Dies kann nicht verwundern, weisen diese beiden Merkmale doch darauf hin, dass die Betreffenden zunächst einmal ein gewisses Maß an erfolgreicher Sozialisation erlebt haben. Berger et al. (1999) beschreiben auf der Grundlage ihrer Daten eine frühdelinquente Patientengruppe mit starker Deliktneigung und ungünstigem sozialen und beruflichen Hintergrund, bei der sie einen besonders ungünstigen Behandlungsverlauf beobachteten. Dem entspricht die von Wieser (1964) beschriebene Gruppe der „frühauffälligen Intensivtäter".

Bemerkenswert ist, dass die Anzahl an Vorstrafen und die Gesamthafterfahrung keine Zusammenhänge mit dem Therapieverlauf erkennen lassen. Die häufig geäußerten Vermutungen über die Folgen von Haftprägung werden also nicht bestätigt. Wir vermuten, dass eher ungünstige Auswirkungen einer Sozialisation im Strafvollzug einerseits und ein mit dem Alter zunehmendes Bedürfnis, aus der Dissozialität herauszuwachsen und ein geordneteres Leben zu führen andererseits sich in ihren Auswirkungen wechselseitig kompensieren. Der Begriff des Herausreifens („maturing out of addiction") wurde auf der Basis kriminalstatistischer Daten geprägt (Winnick 1962)!

Unsere Studie zur Behandlungsmotivation (Schalast 2000a, S. 116) lieferte Hinweise auf einige nicht ganz irrelevante Einstellungsfaktoren. Einen tendenziell eher günstigen Behandlungsverlauf lässt erwarten, wenn Probanden zu

Tabelle 11.1. Zusammenhänge zwischen Patientenmerkmalen und Unterbringungsverlauf bzw. -ergebnis nach verschiedenen Studien

	Koch (1988) n = 102	Schalast (1994) n = 136	Pfaff (1998) n = 68	Berger et al. (1999) n = 103	Schalast (2000) n = 83
Früher Beginn des Suchtmittelmissbrauchs				0	–
Früher Beginn sozialer Auffälligkeit	–	–	0	–	–
Therapieabbrüche in der Vorgeschichte		–			–
Abgeschlossene Berufsausbildung			+	+	+
Schulabschluss	0	0	+	+	+
Höheres Lebensalter bei der Aufnahme	+	+	0	+	+
Anzahl früherer Verurteilungen	0	0	0	0	0
Gesamthafterfahrung	*	0	0		0
Partnerbeziehung	+	+	+		0

+ Merkmal prädiziert einen günstigen Verlauf; – Merkmal prädiziert einen ungünstigen Verlauf; 0 Merkmal wurde geprüft und zeigte keinen signifikanten Zusammenhang; * sowohl keine Haft als auch vieljährige Haft erschien prognostisch ungünstig

Beginn der Maßnahme Hoffnung in die Behandlung setzen und einen deutlichen Vorsatz bekunden, in der Therapie mitzuarbeiten und mit Hilfe der Behandlung abstinent zu werden. Hoffnungslosigkeit als Lebensgefühl ist dagegen mit einem eher problematischen Verlauf assoziiert (s. auch S. 196/7).

Es ist zu betonen, dass die genannten prognostischen Faktoren keineswegs sichere Vorhersagen ermöglichen. Es lassen sich zwar signifikante Zusammenhänge beschreiben, doch ist die Höhe des Zusammenhangs jeweils gering. Letztlich steht der Sachverständige vor der Aufgabe, sowohl ein Bild vom Probanden als auch ein Bild eines unter realen Gegebenheiten möglichen therapeutischen Prozesses zu entwerfen und deren Kompatibilität in Hinblick auf Therapieziele zu prüfen.

Die bis hierher dargestellten Überlegungen zur Behandlungsprognose basieren auf Erkenntnissen aus Untersuchungen zur Unterbringung gemäß § 64 StGB. Natürlich gibt es darüber hinaus eine Fülle von Studien zur allgemeinen Sozial- und Kriminalprognose bei Straftätern, deren Ergebnisse in diesem Zusammenhang von Bedeutung sind. Erwähnt sei noch einmal das Prognoseschema HCR-20 von Webster et al. (1997; deutsche Fassung Müller-Isberner et al. 1998), welches zur Vorhersage von Gewaltdelinquenz entwickelt wurde. Das Verfahren nennt 10 anamnestische oder historische Merkmale (H), die prognostische Relevanz besitzen, z. B. frühe Fehlanpassung, Probleme im Arbeitsbereich oder Substanzmissbrauch. Fünf klinische Items (C) betreffen die aktuelle Verfassung des Probanden zum Zeitpunkt der prognostischen Einschätzung (z. B. Impulsivität, negative Einstellungen). Fünf Risikofaktoren (R) beschreiben Umstände, die einer sozialen Adaptation im Wege stehen können (z. B. Fehlen realisierbarer Pläne, äußere Belastungsfaktoren/Stressoren).

In vielen nordamerikanischen Studien wurden die statistischen Qualitäten des HCR-20 (Zuverlässigkeit und prognostische Gültigkeit) geprüft. Entsprechende Studien liegen für den deutschen Sprachraum noch nicht vor. Erst recht existiert keine Normierung des Verfahrens. Die deutsche Fassung des HCR-20 kann jedoch als eine Checkliste eingesetzt werden, um die klinisch-prognostische Einschätzung kritisch zu reflektieren. Während bei im engeren Sinne psychisch kranken Patienten die klinischen (C) und die Risikovariablen (R) besonderes prognostisches Gewicht haben (Strand et al. 1999), scheinen bei Persönlichkeitsgestörten die historischen Merkmale besonders wichtig zu sein (Dolan u. Doyle 2000).

Bei der Einschätzung der Behandlungsprognose sollten die Sachverständigen berücksichtigen, dass nach neueren, zum Teil noch unveröffentlichten Daten bis zur Hälfte der Unterbringungen auf die Feststellung von Aussichtslosigkeit gemäß § 67d Abs. 5 StGB hinausläuft (z.B. Berger et al. 1999). Die Gutachter sollten eher strenge Maßstäbe anlegen, um Probanden in zweifelhaften Fällen eine Erfahrung zu ersparen, die u.U. entmutigen und in einer dissozialen Haltung bestärken kann.

11.6
Merkmale der Untergebrachten

Hintergrundmerkmale der Patienten sind in verschiedenen Einzelstudien über den Maßregelvollzug gemäß § 64 beschrieben worden. Darüber hinaus organisiert von der Haar (2000) seit 1994 eine jährliche Stichtagserhebung, in der inzwischen Basisdaten von mehr als 1000 Patienten berücksichtigt werden können.

Die Patienten der Entziehungsanstalten weisen meist einen problematischen, in vielen Fällen desolaten Hintergrund auf. Je nach beschriebener Stichprobe verfügt ein Drittel bis zur Hälfte der Untergebrachten nicht über einen Hauptschulabschluss. Noch größer ist der Anteil der Patienten ohne Berufsausbildung (Koch 1988; Leygraf 1987; Schmitz 1993; Pfaff 1998; Berger et al. 1999; Schalast 2000a). Während sich Alkoholpatienten in freien Therapieeinrichtungen hinsichtlich solcher Merkmale kaum von der Normalbevölkerung unterscheiden, entsprechen die Verhältnisse bei den Maßregelpatienten etwa denen bei Strafgefangenen (Schalast 1994, S. 3).

Im Mittel haben die Patienten bei Antritt der Unterbringung bereits mehr als 3 Jahre in Gefängnissen verbracht. Während nur gut 10% keine Hafterfahrung aufweisen, hat mehr als ein Fünftel mindestens 5 Jahre verbüßt. Seit 1996 ist allerdings ein Rückgang dieser Haftzeiten eingetreten (von durchschnittlich etwa 50 auf etwa 40 Monate). Eine Zunahme ist dagegen für die aktuell neben der Maßregel angeordnete Freiheitsstrafe festzustellen. Von 1994 bis 2000 ist das arithmetische Mittel dieser Strafen von gut 30 auf etwa 40 Monate angewachsen (von der Haar 2000, 2001).

Wie für Alkoholpatienten mit gravierenden sozialen Auffälligkeiten vielfach beschrieben (Cloninger et al. 1981; Klein 1992; Babor et al. 1992), findet sich auch bei den § 64-Patienten gehäuft ein besonders früher Beginn des Substanzmissbrauchs, was natürlich mit einer problematischen Behandlungsprognose einhergeht (Rodewald 1991; Babor et al. 1992). Besonders häufig findet sich dieses frühe Trinken bei Patienten, die in Kindheit oder Jugend aus zerrütteten familiären Verhältnissen in Erziehungsheime eingewiesen wurden.

Psychiatrisch-diagnostisch weisen viele Patienten neben der Substanzproblematik eine Persönlichkeitsstörung auf. Mit gut 60% der Fälle (von der Haar 2000, 2001) wird der Anteil Persönlichkeitsgestörter aus der Binnenperspektive des Maßregelvollzugs vielleicht noch unterschätzt. Besonders häufig nehmen die Therapeuten nach den Ergebnissen der Stichtagserhebungen dissoziale, emotional instabile und andere Persönlichkeitsstörungen an. Wegen der Orientierung an der ICD-10 wird die narzisstische Störung, obwohl als Nebendiagnose sicher relevant, nicht gesondert aufgeführt. Keineswegs sind bei Patienten der Entziehungsanstalten Persönlichkeitsstörungen seltener als bei den Insassen des Strafvollzugs (Frädrich u. Pfäfflin 2000).

Die von Rauchfleisch (1981) für dissoziale Persönlichkeiten beschriebenen Ich-strukturellen Defizite finden sich bei den meisten § 64-Patienten deutlich ausgeprägt. Die Patienten lassen mehrheitlich einen Mangel an Planung, Durchhaltevermögen und Empathie erkennen. Darüber hinaus gehen bei ihnen, wie von Rauchfleisch (1996) beschrieben, psychische Störungen und vielfältige soziale Schwierigkeiten eine unheilvolle Verquickung ein. Viele Patienten haben in Freiheit Mühe, ihren Alltag zu organisieren und allgemeine Lebensprobleme zu bewältigen. Im Umgang mit Geld sind sie oft unüberlegt. Handy- und Ratenverträge werden abgeschlossen ohne sorgfältiges Abwägen der finanziellen Belastungen. Sie verstricken sich in problematischen Partnerbeziehungen, die sie mit unrealistischen Erwartungen überfrachten. In der Therapie überschätzen sie ihre Möglichkeiten, setzen sich unrealistische Ziele und erleben sich oft als nicht hilfsbedürftig. In Freiheit verstärkt der Alkoholmissbrauch die Lebensprobleme und führt zu einem Lebenswandel, der „tatnah" ist, und damit zur kriminellen Rückfälligkeit (Kerner 2000).

11.7
Unterbringungsdelikte

Im Regelfall erfolgen die Anordnungen der Unterbringung keineswegs wegen geringfügiger Straftaten. In etwa 60% der Fälle sind Gewaltdelikte Anlass für die Verurteilung (von der Haar 2001), also Körperverletzung, Tötungsdelikte, Brandstiftung oder Sexualstraftaten. Doch wird in dieser Statistik zwischen Alkohol- und Drogenpatienten nicht differenziert. Während von letzteren etwa ein Viertel nur wegen Verstößen gegen das BtmG verurteilt wurde, ist unter Alkoholpatienten der Anteil der Gewalttäter noch höher als 60% (Schalast 2000a). Vergleicht man diese Zahlen mit Statistiken, die sich auf Unterbringungen in den 80er Jahren beziehen, so hat der Anteil der Gewalttäter zugenommen. In Desseckers (1996, 2000) Untersuchung, die sich auf den Aufnahmejahrgang 1986 bezog, lag der Anteil der Gewaltdelikte (bei Einbeziehung aller „Vollrausch"-Verurteilungen § 323a StGB) unter 50%. Ein knappes Drittel der Patienten war wegen gewaltfreier Eigentumsdelikte eingewiesen.

Ähnliche Entwicklungstendenzen finden sich allerdings auch im Strafvollzug. So berichtete NRW-Justizminister Diekmann am 3. Mai 1999 bei der 25. Arbeits- und Fortbildungstagung der Bundesvereinigung der Anstaltsleiter im Strafvollzug e.V. in Bonn, Bad Godesberg, dass in diesem Bundesland der Anteil der Gefangenen mit Verurteilungen wegen Sittlichkeitsdelikten, Tötungsdelikten, Raub, Erpressung und Betäubungsmitteldelikten im Zeitraum von 1983–1998 von 32 auf 42% gestiegen ist. Der Anteil der erwachsenen männlichen Strafgefangenen mit einer Vollzugsdauer von über 2 Jahren hat sich im gleichen Zeitraum von 29 auf 35% erhöht. Dies legt nahe, dass die geänderte Struktur der Klientel in den Entziehungsanstalten auch allgemeine Entwicklungstendenzen im Bereich von Kriminalität und Strafverfolgung widerspiegelt, was ebenso für den wachsenden Ausländeranteil gilt (Preusker 2000). Gleichzeitig macht der Vergleich mit dem Strafvollzug deutlich, dass sich in den Entziehungsanstalten keineswegs recht harmlose Täter („entwurzelte Trinker") befinden. Hinsichtlich Deliktschwere, Strafmaß und Gefährlichkeit stellen sie selbst gegenüber Strafgefangenen eine eher ungünstige Auswahl dar.

11.8
Dauer der Unterbringung

Gemäß § 67d Abs. 1 StGB darf die Unterbringung in der Entziehungsanstalt eine Dauer von 2 Jahren nicht überschreiten. Wird jedoch neben der Unterbringung vom Gericht auch auf eine Freiheitsstrafe erkannt, so erhöht sich die maximale Zeit in der Klinik (s. unten).

Bei deutlich weniger als einem Zehntel der Patienten des Maßregelvollzugs erfolgt die Anordnung als selbständige Maßnahme, weil wegen aufgehobener Schuldfähigkeit (§ 20 StGB) keine Strafe ausgesprochen wurde. In der Mehrzahl der Fälle wird neben der Unterbringung auch eine Freiheitsstrafe angeordnet. Wie schon erwähnt hat sich in den letzten Jahren die mittlere Höhe dieser „Parallelstrafen" auf etwa 40 Monate erhöht. In § 67 Abs. 1 StGB ist der Vollzug der Maßregel vor der Verbüßung der Strafe als Regelfall vorgesehen. Kommt der Patient in die Unterbringung, bevor er die Strafe verbüßt hat, so wird die Zeit in der Klinik auf die Strafe angerechnet. Doch können auf diese Weise nur zwei Drittel der Strafe „erledigt" werden (§ 67 Abs. 4 StGB), der Rest von einem Drittel kann bei positivem Behandlungsverlauf – neben eventueller Restunterbringungszeit – zur Bewährung ausgesetzt werden.

Die tatsächliche maximale Unterbringungsdauer in der Entziehungsanstalt ist abhängig davon, wie hoch die Strafe bzw. der Strafrest ist, mit der der Patient die Behandlung in der Klinik antritt. Die Höchstdauer der Unterbringung verlängert sich nämlich um den Teil der Strafe, der durch Zeit im Maßregelvollzug erledigt werden kann (§ 67d Abs. 1 StGB). Bei entsprechend hohem Strafmaß können sich potentiell sehr lange Unterbringungszeiten ergeben.

RECHENBEISPIEL

> Wenn ein Patient neben der Unterbringung zu 6 Jahren Freiheitsstrafe verurteilt wurde, kann ein Drittel der Strafe – 2 Jahre – nicht durch Unterbringung erledigt werden. Kommt dieser Patient 12 Monate nach seiner Inhaftierung (nach U-Haft, Verurteilung, Eintritt der Rechtskraft und Wartezeit auf einen Klinikplatz) in die Unterbringung, so können von der Gesamtstrafe maximal noch 3 Jahre durch die Unterbringung erledigt werden. Nach dieser Berechnung betrüge die Unterbringungshöchstdauer 2 Jahre (Grund-Höchstzeit) zuzüglich 3 Jahre.
>
> Diesen Rechenweg, der bei hohen Strafen zu „exorbitanten" Unterbringungszeiten führen kann, hält Volckart (1999, 237) für falsch. Es sei statt dessen nur die Zeit in der Unterbringung als verlängerungswirksam anzusehen, die während der 2-jährigen Grund-Höchstzeit auf die Strafe angerechnet werden könne. Damit ergäbe sich eine maximale Obergrenze des Klinikaufenthaltes von 4 Jahren. Doch hat sich diese von Volckart schlüssig begründete Auffassung nicht bei allen Oberlandesgerichten durchgesetzt.
>
> Besonders fehleranfällig ist übrigens die Berechnung der Reststrafe bei Patienten, deren Unterbringung wegen „Aussichtslosigkeit" gemäß § 67 d Abs. 5 StGB beendet wurde. Ullenbruch (2000) erörtert dies unter dem Motto „Mitten im Tohuwabohu".

Die Anordnung der Unterbringung neben langen Freiheitsstrafen ist im Schrifttum immer wieder kritisch kommentiert worden. Rasch (1986), Boetticher (1991), Horstkotte (1995) und Volckart (z. B. 1999, 13) haben empfohlen, bei Strafen von mehr als 3 Jahren von der Anwendung des § 64 StGB abzusehen. Dabei sind nach Erfahrung der Verfasser *relativ* lange Therapiezeiten durchaus zweckmäßig, auch im Hinblick auf die oft ausgeprägten Persönlichkeitsstörungen der Patienten und den Sicherungsauftrag der Kliniken. Soziales Lernen erfordert Zeit, ebenso das Aufgeben dissozialer Einstellungen und Verhaltensmuster. Nicht selten ist es die Bewältigung von Krisen im therapeutischen Arbeitskontakt, aus der heraus sich tragfähige Veränderungen ergeben (Leikert et al. 2000). Unterbringungszeiten von bis zu 2 Jahren können durchaus produktiv gestaltet werden, vor allem wenn sie in rehabilitative Maßnahmen (schulische oder Arbeitsmaßnahmen, betreutes Wohnen) überleiten.

Dies bedeutet jedoch nicht, dass mit der Länge der Maßnahme das therapeutisch Erreichbare stetig ansteigt. In der zeitlich erheblich längeren Unterbringung gemäß § 63 StGB nehmen die Mitarbeiter zwar mehr negative Auswirkungen (Hospitalisierungsschäden), nicht aber mehr positive Auswirkungen (Behandlungseffekte) als in der Unterbringung gemäß § 64 StGB wahr (Schalast 1998). Untersuchungsdaten zeigen einerseits, dass relativ lange Behandlungszeiträume bei Suchtpatienten mit ungünstiger Prognose und ausgeprägten sozialen Defiziten sinnvoll sind (Küfner et al. 1986). Doch können *sehr* lange Therapiezeiten auch mit eher ungünstigen Ergebnissen assoziiert sein oder zumindest keinen zusätzlichen Nutzen bringen (Schulzke 1995; Klein 1986). Im Extremfall werden „exorbitante Unterbringungszeiten" zur

„entmutigenden antitherapeutischen Bedrohung" (Volckart 1999, S. 237). Die von Horstkotte (1995) einmal vorgeschlagene generelle Obergrenze von 3 Jahren wäre aus therapeutischer Sicht zweifellos sinnvoll.

11.9
Reihenfolge von Maßregel und Strafverbüßung

Gemäß § 67 a StGB ist die Unterbringung vor der Strafe zu vollziehen. In den meisten Fällen heißt dies, dass sich die Vollstreckungsbehörde (Staatsanwaltschaft) nach Eintritt der Rechtskraft des Unterbringungsurteils um einen Therapieplatz für den in der Haftanstalt wartenden Menschen bemüht. Von dieser üblichen Reihenfolge kann jedoch abgewichen werden. § 67 Abs. 2 StGB sieht vor, „dass die Strafe oder ein Teil der Strafe vor der Maßregel zu vollziehen ist, wenn der Zweck der Maßregel dadurch leichter erreicht wird". Eine solche Anordnung sollte im Unterbringungsurteil immer dann getroffen werden, wenn sich andernfalls unsinnig lange Therapiezeiten ergeben oder aus der Therapie heraus keine Entlassung in die Freiheit erfolgen kann. Bei Freiheitsstrafen bis zu 3 Jahren Dauer ist eine Auseinandersetzung mit dieser Problematik nicht erforderlich. Bei Strafen von 5 und mehr Jahren sollte ein Teilvorwegvollzug von Strafe dagegen der Regelfall sein.

An die Begründung eines Vorwegvollzugs der Strafe stellen die Revisionsinstanzen derzeit noch hohe Anforderungen, sodass die Kammern „auf der sicheren Seite sind", wenn sie es bei der Regelfolge belassen (vgl. BGH: 4 StR 328/99). Die bloße Feststellung, dass die Unterbringung der Entlassung in die Freiheit vorausgehen sollte, reicht nicht aus. Doch gibt es weitere gewichtige Gründe, warum ein Teilvorwegvollzug zweckmäßig ist. In den Kliniken ergeben sich regelmäßig deprimierende Situationen, wenn auf die Behandlung im Maßregelvollzug eine lange Haftzeit folgt. Patienten mit hohem Strafmaß geben sich größte Mühe, ihren Verbleib in der therapeutischen Gemeinschaft zu rechtfertigen. Nicht selten klammern sie sich geradezu an ihre Bezugspersonen und drängen mit allen Mitteln darauf, nicht in die Haft „abgeschoben" zu werden. Oft reinszenieren sich in der Kindheit erlebte Situationen, in denen sie aus Bindungen herausgerissen wurden. Werden Patienten mit hoher Parallelstrafe sehr lange Zeit im stationären Rahmen mitbehandelt, so erleben sie Generationen anderer Patienten mit kürzerem Strafmaß, die an ihnen vorbeiziehen und bei der Gewährung von Lockerungen bevorzugt werden. Einzel- und Gruppentherapie sind für solche Patienten nach mehr als 2-jährigem Aufenthalt kaum mehr produktiv zu gestalten.

Ein weiteres Problem steht in Zusammenhang damit, dass die Unterbringungen in recht vielen Fällen auf die Feststellung von „Aussichtslosigkeit" hinausläuft. Sehen die Kliniken, dass ihnen lange Zuständigkeit für einen sehr schwierigen Patienten droht, so wächst zwangsläufig die Neigung, sich von diesem auf dem Wege der Beendigung gemäß § 67d Abs. 5 StGB zu entlasten. Mit dem gleichen Patienten würde man womöglich nach Lösungen suchen, wenn eine Entlassung nach insgesamt 1–2 Jahren erfolgen könnte.

All dies lässt es sinnvoll erscheinen, einen Teilvorwegvollzug der Strafe im Hauptverfahren zu erörtern, wenn neben der Unterbringung auf eine längere

Strafe erkannt werden soll. Der Sachverständige sollte nicht zögern, dies in der Hauptverhandlung auch ungefragt zu thematisieren.

Der Gesetzgeber ist in seinen Beratungen offensichtlich zur gleichen Einschätzung gelangt. Ein Gesetzentwurf der Bundesregierung vom 7.3.2000 enthält folgenden Regelungsvorschlag: „Bei Anordnung der Unterbringung in einer Entziehungsanstalt neben einer zeitigen Freiheitsstrafe von über 3 Jahren soll das Gericht bestimmen, dass ein Teil der Strafe vor der Maßregel zu vollziehen ist. Dieser Teil der Strafe ist so zu bemessen, dass nach seiner Vollziehung und einer anschließenden Unterbringung eine Entscheidung nach Absatz 5 Satz 1 möglich ist [Aussetzung zur Bewährung]." Die Verfasser halten diese Regelung für angemessen, weisen aber darauf hin, dass viele Patienten zum Zeitpunkt der Rechtskraft des Urteils bereits ein halbes bis ein Jahr Haft hinter sich gebracht haben. Entsprechend erhöht sich das Strafmaß, bei dem der Vorwegvollzug sinnvoll erscheint.

In der Praxis kommen derzeit etliche Patienten mit hohem Strafmaß in die Unterbringung, ohne dass ein Vorwegvollzug erfolgt ist. Die Verfasser haben gerade die Verhältnisse im Maßregelvollzug eines Bundeslandes untersucht und dort eine beträchtliche Anzahl von Patienten mit Strafen von 8 und mehr Jahren angetroffen, bei denen in keinem Einzelfall die Frage eines teilweisen Vorwegvollzugs der Strafe erörtert worden war. Eine zweckmäßige Strategie zur „Schadensbegrenzung" kann in solchen Fällen darin bestehen, mit dem Patienten von vorne herein eine kurze, etwa halbjährige, Basisbehandlung zu avisieren und vor deren Ende (gemäß § 67 Abs. 3 StGB) bei Vollstreckungsbehörde und Strafvollstreckungskammer den Vorwegvollzug eines Teils der Strafe anzuregen. Der zeitliche Umfang des Vorwegvollzugs sollte sich an den oben beschriebenen Überlegungen orientieren. Dieses Vorgehen sollte mit dem Patienten möglichst frühzeitig, auf jeden Fall in den ersten Wochen, abgesprochen werden, sodass nicht nach vielen Monaten eine Situation entsteht, in der er sich abgeschoben fühlt. Gelingt es, die erste Behandlungsphase fruchtbar zu gestalten und sinnvolle Ziele zu definieren, so kann dies eine gute Vorbereitung auf die weitere Therapie nach dem Teilvollzug der Strafe darstellen.

Die Verfasser räumen ein, dass die hier beschriebene Vorgehensweise letztlich auch nur ein Notbehelf ist, um unter problematischen Voraussetzungen „zu retten, was zu retten ist". Der Vollständigkeit halber sei erwähnt, dass natürlich auch eine frühzeitige Entscheidung gemäß § 67d Abs. 2 StGB – Aussetzung der weiteren Unterbringung zur Bewährung – in Betracht kommen kann. Der Patient müsste auch in einem solchen Fall in den Strafvollzug wechseln, wenn ein noch nicht aussetzungsfähiger Rest der Strafe zu vollstrecken ist.

11.10
Behandlungsmotivation und „Therapiefähigkeit"

Bei einer Maßnahme wie der Unterbringung gemäß § 64 StGB stellt sich „zwangsläufig" die Frage nach der Therapiemotivation, übrigens nicht nur auf Seiten der Patienten, sondern auch der Behandler. Die Möglichkeiten der therapeutischen Arbeit mit Delinquenten werden nicht selten wegen einer ungenügenden motivationalen Basis skeptisch eingeschätzt (vgl. Dahle 1994). Dabei wird oft mit einem inhaltsleeren und wertenden Motivationsbegriff operiert, der gut geeignet ist, den Patienten alle Verantwortung für einen unbefriedigenden Behandlungsverlauf zuzuschreiben (Petry 1993). Dieser Charakter des Motivationsbegriffs ist durch die Psychoanalyse geprägt, die von ihren potentiellen Patienten einst ähnliche Qualitäten forderte wie vom Analytiker (Greenson 1989). Inzwischen finden sich natürlich auch bei tiefenpsychologisch orientierten Autoren adäquate Überlegungen dazu, wie mit frühgestörten und/oder vielfältig traumatisierten Patienten eine Arbeitsbeziehung aufgebaut und gestaltet werden kann (z.B. Rohde-Dachser 1996; Rauchfleisch 1996).

In verschiedenen Studien wurde versucht, die motivationalen Voraussetzungen von Straftätern differenziert zu beschreiben (Hinrichs et al. 2000). Dahle (1995) berücksichtigte in einem komplexen kognitiven Motivationsmodell Merkmale wie subjektive Problemwahrnehmung, Bewertung von Therapie als Handlungsmöglichkeit, Erwartung an deren Nutzen und subjektive Hoffnung, ihren Anforderungen gerecht zu werden.

Ein spezielles Problem bei der Behandlung von Suchtkranken besteht darin, dass ihr Problembewusstsein oder „Leidensdruck" bald nach der Aufnahme in eine stationäre Maßnahme abfällt und sie ihre Fähigkeit zur Abstinenz bzw. kontrollierten Handhabung des Suchtmittels überschätzen (Petry 1996). Bei den Maßregelpatienten kommt als erschwerendes Moment hinzu, dass sie vor Antritt der Therapie meist Monate in Haft verbracht haben. Therapeuten vertreten daher oft die These, dass eine Rückfallkrise im längeren Behandlungsprozess nützlich sein kann, weil sie den Patienten mit seiner Gefährdung konfrontiert und den Zugang zu abgewehrten Hintergründen des Suchtverhaltens erleichtert (Lauer u. Richter 1995).

In Anlehnung an Dahle und Petry hat Schalast (2000 a, b) die motivationalen Gegebenheiten bei Patienten des Maßregelvollzugs gemäß § 64 untersucht. Die berücksichtigten Aspekte von Therapiemotivation lauteten:

- Problemwahrnehmung bzw. Krankheitseinsicht,
- wahrgenommener Zusammenhang von Sucht und Straftaten,
- therapiebezogene Zuversicht,
- Abstinenzvorsatz,
- Vorsatz, in der Therapie mitzuarbeiten,
- allgemeine Hoffnung (bzw. Hoffnungslosigkeit).

Abbildung 11-3 beschreibt die Selbsteinschätzung von 83 Patienten, davon 40 Betäubungsmittelabhängigen, bei Beginn der Unterbringung. Die Ergebnisse zeichnen keineswegs ein desolates Bild der therapiebezogenen Einstellungen dieser Patienten. Die meisten Patienten lassen ein gewisses Problembewusstsein erkennen, setzen Hoffnung in die Maßnahme und wollen mitarbeiten. Anknüpfungspunkte für die therapeutische Arbeitsbeziehung werden deutlich. Allerdings lässt nur eine relative Minderheit der Befragten einen dezidierten Abstinenzvorsatz erkennen. Dies ist möglicherweise Ausdruck des gerade beschriebenen Abfalls des Problembewusstseins und Folge der zeitlichen Distanz zu den vital erlebten Auswirkungen exzessiven Konsums.

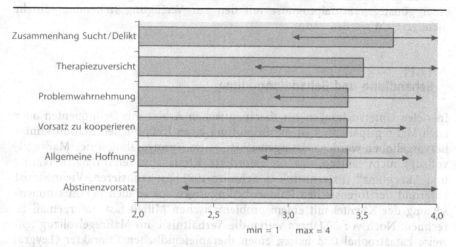

Motivationsmerkmale

Abb. 11.3. Werte der Patienten auf 6 Skalen zur Behandlungsmotivation, geordnet nach dem Median der Skalenwerte. Die Säulen beschreiben die Mediane der Stichprobe (n = 83) auf den Merkmalsskalen (range = 1–4). Die Pfeile markieren die Bereiche vom 20. bis zum 80. Perzentil der Verteilungen. (Nach Schalast 2000 b)

Entsprechend ist die Rückfallneigung der Patienten schon während der stationären Behandlung ziemlich hoch, und im Rahmen von Wochenendurlauben wird nicht selten konsumiert (Schalast 2000 c; Marneros et al. 1993). Bei einer Nachuntersuchung der 83 Patienten nach einem halben Jahr zeigte sich, dass eine Stärkung des drogenbezogenen Problembewusstseins nicht erreicht werden konnte (Schalast 2000 a, S. 86).

Auch besonders günstige motivationale Voraussetzungen im Einzelfall bieten noch nicht die Gewähr eines positiven Therapieverlaufs. Die Patienten können nur bedingt steuern, in welcher Weise sich ihre Persönlichkeitsstörungen im sozialen Umfeld und im Klinikalltag inszenieren. Sie lösen oft heftige Gegenübertragungsreaktionen aus und es gelingt nicht immer, diese Prozesse adäquat zu begleiten und in konstruktiven Bahnen zu halten. Problematische Vorkommnisse wie Entweichungen und Suchtmittelrückfälle waren in der Vergangenheit extrem häufig (Schalast 1994), wobei diesbezüglich in den letzten Jahren eine deutliche Stabilisierung eingetreten ist (von der Haar 2000). Doch ist, wie erwähnt, der Anteil der Patienten hoch, bei dem die Behandlungsbemühungen auf die Feststellung von „Aussichtslosigkeit" (§ 67 d Abs. 5 StGB) hinauslaufen.

Das Scheitern eines Patienten in der Behandlung wird oft als Ausdruck seiner „Therapieunfähigkeit" gewertet. Der Terminus ist ähnlich undifferenziert und inhaltsleer wie der pauschale Begriff der Therapiemotivation. Rasch hat verschiedentlich darauf hingewiesen, dass Therapiefähigkeit im Wortsinne eigentlich eine Qualität ist, über die nur Therapeuten verfügen können. Man sollte in Therapieberichten und erst recht in der persönlichen Auseinandersetzung mit dem Patienten das pejorative Etikett „therapieunfähig" vermeiden. Statt dessen kann zum Ausdruck gebracht werden, dass –

etwa aufgrund der objektiven Probleme des Behandlungsverlaufs – das Ziel einer günstigen Sozialprognose mit den zur Verfügung stehenden Mitteln nicht erreicht werden kann.

11.11
Behandlung und Behandlungsklima

In vielen Untersuchungen zur therapeutischen Arbeit mit Delinquenten oder auch Maßregelpatienten ist die Bedeutung eines freundlichen Stationsklimas hervorgehoben worden. Naturgemäß ist es im Zwangsrahmen des Maßregelvollzugs nicht einfach, das oft geforderte Klima von „emotionaler Wärme und Akzeptanz" (Externbrink u. Schmitz 1991) zu realisieren. Vielmehr ist aufgrund der forensischen Rahmenbedingungen sowie auch der Zusammensetzung der Klientel mit einem problematischen Milieu fast naturgemäß zu rechnen. Noch vor 20 Jahren waren die Verhältnisse im Maßregelvollzug teilweise katastrophal und hatten einen therapiefeindlichen Charakter (Leygraf 1988). Seither sind zweifellos Anstrengungen unternommen worden, Missstände zu überwinden, und die personellen und räumlichen Rahmenbedingungen haben in manchen Kliniken einen akzeptablen Stand erreicht (Leygraf 1996). Doch heißt das nicht, dass das therapeutische Klima dem freier Behandlungseinrichtungen entsprechen würde.

Schalast (2000a, S. 106 f.) hat in einer Studie einen Stationsklima-Fragebogen eingesetzt, mit dem 3 Aspekte des Milieus eingeschätzt wurden: der erlebte *Zusammenhalt* unter Patienten, der von ihnen empfundene *therapeutische Halt* und das Ausmaß *aggressiver Spannung* auf der Station. Der Fragebogen wurde im Maßregelvollzug von 77 Patienten und 140 Mitarbeitern, in freien Therapieeinrichtungen von 24 Patienten und von 28 Mitarbeitern bearbeitet. Es zeigten sich folgende signifikante Differenzen: Die Patienten erleben in freien Einrichtungen mehr *therapeutischen Halt* und mehr *Zusammenhalt* als im Maßregelvollzug; die Mitarbeiter des Maßregelvollzugs nehmen deutlich mehr *aggressive Spannung* (und weniger Sicherheit) wahr als die freier Einrichtungen.

Dieses Ergebnis kann aufgrund des Zwangscharakters der Unterbringung nicht verwundern. Interessant wird es dadurch, dass sich auch innerhalb des Maßregelvollzugs enge Zusammenhänge zwischen Milieumerkmalen und den Erfahrungen finden, die Patienten in der Therapie machen. Therapieerfahrungen wurden in der genannten Studie in Anlehnung an Küfner u. Brenk-Schulte (1980) mit einem 16-Item-Fragebogen erfasst. Die Qualität der Therapieerfahrungen korrelierte nicht nur deutlich mit der Wahrnehmung des Stationsmilieus durch die Patienten selbst, sie zeigte auch hochsignifikante Zusammenhänge mit den Milieueinschätzungen der Beschäftigten (Tabelle 11.2).

Trotz des korrelativen Charakters dieser Ergebnisse erscheint eine vorsichtige kausale Interpretation zulässig: *Die Untergebrachten machen mehr positive Erfahrungen auf Stationen, die viel therapeutischen Halt vermitteln und den Zusammenhalt ihrer Patienten fördern.*

Ob Stationen bzw. Stationsteams dies vermögen, hängt auch von äußeren Rahmenbedingungen ab. Zum einen ist die Stationsgröße selbst ein bedeut-

Tabelle 11.2. Einschätzung des Stationsmilieus durch Mitarbeiter und Therapieerfahrungen der Patienten: Zusammenhänge (lineare Korrelationen) zwischen der mittleren Einschätzung des Stationsmilieus auf 20 Stationen durch Mitarbeiter und den Angaben von Patienten zu Therapieerfahrungen. Die 20 Stationen wurden durch 140 Beschäftigte eingeschätzt. Die Angaben zu den Therapieerfahrungen stammen von 77 Patienten

Therapieerfahrungen	Stationsmilieu		
	Halt	Sicherheit	Zusammenhalt
Positive	0,45**	−0,12	0,39**
Negative	−0,28*	−0,14	−0,40**

Signifikanzniveau bei einseitiger Prüfung: * $p < 0,05$; ** $p < 0,01$

samer Faktor. Patientengruppen mit 8–12 Plätzen sollten Standard im Maßregelvollzug sein (Rasch 1989). Mit der Stationsgröße wächst die Gefahr, dass einzelne besonders instabile oder aggressive Patienten das Klima prägen und strapazieren. In kleineren stabilen Gruppen ist es leichter, solche Patienten einzubinden. Zurückhaltende, aber motivierte Patienten gehen nicht unter und können sich besser behaupten.

Zum zweiten erfordert es eine ausreichende personelle Ausstattung (Schalast 2000a, S. 155), personelle Kontinuität sowie auch spezifische (psycho- und milieutherapeutische) Kompetenzen, den Patienten therapeutischen Halt zu vermitteln. Halt in diesem Sinne ist nicht identisch mit „ganz viel unstrukturierter Zuwendung". Es erscheint vielmehr gerade sinnvoll und wichtig, diese Zuwendung zu strukturieren und auf individuelle Ziele abzustellen, über die man sich mit dem Patienten verständigt hat. *Zielorientierung* ist inzwischen ein wichtiges Stichwort in der Psychotherapie im Allgemeinen und der stationärer Therapie im Besonderen. Sie soll regressive Strebungen der Patienten begrenzen und sie zur aktiven Mitarbeit motivieren. Gerade bei schwerer gestörten Patienten mit einer „Neigung zum Agieren" ist die Orientierung an definierten Therapiezielen im Fortgang der Behandlung sinnvoll (Sack et al. 1999). Dabei ist es wesentlich, diese Ziele mit den Patienten gemeinsam zu vereinbaren. Ziele, die fern vom Patienten im Team erarbeitet und diesem dann verordnet werden, sind zur Stabilisierung des Arbeitsbündnisses kaum geeignet.

Therapieziele müssen realistisch erreichbar und positiv formuliert sein (Sack et al. 1999). Auch ist eine regelmäßige Bilanz des Erreichten notwendig. Das Aushandeln sinnvoller Therapieziele ist angesichts der Voraussetzungen der Patienten des Maßregelvollzugs und der forensischen Rahmenbedingungen eine schwierige Aufgabe. Man wird auch regelhaft erleben, dass Entwicklungen nicht absprachegemäß verlaufen, dass inhaltliche Absprachen geleugnet (Dokumentation!) oder Vereinbarungen verärgert aufgekündigt werden. Daraus können sich therapeutisch fruchtbare Auseinandersetzungen entwickeln.

11.12
Entlassung und Nachsorge

Der Schritt des Patienten aus einer dichten stationären Betreuung in die Freiheit kann mit großer Verunsicherung und auch Rückfallgefährdung einhergehen. Dass dieser Schritt daher durch Lockerungen (Ausgänge und Beurlaubungen) vorzubereiten ist, steht außer Frage. Es erscheint darüber hinaus sinnvoll, die therapeutischen Bezüge in der Anfangszeit nicht gänzlich abreißen zu lassen, und zwar auch dann, wenn neue Betreuungskontakte angebahnt werden (z. B. Bewährungshelfer, AA-Gruppen). Die Praxis einiger Kliniken (z. B. Schloss Haldem in Westfalen), ihre Patienten vor der endgültigen Entlassung regelmäßig über Monate aus der Unterbringung zu beurlauben und durch Klinikmitarbeiter eine relativ enge Weiterbetreuung zu gewährleisten, erscheint uns ausgesprochen zweckmäßig, um Erfolge der stationären Behandlung abzusichern. Eine solche Strategie entspricht auch den Ergebnissen der großen Metaanalysen zur Therapie von Straftätern. In diesen zeigt sich nämlich, dass gut konzipierte ambulante („community based") Interventionen effektiver sind als stationäre. Andererseits sind für Täter mit einer großen kriminellen Rückfallgefährdung (wie den § 64-Patienten) Intensivprogramme (wie die Unterbringung) durchaus notwendig (Hollin 1999).

Die hier beschriebenen Aufgaben – Therapieplanung, -realisierung und -evaluation, Entlassungsplanung und Begleitung während einer Dauerbeurlaubung – erfordern gute personelle Ressourcen. Wenn man davon ausgeht, dass sich etwa ein Viertel der Patienten zur Vorbereitung der endgültigen Entlassung im Dauerurlaub befindet, so sollten für 24 Patienten – 18 stationäre und 6 dauerbeurlaubte – 3 akademische Therapeuten (ärztlicher, psychologischer und Sozialdienst) zur Verfügung stehen. Auch die pflegerische Besetzung darf sich nicht nur danach richten, welche Routinetätigkeiten, Versorgungs- und Dokumentationsaufgaben im Laufe des Tages anfallen. Ebenso wenig sollte der Sicherungsaspekt der alleinige Maßstab sein. Vielmehr ist eine ausreichende Präsenz pflegerischer Mitarbeiterinnen und Mitarbeiter wichtig zur Gestaltung des Zusammenlebens der Patienten im Sinne von Milieutherapie. Die Mitarbeiterinnen und Mitarbeiter sollten die Patienten gut kennen, ihnen sollten die wichtigen Informationen zur Vorgeschichte und zum Anlass der Unterbringung zugänglich sein und sie sollten Interesse daran erkennen lassen, wie es mit den Patienten weitergeht (Schalast 2000 a).

11.13
Zusammenfassung

● Straftaten und insbesondere Gewaltdelikte werden häufig unter Alkoholeinfluss begangen. Untersuchungen zeigen, dass eine Alkoholisierung unter bestimmten – insbesondere persönlichkeitsspezifischen – Voraussetzungen die Bereitschaft zu aggressivem und delinquentem Verhalten erhöht.

- Straftäter können – neben oder anstelle einer Freiheitsstrafe – zur Unterbringung in der Entziehungsanstalt verurteilt werden, wenn sie infolge einer Abhängigkeit straffällig geworden sind und wenn von ihnen aufgrund ihrer Substanzprobleme weitere Gefahren ausgehen.
- Der psychologische Sachverständige hat im Unterbringungsverfahren zu prüfen, (a) ob beim Täter mindestens eine psychische Alkohol- bzw. Substanzabhängigkeit vorliegt, (b) ob diese der angeklagten und den drohenden Straftaten ursächlich zugrunde liegt und (c) ob eine Behandlung Erfolg verspricht.
- Wenn neben der Unterbringung auf eine längere Strafe erkannt wird, sollte im Hauptverfahren die Frage eines teilweisen Vorwegvollzugs der Strafe vor Antritt der Therapie erörtert werden.
- Die Patienten der Entziehungsanstalten weisen immer einen problematischen und nicht selten einen desolaten Hintergrund auf. Bisweilen können Anpassungsprobleme bis ins Kindergartenalter zurückverfolgt werden. Gehäuft finden sich Schulversagen, zerrüttete familiäre Verhältnisse und ein früher Beginn sowohl des Substanzmissbrauchs als auch der Delinquenz. Gerade solche Merkmale sprechen für eine problematische Sozial- und Behandlungsprognose.
- Entsprechend scheitern viele Patienten schon in der Unterbringung. Der Anteil der Patienten, bei dem auf eine Beendigung wegen „Aussichtslosigkeit" gemäß § 67 d Abs. 5 StGB erkannt wird, scheint inzwischen bei über 40% zu liegen, wobei die Praxis generell erhebliche regionale Unterschiede aufweist.
- In der Hauptverhandlung sollten daher bei der Entscheidung über die Anordnung der Unterbringung strenge Maßstäbe angelegt werden. Im Falle seines Scheiterns in der Therapie droht dem Patienten ein (erneutes) Misserfolgserlebnis, das ihn in einer antisozialen und resignativen Lebenshaltung bestätigen kann. Die Chancen eines Behandlungserfolges müssen kritisch geprüft werden.
- In der stationären Behandlung ist es wichtig, zielorientiert zu arbeiten. Betreuungsziele sollten mit den Patienten individuell ausgehandelt und der Entwicklungsstand des Patienten sollte regelmäßig gemeinsam mit ihm und einigen Mitarbeiterinnen und Mitarbeitern evaluiert werden.
- Die Umsetzung erfolgversprechender Behandlungskonzepte erfordert gute personelle Ressourcen und geeignete bauliche Bedingungen. Der Schritt aus der stationären Therapie in die Freiheit sollte möglichst durch eine Langzeitbeurlaubung vorbereitet werden, in der die Betreuungskontakte zum Patienten aufrecht erhalten bleiben.

Literatur

Ahveninen J, Jaaskelainen IP, Pekkonen E, Hallberg A, Hietanen M, Naatanen R, Schroger E, Sillanaukee P (2000) Increased distractibility by task-irrelevant sound changes in abstinent alcoholics. Alcohol Clin Exp Res 24:1850–1854

American Psychiatric Association (1994) Diagnostic and statistical manual of mental disorders, 4th ed. American Psychiatric Association, Washington DC

Ammon E, Schäfer C, Hofmann U, Klotz U (1996) Disposition and first pass metabolism of ethanol in humans: is it gastric and does it depend on gender? Clin Pharmacol Ther 59:503–513

Anthony JC, Arria AM (1999) Epidemiology of substance abuse in adulthood. In: Ott PJ, Tarter RE, Ammermann RT (eds) Sourcebook on substance abuse. Allyn & Bacon, Boston, pp 32–49

Anton RF (1999) Alcohol craving – a renaissance. Alcohol Clin Exp Res 23:1287–1288

Arend H (1994) Alkoholismus – Ambulante Therapie und Rückfallprophylaxe. Beltz, Weinheim

Aristoteles (Neudruck 1985) Nikomachische Ethik. Auf der Grundlage der Übersetzung von Eugen Rolfes, 4. Aufl. Meiner, Hamburg

Arzt G, Weber U (2000) Strafrecht. Besonderer Teil. Gieseking, Bielefeld

Athen D (1986) Syndrome der akuten Alkoholintoxikation und ihre forensische Bedeutung. Springer, Berlin Heidelberg New York Tokio

Athen D, Hippius H, Meyendorf R, Riemer C, Steiner C (1977) Ein Vergleich der Wirksamkeit von Neuroleptika und Clomethiazol bei der Behandlung des Alkoholdelirs. Nervenarzt 48:528–532

Babor TF, Hofmann M, DelBoca FK, Hesselbrock V, Meyer RE, Dolinsky ZS, Rounsaville B (1992) Types of alcoholics, I. Evidence for an empirically derived typology based on indicators of vulnerability and severity. Arch Gen Psychiatry 49:599–608

Banger M, Wilmsorff MV (1994) Die Score-gesteuerte Alkoholentzugsbehandlung in der Praxis. In: Deutsche Gesellschaft für Psychiatrie, Psychotherapie und Nervenheilkunde (Hrsg) Kongreß 1994. DGPPN, Darmstadt, S 18–24

Barbey I (1990) Postdeliktische Erinnerungsstörungen – Ergebnisse einer retrospektiven Untersuchung. Blutalkohol 27:241–259

Barnett OW, Miller-Perrin CL, Perrin RD (1997) Family Violence Across the Life-Span: An Introduction. Sage, Thousand Oaks/CA

Beatty WW, Katzung VM, Moreland VJ, Nixon SJ (1995) Neuropsychological performance of recently abstinent alcoholics and cocaine abusers. Drug Alcohol Depend 37:247–253

Beatty WW, Hames KA, Blanco CR, Nixon SJ, Tivis LJ (1996) Visuospatial perception, construction and memory in alcoholism. J Stud Alcohol 57:136–143

Beatty WW, Tivis R, Stott HD, Nixon SJ, Parsons OA (2000) Neuropsychological deficits in sober alcoholics: influences of chronicity and recent alcohol consumption. Alcohol Clin Exp Res 24:149–154

Beck AT, Wright FD, Newman CF, Liese BS (1993) Cognitive therapy of substance abuse. Guilford, New York

Beck AT, Wright FD, Newman CF, Liese BS (1997) Kognitive Therapie der Sucht. Beltz, Weinheim

Bell H, Tallaksen CC, Haug E, Try KI (1994) A comparison between two commercial methods for determining carbohydrate deficient transferrin (CDT). Scand J Clin Lab Invest 54:453–457

Benfer J (1997) Eingriffsrechte: Voraussetzungen und Grenzen präventiver und repressiver Rechtseingriffe durch Polizei und Staatsanwaltschaft. Beck, München

Benkert O, Hippius H (1992) Psychiatrische Pharmakotherapie, 5. Aufl. Springer, Berlin Heidelberg New York Tokio

Berger J, Scheurer H, Honecker Y, Andritsch F, Six ATI (1999) Straffällige Alkohol- und Drogenabhängige. Fortschr Neurol Psychiatr 67:502–508

Beulke W (2000) Strafprozessrecht, 4. Aufl. Müller, Heidelberg

Bien T, Miller WR, Tonigan S (1993) Brief interventions for alcohol problems: A review. Addiction 88:315–336

Bilitza WB (Hrsg) (1993) Suchttherapie und Sozialtherapie. Psychoanalytisches Grundwissen für die Praxis. Vandenhoeck & Ruprecht, Göttingen

Binder H (1936) Über alkoholische Rauschzustände. Schweiz Arch Neurol Psychiatr 36:17–51

Blank JH (1992) Die Verpflichtung des Arztes zur Blutentnahme nach § 81a StPO? Blutalkohol 29:81–88

Blau G (1988) Anmerkung zu BGH, Urteil v. 6.3.1987 – 2 StR 652/87. Jurist Rundschau 210–214

Blau G (1989) Anmerkung zu BGH, Beschluß v. 6.10.1988 – 4 StR 460/88. Jurist Rundschau 336–338

Bockelmann P (1954) Zur Abgrenzung der Vorbereitung vom Versuch. Juristenzeitung 468–473

Bode M, Haupt M (1998) Alkoholismus im Alter. Fortschr Neurol Psychiatr 66:450–458

Boetticher A (1991) Zu den Schwierigkeiten der Handhabung der Vorschriften über die Unterbringung in einer Entziehungsanstalt nach § 64 StGB. Strafverteidiger 75–79

Bohn MJ, Babor TF, Kranzler HR (1995) The Alcohol Use Disorders Identification Test (AUDIT): validation of a screening instrument in clinical settings. J Stud Alcohol 56: 423–432

Böning J (2000) Zur Neurobiologie und Klinik des „Suchtgedächtnisses". In: Stetter F (Hrsg) Suchttherapie an der Schwelle der Jahrtausendwende. Herausforderungen für Forschung und Therapie. Neuland, Geesthacht, S 37–50

Bosch N (1998) Aspekte des Nemo-tenetur-Prinzips aus verfassungsrechtlicher und strafprozessualer Sicht: ein Beitrag zur funktionsorientierten Auslegung des Grundsatzes „nemo tenetur se ipsum accusare". Duncker & Humblot, Berlin

Brady KT, Killeen T, Saladin ME, Bansky B, Becker S (1993) Comorbid substance abuse and posttraumatic stress disorder. Am J Addict 3:160–164

Brown J, Babor TF, Litt MD, Kranzler HR (1994) The type A/type B distinction. Subtyping alcoholics according to indicators of vulnerability and severity. Ann NY Acad Sci 708: 23–33

Burtscheidt W (2001) Integrative Verhaltenstherapie bei Alkoholabhängigkeit. Springer, Berlin Heidelberg New York Tokio, S 43–53

Burtscheidt W, Schwarz R, Redner C, Gaebel W (1999) Verhaltenstherapeutische Verfahren in der ambulanten Behandlung von Alkoholabhängigen – Erste Ergebnisse einer experimentellen Untersuchung. Fortschr Neurol Psychiatr 67:274–280

Cloninger CR (1987) Neurogenetic adaptive mechanisms in alcoholism. Science 236: 410–416

Cloninger CR, Bohman M, Sigvardsson S (1981) Inheritance of Alcohol Abuse. Arch Gen Psychiatry 38:861–868

Cloninger CR, Svracik DM, Przybek TR (1993) A psychobiological model of temperament and character. Arch Gen Psychiatry 50:975–990

Cohen J (1988) Statistical power analysis for the behavioral sciences. 2nd ed. Erlbaum, Hillsdale

Coid J (1982) Alcoholism and Violence. Drug Alcohol Depend 9:1–13

Crabbe JC, Phillips RJ (1998) Genetics of Alcohol and other Abused Drugs. Drug Alcohol Depend 51:61–71

Craft PP, Foil MB, Cunningham PR, Patselas PC, Long-Snyder BM, Collier MS (1994) Intravenous ethanol for alcohol detoxification in trauma patients. South Med J 87:47–54

Cramer P (1962) Der Vollrauschtatbestand als abstraktes Gefährdungsdelikt. Mohr Siebeck, Tübingen

Dahle KP (1994) Probleme bei der Behandlung von Delinquenten. In: Steller M, Dahle KP, Basqué M (Hrsg) Straftäterbehandlung. Centaurus, Pfaffenweiler, S 175–185

Dahle KP (1995) Therapiemotivation hinter Gittern. Roderer, Regensburg

Daus AT, Freeman WM, Wilson J, Aponte C (1985) Clinical experience with 781 cases of alcoholism evaluated and treated on an inpatient basis by various methods. Int J Addict 20:643–650

Dencker F (1984) § 323a StGB – Tatbestand oder Schuldform? Juristenzeitung 453–460

Dessecker A (1996) Suchtbehandlung als strafrechtliche Sanktion. Eine empirische Untersuchung zur Anordnung und Vollstreckung der Maßregel nach § 64 StGB. (Schriftenreihe der Kriminologischen Zentralstelle, Wiesbaden)

Dessecker A (2000) Die strafrechtliche Unterbringung von Alkoholtätern. Zur Rechtswirklichkeit des § 64 StGB. In: Egg R, Geisler C (Hrsg) Alkohol, Strafrecht und Kriminalität. (Schriftenreihe der Kriminologischen Zentralstelle, Wiesbaden, S 183–201)

Dessecker A, Egg R (Hrsg) (1995) Die strafrechtliche Unterbringung in einer Entziehungsanstalt. (Schriftenreihe der Kriminologischen Zentralstelle, Wiesbaden)

Detter K (1997) Zum Strafzumessungs- und Maßregelrecht. Neue Z Strafrecht 476–480

DHS (Deutsche Hauptstelle gegen die Suchtgefahren) (1999) Jahrbuch Sucht 2000. Neuland, Geesthacht

Dilling H, Mombour W, Schmidt MH (Hrsg) (1993) Internationale Klassifikation psychischer Störungen, ICD-10 Kapitel V (F). Huber, Göttingen

Dilling H, Mombour W, Schmidt MH (1999) Internationale Klassifikation psychischer Störungen. Huber, Bern

Dolan M, Doyle M (2000) Violence Risk Prediction. Clinical and Actuarial Measures and the Role of the Psychopathy Checklist. Br J Psychiatry 177:303–311

Dreher E, Tröndle H (1995) Strafgesetzbuch und Nebengesetze. 47. Aufl. Beck, München

Dufeu P, Kuhn S, Schmidt LG (1995) Prüfung der Gütekriterien einer Deutschen Version des Tridimensional Personality Questionnaire (TPQ) von Cloninger bei Alkoholabhängigen. Sucht 41:395–407

Egg R (1996) Alkohol und Straffälligkeit: Fakten und Bewertungen. Bewährungshilfe 3: 198–207

Eisenberg U (1990) Kriminologie, 3. Aufl. Heymanns, Köln

Eisenburg J (1976) Zur Biochemie und Klinik der alkoholischen Leberschädigung. Naturwissenschaft 63:556–569

Emrick CH (1975) A review of psychologically oriented treatment of alcoholism. J Stud Alcohol 36:88–108

Eravci M, Grosspietsch T, Pinna G et al (1997) Dopamine receptor gene expression in an animal model of behavioral dependence on ethanol. Brain Res Mol Brain Res 50: 221–229

Ewing JA (1984) Detecting alcoholism: the cage questionnaire. J Am Med Assoc 252: 1905–1907

Externbrink D, Schmitz K (1991) Maßregelvollzug nach § 64 StGB. In: Reimer F (Hrsg) Maßregelvollzug im psychiatrischen Krankenhaus. Reihe Forum Medizin. Janssen, Neuss, S 111–128

Fadda F, Rossetti ZL (1998) Chronic ethanol consumption: from neuroadaptation to neurodegeneration. Progr Neurobiol 56:385–431

Fein G, Bachman L, Fisher S, Davenport L (1990) Cognitive impairments in abstinent alcoholics. West J Med 152:531–537

Feuerlein W (1990) Langzeitverläufe des Alkoholismus. In: Schwoon DR, Krausz M (Hrsg) Suchtkranke. Die ungeliebten Kinder der Psychiatrie. Enke, Stuttgart, S 69–80

Feuerlein W (1996) Zur Mortalität von Suchtkranken. In: Mann K, Buchkremer G (Hrsg) Sucht: Grundlagen, Diagnostik, Therapie. Fischer, Stuttgart, S 213–230

Feuerlein W (2000) Definition, Diagnose und Entstehung des Alkoholismus – Grundzüge der Behandlung. In: Seitz HK, Lieber CS, Simanowski UA (Hrsg) Handbuch Alkohol, Alkoholismus, alkoholbedingte Organschäden, 2. Aufl. Barth, Heidelberg

Feuerlein W, Küfner H (1989) A prospective multicenter study on inpatient treatment for alcoholics: 18- and 48-months follow-up. Eur Arch Psychiatry Neurol Sci 239:144–157

Feuerlein W, Küfner H, Ringer C, Antons K (1976) Kurzfragebogen für Alkoholgefährdete (KFA). Eine empirische Analyse. Arch Psychiatr Nervenkrankh 222:139–152

Feuerlein W, Ringer C, Küfner H, Antons K (1977) Diagnose des Alkoholismus: Der Münchner Alkoholismustest. Münch Med Wochenschr 119:1275–1882

Feuerlein W, Küfner H, Soyka M (1998) Alkoholismus – Mißbrauch und Abhängigkeit, 5. Aufl. Thieme, Stuttgart

Fichter MM (1990) Verlauf psychischer Erkrankungen in der Bevölkerung. Springer, Berlin Heidelberg New York Tokio

Fichter MM, Frick U (1992) Therapie und Verlauf von Alkoholabhängigkeit: Auswirkungen auf Patienten und Angehörige. Springer, Berlin Heidelberg New York Tokio

Finzen A (1986) Die alkohol- und toxinbedingten Störungen. In: Venzlaff U (Hrsg) Psychiatrische Begutachtung. Fischer, Stuttgart, S 267–278

Fishbein M, Ajzen I, McArdle J (1980) Changing the behavior of alcoholics: Effects of persuasive communication. In: Ajzen I, Fishbein M (Eds) Understanding attitudes and prediction social behavior. Prentice-Hall, Englewood Cliffs/NJ, S 215–247

Foerster K (1994) Die alkohol- und drogenbedingten Störungen. In: Venzlaff U, Foerster K (Hrsg) Psychiatrische Begutachtung, 2. Aufl. Fischer, Stuttgart, S 226–243

Foerster K (2000) Störungen durch psychotrope Substanzen. In: Venzlaff U, Foerster K (Hrsg) Psychiatrische Begutachtung, 3. Aufl. Urban & Fischer, München, S 163–180

Foerster K, Winckler P (1997) Die Schuldfähigkeitsbeurteilung alkoholisierter Täter aus der Sicht der forensischen Psychiatrie. In: Kotsalis L (Hrsg) Gedächtnisschrift für Nikos S Fotakis. Sakkoulas, Athen, S 189–201

Forster B, Joachim H (1975) Blutalkohol und Straftat. Thieme, Stuttgart

Forster B, Joachim H (1997) Alkohol und Schuldfähigkeit. Eine Orientierungshilfe für Mediziner und Juristen. Beck, München und Enke, Stuttgart

Forster B, Rengier R (1986) Alkoholbedingte Schuldunfähigkeit und Rauschbegriff des § 323a StGB aus medizinischer und juristischer Sicht. Neue Jurist Wochensch 2869–2872

Foth E (1991) Alkohol, verminderte Schuldfähigkeit, Strafzumessung. Neue Justiz 386–390

Foth E (1996) Bemerkungen zum Zweifelssatz. Neue Z Strafrecht 423–424

Frädrich S, Pfäfflin F (2000) Zur Prävalenz von Persönlichkeitsstörungen bei Strafgefangenen. Recht Psychiatr 18:95–104

Freund G, Renzikowski J (1999) Zur Reform des § 323a StGB. Z Rechtspolitik 497–500

Frister H (1988) Schuldprinzip. Verbot der Verdachtsstrafe und Unschuldsvermutung als materielle Grundprinzipien des Strafrechts. Duncker & Humblot, Berlin

Frister H (1993) Die Struktur des „voluntativen Schuldelements". Zugleich eine Analyse des Verhältnisses von Schuld und positiver Generalprävention. Duncker & Humblot, Berlin

Funke W, Funke J, Klein M, Scheller R (1987) Trierer Alkoholismusinventar (TAI). Göttingen, Hogrefe

Geisler C (1998) Zur Vereinbarkeit objektiver Bedingungen der Strafbarkeit mit dem Schuldprinzip. Duncker & Humblot, Berlin

George S, Chin CN (1998) A 3 year case study of alcohol related psychotic disorders at Hospital Seremban. Med J Malaysia 53:223–226

Geppert K (1980) Die Stellung des medizinischen Sachverständigen im Verkehrsstrafprozeß. Dtsch Autorecht 315–323

Gerchow J (1976) Unzumutbarkeit der Blutentnahme – Medizinische Bemerkungen. Blutalkohol 13:392–394

Gerchow J, Heifer U, Schewe G, Schwerd W, Zink P (1985) Die Berechnung der maximalen Blutalkoholkonzentration und ihr Beweiswert für die Beurteilung der Schuldfähigkeit. Blutalkohol 22:77–107

Glautier S, Drummond DC (1994) A conditioning approach to the analysis and treatment of drinking problems. Br Med Bull 50:186–199

Goodwin DW (1995) Alcohol amnesia. Addiction 90:315–317

Gottschaldt M (1997) Alkohol und Medikamente – Wege aus der Abhängigkeit. Was uns im Leben prägt – Sucht als emotionales Problem. Trias, Stuttgart

Grant I, Adam KM, Reed R (1987) Intermediate-duration (subacute) organic mental disorder of alcoholism. In: Grant I (Hrsg) Neuropsychological correlates of alcoholism. American Psychiatric Press, Washington DC

Greenson RR (1989) Technik und Praxis der Psychoanalyse, 5. Aufl. Klett-Cotta, Stuttgart

Grünwald G (1959a) Der Versuch des unechten Unterlassungsdelikts. Juristenzeitung 46–49

Grünwald G (1959b) Die Beteiligung durch Unterlassen. Goltdammer Arch Strafrecht 110–123

Gsellhofer B, Küfner H, Vogt M, Weiler D (1999) EuropASI European Addiction Severity Index – Deutsche Bearbeitung European Addiction Severity Index (Addiction severity index; Fureman B, Parikh G, Bragg A, McLellan AT 1990). Schneider Hohengehren, Baltmannsweiler

Günthner A, Mann K (1995) Neuropsychologische Funktionsdefizite bei Alkoholabhängigen. Z Klin Psychol 24:166–169

Gurling HMD, Cook CCH (1999) The genetic predisposition to alcohol dependence. Curr Opin Psychiatry 12:269–275

Haar van der (1995) Zum Urteil des BVerfG über die Unterbringung in einer Entziehungsanstalt gem. § 64 StGB vom 16.3.1994 (NStZ 1994, 578) aus klinischen Sicht. Neue Z Strafrecht 315–318

Haar M van der (2001, 2000) Stichtagserhebung im Maßregelvollzug nach § 64 StGB. Ergebnisse der bundesweiten Erhebung, Ausg 2000, 1999. (Niedersächsisches Landeskrankenhauses Wunstorf, Fachabt Bad Rehburg)

Haffner HT, Mallach HJ, Schubring G (1988) Statistische Auswertung von 60 000 Blutalkoholbefunden der Jahre 1964–1983. II. Mitteilung: Hohe Blutalkoholwerte (≥ 33,0‰). Blutalkohol 25:252–264

Haffner HT, Besserer K, Stetter F, Mann K (1991) Die Äthanol-Eliminationsgeschwindigkeit bei Alkoholikern unter besonderer Berücksichtigung der Maximalwertvariante der forensischen BAK-Rückrechnung. Blutalkohol 28:46–54

Haffner HT, Batra A, Bilzer N, Dietz K, Gilg T, Graw M, Mann K, von Meyer L, Penners BM, Soyka M (1992) Statistische Annäherung an forensische Rückrechnungswerte für Alkoholiker. Blutalkohol 29:53–61

Haffner HT, Erath D, Graw M (1996) Veränderungen des Spektrums alkoholbedingter Verkehrsunfälle in Abhängigkeit zur Höhe der BAK. Blutalkohol 33:78–83

Haffner HT, Bedacht M, Eisenmenger W et al (2002) Alkoholabhängigkeit. In: Schubert W, Schneider W, Eisenmenger W, Stephan E (Hrsg) Kommentar zu den Begutachtungsleitlinien zur Kraftfahrereignung. Kirschbaum, Bonn (im Druck)

Haigh R, Hibbert G (1990) Where and when to detoxify single homeless drinkers. Br Med J 301:848–849

Händel K (1976) Unzumutbarkeit der Blutprobenentnahme – Juristische Bemerkungen. Blutalkohol 13:389–391

Händel K (1977) Verweigerung von Blutentnahmen durch Ärzte. Blutalkohol 14:193–204

Hardwig W (1964) Der Vollrauschtatbestand. Goltdammer Arch Strafrecht 140–151

Hartmann HP (1987) Alkoholeinwirkung: Pharmakodynamik. In: Mallach HJ, Hartmann HP, Schmidt V (Hrsg) Alkoholwirkung beim Menschen. Thieme, Stuttgart, S 70–99

Heigl FS, Heigl-Evers A (1991) Basale Störungen bei Abhängigkeit und Sucht und ihre Therapie. In: Heigl-Evers A, Helas I, Vollmer HC (Hrsg) Suchttherapie – psychoanalytisch, verhaltenstherapeutisch. Vandenhoeck & Ruprecht, Göttingen, S 128–139

Heigl-Evers A, Ott J (1995) Die psychoanalytisch-interaktionelle Methode. Theorie und Praxis, 2. Aufl. Vandenhoeck & Ruprecht, Göttingen

Heintschel-Heinegg B von, Stöckel H (Hrsg) (2000) KMR, Kommentar zur Strafprozessordnung, 25. Lfg, Stand Oktober 2000. Luchterhand, Neuwied (zitiert: Bearbeiter in: KMR)

Helander A, Vabo E, Levin K, Borg S (1998) Intra- and interindividual variability of carbohydrate-deficient transferrin, gamma-glutamyltransferase, and mean corpuscular volume in teetotalers. Clin Chem 44:2120–2125

Hennigsen P, Rudolf G (2000) Zur Bedeutung der Evidence-Based Medicine für die Psychotherapeutische Medizin. Psychother Psychosom Med Psychol 50:366–375

Herzberg RD (1992) Gedanken zur actio libera in causa: Straffreie Deliktsvorbereitung als „Begehung der Tat" (§§ 16, 20, 34 StGB). In: Seebode M (Hrsg) Festschrift für Günter Spendel. de Gruyter, Berlin, S 203–236

Hettinger M (1988) Die „Actio libera in causa" – Strafbarkeit wegen Begehungstat trotz Schuldunfähigkeit? Duncker & Humblot, Berlin

Hettinger M (1989) Zur Strafbarkeit der „fahrlässigen actio libera in causa". Goltdammer Arch Strafrecht 1–19

Hiller W, Zaudig M, Mombour W (1997) IDCL Internationale Diagnose Checklisten für DSM-IV und ICD-10. Hogrefe, Göttingen

Hinrichs G, Behnisch A, Krull K, Reimers S (2000) Therapiemotivation junger Strafgefangener. Z Kinder Jugendpsychiatri 28:255–262

Hippel E von (1999) Zur Bekämpfung des Alkoholmißbrauchs. Z Rechtspolitik 132–135

Hirsch HJ (1999) Strafrechtliche Probleme. Duncker & Humblot, Berlin

Hollin CR (1999) Treatment Programs for Offenders. International J Law Psychiatry 22:361–372

Horn E (1969) Actio libera in causa – eine notwendige, eine zulässige Rechtsfigur? Goltdammer Arch Strafrecht 289–306

Horn HJ (1991) Die Bedeutung der „Tatzeitamnesie" für die Beurteilung der Schuldfähigkeit. In: Schütz H, Kaatsch HJ, Thomsen H (Hrsg) Medizinrecht – Psychopathologie – Rechtsmedizin. Springer, Berlin Heidelberg New York Tokio, S 206–217

Horstkotte H (1995) Für tiefgreifende Korrekturen im Maßregelrecht. In: Dessecker A, Egg R (Hrsg) Die strafrechtliche Unterbringung in einer Entziehungsanstalt. (Schriftenreihe der Kriminologischen Zentralstelle, Wiesbaden, S 195–201)

Hruschka J (1988) Strafrecht nach logisch-analytischer Methode, 2. Aufl. de Gruyter, Berlin

Hruschka J (1996) Die actio libera in causa – speziell bei § 20 StGB mit zwei Vorschlägen für die Gesetzgebung. Juristenzeitung 64–72

Huss M (1849) Alcoholismus chronicus eller chronisk alkoholssjukdom. Ett bidrag till dyskrasiernas Kännedom; enlighet egen och andras erfarenhet. Stockholm

Jakobs G (1991) Strafrecht Allgemeiner Teil. Die Grundlagen und die Zurechnungslehre, 2. Aufl. de Gruyter, Berlin

Jakobs G (1995) Das Strafrecht zwischen Funktionalismus und „alteuropäischem" Prinzipiendenken. Oder: Verabschiedung des „alteuropäischen" Strafrechts? Z Gesamt Strafrechtswiss 843–876

Jähnke B, Laufhütte HW, Odersky W (Hrsg) Leipziger Kommentar zum Strafgesetzbuch. de Gruyter, Berlin (11. Aufl. 10. Lfg: §§ 19–21, 1993; 11. Aufl. 8. Lfg: §§ 25–27, 1993;

11. Aufl. 18. Lfg: §§ 44–51, 1995; 11. Aufl. 2. Lfg: Vor § 61; §§ 61–67, 1992; 11. Aufl. 15. Lfg: §§ 242–262, 1994; 11. Aufl. 22. Lfg: §§ 317–323 c, 1996 (zitiert: Bearbeiter in: LK)

Jellinek EM (1960) The disease concept of alcoholism. Yale Univ Press, New Haven

Jescheck HH, Ruß W, Willms G (Hrsg) Leipziger Kommentar zum Strafgesetzbuch. de Gruyter, Berlin, 10. Aufl. Bd 7: §§ 303–358, 1988 (zitiert: Bearbeiter in: LK)

Jescheck HH, Weigend T (1996) Lehrbuch des Strafrechts. Allgemeiner Teil, 5. Aufl. Duncker & Humblot, Berlin

Jessnitzer K (1968) Der Blutentnahmearzt als Sachverständiger. Blutalkohol 5:184–188

Jessnitzer K, Ulrich J (2001) Der gerichtliche Sachverständige: Ein Handbuch für die Praxis, 11. Aufl. Heymanns, Köln

Jung M (1996) Alkoholabhängigkeit und psychiatrische Komorbidität. In: Mann K, Buchkremer G (Hrsg) Sucht: Grundlagen, Diagnostik, Therapie. Fischer, Stuttgart

Kadden RM (1999) Cognitive behavior therapy. In: Ott PJ, Tarter RE, Ammerman RT (Hrsg) Sourcebook on substance abuse. Allyn & Bacon, Boston, S 272–283

Kaiser G, Kerner HJ, Sack F, Schellhoss H (Hrsg) (1993) Kleines Kriminologisches Wörterbuch, 3. Aufl. Müller, Heidelberg

Kammeier H (1995) Einleitung: Entwicklung und Systematik von Maßregelrecht und Maßregelvollzug. In: Kammeier (Hrsg) Maßregelvollzugsrecht. de Gruyter, Berlin

Kammeier H (1996) Maßregelrecht. de Gruyter, Berlin

Kant I (1789, 1797/1798) Die Metaphysik der Sitten. In: Weischedel W (Hrsg) Werksausgabe in 12 Bänden, Bd 8. Suhrkamp, Frankfurt am Main

Karlsruher Kommentar (KK) s. Pfeiffer G

Kaufmann A (1961) Das Schuldprinzip. Winter, Heidelberg

Kaufmann A (1963) Unrecht und Schuld beim Delikt der Volltrunkenheit. Juristenzeitung 425–433

Kendler KS, Heath AC, Neale MC, Kessler RC, Eaves LJ (1992) A population based twin study of alcoholism in women. J Am Med Assoc 268:1877–1882

Kerner HJ (2000) Alkohol, Strafrecht und Kriminalität. In: Egg R, Geisler C (Hrsg) Alkohol, Strafrecht und Kriminalität. (Schriftenreihe der Kriminologischen Zentralstelle, Wiesbaden, S 11–26)

Kerner HJ, Weitekamp EGM, Stelly W et al (1997) Patterns of criminality and alcohol abuse. Crim Behav Mental Health 7:401–420

Keup W (1987) Mißbrauch und Abhängigkeit von Clomethiazol (Distraneurin). Suchtgefahren 33:211–227

Kindhäuser U (1989) Gefährdung als Straftat. Klostermann, Frankfurt am Main

Klein M (1986) Stationäre Suchttherapie unter dem Aspekt der Behandlungsdauer. Z Diff Diagn Psychol 7:69–76

Klein M (1992) Klassifikation von Alkoholikern durch Persönlichkeits- und Suchtmerkmale. (Schriftenreihe des Fachverbandes Sucht Bd 9. Nagel, Bonn)

Klein M (1995) Suchtschiene und Gewaltspirale. Suchtreport 5:29–36

Klein M (2000) Antisoziales Verhalten, Antisoziale Persönlichkeitsstörung und Alkoholismus. Suchttherapie 1:21–26

Kleines Kriminalistisches Wörterbuch s. Kaiser G

Kleinknecht T, Meyer-Goßner L (1999) Strafprozessordnung, Gerichtsverfassungsgesetz, Nebengesetze und ergänzende Bestimmungen, 44. Aufl. Beck, München

KMR s. Heintschel-Heinegg B

Kober EM (1986) Bewährungshilfe und Ursachen des Widerrufs. Fink, München

Koch G (1988) Katamnesen bei suchtkranken Straftätern nach bedingter Entlassung aus dem Maßregelvollzug gemäß § 64 StGB. Dissertation, Hannover

Kohlhaas M (1968) Zweifelsfragen zu § 81 a StPO aus ärztlicher Sicht. Neue Jurist Wochenschr 2277–2278

Konrad N (1992) Zur Beachtung der Einweisungskriterien bei Unterbringungen in einer Entziehungsanstalt gemäß § 64 StGB. Strafverteidiger 12:597–602

Konrad N, Rasch W (1992) Zur psychiatrischen Beurteilung forensisch relevanter Rauschzustände. In: Frank C, Harrer G (Hrsg) Kriminalprognose, Alkoholbeeinträchtigung: Rechtsfragen und Begutachtungsprobleme. Forensia-Jahrbuch Bd 3. Springer, Berlin Heidelberg New York Tokio, S 167–177

Krabbendam L, Visser PJ, Derix MM et al (2000) Normal cognitive performance in patients with chronic alcoholism in contrast to patients with Korsakow's syndrome. Journal of Neuropsychiatry and Clinical Neurosciences 12:44–50

Kraepelin E (1889) Psychiatrie. Abel, Leipzig

Krauland W, Rose C, Freudenberg K (1964) Blutalkoholkonzentration und ärztliche Diagnose. Blutalkohol 2:514–540

Kraus L, Bauernfeind R (1998) Repräsentativerhebung zum Gebrauch psychoaktiver Substanzen bei Erwachsenen in Deutschland 1997. Sucht 44:Sonderheft 1

Kröber HL (1996) Kriterien verminderter Schuldfähigkeit nach Alkoholkonsum. Neue Z Strafrecht 16:569–576

Krümpelmann J (1999) Die Erinnerungslücke nach Affekt und Alkoholisierung als Bewertungsproblem. In: Ebert U (Hrsg) Festschrift für Ernst Walter Hanack zum 70. Geburtstag. de Gruyter, Berlin, S 717–733

Kryspin-Exner K (1983) Psychopharmakotherapie bei Abhängigkeitsprozessen von Alkohol, Medikamenten und Drogen. In: Langer G, Heimann H (Hrsg) Psychopharmaka. Grundlagen und Therapie. Springer, Wien, S 491–514

Krystal H & Raskin HA (1983) Drogensucht, Aspekte der Ichfunktion. Vandenhoeck & Ruprecht, Göttingen

Küfner H (1989) Diagnostik des Alkoholismus. In: Schied HW, Heimann H, Mayer K (Hrsg) Der chronische Alkoholismus. Fischer, Stuttgart

Küfner H, Brenk-Schulte E (1980) Therapieerfahrungsliste. Unveröffentlichtes Skriptum. Institut für Therapieforschung, München

Küfner H, Feuerlein W, Flohrschütz TH (1986) Die stationäre Behandlung von Alkoholabhängigen: Merkmale von Patienten und Behandlungseinrichtungen, katamnestische Ergebnisse. Suchtgefahren 32:1–85

Küfner H, Feuerlein W, Huber M (1988) Die stationäre Behandlung von Alkoholabhängigen: Ergebnisse der 4-Jahres-Katamnesen, mögliche Konsequenzen für Indikationsstellung und Behandlung. Sucht 34:157–271

Kuhn-Päpst G (1984) Die Problematik der actio libera in causa. Dissertation, Mannheim

Kurze M (2000) Erfahrungen mit strafjustiziell bedingten Therapieüberleitungen. In: Uchtenhagen A, Zieglgänsberger W (Hrsg) Suchtmedizin. Urban & Fischer, München, S 386–393

Kusch R (1984) Der Vollrausch. Duncker & Humblot, Berlin

Kusch R (1994) Anmerkung zu BGH, Beschluss vom 7.9.1993 – 5 StR 327/93 (NStZ 1994, 131). Neue Z Strafrecht 131–132

Kuttner S (1935) Kanonistische Schuldlehre von Gratian bis zu den Dekretalen Gregors IX. Cittá del Vaticano: Biblioteca Apostolica Vaticana

Lachner G, Wittchen HU (1997) Familiär übertragene Vulnerabilitätsmerkmale für Alkoholmißbrauch und -abhängigkeit. In: Watzl H, Rockstroh B (Hrsg) Abhängigkeit und Mißbrauch von Alkohol und Drogen. Hogrefe, Göttingen, S 43–90

Lackner K (1968) Vollrausch und Schuldprinzip. Jurist Schulung 215–221

Lackner K (1985) Neuorientierung der Rechtsprechung im Bereich des Vollrauschtatbestandes? In: Vogler T (Hrsg) Festschrift für Hans-Heinrich Jescheck. Duncker & Humblot, Berlin, S 645–664

Lackner K (1995) Strafgesetzbuch mit Erläuterungen, 21. Aufl. Beck, München

Lackner K, Kühl K (1999) Strafgesetzbuch mit Erläuterungen, 23. Aufl. Beck, München

Ladewig D (1986) Pharmakotherapie der Sucht. In: Ladewig D (Hrsg) Drogen und Alkohol. Der aktuelle Stand in der Behandlung Drogen- und Alkoholabhängiger. ISPA, Lausanne, S 105–113

Lagodny O (1996) Strafrecht vor den Schranken der Grundrechte. Mohr Siebeck, Tübingen

Langelüddeke A, Bresser PH (1976) Gerichtliche Psychiatrie. de Gruyter, Berlin

Laubichler W, Kühberger A (1997) Zur Nosologie und Pathophysiologie von pathologischem Rausch, alkoholischem Dämmerzustand, ideosynkratischer Alkoholintoxikation. Blutalkohol 34:260–269

Lauer G, Richter B (1995) Alkoholrückfälle während stationärer Therapie: Empirische Fakten und praktische Vorschläge zur Rückfallaufarbeitung. Psychiatr Prax 22:19–23

Laufs A (1993) Arztrecht, 5. Aufl. Beck, München

Leibholz G, Rinck HJ, Hesselberger D, Grundgesetz. Kommentar an Hand der Rechtsprechung des Bundesverfassungsgerichts, 7. Aufl. 38. Lfg, Stand November 2000. Otto Schmid, Köln

Leipziger Kommentar (LK) s. Jähnke B und Jescheck HH

Leikert S, Brock A, Dörner J (2000) Therapieverläufe bei polyvalent abhängigen Patienten in stationärer Psychotherapie. Forum Psychoanal 16:45–58

Lesch OM, Kefer J, Lentner S, Mader R, Marx B, Musalek M, Nimmerrichter A, Preinsberger H, Puchinger H, Rustembegovic A, Walter H, Zych E (1990) Diagnosis of chronic alcoholism –Classificatory problems. Psychopathology 23:88–96

Levine H (1982) Die Entdeckung der Sucht – Wandel der Vorstellungen über Trunkenheit in Nordamerika. In: Völger G, Welck K von (Hrsg) Rausch und Realität. Drogen im Kulturvergleich. Rowohlt, Reinbeck

Levine ME, Wojcik BE (1999) Alcoholic typology and season of birth. J Addict Dis 18:41–52

Levitt MD, Li R, DeMaster EG, Elson M, Furne J, Levitt DG (1997) Use of measurements of ethanol absorption from stomach and intestine to assess human ethanol metabolism. Am J Physiol 273:G951–957

Leygraf N (1987) Alkoholabhängige Straftäter – Zur Problematik der Unterbringung nach § 64 StGB. Fortschr Neurol Psychiatr 55:231–237

Leygraf N (1988) Psychisch kranke Straftäter. Springer, Berlin Heidelberg New York Tokio

Leygraf N (1996) Praxis des Maßregelvollzugs in den alten Bundesländern. In: Dahle KP, Egg R (Hrsg) Der Aufbau des Maßregelvollzugs in den neuen Bundesländern. (Schriftenreihe der Kriminologischen Zentralstelle, Wiesbaden, S 59–71)

Leygraf N (2000) Die Begutachtung der Prognose im Maßregelvollzug. In: Venzlaff U, Foerster K (Hrsg) Psychiatrische Begutachtung, 3. Aufl. Urban & Fischer, München, S 349–358

Lieber CS (1991) Hepatic, metabolic and toxic effects of ethanol. Alcohol Clin Exp Res 15:573–592

Lieber CS, DeCarli EM (1968) Ethanol oxidation by hepatic microsomes: adaptive increase after ethanol feeding. Science 162:917–918

Lishman WA (1990) Alcohol and the brain. Br J Psychiatry 156:635–644

Litt MD, Babor TF, DelBoca FK, Kadden RM, Cooney NL (1992) Types of alcoholics, II. Application of an empirically derived typology to treatment matching. Arch Gen Psychiatry 49:609–614

Littrell J (1988) The Swedish studies of the adopted children of alcoholics. J Stud Alcohol 49:491–515

Löwe-Rosenberg (LR) s. Rieß P

Maase U (1966) Die Verletzung der Belehrungspflicht nach §§ 163a Abs 4, 136 Abs 1 StPO gelegentlich der Blutentnahme und deren rechtlicher Folgen. Dtsch Autorecht 44–45

Maatz R (1998) §§ 20, 21 StGB. Privilegierung der Süchtigen? Strafverteidiger 279–285

Maatz R (2001) Erinnerung und Erinnerungsstörung als sog. psychodiagnostische Kriterien der §§ 20, 21 StGB. Neue Z Strafrecht 21:1–8

Maatz R, Wahl B (2000) Die Verminderung der Schuldfähigkeit infolge Alkoholisierung. In: Geiß K, Nehm K, Brander HE (Hrsg) Festschrift aus Anlaß des fünfzigjährigen Bestehens von Bundesgerichtshof, Bundesanwaltschaft und Rechtsanwaltschaft beim Bundesgerichtshof. Heymanns, Köln, S 531–554

Maier W (1996) Genetik von Alkoholabusus und Alkoholabhängigkeit. In: Mann K, Buchkremer G (Hrsg) Sucht: Grundlagen, Diagnostik, Therapie. Fischer, Stuttgart, S 85–94

Maier W (1997) Mechanismen der familiären Übertragung von Alkoholabhängigkeit und Alkoholabusus. In: Watzl H, Rockstroh B (Hrsg) Abhängigkeit und Mißbrauch von Alkohol und Drogen. Hogrefe, Göttingen, S 91–110

Mann K, Dengler D (1995) Zerebrale Veränderungen bei Alkoholabhängigen. Z Klin Psychol 24:159–165

Mann K, Günthner A (1999) Suchterkrankungen. In: Berger M (Hrsg) Psychiatrie und Psychotherapie. Urban & Schwarzenberg, München

Mann K, Günthner A, Stetter F, Ackermann K (1999) Rapid recovery from cognitive deficits in abstinent alcoholics: a controlled test-retest study. Alcohol Alcoholism 34:567–574

Marlatt GA, Gordon JR (1985) Relapse prevention: Maintenance strategies in the treatment of addictive behaviors. Guilford, New York

Marneros A, Zolldann D et al (1993) Motivation und subjektive Einstellung zur Therapie von alkoholkranken Straftätern, untergebracht nach § 64 StGB. Monatsschr Kriminol Strafrechtsreform 76:69–76

Mattick RP, Jarvis F (1994) Brief or minimal intervention for „alcoholics"? The evidence suggests otherwise. Drug and Alcohol Review 13:137–144

Maurach R, Schroeder FC, Maiwald M (1999) Strafrecht. Besonderer Teil Teilband 2, 8. Aufl. Müller, Heidelberg

May T, Wolf U, Wolffgramm J (1995) Effects of ethanol addiction and lisuride treatment on in vitro striatal dopamine receptors and adenylate cyclase of the rat. J Pharmacol Exp Ther 275:1195–1203

Mayer A (1991) Anmerkung zu BGH, Urteil vom 22.11.1990 – StR 117/90 (BGHSt 37, 231). Neue Z Strafrecht 526–527

McCusker CG, Brown K (1990) Alcohol-predictive cues enhance tolerance to and precipitate „craving" for alcohol in social drinkers. J Stud Alcohol 51:494–499

McFarlane AC (1998) Epidemiological Evidence about the Relationship between PTSD and Alcohol Abuse: The Nature of the Association. Addict Behav 23:813–825

McGovern MP (1983) Comparative evaluation of medical versus social treatment of alcohol withdrawal syndrome. J Clin Psychol 39:791–803

Messmer H (1967) Besteht eine Belehrungspflicht des Arztes bei Befragungen und Testungen gelegentlich der Blutentnahme? Dtsch Autorecht 153–154

Miltner E, Schmidt G, Six H (1990) Zum Stellenwert der Blutalkoholkonzentration bei der Beurteilung der Schuldfähigkeit. Blutalkohol 27:279–284

Miller ME, Adesso VJ, Fleming JP, Gino A, Lauerman R (1978) Effects of alcohol on the storage and retrieval processes of heavy social drinkers. J Exp Psychol Human Learn 4:246–255

Miller WR, Rollnick S (1991) Motivational interviewing. Guilford, New York

Mischkowitz R, Möller M, Hartung M (1996) Gefährdungen durch Drogen, BKA-Forschungsreihe Bd 37. Bundeskriminalamt, Wiesbaden

Mitsch W (1995) Recht der Ordnungswidrigkeiten. Springer, Berlin Heidelberg New York Tokio

Modestin J, Berger A, Ammann R (1996) Mental disorder and criminality: male alcoholism. J Nerv Ment Dis 184:393–402

Monti PM, Abrams DB, Binkoff JA, Zwick WR, Liepman MR, Nirenberg TD, Rohsenow DJ (1990) Communication skills training, communication skills training with family and cognitive behavioral mood management training for alcoholics. J Stud Alcohol 51: 263–270

Monti PM, Bird-Gulliver S, Myers MG (1994) Social skills training for alcoholics: Assessment and treatment. Alcohol Alcoholism 29:627–637

Moss HB, Tarter RE (1993) Substance Abuse, Aggression and Violence. What are the Connections? Am J Addict 2:149–160

Mueller B (1930) Zur Terminologie und forensischen Beurteilung alkoholischer Rauschzustände nebst Bemerkungen über das künftige Strafrecht. Dtsch Z Gesamt Gerichtl Med 14:296–324

Müller-Dietz H (1995) Unterbringung in der Entziehungsanstalt und Verfassung. Jurist Rundschau 353–361

Müller-Isberner R, Jöckel D, Gonzales-Cabeza S (1998) Die Vorhersage von Gewalttaten mit dem HCR-20. Institut für Forensische Psychiatrie, Haina

Mundle G, Munkes J, Ackermann K, Mann K (2000) Sex differences of carbohydrate-deficient transferrin, gamma-glutamyltransferase, and mean corpuscular volume in alcohol-dependent patients. Alcohol Clin Exp Res 24:1400–1405

Murdoch D, Pihl RO, Ross D (1990) Alcohol and Crimes of Violence: Present Issues. Int J Addict 25:1065–1081

Murphy GE, Wetzel RD (1990) The lifetime risk of suicide in alcoholism. Arch Gen Psychiatry 47:382–392

Nedopil N (2000) Forensische Psychiatrie, 2 Aufl. Thieme, Stuttgart, S 94–106

Nelson CB, Rehm J, Ustun TB, Grant B, Chatterji S (1999) Factor structures for DSM-IV substance disorder criteria endorsed by alcohol, cannabis, cocaine and opiate users: results from the WHO reliability and validity study. Addiction 94:843–855

Neumann U (1985) Zurechnung und Vorverschulden. Duncker & Humblot, Berlin

Neumann U (1997) Anmerkung zu BGH, Urteil vom 22.8.1996 – 4 StR 217/96 (StV 1997, 21). Strafverteidiger 23–25

Neumann U (1998) Ontologische, funktionale und sozialethische Deutung des strafrechtlichen Schuldprinzips. In: Lüderssen K (Hrsg) Aufgeklärte Kriminalpolitik oder Kampf gegen das Böse? Bd 1. Nomos, Baden-Baden, S 391–405

Neumann U, Puppe I, Schild W (Gesamtredaktion) (1995) Nomos Kommentar zum Strafgesetzbuch. 8. Lfg, Stand Oktober 2000. Nomos, Baden-Baden (zitiert: Bearbeiter in: NK)

Nilssen O, Ries RK, Rivara FP, Gurney JG, Jurkovich GJ (1994) The CAGE questionnaire and the Short Michigan Alcohol Screening Test in trauma patients: comparison of their correlations with biological alcohol markers. J Trauma Injury Infect Crit Care 36: 784–788

Noel NE, McCrady BS, Stout RL (1987) Predictors of attrition from an outpatient alcoholism treatment program for couples. J Stud Alcohol 48:229–235

Nomos-Kommentar (NK) s. Neumann U

Olbrich R (1979) Alcohol withdrawal states and the need for treatment. Br J Psychiatry 134:466–469

Olsen H, Sakshaug J, Duckert F, Stromme JH, Morland J (1989) Ethanol elimination-rates determined by breath analysis as a marker of recent excessive ethanol consumption. Scand J Clin Lab Invest 49:359–365

Oneta CM, Simanowski UA, Martinez M, Allali-Hassani A, Pares X, Homann N, Conradt C, Waldherr R, Fiehn W, Coutelle C, Seitz HK (1998) First pass metabolism of ethanol is strikingly influenced by the speed of gastric emptying. Gut 43:612–619

Paeffgen HU (1985) Actio libera in causa und § 323a StGB. Z Gesamt Strafrechtswiss 97:513–541

Paeffgen HU (2000) Zur rechtlichen und rechtspolitischen Problematik des Vollrausch-Tatbestandes (§ 323a StGB). In: Egg R, Geisler C (Hrsg) Alkohol, Strafrecht und Kriminalität. Eigenverlag Kriminologische Zentralstelle, Wiesbaden

Parsons OA (1998) Neurocognitive deficits in alcoholics and social drinkers: a continuum? Alcohol Clin Exp Res 22:954–961

Penners BM (1987) Zum Begriff der Aussichtslosigkeit einer Entziehungskur nach § 64 Abs. 2 StGB. Springer, Berlin Heidelberg New York Tokio

Persson J, Magnusson PH (1988) Comparison between different methods of detecting patients with excessive consumption of alcohol. Acta Med Scand 223:101–109

Petry J (1989) Das sozial-kognitive Rückfallpräventionsmodell: Ein gruppentherapeutisches Basisprogramm. In: Watzl H, Cohen R (Hrsg) Rückfall und Rückfallprophylaxe. Springer, Berlin Heidelberg New York Tokio, S 188–209

Petry J (1993) Behandlungsmotivation. Grundlagen und Anwendung in der Suchttherapie. Psychologie Verlags Union, Weinheim

Petry J (1996) Suchtentwicklung und Motivationsdynamik. Psychotherapeut 41:225–235

Pfaff H (1998) Ergebnisse einer prospektiven Katamnesestudie nach Entziehungstherapie gemäß § 64 StGB bei Alkoholkranken. Nervenarzt 69:568–573

Pfeiffer G (Hrsg) (1999) Karlsruher Kommentar zur Strafprozessordnung und zum Gerichtsverfassungsgesetz mit Einführungsgesetz, 4. Aufl. Beck, München (zitiert: Bearbeiter in: KK)

Pihl RO, LeMarquand D (1998) Serotonin and Aggression and the Alcohol-Aggression Relationship. Alcohol & Alcoholism 33:55–65

Pihl RO, Peterson JB, Lau MA (1993) A Biosocial Model of the Alcohol-Aggression Relationship. J Stud Alcohol 54:128–139

Pillmann F, Ullrich S, Draba S, Sannemüller U, Marneros A (2000) Akute Alkoholwirkung und chronische Alkoholabhängigkeit als Determinanten von Gewaltdelinquenz. Nervenarzt 71:715–721

Polich JM, Armor DJ, Braiker HB (1981) The course of alcoholism: Four years after treatment. Wiley, New York

Pollock NK, Martin CS, Langenbucher JW (2000) Diagnostic concordance of DSM-III, DSM-IV and ICD-10 alcohol diagnoses in adolescents. J Stud Alcohol 61:439–446

Ponsold A (1967) Blutalkohol. In: Ponsold A (Hrsg) Lehrbuch der Gerichtlichen Medizin. Thieme, Stuttgart, S 206–274

Prescott CA, Hewitt JK, Heath AC, Truett KR, Neale MC, Eaves LJ (1994) Environmental and genetic influences on alcohol use in a volunteer sample of older twins. J Stud Alcohol 55:18–33

Preuss UW, Schröter A, Soyka M (1997) Typologien der Alkoholkrankheit – ein kritischer Vergleich. Sucht 43:92–103

Prochaska JO, DiClemente CC (1992) In search of how people change. Applications to addictive behaviors. Am Psychol 47:1102–1114

Project MATCH research group (1997) Matching alcoholism treatment to client heterogeneity: Project MATCH postreatment drinking outcomes. J Stud Alcohol 58:7–29

Puppe I (1974) Die Norm des Vollrauschtatbestandes. Goltdammer Arch Strafrecht 98–115

Puppe I (1980) Grundzüge der actio libera in causa. Jurist Schulung 346–350

Puppe I (1982) Neue Entwicklungen in der Dogmatik des Vollrauschtatbestandes. Jurist Ausbildung 281–288

Puppe I (1987) Die logische Tragweite des sog. Umkehrschlusses. In: Küper W (Hrsg) Festschrift für Lackner zum 70. Geburtstag. de Gruyter, Berlin, S 199–245

Püschel K, Horn EP (1984) Blutentnahmen unter Zwang. Compulsory blood sampling. Blutalkohol 21:479–490

Rasch W (1984) Krank und/oder kriminell? Maßregelvollzug in Westfalen-Lippe. Pressestelle Landschaftsverband Westfalen-Lippe, Münster

Rasch W (1986) Die Unterbringungsvoraussetzungen nach § 64 StGB. Psychiatr Prax 13: 81–97

Rasch W (1989) Sozialtherapie im Maßregelvollzug – Die psychiatrische Lösung. Monatsschr Kriminol 72:115–121

Rasch W (1999) Forensische Psychiatrie, 2. Aufl. Kohlhammer, Stuttgart

Rauchfleisch U (1981) Dissozial. Entwicklung, Struktur und Psychodynamik dissozialer Persönlichkeiten. Vandenhoeck & Ruprecht, Göttingen

Rauchfleisch U (1996) Menschen in psychosozialer Not. Beratung, Betreuung, Psychotherapie. Vandenhoeck & Ruprecht, Göttingen

Rautenberg EC (1997) Strafmilderung bei selbstverschuldeten Rauschzuständen? Dtsch Rechtsz 45–47

Rengier R, Forster B (1987) Die sog. „Promillegrenzen" zur alkoholbedingten Schuldunfähigkeit aus juristisch-medizinischer Sicht. Blutalkohol 24:161–171

Reicher JW (1976) Die Entwicklungspsychopathie und die analytische Psychotherapie von Delinquenten. Psyche 30:604–612

Renzikowski J (2000) Die Verschärfung des § 323a StGB – Preisgabe des Schuldprinzips? Z Gesamt Strafrechtswiss 475–517

Rieß P (Hrsg) (1988) Die Strafprozeßordnung und das Gerichtsverfassungsgesetz: Großkommentar/Löwe-Rosenberg Bd 1 (Einleitung; §§ 1–111n), 24. Aufl. de Gruyter, Berlin (zitiert: Bearbeiter in: LR)

Rist F, Watzl H, Cohen R (1989) Versuche zur Erfassung von Rückfallbedingungen bei Alkoholkranken. In: Watzl H, Cohen R (Hrsg) Rückfall und Rückfallprophylaxe. Springer, Berlin Heidelberg New York Tokio, S 126–138

Rittner C (1981) Zur Bedeutung der Gesundheitsnachteile bei Zwangsmaßnahmen nach § 81a StPO. Blutalkohol 18:161–173

Robinson GM, Leslie H, Robinson BJ (1992) Detection of problem-drinkers in an emergency department using a breathanalyser and questionnaire. Drug Alcohol 11:259–264

Rodewald H (1991) Bedeutung des frühen Trinkens der Patienten im Maßregelvollzug nach § 64 StGB. Nervenheilkunde 10:219–223

Rohde-Dachser CH (1996) Psychoanalytische Therapie bei Borderline-Störungen. In: Senf W, Broda M (Hrsg) Praxis der Psychotherapie. Thieme, Stuttgart, S 297–302

Rommelspacher H (1995) Recent developments in the neurobiology of alcoholism and drug dependence with focus on the contributions of european laboratories. Eur Addict Res 1:20–25

Rommelspacher H (1999) Modelle der Entstehung und Aufrechterhaltung süchtigen Verhaltens: Neurobiologische Ansätze. In: Gastpar M, Mann K, Rommelspacher H (Hrsg) Lehrbuch der Suchterkrankungen. Thieme, Stuttgart, S 28–38

Rommelspacher H, Schmidt LG (1999) Recent developments in the neurobiology and psychology of addiction. Curr Opin Psychiatry 12:52

Rommeney G (1952) Ungewöhnliche Formen des Alkoholrausches. Dtsch Z Gesamt Gerichtl Med 41:277–288

Rost WD (1986) Konzeption einer psychodynamischen Diagnose und Therapie der Alkoholabhängigkeit. Suchtgefahren 32:221–233

Rost WD (1987) Psychoanalyse des Alkoholismus. Klett-Cotta, Stuttgart

Rost WD (1992) Psychoanalyse des Alkoholismus. 4. Aufl. Klett-Cotta, Stuttgart

Roxin C (1987) Bemerkungen zur actio libera in causa. In: Küper W (Hrsg) Festschrift für Lackner zum 70. Geburtstag. de Gruyter, Berlin, S 307–323

Roxin C (1997) Strafrecht Allgemeiner Teil Bd 1: Grundlagen. Der Aufbau der Verbrechenslehre, 3. Aufl. Beck, München

Roxin C (1998) Strafverfahrensrecht: ein Studienbuch, 25. Aufl. Beck, München

Rubio G, Leon G, Pascual FF, Santo-Domingo J (1998) Clinical significance of Cloninger's classification in a sample of alcoholic Spanish men. Addiction 93:93–101

Rudolphi HJ (1991) Der Dienstvorgesetzte als Garant für die gesetzmäßige Bestrafung seiner Untergebenen. Neue Z Strafrecht 361–367

Rudolphi HJ (Gesamtredaktion) (2000) Systematischer Kommentar zum Strafgesetzbuch, 6. Aufl. 50. Lfg, Stand April 2000. Luchterhand, Neuwied (zitiert: Bearbeiter in: SK-StGB)

Rudolphi HJ (Gesamtredaktion) (2000) Systematischer Kommentar zur Strafprozessordnung und zum Gerichtsverfassungsgesetz, 21. Lfg, Stand Juli 2000. Luchterhand, Neuwied (zitiert: Bearbeiter in: SK-StPO)

Rybeck RS (1970) Alcohol amnesia. Observations in seven drinking inpatient alcoholics. Q J Stud Alcohol 31:616–632

Sack M, Schmid-Ott G, Lempa W, Lamprecht F (1999) Individuell vereinbarte und fortgeschriebene Therapieziele – Ein Instrument zur Verbesserung der Behandlungsqualität in der stationären Psychotherapie. Z Psychosom Med 45:113–127

Salger H, Mutzbauer N (1993) Die actio libera in causa – eine rechtswidrige Rechtsfigur. Neue Z Strafrecht 561–565

Sannibale C, Hall W (1998) An evaluation of Cloninger's typology of alcohol abuse. Addiction 93:1241–1249

Saß H, Wittchen HU, Zaudig M (1996) Diagnostisches und statistisches Manual psychischer Störungen: DSM-IV; 2. Aufl, übersetzt nach der vierten Auflage des „Diagnostic and statistical manual of mental disorders" der American Psychiatric Association. Göttingen, Hogrefe

Saunders JB, Aasland OG, Babor TF, De La Fuente JR, Grant M (1993) Development of the Alcohol Use Disorders Identification Test (AUDIT): WHO collaborative project on early detection of persons with harmful alcohol consumption – I. Addiction 88:349–362

Saunders WM, Kershaw PW (1980) Screening tests for alcoholism – findings from a community study. Br J Addict 75:37–41

Saxton J, Munro CA, Butters MA, Schramke C, McNeil MA (2000) Alcohol, dementia and Alzheimer's disease: comparison of neuropsychological profiles. J Geriatr Psychiatry Neurol 3:141–149

Schäfer L, Wagner O, Schafheutle J (1934) Gesetz gegen gefährliche Gewohnheitsverbrecher und über Maßregeln der Besserung und Sicherung. Vahlen, Berlin

Schäfer H (1996) Dürfen Art und Schwere der im Vollrausch begangenen Tat bei der Strafzumessung nach § 323a StGB berücksichtigt werden? Dtsch Richterz 196–199

Schalast N (1994) Unterbringung in der Entziehungsanstalt. Probleme der Behandlung alkoholabhängiger Straftäter. Recht Psychiatr 12:2–10

Schalast N (1998) Die Erfolgserwartung der Mitarbeiter als Qualitätsaspekt. Forensische Psychiatrie und Psychotherapie 5:175–191

Schalast N (2000a) Therapiemotivation im Maßregelvollzug gemäß § 64 StGB. Patientenmerkmale, Rahmenbedingungen, Behandlungsverläufe. Fink, München (Neue kriminologische Studien)

Schalast N (2000b) Rückfälle während der Behandlung im Maßregelvollzug gemäß § 64 StGB. Sucht 46:111–120

Schalast N (2000c) Zur Frage der Behandlungsmotivation bei Patienten des Maßregelvollzugs gemäß § 64 StGB. Psychiatr Prax 27:270–276

Schalast N, Leygraf N (1994) Urteile zur Anordnung des Maßregelvollzugs gemäß § 63 StGB. Dtsch Richterz 72:174–180

Schalast N, Leygraf N (1999) Die Unterbringung in einer Entziehungsanstalt: Auswirkungen des Beschlusses des BVerfG, NStZ 1994, S 578. Neue Z Strafrecht 485–490

Schewe G (1991) Anmerkung zu BGH, Urteil vom 22.11.1990 – 4 StR 117/90 (BGHSt 37, 231). Blutalkohol 28:264–272

Schlüter-Dupont L (1990) Alkoholismustherapie. Schattauer, Stuttgart

Schmidhäuser E (1992) Die actio libera in causa: Ein symptomatisches Problem der deutschen Strafrechtwissenschaft. Vandenhoeck & Ruprecht, Göttingen

Schmidt E (1962) Zur Lehre von den strafprozessualen Zwangsmaßnahmen. Neue Jurist Wochenschr 664–666

Schmidt L (1997) Alkoholkrankheit und Alkoholmissbrauch, 4. Aufl. Kohlhammer, Stuttgart

Schmitz K (1993) Dokumentations- und Katamnesesystem für suchtkranke Maßregelpatienten in Westfalen-Lippe – Systemdarstellung und erste Ergebnisse. Sucht 3:172–176

Schneider F, Weiss U, Kessler C et al (1999) Subcortical correlates of differential classical conditioning of aversive emotional reactions in social phobia. Biol Psychiatry 45: 863–871

Schneider F, Habel U, Wagner M et al (2001) Subcortical correlates of craving in early abstinent alcoholic patients. Am J Psychiatry 158:1075–1083

Schönke A, Schröder H (2001) Kommentar zum Strafgesetzbuch, 26. Aufl. Beck, München (zitiert: Bearbeiter in: Schönke/Schröder)

Schröter A, Sopp M, Brettel HF (1995) Trinkversuche zur Rückrechnung bei langen Rückrechnungszeiten. Blutalkohol 32:344–352

Schuckit MA (1994) Low level of response to alcohol as a predictor of future alcoholism. Am J Psychiatry 151:184–189

Schuckit MA (1996) Auf der Suche nach Prädiktoren für die Entwicklung einer Alkoholabhängigkeit. In: Mann K, Buchkremer G (Hrsg) Sucht: Grundlagen, Diagnostik, Therapie. Fischer, Stuttgart, S 107–120

Schuckit MA, Hesselbrock V (1994) Alcohol dependency and anxiety disorders: What is the relationship? Am J Psychiatry 151:1723–1734

Schulte RM (1988) Clomethiazol-Abhängigkeit als Teil der Politoxikomanie. Suchtgefahren 34:105–110

Schulzke M (1995) Wissenschaftliche Begleitung der Fachklinik Brauel – Endbericht. Untersuchung zur Evaluation der Rehabilitationsbehandlung. Sucht 41:81–84

Schütz H (1983) Alkohol im Blut. Verlag Chemie, Weinheim

Schwärzler F, Stetter F, Kühnel P, Mann K (1997) Zum Stellenwert einer niederfrequenten ambulanten Therapie für Alkoholabhängige in der Post-Entzugs-Phase. Nervenheilkunde 16:397–402

Schweikert H (1958) Strafrechtliche Haftung für riskantes Verhalten? Z Gesamt Strafrechtswiss 70:394–411

Searles JS (1988) The Role of Genetics in the Pathogenesis of Alcoholism. J Abnorm Psychol 97:153–167

Seebode M (1980) Über die Freiheit, die eigene Strafverfolgung zu unterstützen. Jurist Arbeitsblätter 493–499

Seidl S, Alt A, König B, Reinhardt G (1997) Berechnung eines individuellen Widmark-Faktors durch Messung des Körperwassergehaltes und des Blutwassergehaltes. Blutalkohol 34:396–404

Sellers EM, Kallant H (1976) Alcohol intoxication and withdrawal. N Engl J Med 294: 757–762

Sharp C, Hurford DP, Allison J, Sparks R, Cameron BP (1997) Facilitation in internal locus of control in adolescent alcoholics through a brief biofeedback-assisted autogenic relaxation training procedure. J Subst Abuse Treat 14:55–60

Shaw JM, Kolesar GS, Sellers EM, Kaplan HL, Sandor P (1981) Development of optimal treatment tactics for alcohol withdrawal: I. Assessment and effectiveness of supportive care. J Clin Psychopharmacol 1:382–389

Sick B, Renzikowski J (1997) Strafschärfung bei Rauschtaten? Z Rechtspolitik 484–488

Soyka M (1995) Die Alkoholkrankheit – Diagnose und Therapie. Chapman & Hall, Weinheim

Soyka M (1997) Alkoholismus – eine Krankheit und ihre Therapie. Wissenschaftliche Verlagsgesellschaft, Stuttgart

Soyka M (1998) Forensische Aspekte von Eifersucht und Eifersuchtswahn. Nervenheilkunde 17:143–149

Steingass HP (1994) Kognitive Funktionen Alkoholabhängiger. Neuland, Geesthacht

Stetter F (1998) Was geschieht, ist gut. Entspannungsverfahren in der Psychotherapie. Psychotherapeut 43:209–220

Stetter F (2000a) Psychotherapie mit Alkoholkranken. In: Zernig G, Saria A, Kurz M, O'Malley S (Hrsg) Handbuch Alkoholismus. Verlag der Psychiatrischen Universitätsklinik Innsbruck, S 99–142

Stetter F (2000b) Psychotherapie von Suchterkrankungen. Teil 1: Von der Diagnostik zur Motivationstherapie. Psychotherapeut 45:63–71

Stetter F (2000c) Psychotherapie in der Entgiftungs- und Motivationsbehandlung – Konzepte, Ergebnisse und Prognose. In: Stetter F (Hrsg) Wege aus der Sucht I: Suchttherapie an der Schwelle der Jahrtausendwende. Herausforderungen für Forschung und Therapie. Neuland, Geesthacht, S 70–87

Stetter F (2000d) Psychotherapie von Suchterkrankungen. Teil 2: Beiträge verschiedener Psychotherapierichtungen. Psychotherapeut 45:141–152

Stetter F (2001) Selbsttötung. In: Fengler J (Hrsg) Praxis der Suchtprävention. Ecomed, Landsberg

Stetter F, Mann K (1991) Der Wunsch nach Entspannung – eine autonome Entscheidung. Das autogene Training als Komponente in der Behandlung Alkoholabhängiger. Psycho 17:305–310

Stetter F, Mann K (1997) Zum Krankheitsverlauf Alkoholabhängiger nach einer stationären Entgiftungs- und Motivationsbehandlung. Nervenarzt 68:574–581

Stolpmann G, Heinz G (1994) Erfolglos, aber nicht folgenlos: Zur Erledigung der Maßregel wegen Aussichtslosigkeit. In: Rudolf GAE, Leygraf N, Windgassen K (Hrsg) Psychiatrie heute – Festschrift für R Tölle. Urban & Schwarzenberg, München, S 165–170

Strand S, Belfrage H, Fransson G, Levander ST (1999) Clinical and Risk Management Factors in Risk Prediction of Mentally Disordered Offenders – more Important than Historical Data? Legal Criminol Psychol 4:67–76

Streng F (1984) Unterlassene Hilfeleistung als Rauschtat? Juristenzeitung 114–120

Streng F (2000) „Actio libera in causa" und Vollrauschstrafbarkeit – rechtspolitische Perspektiven. Juristenzeitung 20–27

Stuppaeck C, Barnas C, Falk M et al (1995) CIWA-A. Clinical Institute Withdrawal Assessment for Alcohol Scale. Deutsche modifizierte Fassung des CIWA-A nach Shaw JM, Kolesar GS, Sellers EM, Kaplan HL, Sandor P (1981) Wien Z Suchtforschung 18:39–48

Sullivan EV, Rosenbloom MJ, Pfefferbaum A (2000) Pattern of motor and cognitive deficits in detoxified alcoholic men. Alcohol Clin Exp Res 24:611–621

Süß HM (1995) Zur Wirksamkeit der Therapie bei Alkoholabhängigen: Ergebnisse einer Metaanalyse. Psychol Rundschau 46:248–266

Systematischer Kommentar (SK-StGB und SK-StPO) s. Rudolphi HJ

Teschke R (1985) Alkohol und Stoffwechsel. Internist 26:436–440

Teschke R, Lieber CS (1995) Alkoholstoffwechsel: Alkoholdehydrogenase und mikrosomales Alkohol-oxidierendes System. In: Seitz HK, Lieber CS, Simanowski UA (Hrsg) Handbuch Alkohol, Alkoholismus, Alkoholbedingte Organschäden. Barth, Leipzig, S 135–147

Tiffany ST (1999) Cognitive concepts of craving. Alcohol Research and Health 23:215–224

Tivis LJ, Parsons OA (1997) Assessment of prose recall performance in chronic alcoholics: recall of essential versus detail propositions. J Clin Psychol 53:233–242

Tönnesen H, Hejberg L, Frobenius S, Andersen JR (1986) Erythrocyte mean cell volume-correlation to drinking pattern in heavy alcoholics. Acta Med Scand 219:515–518

Torvik A (1991) Wernicke's encephalopathy-prevalence and clinical spectrum. Alcohol Alcoholism 1:381–384

Tretter F (2000) Suchtmedizin. Der suchtkranke Patient in Klinik und Praxis. Schattauer, Stuttgart

Tretter F, Bussello-Spieth S, Bender W (1994) Therapie von Entzugssyndromen. Springer, Berlin Heidelberg New York Tokio

Tröndle H, Fischer T (2001) Strafgesetzbuch und Nebengesetze, 50. Aufl. Beck, München

Ullenbruch TH (2000) Strafzeitberechnung nach Maßregelabbruch – Art. 2 II 2 GG mitten im Tohuwabohu! Neue Z Strafrecht 20:281–336

Vaillant GE (1988) What can long-term follow-up teach us about relapse and prevention from relapse in addiction? Br J Addict 83:1147–1157

Vaillant GE (1994) Evidence that the type 1/type 2 dichotomy in alcoholism must be re-examined. Addiction 89:1049–1057

Vaillant GE (1996) A long term follow up of male alcohol abusers. Arch Gen Psychiatry 53:243–249

Venzlaff U (1965) Die „pathologische" Alkoholreaktion – Ätiologie, Klinik und forensisch-psychiatrische Beurteilung. Med Welt 47:2623–2631

Venzlaff U (1997) Über den sog. „pathologischen" Rausch (die Faszination eines Pleonasmus). In: Kotsalis L (Hrsg) Gedächtnisschrift für Nikos S Fotakis. Sakkoulas, Athen, S 277–291

Verheul R, Brink W van den, Hartgens C (1995) Prevalence of Personality Disorders among Alcoholics and Drug Addicts: An Overview. Eur Addict Res 1:166–177

Volckart B (1997) Praxis der Kriminalprognose. Beck, München

Volckart B (1998) Die Aussetzungsprognose nach neuem Recht. Recht Psychiatr 16:3–11

Volckart B (1999) Maßregelvollzug, 5. Aufl. Luchterhand, Neuwied

Weber H von (1966) Die strafrechtliche Verantwortlichkeit für die Rauschtat. In: Spendel G (Hrsg) Festschrift für Stock. Holzner, Würzburg, S 59–74

Webster C, Douglas K, Eaves D, Hart S (1997) HCR-20. Assessing the Risk of Violence. (S Fraser University and Forensic Psychiatric Services Commission of British Columbia)

Weiss RD, Mirin SM, Griffin ML (1992) Methodological considerations in the diagnosis of coexisting psychiatric disorders in substance abusers. Br J Addict 87:179–187

Wessels J, Hettinger M (2000) Strafrecht. Besonderer Teil/1, 24. Aufl. Müller, Heidelberg

Wetterling T, Veltrup C (1997) Diagnostik und Therapie von Alkoholproblemen. Springer, Berlin Heidelberg New York Tokio

Wieser S (1964) Zur Persönlichkeit des Alkoholtäters. In: Würtenberger T, Hirschmann J (Hrsg) Kriminalbiologische Gegenwartsfragen Heft 6. Enke, Stuttgart

Winckler P (1999) Der „pathologische Rausch" – diagnostische Fehlkonstruktion oder zuverlässige psychiatrische Diagnose? Nervenarzt 70:803–809

Winckler P, Foerster K (1996) Straftaten unter Alkohol- und Drogeneinfluss. In: Längle G, Mann K, Buchkremer G (Hrsg) Sucht. Attempto, Tübingen S 282–295

Winckler P, Foerster K (1998) Zur Schuldfähigkeitsbeurteilung in Fällen von „Eifersuchtswahn". Neue Z Strafrecht 18:296–299

Winnick C (1962) Maturing out of narcotic addiction. Bull Narcot 14:1–7

Wittchen HU (1990) CIDI-Manual: Einführung und Durchführungsbeschreibungen. Beltz, Weinheim

Wittchen HU, Zaudig M, Fydrich T (1998) Strukturiertes klinisches Interview für DSM-IV. Hogrefe, Göttingen

Wojnar M, Bizon Z, Wasilewski D (1999) The role of somatic disorders and physical injury in the development and course of alcohol withdrawal delirium. Alcohol Clin Exp Res 23:209–213

Wolffgramm J, Heyne A (1995) From controlled drug intake to loss of control: the irreversible development of drug addiction in the rat. Behav Brain Res 70:77–94

Wöller W, Kruse J, Alberti L (1996) Was ist supportive Psychotherapie? Nervenarzt 67:249–252

Wolter J (1982) Vollrausch mit Januskopf. Neue Z Strafrecht 54–60

Wölwer W, Burtscheidt W, Redner C, Schwarz R, Gaebel W (2001) Outpatient treatment in alcoholism: Impact of personality disorders and cognitive impairments on early outcome. Acta Psychiatr Scand 103:30–37

World Health Organisation (1992) ICD-10 Chapter V. Genf, deutsche Übersetzung: Dilling H, Mombour W, Schmidt MH (Hrsg) (1993) ICD-10. Internationale Klassifikation psychischer Störungen, 2. Aufl. Huber, Bern

Zieglgänsberger W (2000) Belohnungssysteme. In: Uchtenhagen A, Zieglgänsberger W (Hrsg) Suchtmedizin. Urban & Fischer, München, S 27–29

Zilker T (1999) Alkoholentzugssyndrom und Delirium tremens. Diagnose und Therapie. Fortschr Med 141:26–30

Zink M, Tröger HD, Zink P (1997) Über den Einfluß der Ethanolabbau-Kinetik (nullte Ordnung oder Michaelis-Menten) auf den Verlauf der Blutalkoholkurve. Blutalkohol 34:413–426

Sachverzeichnis